Muttersprache plus

10 Sprach- und Lesebuch

Herausgegeben von Viola Oehme

Erarbeitet von
Katja Bönke-Wendt, Ulrike Buhl, Simone Kießling, Dagmar Kraneis,
Petra Marggraf, Tina Michaelis, Viola Oehme, Gitta-Bianca Ploog,
Ute Schubert, Juliane Schumacher

Unter Beratung von
Thomas Brand (Berlin), Kristina Bullert (Sachsen-Anhalt),
Isabell Knauft (Thüringen), Sandra Nolte-Heidrich (Sachsen),
Anka Rahn (Brandenburg)

Muttersprache plus
10

Redaktion: Gabriella Wenzel
Illustration: Dorina Tessmann (S. 8–181); Helene Graupner (S. 182–263)
Umschlaggestaltung: werkstatt für gebrauchsgrafik, Berlin
Umschlagillustration: Dorina Tessmann
Layoutkonzept: lernsatz.de
Technische Umsetzung: PER MEDIEN & MARKETING GmbH

Das Buch wurde erarbeitet auf der Grundlage der Ausgaben von Tefide Avci, İbrahim Çın,
Thomas Hopf, Brita Kaiser-Deutrich, Birgit Mattke, Cordula Rieger, Adelbert Schübel, Viola Tomaszek.

Begleitmaterialien für Schülerinnen und Schüler zu *Muttersprache plus* Klasse 10
Schulbuch als E-Book   978-3-06-063287-9
Arbeitsheft   978-3-06-063315-9
Arbeitsheft für Lernende mit erhöhtem Förderbedarf   978-3-06-063329-6

www.cornelsen.de

1. Auflage, 1. Druck 2025

Alle Drucke dieser Auflage sind inhaltlich unverändert und können im Unterricht nebeneinander verwendet werden.

© 2025 Cornelsen Verlag GmbH, Mecklenburgische Str. 53, 14197 Berlin, E-Mail: service@cornelsen.de

Druck: Mohn Media Mohndruck, Gütersloh

ISBN 978-3-06-063285-5

PEFC-zertifiziert
Dieses Produkt stammt aus nachhaltig bewirtschafteten Wäldern und kontrollierten Quellen
PEFC
PEFC/04-31-1033   www.pefc.de

Zeichenerklärung

 Methoden und Arbeitstechniken

 Entwicklung von Medienkompetenz

Was weißt du noch aus Klasse 9?

1 Lies den folgenden Text.

Bauweisen beim Hausbau

Holzbau

Noch vor wenigen Jahren galt Holz als wenig zeitgemäßer Baustoff. Während Holz über Jahrtausende hinweg neben Lehm das wichtigste Baumaterial war, hat seine Bedeutung im Zuge der Industrialisierung mit dem Aufkommen von Mauerziegel, Beton, Stahl und Glas rapide abgenommen.

5 Doch dies hat sich grundlegend geändert. In den letzten Jahren ist Holz als Baustoff […] neu entdeckt worden und gewinnt wieder an Bedeutung. […] Die Ursachen hierfür sind sehr vielfältig und sowohl in den bautechnischen als auch den umweltrelevanten Eigenschaften von Holz zu suchen.

– Holz ist ein nachwachsender Rohstoff. Durch die Holzbau-
10 weise wird in unseren Gebäuden langfristig CO_2 gespeichert. Auch für die Herstellung von Holz wird deutlich weniger fossile Energie benötigt als für die Herstellung von Mauerziegeln, Stahl, Glas oder Beton. […]

– Die verschiedenen Holzbauweisen stellen sehr flexible Systeme
15 dar, die sich sehr gut an die Nutzungsbedingungen und Wünsche anpassen. Durch den hohen Vorfertigungsgrad lässt sich zudem die Bauzeit verkürzen.

– Holz besitzt im Verhältnis zu seiner Tragfähigkeit eine sehr gute wärmedämmende Eigenschaft. Dadurch lassen sich deut-
20 lich geringere Wandstärken bei gleicher Wärmedämmleistung erzielen.

– Hinzu kommt, dass Holz bei gleicher Tragfähigkeit deutlich leichter ist als Stahl und fast die gleiche Druckfestigkeit aufweist wie Beton. Allerdings ist Holz im Gegensatz zu Beton in der Lage, auch Zugkräfte aufzunehmen. Eine Eigenschaft, die
25 man beim Hybridbau (Holz-Beton-Verbund) zunehmend nutzt.

– Holz ist ein „warmer" Baustoff und sorgt durch seine Fähigkeit, die Raumluftfeuchte positiv beeinflussen zu können, für ein gesundes Wohnklima und eine hohe Wohnqualität. […]

CO₂-Emissionen beim Neubau eines Einfamilienhauses

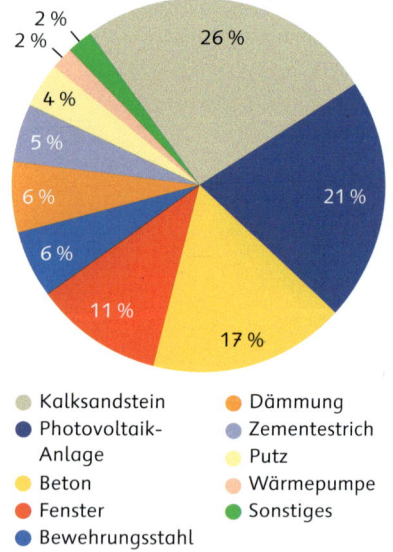

- Kalksandstein
- Photovoltaik-Anlage
- Beton
- Fenster
- Bewehrungsstahl
- Dämmung
- Zementestrich
- Putz
- Wärmepumpe
- Sonstiges

(Zahlen aus: https://www.re-source.com/ [28.05.2024], S. 62.)

Strohballenbau

30 Vor allen Dingen überzeugt das Baumaterial durch seine sehr guten ökologischen Eigenschaften: Stroh ist ein regional und schnell nachwachsender Rohstoff und wie Holz CO_2-neutral. Zudem muss für die Herstellung der Ballen sehr wenig Energie aufgewendet werden, etwa hundertmal weniger als für die Herstellung von Mineralwolle oder Polystyrol. Am Ende ihrer Lebenszeit
35 sind die Strohballen vollständig abbaubar. Das ist auch möglich, da sie ohne

chemische Zusätze verbaut werden. Die typische Kombination im Strohballenbau mit Holz, Lehm- und Kalkputz sorgt außerdem, insbesondere durch die Feuchte regulierende Wirkung des Lehms, für ein gesundes und angenehmes Raumklima. […]

Lehmbau

40 Lehm ist einer der natürlichsten Baustoffe und besitzt sehr gute bauphysikalische und baubiologische Eigenschaften. So können Lehmbaustoffe sehr schnell überschüssige Feuchtigkeit aus der Luft aufnehmen und bei Bedarf wieder abgeben. Ferner speichert Lehm Wärme und ist in der Lage, Schadstoffe zu absorbieren. Durch die geringe Gleichgewichtsfeuchte haben Lehm-
45 baustoffe zudem eine konservierende Wirkung auf Holz. Diese positiven Eigenschaften des Baustoffs Lehm haben in den letzten Jahren dafür gesorgt, dass das Interesse an den Lehmbaustoffen gestiegen ist. Gefördert wurde dies durch die Entwicklung neuer Lehmbautechniken. […]*

(Online im Internet: https://www.oekologisch-bauen.info [28.05.2024].)

2 Untersuche den inhaltlichen Aufbau des Fließtextes. Orientiere dich an den Absätzen und notiere das Wesentliche zu jedem Abschnitt in Stichpunkten. Formuliere die Hauptaussage des Fließtextes als Satz.

3 Untersuche die Textbausteine des diskontinuierlichen Textes genauer. Erläutere den Zusammenhang zwischen den Aussagen des Fließtextes und den Informationen aus dem Kreisdiagramm.

4 Schreibe die folgenden Satzgefüge ab und setze die fehlenden Kommas.

Achtung, Fehler!

1 Holz, Kalk und Lehm sowie Natursteine waren jahrhundertelang diejenigen Baustoffe in Deutschland die am meisten genutzt wurden.
2 In der Nachkriegszeit als die im Zweiten Weltkrieg zerstörten Gebäude ersetzt wurden nutzte man meist Beton, Stahl und Glas.
3 Weil die natürlichen Baustoffe von früher zunehmend in Vergessenheit gerieten verschwand auch das Wissen über sie langsam.
4 Zu Beginn des 21. Jahrhunderts entdeckte man die alten Baustoffe neu da man beim Bauen zunehmend auf umweltfreundlichere Baumaterialien achtete die auch die Gesundheit der Nutzerinnen und Nutzer schonen.
5 Nun muss untersucht und organisiert werden wie die Produktion der wiederentdeckten Baustoffe neu aufgebaut werden kann sodass alte Bauverfahren wiederbelebt werden können.

5 Unterstreiche in den Sätzen der Aufgabe 4 die Nebensätze.
Bestimme sie nach:
– ihrer Stellung zum übergeordneten Satz/Teilsatz (Hs, Ns),
– der Art des Einleiteworts,
– dem Grad ihrer Abhängigkeit vom Hauptsatz.

Gespräche führen – miteinander kommunizieren

Informelle Gespräche führen

 1 Wiederholt, was ihr bereits über zwischenmenschliche Kommunikation wisst. Tragt zum Beispiel zusammen, wann, wie und wozu Menschen kommunizieren.

2 Gespräche werden in verschiedenen Situationen geführt.

a Lest den Merkkasten und tauscht euch darüber aus, woran man informelle Gespräche erkennt.

> **Informelle Gespräche** erfolgen ungeplant, zum Beispiel in der Familie, im Freundeskreis oder unter Bekannten. Sie ergeben sich aus der Situation und aus zufälligen Begegnungen.

b Beschreibt folgende Gesprächssituationen und überlegt, worüber sich die Personen unterhalten könnten.

c Begründet, warum es sich hierbei um informelle Gespräche handelt.

d Lest den folgenden Merkkasten und besprecht, ob es sich bei den Gesprächen in Aufgabe b um symmetrische oder asymmetrische Kommunikation handelt. Begründet eure Auffassungen.

> Sind die Gesprächspartnerinnen/-partner annähernd gleichberechtigt, haben sie in etwa die gleichen Redeanteile und beeinflussen das Gespräch gleichermaßen, spricht man von **symmetrischer Kommunikation**. Besteht zwischen ihnen Distanz und wird das Gespräch von einer oder einzelnen Personen bestimmt, spricht man von **asymmetrischer** (komplementärer bzw. ergänzender) **Kommunikation**.

3 Manchmal misslingt zwischenmenschliche Kommunikation.

a Tauscht euch über folgendes Zitat aus und gebt mit eigenen Worten wieder, was der Autor damit meint.

> Die Natur hat dem Menschen eine Zunge gegeben und zwei Ohren,
> damit wir doppelt so viel von andern hören, als wir selbst reden.
>
> (Epiktet, um 50 – 138,
> antiker Philosoph)

Tipp
Lest die wörtliche Rede laut. Verdeutlicht die Aussagen durch Sprechweisen.

b Besprecht, wie die folgende Kommunikation gelungen ist. Begründet eure Einschätzungen.

Die beiden Freundinnen Madlen und Sandra haben sich schon lange nicht mehr gesehen. Als sie sich auf der Straße über den Weg laufen, begrüßt Madlen Sandra freudig mit den Worten: „Wir haben uns schon lange nicht mehr gesehen." Sandra reagiert darauf genervt: „Du hättest dich ja auch mal melden können!"

4 Missverständnisse entstehen schnell. Warum das so ist, erklärt der Kommunikationswissenschaftler Friedemann Schulz von Thun.

 a Lest den Merkkasten und erläutert das Kommunikationsmodell von Schulz von Thun mithilfe der Abbildung unten.

In Gesprächen hat laut **Kommunikationsmodell von Schulz von Thun** jede **Äußerung** vier **Bestandteile**. Die Äußerung des Senders (der Sprecherin / des Sprechers) enthält:
- einen **Sachinhalt** (Worüber wird informiert? Was ist die Sachinformation?), z. B.: *Beifahrerin zum Fahrer: „Die Ampel ist grün."*
- eine **Selbstkundgabe** (Was gibt der Sender über sich preis? Gefühle, Laune, Charakterzüge), z. B.: *Ich habe es eilig und bin ungeduldig.*
- einen **Appell** (Was soll der Empfänger tun?), z. B.: *Fahr bitte schnell los!*
- einen **Beziehungshinweis** (Was hält der Sender vom Empfänger? In welcher Beziehung stehen sie zueinander?), z. B.: *Du behinderst mein Fortkommen und deshalb kann ich dich darauf hinweisen.*

b Wende das Kommunikationsmodell von Schulz von Thun auf die Äußerung von Madlen aus Aufgabe 3 b an.

Sachinhalt: Madlen und Sandra haben sich lange nicht mehr gesehen.
Selbstkundgabe: Madlen ist ...
Appell: ...
Beziehungshinweis: ...

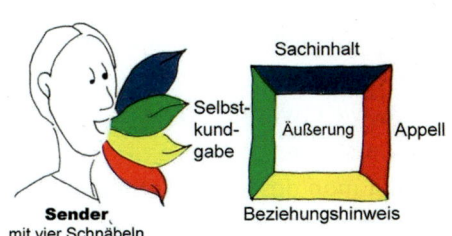

Tipp
Überlege, mit welchem Ohr Sandra die Äußerung wahrgenommen hat.

c Begründe anhand des Kommunikationsmodells von Schulz von Thun, warum es zwischen Madlen und Sandra zu einem Missverständnis gekommen ist.

d Überlege, wie sich das Missverständnis zwischen Madlen und Sandra vermeiden ließe.

5 Wende das Kommunikationsmodell von Schulz von Thun auf weitere Situationen an. Wähle Aufgabe a, b oder c.

●○○ **a** Analysiere die folgende Äußerung nach dem Modell von Schulz von Thun und formuliere die enthaltenen vier Botschaften.

„Ist noch Kuchen da?"

●●○ **b** Wähle zwei Äußerungen aus und analysiere sie nach dem Modell von Schulz von Thun. Formuliere die jeweils enthaltenen Botschaften.

1 Hier liegt Papier auf dem Boden.
2 Die Musik ist sehr laut.
3 Da vorne steht ein Stoppschild.
4 Der Film hat gute Kritiken bekommen.
5 Ich habe dich schon dreimal angerufen.

●●● **c** Lies noch einmal das Zitat aus Aufgabe 3 a (S. 11) und erkläre es mithilfe des Modells von Schulz von Thun.

6 Wiederholt das Kommunikationsmodell von Paul Watzlawick.

a Wiederholt, warum man laut Watzlawick „nicht *nicht* kommunizieren" kann. Vergleicht eure Ergebnisse mit dem folgenden Merkkasten.

[1] Hier werden die ursprünglichen Begrifflichkeiten des Kommunikationswissenschaftlers Paul Watzlawick verwendet, daher wird nicht gegendert.

Wenn Personen miteinander kommunizieren, werden sie sowohl zum **Sender**[1] als auch zum **Empfänger**. Der Sender übermittelt neben der **Sachinformation (Inhaltsebene)** auch beispielsweise **Gefühle** oder **Wünsche (Beziehungsebene)**, die in Form von **Sprache, Gestik, Mimik, Intonation** codiert (verschlüsselt) sind. Der Empfänger muss die Signale decodieren (entschlüsseln) und je nach Interpretation der Mitteilung sendet der Empfänger eine **Reaktion** an den Sender zurück.
Es gibt verschiedene **Arten** zu kommunizieren:
• Die **verbale Kommunikation** umfasst die gesprochene und die geschriebene Sprache, z. B. Gespräche, Diskussionen, Textnachrichten, E-Mails.
• Die **paraverbale Kommunikation** umfasst, *wie* etwas gesagt wird, also Stimme, Tonfall, Sprechtempo oder Lautstärke.
• Als **nonverbale Kommunikation** bezeichnet man das Kommunizieren ohne Worte, also mit Mimik, Gestik, Körperhaltung, aber auch mit Kleidung oder Aussehen.

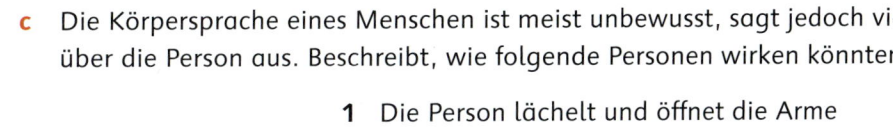

b Tauscht euch darüber aus, inwiefern man durch Aussehen und Kleidung kommunizieren kann.

c Die Körpersprache eines Menschen ist meist unbewusst, sagt jedoch viel über die Person aus. Beschreibt, wie folgende Personen wirken könnten.

1 Die Person lächelt und öffnet die Arme zur Umarmung.

2 Die Person verschränkt die Arme vor dem Körper und sieht auf den Boden.

3 Die Person steht aufrecht und hält den Blickkontakt.

4 Die Person rollt mit den Augen und guckt weg.

d Übertragt die Tabelle in eure Hefte. Ordnet die folgenden Arten von Kommunikation in die richtige Spalte der Tabelle ein.

Telefongespräch / Schreien / Blindenschrift / Arme verschränken / Weinen / monotones Sprechen / Flüstern / Gebärdensprache / bunte Haare / Umarmung / Sprachnachrichten / Blickkontakt / Sprechpausen

verbal	paraverbal	nonverbal
Telefongespräch	…	…

e Tauscht euch darüber aus, wie man folgende Gefühle sowohl paraverbal als auch nonverbal darstellt. Übertragt anschließend die Tabelle in eure Hefte und ordnet die folgenden Kommunikationsmittel in die Tabelle ein.

laute Stimme / geöffnete Augen / zusammengekniffene Augen / lächeln / leichtes Nicken / tieferer Tonfall / höherer Tonfall / Blickkontakt / zittrige Stimme / hängende Mundwinkel

Gefühl	paraverbal	nonverbal
fröhlich	laute Stimme	geöffnete Augen
wütend	…	…
traurig	…	…
…	…	…

f Ergänzt in der Tabelle aus Aufgabe e weitere Gefühle und wie man sie paraverbal und nonverbal darstellen kann.

g Äußert den folgenden Satz in unterschiedlichen Gefühlslagen. Nutzt dafür eure Arbeitsergebnisse aus den Aufgaben e und f.

„Am Wochenende soll das Wetter schön werden."

Formelle Gespräche führen

1 Neben informellen Gesprächen gibt es auch formelle Gespräche.

 a Lest den Merkkasten und tauscht euch darüber aus, in welchen Situationen ihr bereits formelle Gespräche geführt habt.

> **Formelle Gespräche** wie Prüfungen, Vorstellungsgespräche oder Mediationen haben immer einen organisatorischen (formalen) Rahmen sowie einen bestimmten Anlass und werden zielgerichtet geführt. Oft handelt es sich dabei um **asymmetrische Kommunikation** (auch komplementäre bzw. ergänzende Kommunikation genannt), d. h., die Gesprächspartnerinnen/-partner sind nicht gleichberechtigt, sondern befinden sich in einer Rangordnung (Autorität und untergeordnete Person). Die Autoritäten führen und bestimmen das Gespräch.

 b Übertragt die Tabelle in eure Hefte und stellt die Unterschiede zwischen informellen und formellen Gesprächen zusammen.

informelle Gespräche	formelle Gespräche
privates Gespräch, Alltagssituation …	besondere Gespräche wie … …

c Lies den folgenden Text und weise Merkmale eines informellen Gesprächs nach.

Lennart: Ey, in zwei Wochen findet wohl wieder so 'ne deutschlandweite Demonstration zum Klimaschutz statt.

Jeremy: Oh nee, ich kann's nicht mehr hören. Keine Lust.

Jana: Mann ey, aber ist ja schon irgendwie wichtig. Aber Mist, wir schreiben an dem Tag auch eine Klassenarbeit in Mathe.

Jeremy: Na, wenn die Klassenarbeit dafür ausfällt, bin ich dabei.

Lennart: Das war ja klar. Aber mal in echt jetzt. Habt ihr Lust, da hinzugehen? Wäre ja schon irgendwie ganz nett. Keine Schule und gleichzeitig mal was Gutes tun. Und das Beste: keine Klassenarbeit.

Jana: Vielleicht können wir ja vorher noch Plakate im Unterricht basteln? Das heißt noch weniger Unterricht!

Lennart: Ich glaub, damit können wir Herrn Kröner nicht überzeugen. Da muss uns was Besseres einfallen. Schließlich muss er ja die Arbeit auch verschieben. Und er wird richtig sauer sein.

Jeremy: Ach Quatsch, wir müssen ihm das nur ordentlich verkaufen, das passt schon.

 d Stellt euch vor, ihr wollt den Lehrer davon überzeugen, mit euch auf die Demonstration zu gehen. Formuliert ein formelles Gespräch mit ihm.

2 Um formelle Gespräche erfolgreich zu meistern, sind verschiedene sprachliche Handlungen erforderlich.

a Lest folgende Beispiele und überlegt, welche Funktion diese sprachlichen Handlungen in einem Gespräch haben. Ergänzt ggf. den Cluster.

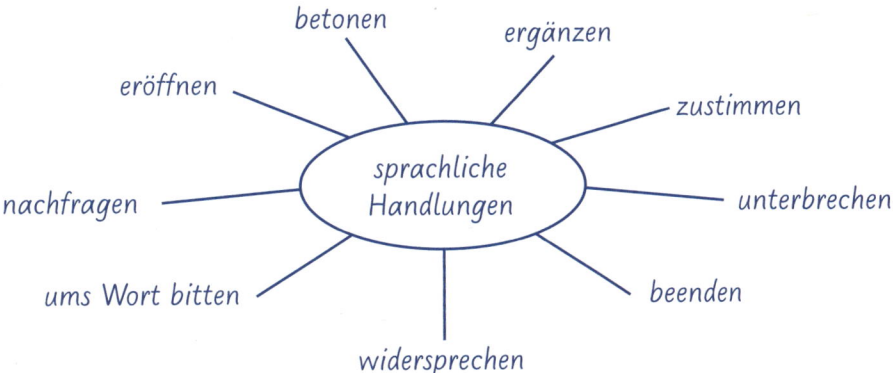

Tipp
Erprobt ggf. ein KI-Tool im Internet. Prüft die angebotenen Formulierungen kritisch.

b Sammelt Formulierungen, mit denen die einzelnen sprachlichen Handlungen umgesetzt werden können.

ein Gespräch eröffnen: Guten Tag, Frau … / Herr …
etwas betonen: Ich würde gern hervorheben, dass …
etwas ergänzen: …

 3 Gestaltet ein formelles Gespräch mithilfe geeigneter sprachlicher Mittel. Nutzt eure Ergebnisse aus Aufgabe 2 b.

 a Lest dazu die Notizen, die Samira während ihres Telefongesprächs zur Vorbereitung einer Exkursion in eine Galerie angefertigt hat.

> *Wo: Galerie am Alten Markt*
> *Wann: 25.04., 10 Uhr (15 min vorher da sein)*
> *Was: Führung über Porträtmalerei in verschiedenen Jahrhunderten*
> *Dauer: 60 min*
> *Kosten: 30 Euro pro Führung*
> *Anzahl: 25 Schülerinnen und Schüler + 2 Begleitpersonen*
> *ab 15 Personen muss Klasse geteilt werden: 2 Führungen,*
> *d. h. 60 Euro pro Klasse*
> *mitbringen: 1-Euro-Münze für die Schränke*

 b Stellt euch vor, ihr führt das Telefongespräch mit der Mitarbeiterin bzw. dem Mitarbeiter der Galerie. Orientiert euch an Samiras Mitschrift und spielt das Gespräch.

 c Verfasse für Samira eine formelle E-Mail an ihre Kunstlehrerin, in der sie die wichtigsten Informationen noch einmal zusammenfasst.

4 Wendet die sprachlichen Handlungen nun an. Wählt Aufgabe a oder b.

● ● ○   **a** Bereitet ein Gespräch zwischen einer Ärztin bzw. einem Arzt und einer Patientin bzw. einem Patienten vor. Es wird aufgrund einer Erkältung ein ärztliches Attest benötigt. Nutzt verschiedene sprachliche Handlungen für beide Personen.

● ● ●   **b** Bereitet ein formelles Gespräch zwischen zwei Personen vor, zum Beispiel ein Gespräch in einer Arztpraxis, ein Vorstellungsgespräch oder ein Gespräch mit der Schulleitung. Nutzt möglichst viele sprachliche Handlungen.

5 Führt eure Gespräche aus Aufgabe 4 in der Klasse vor. Beurteilt, ob die sprachlichen Handlungen von den Vortragenden sinnvoll umgesetzt wurden.

6 Auch ein Prüfungsgespräch ist ein formelles Gespräch. Eine gute Vorbereitung ist hierfür besonders wichtig.

a Sammelt Tipps, wie man sich auf ein Prüfungsgespräch vorbereiten kann.

- *Sprich das Thema mit der Fachlehrerin bzw. dem Fachlehrer genau ab.*
- *Informiere dich über den Ablauf der Prüfung.*
- *...*

→ S. 336:
Operatoren im
Überblick (Auswahl)

b Analysiere die folgenden Aufgabenstellungen. Achte besonders auf die unterstrichenen Verben (Operatoren). Erkläre jeweils, was von dir im Prüfungsgespräch verlangt wird.

1 Stellen Sie die Argumentation des Textes dar.
2 Erörtern Sie die folgende Aussage.
3 Nehmen Sie begründet Stellung zu der These.
4 Beurteilen Sie die Aussage der Autorin.
5 Erläutern Sie die Karikatur.

c Erstellt eine Checkliste für ein erfolgreiches Prüfungsgespräch.

Inhalt:
– auf die Aufgabenstellung achten
– ...

Sprache:
– in ganzen Sätzen sprechen
– ...

Körpersprache:
– aufrecht sitzen
– ...

---

4 a Nutze zum Beispiel die folgenden Wendungen zu den sprachlichen Handlungen.
- eröffnen: *Guten Tag, wie kann ich Ihnen helfen? / Guten Tag, ich habe folgendes Anliegen: ...*
- ergänzen: *Außerdem ... / Zudem ...*
- nachfragen: *Habe ich Sie richtig verstanden, dass ... / Bitte erklären Sie mir noch einmal, wozu ...*
- ums Wort bitten: *Entschuldigen Sie bitte, eine Frage habe ich noch. / Darf ich Sie noch fragen, ...*
- widersprechen: *Aus ärztlicher Sicht sollten Sie nicht ... / Meinen Sie nicht, dass ...*
- beenden: *Dann wünsche ich Ihnen gute Besserung! / Ich danke Ihnen für die Behandlungstipps.*

d Überlege, wie du dich in folgenden Situationen verhalten und wie du formulieren könntest. Orientiere dich an den sprachlichen Handlungen aus Aufgabe 2 a (S. 15).

1 Du begrüßt die Prüfenden.
2 Du bist dir nicht sicher, ob du die Frage richtig verstanden hast.
3 Du weißt die Antwort auf eine Frage nicht.
4 Du würdest gern einen Schluck trinken.
5 Du hast den Faden verloren und würdest gern noch einmal beginnen.
6 Du möchtest deine Ausführungen am Ende noch einmal ergänzen.
7 Du verabschiedest dich von den Prüfenden.

 7 Erprobt Teile eines Prüfungsgesprächs.

Tipp
Wiederholt dazu die Modelle von Schulz von Thun und von Watzlawick (Aufgaben 4 und 6, S. 11–12).

a Stellt euch vor, das Prüfungsthema lautet „Kommunikationsmodelle". Überlegt, welche Aufgaben oder Fragen in der Prüfung auf euch zukommen könnten. Notiert Aufgaben und Fragen, auf die ihr euch vorbereiten solltet.

b Lest folgende Prüfungsaufgaben und -fragen. Formuliert mögliche Antworten und beurteilt euch gegenseitig. Ihr könnt das Gespräch auch als Rollenspiel gestalten.

1 Guten Morgen. Geht es dir gut? Bist du gesund und bereit für die Prüfung?
2 Ich bitte dich, uns zuerst einmal das Kommunikationsmodell von Schulz von Thun im Überblick vorzustellen.
3 Fällt dir noch etwas ein? Möchtest du etwas ergänzen oder erklären?
4 Lies folgendes Beispiel: „Es ist ziemlich heiß hier." Nenne zuerst den Sachinhalt.
5 Erläutere jetzt, was die Äußerung über die Sprecherin bzw. den Sprecher verrät.
6 Denke über den enthaltenen Appell nach. Formuliere die Äußerung in einen Appell um.
7 Verrät die Äußerung auch etwas über die Beziehung zwischen Sender und Empfänger? Begründe deine Meinung.
8 Kommunikation findet in verschiedenen Situationen statt. Nenne einige häufig vorkommende Kommunikationssituationen.
9 Worauf sollte man deiner Meinung nach immer achten? Fasse wichtige Hinweise für menschliches Kommunikationsverhalten zusammen.

Was habe ich gelernt?

8 Überprüfe, was du in diesem Kapitel über das Führen von Gesprächen gelernt hast. Beantworte dazu folgende Fragen.

1 Erkläre die Unterschiede zwischen informellen und formellen Gesprächen.
2 Fasse zusammen, was man bei mündlichen Prüfungssituationen beachten sollte.

Sich mündlich mit Problemen auseinandersetzen – Diskutieren

1 Wiederholt in der Klasse, was ihr bereits über das Vorbereiten und Durchführen von Diskussionen gelernt habt. Sammelt eure Gedanken, nutzt dazu zum Beispiel eine digitale Wortwolke. Ordnet und visualisiert eure Gedanken dann mithilfe einer Mindmap.

2 Tauscht euch darüber aus, warum Menschen verreisen.

  a Lest die folgenden Zitate und erklärt, welche unterschiedlichen Positionen über das Reisen dargestellt werden.

    1 „Warum in die Ferne schweifen? Sieh, das Gute liegt so nah."
(nach Johann Wolfgang von Goethe)

    2 „Die Entfernungen nehmen ab, die Menschen kommen sich näher."
(Victor Hugo)

    3 „Glücklich ist, wer vom Reisen als beste Beute den Spruch heimbringt:
Gottlob, dass ich wieder zu Hause bin." (Jeremias Gotthelf)

    4 „Touristen sind Leute, die an den Äquator fahren, um nach einer
schattigen Stelle zu suchen." (Wolfram Weidner)

    5 „Wir reisen von Hause fort, um – reicher an Leben – heimzukehren."
(Hans Margolius)

  b Tauscht euch darüber aus, welches Zitat eurer Ansicht vom Reisen am ehesten entspricht. Begründet eure Ansichten.

  c Tauscht euch über Vorzüge und mögliche Probleme des Reisens aus.

3 Bereite eine Klassendiskussion zum Thema „Fernreisen" inhaltlich vor.

  a Überlege, welche Sach- und Problemfragen zu klären sind.
Notiere die Fragen übersichtlich.

  b Sammle in verschiedenen Medien Informationen zum Thema „Fernreisen", die dir helfen, deine Sachfragen zu beantworten. Notiere Stichpunkte.

   c Wähle eine Problemfrage zum Thema „Fernreisen" aus, die diskutiert werden soll. Recherchiere Meinungen zu deiner Problemfrage. Notiere Standpunkte und Argumente zur Beantwortung der Frage stichpunktartig. Nutze auch direkte oder indirekte Zitate.

  d Formuliere deinen Standpunkt zur Problemfrage als Behauptung (These).

  e Ordne alle gefundenen Argumente nach ihrer Wichtigkeit.

  f Formuliere eine Zusammenfassung deiner Meinung und leite Vorschläge und Schlussfolgerungen ab.

4 Führt die Diskussion nun in der Klasse.

a Legt fest, wer die Diskussion leiten und wer sie protokollieren soll.

b Entscheidet, ob es eine Beobachtungsgruppe geben soll, die den Diskussionsteilnehmerinnen und -teilnehmern ein Feedback zu Inhalt, Sprache und Diskussionsverhalten gibt.

c Führt die Diskussion in der Klasse. Nutzt dabei eure Argumente aus Aufgabe 3.

d Wertet eure Diskussion aus und gebt euch gegenseitig Hinweise für Verbesserungen.

5 Führt eine Diskussion in der Gruppe. Wählt Aufgabe a oder b.

a Führt zu der Problemfrage „Sollte die Abschlussfahrt in der 10. Klasse ins Ausland gehen?" eine Diskussion. Orientiert euch an der Schrittfolge.

> **So kannst du eine Diskussion vorbereiten, durchführen und auswerten**
> 1. Notiere mit dem Problem verbundene Sachfragen.
> 2. Recherchiere Antworten auf die Sachfragen und Meinungen zur Problemfrage. Sammle Fakten und Argumente (Begründungen + Beispiele).
> 3. Überlege, welche Meinung du zu diesem Problem hast, und formuliere deinen Standpunkt als Aussage bzw. Behauptung.
> 4. Begründe deinen Standpunkt mit Argumenten. Ordne die Argumente nach ihrer Wichtigkeit.
> 5. Leite Schlussfolgerungen ab.
>   • Wie lautet dein Vorschlag zur Lösung des Problems?
>   • Was ist zur Umsetzung deines Vorschlags zu tun?
> 6. Entscheidet, wer die Diskussion leitet und wer sie protokolliert.
> 7. Gebt euch anschließend gegenseitig ein Feedback.

b Führt eine Diskussion zu einer selbst gewählten Problemfrage. Entscheidet, wer die Diskussion leitet und protokolliert. Gebt euch dann ein Feedback.

4 c Nutzt zum Beispiel die folgenden Formulierungen.
- Meinungen äußern: *Ich bin der Meinung, … / Meine Meinung ist, … / Ich denke, … / Ich finde, … / Ich vertrete die Auffassung / den Standpunkt, …*
- Argumente anbringen: *Dafür/dagegen spricht, … / Außerdem zeigt sich, … / Einwenden kann man, … / Ein anderes/weiteres Argument ist … / Nicht zuletzt muss man festhalten, …*
- auf Gesprächsbeiträge eingehen: *Das stimmt, aber … / Ich stimme dir zu, möchte jedoch ergänzen, … / Da bin ich nicht ganz deiner Meinung, denn … / Dieses Argument kann ich nicht verstehen, weil … / Zu diesem Punkt habe ich eine ganz andere Meinung, da …*
- das Wort ergreifen: *Dazu möchte ich etwas sagen/ergänzen/einwenden/fragen: … / Das kann ich nicht so stehen lassen, … / Das möchte ich unbedingt unterstützen, …*
- ein Fazit ziehen oder einen Kompromiss vorschlagen: *Zusammenfassend kann man sagen, … / Insgesamt ist deutlich geworden, … / Als Ergebnis lässt sich festhalten, …*

Sich schriftlich mit Problemen auseinandersetzen – Erörtern

Kontroverse (dialektische) Erörterungen schreiben

Textunabhängige (freie) Erörterung

 1 Wiederholt, was ihr bereits über das Verfassen von Erörterungen wisst.

a Wiederholt anhand des folgenden Beispiels den Aufbau eines Arguments.

Die heutige Jugend ist besser als ihr Ruf, da ihr nicht, wie oft behauptet, alles egal ist. Sie engagiert sich häufig und möchte ihre Umwelt und Umgebung mitgestalten. So haben laut dem Abschlussbericht des Programms „u_count" 66,1 % der Befragten angegeben, sich im letzten Jahr freiwillig engagiert zu haben.

→ **S. 268:**
Merkwissen:
Argumentieren

b Untersucht, um welche Art von Argument es sich handelt: Autoritätsargument, Faktenargument oder normatives Argument.

c Sammelt Wendungen, um Argumente zu formulieren oder gegenüberzustellen. Übertragt die Tabelle in eure Hefte und ergänzt die Formulierungen.

Argumente formulieren	Argumente gegenüberstellen
Ein wichtiger Punkt ist, dass … Des Weiteren … …	Im Gegensatz dazu … …

→ **S. 274:**
Merkwissen: Erörtern

d Wiederholt den Aufbau einer linearen Erörterung und einer kontroversen Erörterung.

> Beim **textunabhängigen (freien) Erörtern** setzt man sich mit einem **Problem** oder **Sachverhalt** schriftlich auseinander.
> Das Problem bzw. der Sachverhalt wird dazu als Behauptung bzw. Aussage (These), als Situationsbeschreibung, als Forderung bzw. als Thema oder Frage formuliert.
> **Ziel** des Erörterns ist es, Erkenntnisse zu gewinnen, Ansätze zur Problemlösung zu finden, Standpunkte zu bilden und/oder zum Meinungsaustausch beizutragen.
> In Vorbereitung auf eine Erörterung verschafft man sich einen Überblick über das Problem oder die Sache, formuliert Erkenntnisse, Standpunkte und/oder Problemlösungsmöglichkeiten. Mit **Argumenten** (Begründungen + Beispiele) begründet und belegt man die gewonnenen Einsichten und Meinungen.

2 In den letzten Jahren wurde viel über die Einführung eines sozialen Pflichtdienstes diskutiert.

a Lies folgende Meinungsäußerungen.

> Eine zeitlich begrenzte soziale Pflichtzeit kann „eine verbindende Erfahrung in einer Gesellschaft der verschiedenen Lebenswege" sein und „gegeneinander abgeschottete Lebenswelten öffnen".
>
> (Frank-Walter Steinmeier, deutscher Bundespräsident)

(Online im Internet: https://www.faz.net/ [28.05.2024].)

> „Ein Jahr. Nur ein Jahr. Je länger ich darüber nachdenke, desto wichtiger erscheinen mir diese zwölf Monate, um der fortschreitenden emotionalen Verkrüppelung, Verkapselung und der dramatischen Empathieerosion etwas entgegenzusetzen. Hier wird niemand ausgenutzt. Alle profitieren davon. Selten war ich so von etwas überzeugt wie hier."
>
> (Micky Beisenherz, Moderator)

(Online im Internet: https://www.stern.de/ [28.05.2024].)

> „‚Ich bleib dabei, ich bin für das VSJ – für das Verbindliche Soziale Jahr.'
> (Felix Lobrecht)
>
> [...] Felix Lobrecht führt weitere wichtige Punkte an: Der Notstand in der Pflege muss dringend behoben werden, was durch einen solchen Dienst ermöglicht werden könnte."
>
> (Laras Blog)

(Online im Internet: https://kurzprosa 303774268.wordpress. com/ [28.05.2024].)

b Leite aus den Äußerungen eine mögliche Problemfrage ab und formuliere sie.

Sollte(n) ...?
Sind ...?
Kann ...?

c Formuliere die beiden gegensätzlichen Standpunkte in Form von Behauptungen (Thesen).

Standpunkt 1: Ja, ...
Standpunkt 2: ...

Eine kontroverse Erörterung planen

3 Die Forderung nach einem sozialen Pflichtdienst hat in den Medien eine große Debatte ausgelöst. Verfasse eine kontroverse (dialektische) Erörterung zum Thema.

 a Informiere dich in verschiedenen Medien über die Problematik, eine verpflichtende soziale Zeit zu absolvieren. Beachte auch die rechtlichen Grundlagen.

Tipp
Denke daran,
die Quellen
zu notieren.

b Übertrage die folgende Tabelle in dein Heft und sammle Argumente für beide Standpunkte. Formuliere möglichst konkrete Beispiele.

Argumente pro (für) eine verpflichtende soziale Zeit	Argumente kontra (gegen) eine verpflichtende soziale Zeit
Argument 1: Begründung: Die soziale Pflichtzeit wird unserer Gesellschaft guttun. Beispiel: Man lernt, respektvoll miteinander umzugehen.	**Argument 1:** Begründung: Die Menschen engagieren sich bereits sozial. Beispiel: …
Argument 2: Begründung: … Beispiel: …	**Argument 2:** Begründung: … Beispiel: …

c Formuliere deinen Standpunkt zum Thema und nummeriere deine Argumente in der Tabelle nach ihrer Überzeugungskraft. Beginne jeweils mit dem stärksten oder dem schwächsten Argument.

d Wiederhole mithilfe des folgenden Merkkastens, wie man Argumente in einer Erörterung anordnen kann.

Bei der **kontroversen (dialektischen) Erörterung** wägt man im **Hauptteil** verschiedene **Argumente für (pro) und gegen (kontra)** einen Standpunkt zu einem Problem bzw. einer Frage ab.
Es gibt verschiedene Möglichkeiten der **Gliederung**:
- Bei der Gegenüberstellung der Argumente **im Block** werden zuerst alle Pro-Argumente angeführt und danach alle Kontra-Argumente oder umgekehrt. Ausschlaggebend ist, ob man sich selbst für Pro oder für Kontra entscheidet oder einen Kompromiss vorschlägt. Die Argumente für die eigene oder stärkere Position stellt man an das Ende, weil sie den Lesenden so besser im Gedächtnis bleiben.
- Bei der Gegenüberstellung der Argumente **im Wechsel** verbindet man jeweils ein Pro-Argument mit dem dazugehörigen Kontra-Argument. Dieses Vorgehen wiederholt man beliebig oft.

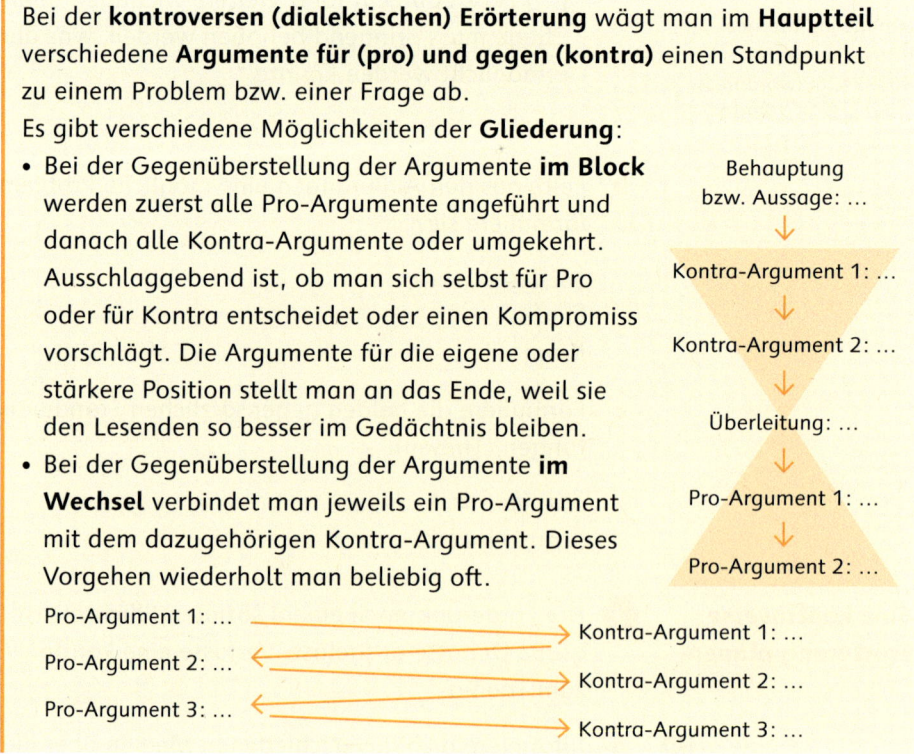

e Entscheide dich für eine Gliederungsmöglichkeit und ordne deine Argumente im Block oder im Wechsel an.

**Einen Entwurf
schreiben**

4 Verfasse einen vollständigen Entwurf deiner Erörterung.

a Führe in der Einleitung zum Thema hin und nenne die Problemfrage.

In den Medien wird darüber diskutiert, ...

Tipp
Wenn möglich,
schreibe am
Computer.

b Schreibe nun den Hauptteil deiner kontroversen Erörterung mithilfe deiner Tabelle aus Aufgabe 3 b. Wähle einen der beiden Standpunkte als Ausgangspunkt und ordne die Argumente im Block oder im Wechsel an.

Es gibt wichtige Gründe, die dafür-/dagegensprechen. Außerdem ...

c Schreibe einen Schluss für deine Erörterung. Fasse deine Ergebnisse zusammen. Formuliere ggf. einen Kompromiss oder einen Wunsch.

*Nachdem ich das Für und Wider dargestellt habe, ...
Ich könnte mir vorstellen, ... Eine gute Alternative könnte ...*

→ S. 307:
Merkwissen:
Schreibkonferenz

d Wiederholt, was eine Schreibkonferenz ist. Überarbeitet in einer Schreibkonferenz eure Erörterung. Achtet auf Inhalt, Sprache und Form.

5 Verfasse eine weitere kontroverse (dialektische) Erörterung.
Wähle Aufgabe a oder b.

a Wähle eine der folgenden Thesen aus und erörtere sie kontrovers (dialektisch). Formuliere deinen Standpunkt und belege ihn mit Pro- und Kontra-Argumenten. Nutze die Schrittfolge.

1 Jugendliche sollten mit 18 Jahren aus dem Elternhaus ausziehen.
2 Ausbildungsberufe müssen in der Gesellschaft gestärkt werden.
3 Die Mitgliedschaft in einem Sportverein sollte für Kinder und Jugendliche verpflichtend sein.
4 Es sollte an jeder Schule einen Sicherheitsdienst geben.

> **So kannst du eine textunabhängige (freie) Erörterung schreiben**
> 1. Formuliere das Problem in Form einer Frage.
> 2. Notiere die unterschiedlichen Standpunkte.
> 3. Sammle Argumente (Begründungen + Beispiele) für (pro) und gegen (kontra) die jeweiligen Standpunkte.
> 4. Entscheide dich für einen Standpunkt und gib ihn als Behauptung (These) wieder oder formuliere einen Kompromiss.
> 5. Schreibe einen Entwurf der Erörterung (Einleitung, Hauptteil, Schluss). Ordne im Hauptteil deine Argumente im Block oder im Wechsel an.
> 6. Überarbeite den Entwurf und schreibe die Endfassung der Erörterung.
> 7. Ergänze, wenn nötig, ein Quellenverzeichnis.

b Wähle ein Thema aus, das dich interessiert oder in den Medien diskutiert wird. Verfasse dazu eine kontroverse (dialektische) Erörterung.

Textbezogene (textgebundene) Erörterung

Beim **textbezogenen (textgebundenen) Erörtern** setzt man sich kritisch mit einem Text, zum Beispiel einem Kommentar, einem Diskussionsbeitrag oder einem kritischen Bericht, auseinander. Ziel des Erörterns ist es, Erkenntnisse, eigene Standpunkte oder Problemlösungsansätze zu gewinnen und/oder sich an einem Meinungsaustausch zu beteiligen, zum Beispiel in Form eines Leserbriefs bzw. ausführlichen Kommentars. Eine textbezogene Erörterung enthält in der Regel folgende **Bestandteile**:
- **Einleitung**: Nennen der Textvorlage (Textsorte, Titel, Autorin/Autor, Quelle) sowie des behandelten Problems und des dargestellten Standpunkts,
- **Hauptteil**: kritisches (kontroverses) Auseinandersetzen mit den angeführten Argumenten und Darstellen eigener Argumente,
- **Schluss**: Formulieren eines eigenen Standpunkts (Zustimmung, Ablehnung, Kompromiss), ggf. Empfehlungen und/oder offene Fragen.

Beim textbezogenen Erörtern muss man sich durch knappe **Zusammenfassungen** von Aussagen, durch das Aufgreifen von **Schlüsselbegriffen** und durch **direkte und indirekte Zitate** auf die Textvorlage beziehen.

1 Bereite einen Beitrag für eure Online-Schulzeitung vor, in dem du dich kontrovers erörternd mit dem folgenden Zeitungsartikel auseinandersetzt.

→ S. 301:
Merkwissen:
Sachtext

a Wiederholt, was ihr über wertende bzw. argumentierende Sachtexte bereits wisst. Worauf muss man beim Erschließen solcher Texte achten?

b Lies zuerst den Text und kläre die Bedeutung unbekannter Wörter.

Christina Maciejewski

Regionale und saisonale Lebensmittel – gut für Mensch und Klima

Ob Beeren oder Gurken: Obst und Gemüse gibt es im Supermarkt das ganze Jahr, Importe machen es möglich. Doch das schadet dem Klima. [...]

Regionale Lebensmittel: Besser genau hinschauen

Wer regional einkauft, schont die Umwelt und unterstützt nebenbei lokale Erzeuger[1]. Nicht zuletzt bietet saisonales und regionales Obst und Gemüse
5   aromatischen Geschmack und viele Vitamine. Der Begriff „regional" begegnet einem im Supermarkt inzwischen oft. Der Wunsch der Verbraucher, ihre Lebensmittel aus der direkten Umgebung zu beziehen, ist groß. Lebensmittelunternehmen nutzen dieses Interesse allerdings als Marketingstrategie. Denn bei „regional" schwingen positive Assoziationen wie *gesund*, *natürlich* oder
10 *umweltfreundlich* mit. Dabei sollte man wissen, dass der Begriff nicht automatisch etwas über die Art des Anbaus aussagt, also etwa darüber, ob das

1 Die männlichen Formen schließen in diesem Text alle Geschlechter ein.

Gemüse im Freiland oder im Gewächshaus gezogen wurde. Auch der Einsatz von Pestiziden oder chemischen Düngemitteln wird durch die Bezeichnung „aus der Region" nicht geregelt.

„Aus der Region" ist kein geschützter Begriff

15 „Regional" ist kein rechtlich geschützter Begriff, jeder Hersteller verwendet ihn anders. So kann ein Lebensmittelproduzent, der seinen Firmensitz im Allgäu hat, „Region"
20 als den Bereich definieren, der 100 Kilometer um seinen Standort herum liegt. Werden diese Produkte in einem Hamburger Supermarkt angeboten, kann man von Regio-
25 nalität kaum noch sprechen. Andere fassen den Begriff enger und legen Wert auf eine lokale Produktion aus dem nahen Umkreis des Verkaufs-ortes. […]

Saisonkalender für Obst und Gemüse im Blick behalten

30 […] Die deutschen Verbraucher haben sich daran gewöhnt, dass viele Obst- und Gemüsesorten ganzjährig zur Verfügung stehen. Erdbeeren und Blaubee-ren kann man auch im Dezember kaufen, sollte sie aber lieber im Regal ste-hen lassen. Denn: Sie haben einen großen CO_2-Fußabdruck. Wenn sie nicht per Flugzeug aus Übersee kommen, wurden sie im Treibhaus gezogen. Hier
35 müssen mehr Pestizide eingesetzt werden als unter freiem Himmel, weil sich im feuchten Treibhausklima Pilze und Schädlinge schneller vermehren. Die Rückstände der Pflanzenschutzmittel können gesundheitsschädlich sein. […]

Einwecken, Einkochen, Fermentieren für den Winter

[…] Durch Einkochen, Einlegen und Einmachen kann man auch leckere Sommerprodukte, wie Kirschen und Paprika, für die kalten Monate haltbar
40 machen. Viele der Vitamine bleiben trotz des Konservierens erhalten. Auch durch Trocknen und Einfrieren lässt sich die Haltbarkeit von Obst und Gemüse verlängern. […]*

(Online im Internet: https://www.ndr.de/ ratgeber/verbraucher [28.05.2024].)

c Formuliere eine Problemfrage zum Thema des Textes.

Ist regionales und saisonales Essen …? Sollte man Lebensmittel …?

d Formuliere den Standpunkt der Autorin.

Die Autorin ist der Meinung, dass … / Sie vertritt den Standpunkt, …

Tipp
Entscheide, ob du direkt oder indirekt zitierst oder kurz zusammenfasst.

e Übertrage folgende Tabelle in dein Heft. Lies den Text noch einmal, suche Argumente der Autorin heraus und trage sie in die Tabelle ein.

Argumente pro (für) regionales und saisonales Essen	Argumente kontra (gegen) regionales und saisonales Essen
Argument 1: Begründung: Regionale und saisonale Lebensmittel schonen die Umwelt. Beispiel: So werden beispielsweise lange Transportwege vermieden.	**Argument 1:** Begründung: Der Begriff „regional" ist für viele Unternehmen nur eine Marketingstrategie. Beispiel: …
Argument 2: Begründung: … Beispiel: …	**Argument 2:** Begründung: … Beispiel: …

f Entscheide, welche Argumente du für besonders überzeugend hältst und welche deiner Ansicht nach nicht zutreffen.

Tipp
Recherchiere ggf. in verschiedenen Medien.

g Notiere eigene Argumente, die die Meinung der Autorin unterstützen oder ihr widersprechen. Ergänze deine Tabelle aus Aufgabe e.

h Entscheide, welche Argumente der Autorin du mit eigenen bestärken bzw. entkräften kannst. Ordne die Argumente im Block oder im Wechsel an.

Im **Hauptteil** einer **textbezogenen (textgebundenen) Erörterung** legt man alle Argumente des Textes dar und setzt sich mit jedem einzeln auseinander. Man bewertet die Argumente des Textes und ergänzt eigene. Den Hauptteil kann man auf verschiedene Arten **gliedern**, z. B.:

- **Gliederung im Block**, z. B.:
2   *Hauptteil*
2.1 *Wiedergabe der Pro-Argumente und Auseinandersetzung (im Block):*
    – *Pro-Argument 1, Bewertung, eigenes Argument*
    – *Pro-Argument 2, Bewertung, eigenes Argument usw.*
2.2 *Wiedergabe der Kontra-Argumente und Auseinandersetzung (im Block):*
    – *Kontra-Argument 1, Bewertung, eigenes Argument*
    – *Kontra-Argument 2, Bewertung, eigenes Argument usw.*
- **Gliederung im Wechsel**, z. B.:
2   *Hauptteil*
    Wiedergabe der Pro- und Kontra-Argumente und Auseinandersetzung (im Wechsel):
    – *Pro- und Kontra-Argument 1, Bewertung, eigenes Pro- und Kontra-Argument 1*
    – *Pro- und Kontra-Argument 2, Bewertung, eigenes Pro- und Kontra-Argument 2 usw.*

i Wäge die Argumente ab und formuliere jetzt deinen eigenen Standpunkt zum behandelten Problem.

Einen Textentwurf schreiben

2 Verfasse einen Entwurf deines Leserbriefs.

a Nenne in der Einleitung die Textsorte, den Titel, die Autorin und die Quelle des Textes. Formuliere das angesprochene Problem und fasse den Standpunkt der Autorin zusammen.

Der Artikel „...." von ... wurde am ... auf ... veröffentlicht. Darin geht es um ...

b Schreibe nun den Hauptteil, in dem du dich mit den Argumenten der Autorin kontrovers auseinandersetzt. Dabei unterstützt oder entkräftest du die Argumentation des Textes mit eigenen Argumenten.

Unterstützung der Argumentation: Ich stimme der Autorin zu, dass ... /
Ein wichtiger Aspekt ist außerdem ... / Ein weiteres Beispiel ist ...
Entkräftung der Argumente: Was zunächst dagegenspricht, ist ... /
Gegen diese Ansicht spricht ... / Obwohl ...

c Schreibe den Schluss der Erörterung. Formuliere deinen eigenen Standpunkt. Formuliere ggf. einen Kompromiss, eine Empfehlung, eine Einschränkung oder offene Fragen. Denke auch an eine angemessene Grußformel.

Nachdem ich das Für und Wider dargestellt habe, ...
Ich stimme der Meinung der Autorin (nicht) zu und denke (auch), dass ...

Den Textentwurf überarbeiten

→ **S. 213:**
Satz- und
Textgestaltung

3 Überarbeite deinen Entwurf des Leserbriefs.

 a Tauscht eure Entwürfe aus und gebt euch gegenseitig ein Feedback.

b Schreibe die Endfassung deines Leserbriefs. Achte besonders auf die abwechslungsreiche und logische Verbindung der Argumente.

4 Verfasse eine textbezogene (textgebundene) Erörterung.
Wähle Aufgabe a oder b.

●●○ a Lies den folgenden Text und setze dich mit dem dargestellten Problem auseinander, indem du die Standpunkte und Argumente kontrovers erörterst. Orientiere dich an der Schrittfolge unter dem Text.

Elena Bernard

Zuckersteuer könnte Gesundheit in Deutschland verbessern

[...] Die Weltgesundheitsorganisation WHO empfiehlt, maximal zehn Prozent des täglichen Kalorienbedarfs durch Süßes zu decken. Für durchschnittliche Erwachsene entspricht das etwa 50 Gramm Zucker am Tag. In Deutschland allerdings liegt der Konsum im statistischen Mittel fast doppelt so hoch.

5 Einen wichtigen Anteil daran haben Softdrinks. Die WHO schlägt daher vor, durch eine Steuer auf gesüßte Getränke Anreize zu schaffen, den Konsum zu reduzieren. Rund 100 Länder weltweit haben bereits eine solche Steuer eingeführt. In Deutschland dagegen gibt es bislang nur eine freiwillige Selbstverpflichtung der Getränkeindustrie, den Zuckergehalt in Softdrinks zu redu-
10 zieren, die bisher kaum Auswirkungen gezeigt hat.

Simulation verschiedener Steuer-Szenarien

Ein Team um Karl Emmert-Fees von der Technischen Universität München hat nun untersucht, was eine Zuckersteuer in Deutschland bewirken könnte. […]

Das Ergebnis: Bei einer 20-prozentigen Steuer auf zucker-
15 haltige Getränke würde der Zuckerkonsum von Deutschen zwischen 30 und 90 Jahren um durchschnittlich ein Gramm pro Tag sinken. Dadurch ließen sich bis 2043 mehr als 132 000 Fälle von Typ-2-Diabetes, über 39 000 Herzerkrankungen und rund 1900 Schlaganfälle verhin-
20 dern oder herauszögern, wie die Wissenschaftler ermittelten. Auch das Übergewicht in der Bevölkerung würde sich reduzieren. Durch weniger krankheitsbedingte Arbeitsausfälle und geringere Gesundheitskosten ließen sich in diesem Modell im Laufe der 20 Jahre etwa 9,6 Milliarden Euro einsparen, so die Prognose. Noch stärker wäre der Effekt, wenn neben Soft-
25 drinks auch Fruchtsäfte höher besteuert würden. […]

Reale Effekte potenziell noch stärker

Da viele der zugrunde gelegten Daten in Deutschland nur für Menschen über 30 Jahren verfügbar waren, haben die Forschenden in ihrer Simulation Kinder, Jugendliche und junge Erwachsene ausgespart. „Aus nationalen und internationalen Studien wissen wir aber, dass der Softdrink-Konsum im
30 Teenageralter am höchsten ist", sagt […] Karl Emmert-Fees. „Dementsprechend wäre die durchschnittliche Reduktion des Zuckerkonsums noch drastischer und der positive gesundheitliche Effekt noch größer, wenn wir jüngere Menschen mitberücksichtigen würden." […]*

(Online im Internet: https://www.wissenschaft. de/gesundheit-medizin/ [28.05.2024].)

So kannst du eine textbezogene Erörterung schreiben
1. Lies den Text bzw. die Texte gründlich und formuliere das darin angesprochene Problem in Form einer Frage.
2. Formuliere den dargestellten Standpunkt bzw. die Standpunkte.
3. Notiere die angeführten Argumente und bewerte sie.
4. Sammle eigene Argumente für und gegen die jeweiligen Standpunkte.
5. Ordne alle Argumente und entwirf eine Gliederung für den Hauptteil.
6. Formuliere deinen Standpunkt als Behauptung (These).
7. Schreibe einen Entwurf der Erörterung (Einleitung, Hauptteil, Schluss).
8. Überarbeite den Entwurf anschließend und schreibe die Endfassung.

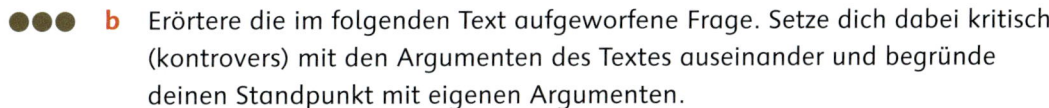 **b** Erörtere die im folgenden Text aufgeworfene Frage. Setze dich dabei kritisch (kontrovers) mit den Argumenten des Textes auseinander und begründe deinen Standpunkt mit eigenen Argumenten.

Sahar Nadi

War früher alles besser?

[…] Ja ja, die guten alten Zeiten. Für diejenigen, die sich noch erinnern mögen: Da gab es doch mal eine Zeit ohne diese ständig nervenden Handys, Smartphones oder sonstige Technik. Eine Zeit, in der sich junge Menschen noch an der frischen Luft statt in virtuellen Räumen trafen. […]

5 So manch einer wünscht sich nach all den Euro-Querelen, Pleitemeldungen und anderen wirtschaftlichen Hiobsbotschaften sogar die alte D-Mark zurück […]. Andere wiederum meinen, früher oftmals weniger gesellschaftlichen Druck verspürt zu haben. Nicht immer nur: leisten, leisten, leisten. Wirklich? Schon lange sind die „guten alten Zeiten" nicht mehr nur eine springende

10 Floskel-Schallplatte unserer Großeltern. Früh übt sich, wer mitreden will: Ob in den sozialen Onlinemedien, in öffentlichen Foren oder privaten Blogs: Retro sein und in Nostalgie schwelgen ist in, und das bereits mit Anfang zwanzig. […]

Aber jetzt mal ehrlich. Früher, das ist: Nazis, Kalter Krieg, Mauer.

15 Oder: Pest, Cholera, Hexenverbrennung. Früher, das war: dieser nervig-kratzige Kinderwollpullover, blöde Mathehausaufgaben, das Telefonzellen-gespräch, das plötzlich abbricht, weil ein paar Pfennige fehlen. Das war dieser C64, kein Macbook, kein PC.

Und wer will schon auf die globale Vernetzung, die das WorldWideWeb

20 ermöglicht, verzichten?

Oder was meinen Sie: War früher alles besser?*

(Online im Internet: https://taz.de/Streit-der-Woche/!5091706/ [28.05.2024].)

5 Stellt ausgewählte Erörterungen aus Aufgabe 4 in der Klasse vor und tauscht euch über die vorgebrachten Standpunkte und Argumente aus.

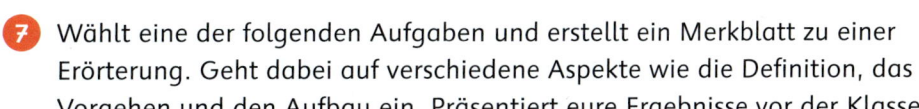 **6** Erprobt ein KI-Tool. Wählt ein Thema aus und gebt einen Auftrag (Prompt) zum Verfassen einer kontroversen Erörterung ein. Prüft das Ergebnis kritisch und verfasst eine eigene kontroverse Erörterung zu der von der KI generierten Erörterung.

Was habe ich gelernt? **7** Wählt eine der folgenden Aufgaben und erstellt ein Merkblatt zu einer Erörterung. Geht dabei auf verschiedene Aspekte wie die Definition, das Vorgehen und den Aufbau ein. Präsentiert eure Ergebnisse vor der Klasse.

1 Erstellt ein Merkblatt zur linearen Erörterung.

2 Erstellt ein Merkblatt zur kontroversen freien Erörterung.

3 Erstellt ein Merkblatt zur kontroversen textgebundenen Erörterung.

Eine Erörterung schreiben

> Prüfungsaufgaben zum **Erörtern** können **textbezogen (textgebunden)** oder **textunabhängig (frei)** sein. Meist erfordern sie das kontroverse (dialektische) Erörtern eines Problems, zum Beispiel in Form eines Leserbriefs oder Diskussionsbeitrags für ein Online-Portal.

Tipp
Achte auf die Verbformen (Operatoren) im Imperativ.

→ **S. 336:**
Operatoren im Überblick (Auswahl)

1 Untersuche folgende Prüfungsaufgaben. Ermittle genau, was sie von dir verlangen. Notiere die Anforderungen als Teilaufgaben.

1 Soziale Medien – Fluch oder Segen? Erörtern Sie die Frage unter Einbeziehung der Texte. Formulieren Sie Ihren Standpunkt und begründen Sie diesen.

2 Was darf Satire? Setzen Sie sich erörternd mit den in den Materialien (M1 bis M3) getroffenen Aussagen auseinander und legen Sie Ihre Ansichten und Erfahrungen zum Thema dar.

3 Zusammenleben mit den Eltern? Das Mehrgenerationenhaus bietet sowohl Chancen als auch Konfliktpotenzial. Erörtern Sie diese Problematik.

4 „Das wird man ja wohl noch sagen dürfen." Lesen Sie den Zeitungsartikel. Stellen Sie in einem Leserbrief Ihren Standpunkt dar und begründen Sie diesen.

2 Stelle fest, welche der Prüfungsaufgaben aus Aufgabe 1 eine Problemfrage vorgeben und zu welchen Aufgaben du selbst eine Problemfrage formulieren musst. Schreibe die Problemfragen auf.

3 Überlege, welche Sachfragen zu klären sind. Wähle zwei Prüfungsaufgaben aus Aufgabe 1 aus und formuliere jeweils zwei Sachfragen.

4 Lies die Schrittfolge und entscheide, welche Arbeitsschritte bei textunabhängigen und welche bei textbezogenen Erörterungen jeweils nötig sind.

Tipp
Wiederhole ggf., wie Argumente aufgebaut sind.

→ **S. 289:**
Merkwissen: Leserbrief

> **So kannst du Prüfungsaufgaben zum Erörtern bearbeiten**
> 1. Lies die Aufgabenstellung gründlich und unterstreiche die Verben (Aufforderungen) und eventuell vorgegebene Schwerpunkte.
> 2. Überlege kurz, wie du vorgehen willst, und teile deine Zeit ein.
> 3. Lies die Texte gründlich, markiere Standpunkte und Argumente.
> 4. Formuliere das Thema als Problemfrage oder Sachfrage.
> 5. Notiere wichtige Argumente aus dem Text und sammle eigene.
> 6. Erstelle eine Gliederung und schreibe einen Entwurf.
> 7. Überarbeite deinen Entwurf und schreibe die Endfassung.
>   Beachte ggf. die besonderen Anforderungen an einen Leserbrief.

Alligatoah

Wie zu Hause (Auszug)

[...] Ciao, ich bin raus, wer suchet, verschwindet
Manchmal google ich Orte, die man bei Google nicht findet
Ich will da, wo das Touri-Gesindel seinen Fuß niemals hinsetzt
Meinen Fuß hinsetzen, Touris sind immer die andern
5 Ich will jahrtausendealte, ohne Ende von Profi-Cams abgelichtete
Monumente mit'm Fotohandy knipsen
In den Landessprachen denselben Fraß bestellen
Wie in meinen Stammlokalen, „You have Hammelbraten?"
Ich will bei Ramschhändlern überteuerte Andenken kaufen
10 Die am Ende auf'm Wandschrank verstauben
Will, dass Grün auf meine Netzhaut fällt
Nur, dass man sich nicht ins Gewächshaus stellt, sondern in ein Trekkingzelt
Denn ich will gute Luft, ich bin naturbewusst
Ich zahle auch den Preis, Flugzeugschmutz im CO_2-Fußabdruck
15 Will von Check-in zu Check-in im Hektikmodus, Gepäck verloren, Infektionen
Urlaub mit den Stresshormonen eines Jetpiloten
Geldwechselstrom an der Hotelrezeption
Runterkommen von der Reise, ich bestell Beck's in Dosen
Such einen deutschen Sender im Television, Selbstreflexion
20 Als sie mich fragen, „Wie gefällt es, Señor?"

Ich fühl' mich wie zu Hause
Nur zu Hause will ich weg [...]*

1 Beschreibe, wie der Auszug aus dem Lied des Musikers Alligatoah
auf dich wirkt.

2 Gib mit eigenen Worten wieder, was sich das lyrische *Ich* vom Reisen erhofft.

3 Deute die Aussageabsicht des Liedes in Bezug auf Fernreisen.

→ **S. 279:**
Merk-
wissen: Film

4 Recherchiert im Internet und seht euch das Video an. Tauscht euch darüber
aus, ob und ggf. wie sich durch das Video eure Deutungen ändern.

Tobias Grimbacher (geb. 1975)

Sehnsuchtsort

Das Beste
am Aufbrechen
ist nicht der Weg
schmal durch die Hügel
5 steil in der Schlucht
nicht die Rast
am See
ausgestreckt
nicht das Ziel
10 im Abendrot
ist wenn ich ehrlich bin
die Gewissheit
wieder zuhause ankommen zu dürfen

Leona Helen Drescher (geb. 1999)

weg vom Weg

Alle Wege die ich gehe
führen an den selben Ort

Weit weg,
von hier
5 fort

Weiter Weg,
zu mir
hin

Egal wo ich stehe,
10 ich weiß nie wo ich bin

Nils Mohl (geb. 1971)

reisegedicht

zeit
geld
büro
planung
5 route
land

gepäck
koffer
tasche
10 apotheke
proviant

versicherung
wetter
welle
15 führer
pass

bus
erlebnis
fieber
20 krankheit
großer spaß

1 Lies die drei Gedichte (S. 32–33). Begründe, welches Gedicht dich am meisten anspricht.

2 Überlege, welche Auffassungen von Reisen sich in den Gedichten widerspiegeln.

3 Begründe, welches Gedicht deinen Auffassungen vom Reisen am ehesten entspricht.

4 Drücke eigene Gedanken und Gefühle zum Reisen in einem Gedicht oder einem kurzen Text aus. Du kannst zum Beispiel ein Parallelgedicht, eine Kurzgeschichte oder einen Tagebucheintrag verfassen. Illustriere deinen Text, wenn du möchtest.

Stefanie Dominguez (geb. 1996)

Partnerarbeit (2012)

Tessa Fuchs war die Einzige, die nicht mit ihrem Banknachbarn redete – es gab keinen. Und sie war die Einzige, die nicht über den Witz von Simon Bösenecker lachte, weil der Witz wieder einmal auf ihre Kosten ging.

„Hey, Tessa! Woher hast du denn die Jacke? Aus der Kleidersammlung?"

5 Das hatte er sie schon einmal gefragt, damals in der fünften Klasse, aber die anderen lachten trotzdem. Wahrscheinlich hatten sie vergessen, dass der Spruch nur eine Wiederholung war. Tessa hatte es nicht vergessen, auch das Lachen nicht. Sie lachten immer.

Sie zuckte zusammen, als sich der Stuhl neben ihr bewegte, und beobachtete

10 aus den Augenwinkeln, wie sich jemand darauf niederließ.

Ein Räuspern, das nach dem verstummten Gelächter so furchtbar laut klang.

„Maik ist krank, deshalb dachte ich, wir könnten ja heute nebeneinandersitzen?"

Es kam als Frage heraus. Immer stellten sie ihr Fragen.

15 Tessa schielte zu der Person neben ihr herüber. Die moosgrünen Augen konnten nur Ben Wolf gehören, dem netten, unscheinbaren Jungen aus ihrer Straße. Nicht dass er zu ihr nett war, aber zu den anderen war er es. Zu ihr war niemand nett, die meisten ignorierten sie, und das war gut so. Besser als die Witze von Simon und seinen Freunden, aber auch darüber konnte sie

20 mittlerweile hinwegsehen. Sie hätte nicht gedacht, dass Ben auch einer von denen war.

„Lass mich in Ruhe", sagte Tessa und wandte sich wieder ihrem Religionsbuch zu.

„Aber in dem Buch steht, dass wir die Aufgabe mit unserem Partner lösen

25 sollen. Meiner ist krank, du hast keinen, also …"

„Es ist mir egal, was in dem Buch steht. Du schaffst diese dämliche Aufgabe auch alleine."

Ben schüttelte den Kopf, sodass ihm eine kommaförmige Strähne ins Gesicht fiel. „Ich möchte aber neben dir sitzen."

30 Tessa war versucht zu schnauben, aber dann hätte man sie nur wieder als Schwein bezeichnet. Und es dauerte doch immer so lange, bis Simon aufhörte, Nachrichten auf ihrem Tisch zu hinterlassen, wenn er eine neue Beleidigung gefunden hatte.

„Tessa", flüsterte Ben, und sie erschrak darüber, wie nah er ihr plötzlich war.

35 „Es tut mir leid, wenn ich früher über dich gelacht habe. Lass es mich wiedergutmachen."

Entschlossen rückte sie ein Stück von ihm weg und konzentrierte sich darauf, ihm nicht in die Augen zu blicken. „Ich will kein Mitleid. Und es stört mich nicht, wenn du lachst. Alle lachen."

40 „So war das doch gar nicht gemeint." Bens Stimme wurde lauter, viel zu laut.

Die anderen sahen bereits zu ihnen herüber und Tessa versuchte, weiterhin auf ihr Buch zu starren.

„Geh weg! Bitte. Sonst fangen sie wieder an."

Ben berührte sie leicht am Arm, aber sie entzog sich seinem Griff. Trotzdem
45 blieb er sitzen und redete weiter, als hätte sie nichts gesagt. „Zeig her, was steht denn da? Hm, okay … Wir müssen also fünf verschiedene Phasen der Freundschaft festlegen. Die erste ist bestimmt …"

„Das findest du lustig, was?", fuhr sie ihn an. Ihre Unbeherrschtheit würde ihr zwar wieder einige Lacher einbringen, aber sie konnte sich einfach nicht
50 zurückhalten. „Das findest du lustig, *oder*? Ausgerechnet mit *mir* über Freundschaft zu reden, wo ich ja so viele *Freunde* habe!"

Tessa stellte sich vor, wie sie ihm das letzte Wort vor die Füße spuckte. Das half, wenn auch nur ein bisschen.

Ben hob die Hände und machte große Augen. „Nein, das … Ich wollte
55 doch nur … Ich dachte, wir machen das zusammen, als Fuchs und Wolf sozusagen."

Der Witz war so erbärmlich, dass Tessa kichern musste. Es war ein leises Kichern, so als wüsste sie nicht, wie Lachen überhaupt funktionierte.

Sie dachte daran, wie die Augen der anderen immer aussahen, wenn sie
60 lachten. Wie die Kieselsteine, die ihr Bruder manchmal sammelte. So blitzend. Ihre Augen sahen bestimmt nicht so aus. Höchstens wie Kieselsteine, die ins Wasser fielen, weil niemand sie mit nach Hause nehmen wollte, nicht einmal ihr Bruder.

„Siehst du, so schlimm bin ich gar nicht", meinte Ben und schob das Buch in
65 die Mitte. Es lag jetzt genau zwischen ihnen.

Tessa öffnete den Mund, aber Simon kam ihr zuvor. „Fuchs und Wolf? Benny, flirtest du gerade etwa mit unserer *Klassenschönheit*?"

Die anderen brachen in Gelächter aus. Es schmerzte in ihren Ohren.

Bens Miene war vollkommen ausdruckslos. Er lachte nicht, er zog bloß eine
70 Augenbraue hoch und wandte sich an Simon. „Ja, tue ich, was dagegen?"

---

1 Stelle Vermutungen an, warum Ben mit Tessa zusammenarbeiten möchte. Erkläre, warum Tessa die Zusammenarbeit mit Ben zunächst ablehnt.

2 In dem Text wird mit sprechenden Namen gearbeitet. Suche die sprechenden Namen heraus und deute ihre Funktion in dem Text.

3 Stelle Vermutungen an, was Tessa am Ende der Geschichte über Bens Reaktion gegenüber Simon denken könnte.

4 In der Kurzgeschichte kommunizieren die Figuren auch nonverbal miteinander. Untersuche die nonverbale Kommunikation und erkläre, was die Figuren damit ausdrücken wollen.

Rutger Bregman

Utopien für Realisten (Auszüge)

Die mittelalterliche Utopie

Die Welt der Vergangenheit war zweifellos ein rauer Ort. Da lag es nahe, dass die Menschen von einer besseren Welt träumten.

Eine besonders plastische Ausprägung dieses Traums war das Schlaraffen-land, das Land, in dem Milch und Honig flossen. Um dorthin zu gelangen,
5 musste man sich durch drei Meilen Reispudding essen, aber die Mühe war es wert, denn wer das Schlaraffenland erreicht hatte, fand sich an einem Ort wieder, wo die Flüsse statt Wasser Wein führten, gebratene Gänse durch die Luft flogen, Pfannkuchen an Bäumen wuchsen und heiße Pasteten vom Himmel regneten. Bauern, Handwerker, Geistliche – sie alle waren gleich
10 und faulenzten gemeinsam in der Sonne.

Im Schlaraffenland, dem Land des Überflusses, gab es nie Streit. Die Men-schen hatten nichts anderes zu tun, als zu feiern, zu tanzen, zu trinken und sich sexuell miteinander zu vergnügen.

„In der mittelalterlichen Vorstellungswelt käme das heutige Westeuropa
15 einem echten Schlaraffenland ziemlich nahe", erklärt der niederländische Historiker Herman Pleij. „Wir haben rund um die Uhr Zugang zu Fast Food, wir haben Heizungen, freie Liebe, ein Alterseinkommen ohne Arbeit und Schönheitschirurgie zur Verlängerung unserer Jugend."[1] [...]

Tatsächlich leben wir in einer Zeit, in der biblische Prophezeiungen wahr
20 werden. Was für die mittelalterlichen Menschen noch ein Wunder gewesen wäre, ist heute alltäglich: Die Blinden werden sehend gemacht, Gelähmte können wieder gehen, Tote kehren zurück ins Leben. Nehmen wir beispiels-weise Argus II, ein Gehirnimplantat, welches das Sehvermögen von Men-schen mit einer genetisch bedingten Sehbehinderung teilweise wiederher-
25 stellt. Oder die Rewalk-Roboterbeine, mit denen Querschnittgelähmte wieder gehen können. Oder den *Rheobatrachus*, eine 1983 ausgestorbene Froschgattung, die von australischen Wissenschaftlern mithilfe gespeicherter DNA wieder zum Leben erweckt worden ist. Der Tasmanische Tiger ist das nächste Tier auf der Wunschliste dieser Forscher, deren Arbeit Teil des umfas-
30 senderen „Lazarus-Projekts" ist (benannt nach dem neutestamentlichen Lazarus, den Jesus von den Toten auferweckte).

Inzwischen verwandelt sich Science-Fiction in reale Wissenschaft. Die ersten fahrerlosen Autos rollen bereits auf den Straßen. 3-D-Drucker spucken ganze embryonale Zellstrukturen aus, und Menschen, denen ein Chip ins Gehirn
35 eingesetzt wurde, steuern mit ihren Gedanken Roboterarme. [...]

Auch was die Gesundheit anbelangt – dies war das vielleicht schönste Versprechen der Utopie vom Land des Überflusses –, hat der Fortschritt die wildesten Träume unserer Vorfahren übertroffen. [...] Zwischen 1990

[1] Herman Pleij, *Dromen van Cocagne. Middeleeuwse fantasieën over het volmaakte leven* (1997), S. 11.

2 Zahlen der Weltbank: http://apps.who.int/gho/data/view.main.700? https://www.project-syndicate.org/commentary/'lang=en.

und 2012 stieg die Lebenserwartung weltweit von 64 auf 70 Jahre[2] – mehr
40 als doppelt so viel wie im Jahr 1900.
Immer weniger Menschen leiden unter Hunger. Zwar können wir in unserem
Land des Überflusses keine gebratenen Gänse aus der Luft fangen, aber
die Zahl der Menschen, die unter Mangelernährung leiden, ist seit 1990 um
mehr als ein Drittel gesunken. […]

Die Rückkehr der Utopien

45 Wenden wir uns wieder dem utopischen Denken zu.
Wir brauchen einen neuen Leitstern, eine neue Karte der Welt, auf der wir
wieder einen fernen, unentdeckten Kontinent eintragen können, einen
Kontinent namens Utopia. […] Das Wort *utopia* bedeutet sowohl „guter Ort"
als auch „Nichtort". Was wir brauchen, sind alternative Horizonte, die unsere
50 Phantasie anregen. […]
Wie alle Utopien wird auch unsere klein anfangen. Die Fundamente dessen,
was wir heute als Zivilisation bezeichnen, wurden vor langer Zeit von Träumern gelegt, die ihren eigenen Weg gingen. […]
Eines steht fest: Ohne all die idealistischen Träumer, die es zu allen Zeiten
55 gab, wären wir immer noch arm, hungrig, schmutzig, ängstlich, dumm,
krank und hässlich. Ohne Utopie sind wir verloren. Nicht, dass die Gegenwart schlecht wäre, im Gegenteil. Aber es ist eine freudlose Gegenwart,
wenn wir nicht darauf hoffen dürfen, dass die Zukunft besser sein wird.
„Der Mensch braucht zu seinem Glück nicht nur diesen oder jenen Genuss,

3 Bertrand Russell, Philosophy and Politics (1947), S. 14.
4 Bertrand Russell, Political Ideals (1917), Kapitel 1.

60 sondern Hoffnung, neue Unternehmungen und Veränderung", schrieb der
britische Philosoph Bertrand Russell[3]. An anderer Stelle erklärte er:
„Unser Ziel sollte nicht ein vollkommenes Utopia sein, sondern eine Welt,
in der Phantasie und Hoffnung lebendig sind."[4] […]*

1 Beschreibe, wie sich die Menschen im Mittelalter das Schlaraffenland
vorgestellt haben.

2 Erkläre, warum es scheint, dass in Westeuropa biblische Prophezeiungen
wahr geworden sind.

3 Tauscht euch darüber aus, welche Errungenschaften der Menschheit ihr euch
für die Zukunft wünscht.

4 Verfasse zum Textauszug „Die Rückkehr der Utopien" eine kontroverse
Erörterung.

Sachtexte lesen und verstehen

Sachtexte erschließen

Sachtexte dienen vorrangig der Wissensvermittlung und/oder Meinungsbildung. Sie können:
- **informieren**: Sachverhalte oder Geschehen werden relativ wertneutral dargestellt,
- **werten**: Sachverhalte oder Geschehen werden aus der Sicht verschiedener Autorinnen/Autoren dargestellt und bewertet,
- **appellieren (auffordern)**: Die Leserinnen/Leser werden zu bestimmten Reaktionen veranlasst und/oder zum Handeln angeregt.

Um komplexe Themen angemessen und möglichst anschaulich darzustellen, eignen sich besonders sogenannte **diskontinuierliche Texte**. Im Unterschied zu **kontinuierlichen Texten** (Fließtexten) enthalten diskontinuierliche Texte neben Fließtexten weitere **Textbausteine**, z. B.:
- Daten in Form von Stichpunkten,
- Angaben in Form von Diagrammen oder Tabellen,
- Begriffserklärungen in Form von Glossar oder Fußnoten,
- Fakten oder Hintergrundinformationen in Kästen oder Fußnoten,
- Zusatzinformationen in Form von Verweisen oder Links,
- Meinungsäußerungen in Form von grafisch abgehobenen Kurzinterviews,
- hervorgehobene Zitate,
- Bilder, Abbildungen, Schaubilder oder Grafiken.

Je nach Leseabsicht (Leseinteresse) oder Leseaufgabe müssen geeignete **Lesestrategien** ausgewählt werden, z. B. zum:
- überfliegenden (orientierenden) Lesen,
- vollständigen Erschließen oder
- Lesen unter bestimmten Fragestellungen bzw. Aspekten.

 1 Tauscht euch darüber aus, welche der im Merkkasten genannten Lesestrategien ihr bei den folgenden Leseabsichten (Leseinteressen) anwenden würdet.

1 Ihr möchtet euch grundsätzlich über ein Sachthema informieren.
2 Ihr möchtet prüfen, ob der Text ganz bestimmte Informationen enthält.
3 Ihr seid an Meinungen zum Thema interessiert.
4 Ihr möchtet prüfen, ob es sich lohnt, den gesamten Text zu einem Thema zu lesen.
5 Ihr sucht eine bestimmte Aussage, die ihr zitieren möchtet.
6 Ihr möchtet den Inhalt des Textes in einem Vortrag wiedergeben.

1. vollständiges Erschließen
2. ...

2 Stelle dir vor, du suchst für einen Vortrag Daten und Fakten zur Geschichte des Nobelpreises.

a Überfliege folgenden Text und prüfe, ob er Informationen dazu enthält.

Johannes Hirschler

Der Nobelpreis

Jedes Jahr im Frühherbst hält die Welt der Wissenschaft den Atem an. Wer bekommt den Nobelpreis? Und wofür? Das geheime Auswahlverfahren sorgt für Spannung, und die hohe Preissumme ist einige Anstrengungen wert.

Fünf Disziplinen

Der bedeutendste und bekannteste Preis der Welt geht auf den schwedischen
5 Erfinder und Industriellen Alfred Nobel (1833–1896) zurück.
Zu seiner Zeit einer der reichsten Männer der Welt, verfügte Nobel in seinem Testament die Gründung eines Fonds mit dem größten Teil seines Vermögens, „dessen jährliche Zinsen als Preise denen zuerteilt werden, die im verflossenen Jahr der Menschheit den größten Nutzen gebracht haben" – und
10 zwar unabhängig von Nationalität oder Geschlecht.

Nobelpreisträger/-innen nach Geschlecht von 1901 bis 2023
(Angaben in Prozent)

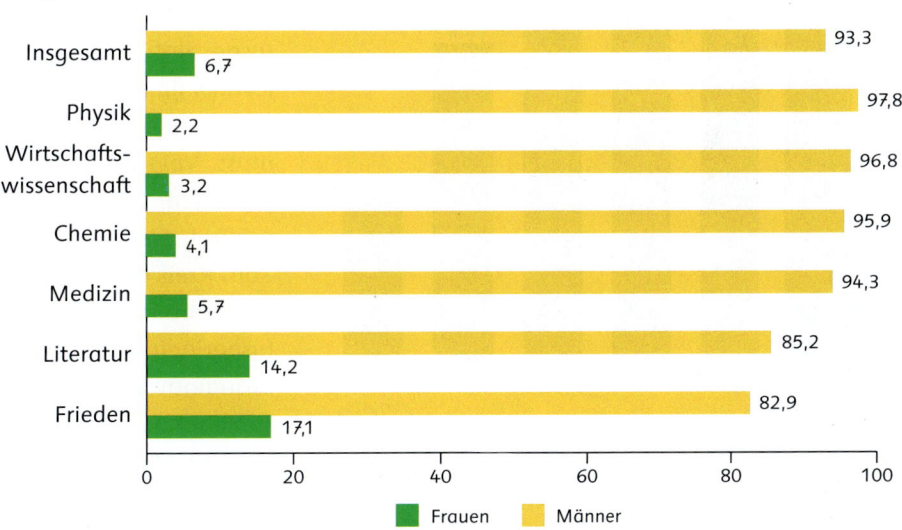

(Zahlen aus: https://de.statista.com [28.05.2024].)

Die fünf Disziplinen, in denen der Preis verliehen wird, reflektieren die Begabungen und Leidenschaften des hoch gebildeten und vielseitig interessierten Mannes:
In den Fächern Physik und Chemie gehörte Nobel selbst zu den führenden
15 Forschern und Unternehmern seiner Zeit. Von der Medizin, zu der er auch die Physiologie zählte, versprach sich Nobel, der zeit seines Lebens unter schwacher Konstitution litt, große Verbesserungen der Lebensqualität.

In der Literatur wollte Nobel „das Ausgezeichnetste in idealistischer Richtung" mit dem Preis belohnen. Der Friedenspreis geht auf sein Engagement
20 für die Völkerverständigung zurück und den Einfluss der österreichischen Baronin Bertha von Suttner (1843–1914), einer prominenten Pazifistin. 1968 stiftete die Schwedische Reichsbank […] zusätzlich den Nobel-Gedenkpreis für Wirtschaftswissenschaften […].

Wer wählt die Preisträger aus?

Mit der Auswahl der Preisträger[1] beauftragte Alfred Nobel akademische
25 Institutionen seines Heimatlandes: Die Preise für Physik und Chemie werden von der Schwedischen Akademie der Wissenschaften vergeben; die für physiologische oder medizinische Arbeiten vom Karolinska-Institut, dem einzigen akademischen Lehrkrankenhaus des Landes. Die Suche nach dem Literaturpreisträger liegt bei der Stockholmer Akademie.
30 Für die Wahl des Friedensnobelpreisträgers setzt das norwegische Parlament in Oslo, der Storting, eine fünfköpfige Kommission ein. Schweden und Norwegen bildeten zu Nobels Lebzeiten eine Union, die erst 1905 friedlich aufgelöst wurde, und Nobel wollte beide Teile seines Vaterlandes einbeziehen.

[1] Die männlichen Formen schließen in diesen Texten alle Geschlechter ein.

Das geheime Auswahlverfahren

Jedes Jahr überreicht der König von Schweden im
35 Stockholmer Konzerthaus die Preise – immer am 10. Dezember, dem Todestag Alfred Nobels. […] Insgesamt rund 6000 Personen werden von den jeweils fünfköpfigen Nobelkomitees formell um ihr Votum gebeten, das bis zum 31. Januar vorliegen
40 muss. Vorschläge einreichen können nur Einzelpersonen, nicht Institutionen. Wer sich selbst vorschlägt, ist damit automatisch disqualifiziert. Zum Kreis der Nominatoren, der sich von Preis zu Preis unterschiedlich zusammensetzt, gehören alle
45 bisherigen Nobelpreisträger sowie die Professoren skandinavischer Universitätsfakultäten der entsprechenden Fachrichtung. Je nach Fachrichtung werden dazu wissenschaftliche Institutionen in der ganzen Welt und ausgewählte Fachleute hinzugezogen. Für den Literatur-
50 preis werden beispielsweise die Vorsitzenden nationaler Schriftstellerverbände wie des PEN[2] gefragt. Der Friedensnobelpreis wird als einziger Preis nicht nur an Personen, sondern auch an Institutionen vergeben, wie beispielsweise 1977 an Amnesty International oder 2012 an die Europäische Union. Für diesen
55 Preis dürfen Mitglieder der Parlamente und Regierungen aller Staaten Vorschläge einreichen, aber auch Angehörige bestimmter Einrichtungen wie das Internationale Schiedsgericht in Den Haag. […]

Nobelpreise nach Kategorien bis 2023

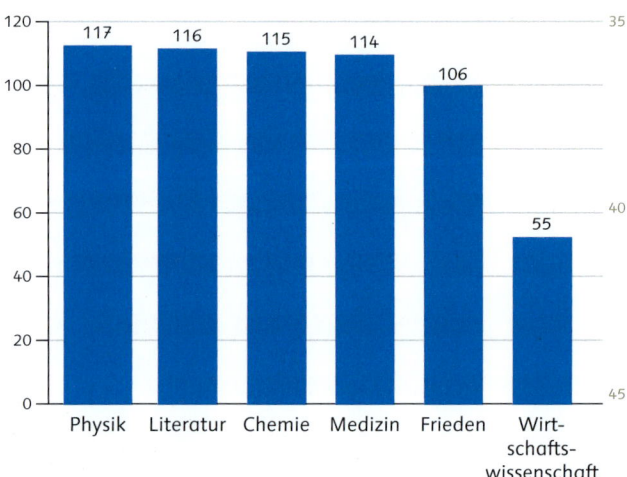

(Zahlen aus: https://de. statista.com [28.05.2024].)

[2] *PEN:* Poets, Essayists, Novelists

Das Preisgeld

Die Höhe der Preissumme richtet sich nach den Erträgen der Nobelstiftung und schwankt von Jahr zu Jahr. Seit 2020 ist jeder einzelne Nobelpreis mit
60   zehn Millionen Schwedischer Kronen dotiert (rund 981 000 Euro). […] Heute wird das Geld, das viele Preisträger selbst wieder für gemeinnützige Zwecke stiften, nach deren Wünschen überwiesen.

Die Preisverleihung

3 *die „Grand Robe": hier: ein festliches Kleid*

Frack und „Grand Robe"[3] sind Pflicht bei der Preisverleihung am 10. Dezember in der 1920 erbauten Konzerthalle Stockholms. Der Tag selbst hat in
65   Schweden den Charakter eines Nationalfeiertages. […]
In Stockholm sind die Preisträger und ihre Familien, Vertreter der preisverleihenden Institute und ehemaligen Preisträger sowie 250 Studierende, die ausgelost werden, anschließend zu einem feierlichen Bankett eingeladen. 1287 Gäste fasst der prunkvolle Blaue Saal der Stockholmer Stadthalle für
70   das wichtigste gesellschaftliche Ereignis Schwedens, eine Mischung aus königlichem Diner, Familientreffen und Studentenfete.*

(Online im Internet: https://www.planet-wissen.de [28.05.2024].)

b   Entscheide, ob die folgenden Aussagen richtig oder falsch sind. Lies dazu gezielt im Text nach.

1   Den Nobelpreis für Wirtschaftswissenschaften gab es nicht vor 1968.
2   Der PEN als Schriftstellerverband spielt eine unwesentliche Rolle bei der Nominierung.
3   Erst seit dem Jahr 2020 werden die Preisgelder wohltätigen Zwecken zugeführt.
4   Der 10. Dezember ist in Schweden ein Tag wie jeder andere.

c   Beantworte folgende Fragen mithilfe des Textes.

1   Welche Motivation hatte Alfred Nobel für die Stiftung des Nobelpreises?
2   Welcher Unterschied besteht in den Auswahlverfahren für den Literaturnobelpreis und für den Friedensnobelpreis?
3   Wie werden die Preisträgerinnen und -träger ausgewählt?

3   Untersuche die grafischen Darstellungen genauer.

a   Erschließe die Diagramme. Beantworte dazu folgende Fragen.

1   Was sagt das Balkendiagramm aus?
2   Worüber trifft das Säulendiagramm Aussagen?
3   Welche Größen werden jeweils auf den Achsen dargestellt?
4   Aus welcher Quelle stammen die Daten?
5   Wie hoch ist der prozentuale Anteil der weiblichen Nobelpreisträgerinnen?
6   In welcher Kategorie wurden die meisten Nobelpreise verliehen?

b Formuliere in einem Satz, welche Zusatzinformationen die Diagramme zum Text liefern.

 c Sucht Gründe dafür, weshalb es nur relativ wenige weibliche Nobelpreisträgerinnen gibt.

 d Tauscht euch darüber aus, warum Frauen mehr Friedensnobelpreise erhielten als Preise in den anderen Disziplinen.

e Überlege, welche Funktionen der Text hat. Welche Intentionen verfolgt der Autor: informieren, appellieren und/oder werten? Begründe deine Einschätzung.

> Oft werden Sachtexte zur eigenen **Meinungsbildung** herangezogen, d. h., man muss den **Standpunkt** der Autorin / des Autors zum Thema **erfassen**. Dieser kann folgendermaßen zum Ausdruck gebracht werden:
> - **direkte Formulierungen**: durch konkrete Aussagen, z. B.:
>   *Einfach wird das nicht.*   *Gut/Schlecht wäre, wenn …*
>   *Meiner Meinung nach …*   *Ich finde/meine/denke, …*
> - **indirekte Formulierungen**: durch wertende Adjektive, Verben oder Nomen bzw. durch unpersönliche wertende Wendungen, z. B.:
>   *Da kann man sich nur wundern! Was für ein Erfolg!*

4 Setze dich mit dem folgenden wertenden Text auseinander.

a Lies den Text und formuliere das Thema, zu dem die Autorin Stellung nimmt.

Christine Westerhaus

Männlich, weiß und hochbetagt

Der Physiker John B. Goodenough war mit 97 Jahren der älteste Nobelpreisträger überhaupt. Und doch ein typischer Kandidat: hochbetagt, weiß und männlich – und aus den USA. Das sorgt für Kritik.

Der Start in die Nobelpreis-Woche war wie immer: Die Auszeichung im
5 Bereich Medizin geht an Männer, überwiegend kommen sie aus den USA. Auch die Preise für Physik und Chemie gehen ausschließlich an Wissenschaftler – immerhin: Mit Lithium-Batterien und Planetenforschung sind die für Forschungsgebiete einigermaßen verständlich.
Das sei eher die Ausnahme, meint Jan-Olov Johansson. Der ehemalige Chef
10 der Wissenschaftsredaktion des öffentlich-rechtlichen schwedischen Radios verfolgt die Nobelpreisvergabe seit mehr als 20 Jahren. Oft hat er live von der Pressekonferenz der Bekanntgabe berichtet.
„Ich stand dann 20 Minuten lang da und hatte keine Ahnung, worum es ging. Vor allem beim Physik-Nobelpreis", erinnert sich der Journalist. […]

15 Die Grundlagenforschung, die häufig mit einem Nobelpreis ausgezeichnet wird, ist nicht immer einfach zu erklären.

Trotzdem ist der Nobelpreis in der Öffentlichkeit so beliebt wie kein anderer Forschungspreis. Vor allem im Ausland genießt er ein hohes Ansehen. Diese Erfahrung hat auch Johansson bei einem Auslandsaufenthalt in den USA

20 gemacht.

„An der berühmten Stanford Universität war das Einzige, worüber die Forscher geredet haben, der Nobelpreis", so der Schwede. Es sitze wohl einfach im Hinterkopf der Menschen, dass dieser Preis eine große Sache ist.

Vielleicht liegt das an der langen Tradition und der Geschichte. Der Schwede

25 Alfred Nobel hat in seinem Testament verfügt, dass sein Vermögen in eine Stiftung fließen soll. Sie bezahlt seit 1901 das Preisgeld. Nobel verfügte, dass die Auszeichnung an Wissenschaftlerinnen oder Wissenschaftler geht, die der Menschheit den größten Nutzen gebracht haben.

Als Regel gilt, dass sich nicht mehr als drei Personen den Nobelpreis in einer

30 Kategorie teilen dürfen. Doch das sei heutzutage nicht mehr zeitgemäß, findet Jan-Olov Johansson. Denn oftmals sind deutlich mehr Forscher[1] an einer Entdeckung beteiligt: „Das bedeutet, dass viele Forschungsgebiete nicht ausgezeichnet werden, weil es mehr als drei Wissenschaftler gibt, die den Preis bekommen müssten." Nobel hat das so nicht verfügt, sondern die

35 Regel hat das Nobelpreiskomitee selbst aufgestellt. [...]

Ein weiterer Kritikpunkt: Oft vergehen Jahrzehnte, bis eine Entdeckung ausgezeichnet wird. Die Preisträger haben ihre wissenschaftliche Karriere also meist schon hinter sich.

[1] Die männlichen Formen schließen in diesen Texten alle Geschlechter ein.

Klaus Hasselmann (geb. 1931) bekam 2021 gemeinsam mit Syukuro Manabe und Giorgio Parisi den Nobelpreis für Physik

Auch der Schwede Arvid Carlsson war bereits 77, als er im Jahr 2000 den
40 Nobelpreis für Medizin bekommen hat. Trotzdem erinnerte er sich auch als
über 90-Jähriger noch genau an den Anruf aus Stockholm. Er kam gerade
aus einer Veranstaltung und war auf dem Weg zurück in sein Forschungs-
institut, als das Telefon klingelt. […] „An so was erinnert man sich. Wie spät
es damals war", so Carlsson.
45 Der Pharmakologe starb […] im Alter von 95 Jahren. Bis an sein Lebensende
forschte er. Der Nobelpreis, so erzählte er es vor einigen Jahren, habe in
seinem Leben viel verändert. Man werde anders behandelt, die Aussagen
bekämen ein größeres Gewicht. […]
Doch Carlsson berichtet auch von Schattenseiten. Er bemerkte, dass sich
50 andere Menschen besonders aufmerksam ihm gegenüber zeigten – nur um
„selbst einen Vorteil davon zu bekommen". Details hat der Schwede für sich
behalten. […]*

(Online im Internet:
https://www.deutsch-
landfunkkultur.de
[28.05.2024].)

Tipp
Die Autorin
benennt im Text
vier Kritikpunkte.

b Lies den Text noch einmal gründlich. Ermittle die Kritikpunkte der Autorin.

c Fasse den Standpunkt der Autorin in einem Satz zusammen.

d Untersuche, wie im Text der Standpunkt der Autorin sprachlich deutlich
gemacht wird. Suche im Text nach direkten oder indirekten Formulierungen.
Orientiere dich dabei am Merkkasten auf S. 42.

direkte Formulierungen: „ein typischer Kandidat" (Z. 2), …
indirekte Formulierungen: …

5 Erschließe einen weiteren wertenden Sachtext. Wähle Aufgabe a oder b.

●●○ **a** Lies den wertenden Sachtext „Eine Art Wunder" in den Lesestoffen (S. 78)
und erschließe die enthaltenen Wertungen mithilfe der Schrittfolge.

> **So kannst du wertende Sachtexte erschließen**
> 1. Stelle Vermutungen zum Inhalt des Textes an.
> 2. Verschaffe dir durch überfliegendes Lesen einen Überblick über Thema
>   und Inhalt des Textes.
> 3. Ermittle die einzelnen Meinungen und Kritikpunkte der Autorin /
>   des Autors und notiere sie.
> 4. Untersuche, wie die Autorin / der Autor den Standpunkt direkt oder
>   indirekt zum Ausdruck bringt.
> 5. Fasse den Standpunkt der Autorin / des Autors in einem Satz
>   zusammen.

  **b** Suche in Zeitschriften oder im Internet einen wertenden Sachtext, erschließe
die enthaltenen Wertungen und fasse sie schriftlich zusammen.

Textbeschreibungen zu Sachtexten verfassen

In einer **Textbeschreibung** werden Ergebnisse der **Analyse** eines Textes zusammenhängend dargestellt. Das heißt, jeder Textbeschreibung muss eine genaue Untersuchung des Textes vorangehen.

Die Textbeschreibung zu einem **Sachtext** gibt sachlich Auskunft über dessen Inhalt und Besonderheiten. Sie sollte folgende Bestandteile aufweisen:

Einleitung:
• Titel, Autorin/Autor, ggf. Herausgeberin/Herausgeber, Thema, Quelle,

Hauptteil:
• Aussagen zum Aufbau des Textes, z. B.: äußerlich erkennbare Gliederung (Textbestandteile, Funktion und Anordnung),
• Aussagen zum Inhalt des Textes, z. B.: Thema, Standpunkt der Autorin / des Autors, Hauptaussage, Thesen, Argumente,
• Aussagen zur Wirkungsabsicht, zum Adressatenbezug, zur Textfunktion,
• Aussagen zu sprachlichen Besonderheiten,

Schluss:
• Bewertung von Inhalt und Darstellungsweise des Textes (z. B. hinsichtlich seiner Schlüssigkeit, Sorgfalt und Verständlichkeit), ggf. eigene Meinung zu dem im Text Dargestellten.

Eine Textbeschreibung planen

1 Bereite eine Textbeschreibung zum Text „Der Nobelpreis" aus Aufgabe 2 a (S. 39) vor. Untersuche den Text genau und fertige Notizen an.

Tipp
Nutze deine Ergebnisse aus den Aufgaben 2 und 3 (S. 39–42).

a Untersuche den Aufbau des Textes. Entscheide, ob es sich um einen kontinuierlichen (Fließtext) oder diskontinuierlichen Text handelt.

b Formuliere das Thema des Textes.

c Untersuche die Gliederung des Textes. Stelle dazu den Gedankengang des Autors in einer Übersicht dar.

d Überlege, was der Autor mit seinem Text erreichen möchte: informieren, appellieren oder werten? Begründe deine Meinung.

e Untersuche, auf welche Art und Weise der Autor die Leserschaft anspricht.

f Untersuche und beschreibe die sprachlichen Besonderheiten des Textes.

Einen Entwurf schreiben

2 Verfasse einen Entwurf der Textbeschreibung. Lass einen breiten Rand für die Überarbeitung.

a Lies den Text (Aufgabe 2 a, S. 39) noch einmal und entwirf die Einleitung.

2 a Nutze eins der folgenden Muster.

Der vorliegende Text mit dem Titel „…" wurde von … verfasst. Er behandelt das Thema „…" und ist am … in … erschienen.

In dem Sachtext „…", der von … verfasst und am … auf … online gestellt wurde, geht es um das Thema „…".

b Schreibe den Entwurf des Hauptteils. Beginne mit einer kurzen Inhaltsangabe. Nutze deine Ergebnisse aus Aufgabe 1 (S. 45).

c Entwirf den Schluss der Textbeschreibung. Lege deine eigene Meinung zum Thema dar oder bringe einen Bezug zu deinem Leben zum Ausdruck.

Den Entwurf überarbeiten

d Überarbeite deinen Entwurf und schreibe die Endfassung. Prüfe deinen Text mithilfe der folgenden Fragen.

1 Wurden Textfunktion und Absicht der Autorin bzw. des Autors bestimmt?
2 Wurden alle notwendigen Angaben zum Textinhalt wiedergegeben?
3 Wurden inhaltliche und gestalterische Besonderheiten des Textes beschrieben?
4 Ist die sprachliche Gestaltung deiner Textbeschreibung korrekt?

3 Verfasse eine weitere Textbeschreibung. Wähle Aufgabe a, b oder c.

●○○ **a** Verfasse eine Textbeschreibung zum Text „Männlich, weiß und hochbetagt" (Aufgabe 4a, S. 42). Orientiere dich an den Aufgaben 1 und 2 (S. 45).

●●○ **b** Verfasse eine Textbeschreibung zum Text „Männlich, weiß und hochbetagt" in Aufgabe 4a (S. 42). Nutze die Schrittfolge.

> **So kannst du eine Textbeschreibung zu Sachtexten verfassen**
> 1. Lies den Text mehrmals und analysiere ihn gründlich. Notiere wichtige Textstellen als Zitate. Untersuche
>   • die Textfunktion (informieren, appellieren, werten),
>   • den Inhalt (z. B. Thema, Standpunkt der Autorin / des Autors, Hauptaussage, Thesen, Argumente),
>   • die Form (z. B. Gliederung, Textbestandteile und ihre Funktion sowie Anordnung),
>   • sprachliche Besonderheiten.
> 2. Verfasse einen Entwurf deiner Textbeschreibung (Einleitung, Hauptteil, Schluss).
> 3. Überarbeite den Entwurf und schreibe die Endfassung.

●●● **c** Verfasse eine Textbeschreibung zu einem selbst gewählten Sachtext.

Was habe ich gelernt? **4** Erstellt eine Checkliste mit den wichtigsten Punkten, anhand derer ihr eure Textbeschreibungen zu Sachtexten überarbeiten könnt.

Inhalt überarbeiten:
– Sind in der Einleitung ...
– ...

2 c Nutze eins der folgenden Muster.
Zum Schluss möchte ich meine persönliche Meinung zum Sachtext „..." darstellen. Der Text hat mich sehr angesprochen, da er ein Thema behandelt, das ...
Abschließend möchte ich persönlich zum Sachtext „..." Stellung nehmen. ...

Einen Sachtext erschließen

> Prüfungsaufgaben zum **Erschließen von Sachtexten** können das Auffinden, Vergleichen und Bewerten bestimmter Informationen, Meinungen, Standpunkte, Argumente bzw. Appelle fordern, wozu meist auch die Textsorte, Textfunktion und die Textquelle zu berücksichtigen sind.

Tipp
Achte auf die Verbformen (Operatoren) im Imperativ.

→ **S. 336:**
Operatoren im Überblick (Auswahl)

1 Untersuche, was folgende Prüfungsaufgaben von dir verlangen. Formuliere die Anforderungen als Teilaufgaben.

1 Im Text werden Kritikpunkte zur Verleihung der Nobelpreise erwähnt. Notieren Sie zwei davon.

2 Alfred Nobel hat in seinem Testament die Gründung eines Fonds verfügt, „dessen jährliche Zinsen als Preise denen zuerteilt werden, die im verflossenen Jahr der Menschheit den größten Nutzen gebracht haben" – unabhängig von Nationalität oder Geschlecht. Erläutern Sie diese Aussage.

3 Erläutern Sie, warum Marie Curie nach Einschätzung des Autors zu den „größten Persönlichkeiten" (Z. 8) gehört.

4 Ordnen Sie den Text einer Textsorte zu. Nennen Sie drei Merkmale dieser Textsorte.

5 Werten Sie die Grafik zusammenhängend nach folgenden Kriterien aus: Quelle, Thema, Art der Grafik, Aussagen.

2 Lies die Schrittfolge. Überlege, welche der Arbeitsschritte an die Besonderheiten von diskontinuierlichen Texten anzupassen sind.

So kannst du Prüfungsaufgaben zu Sachtexten bearbeiten
1. Lies die Aufgabenstellung gründlich, unterstreiche die Verben (Aufforderungen) und eventuell vorgegebene Schwerpunkte.
2. Überlege kurz, wie du vorgehen solltest, und teile deine Zeit ein.

Texterschließung	Textbeschreibung
3. Lies den Text. Markiere bzw. notiere die Textstellen mit den gesuchten Informationen bzw. Standpunkten, Meinungen, Argumenten, Appellen oder Bewertungen.	3. Analysiere den Text. Fertige Notizen zu Inhalt, Form, Sprache und Textfunktion(en) an.
4. Formuliere ggf. eigene Meinungen, Bewertungen, Fragen, Unklarheiten.	4. Formuliere ggf. eigene Meinungen, Bewertungen, Fragen, Unklarheiten zu Textstellen und zum Gesamttext.
5. Fasse die geforderten Informationen bzw. Meinungen, Standpunkte, Argumente usw. zusammen.	5. Ordne die Notizen und entwirf eine Textbeschreibung.
6. Überprüfe, korrigiere bzw. überarbeite deine Aussagen.	6. Überarbeite den Entwurf, schreibe die Endfassung.

1 Verschaffe dir durch überfliegendes Lesen einen Überblick über den Textinhalt. Notiere in einem Satz, welches Thema angesprochen wird.

Amnesty International

Wer wir sind … und woran wir glauben

In vielen Ländern sind Menschen gefährdet, die sich für ihre Menschenrechte einsetzen. Vieles hat sich in den vergangenen Jahren zwar verbessert, aber immer wieder erleben wir, dass Regierungen und politische Gruppierungen die Menschenrechte massiv einschränken. Besonders gefährdet sind Men-
5 schen, die sich für ihre Rechte einsetzen, wie zum Beispiel Rechtsbeistände, Medienschaffende, Umweltaktivistinnen und -aktivisten sowie andere kritische Stimmen. […]
Amnesty International ist die weltweit größte Bewegung, die für die Menschenrechte eintritt. Amnesty ist unabhängig von Regierungen, Parteien,
10 Ideologien, Wirtschaftsinteressen und Religionen. Um diese Unabhängigkeit zu sichern, finanzieren wir unsere Menschenrechtsarbeit allein aus Spenden und Mitgliedsbeiträgen. Unsere Kampagnen und Aktionen basieren auf den Grundsätzen der Allgemeinen Erklärung der Menschenrechte.
Die große Stärke von Amnesty liegt im freiwilligen Engagement von mehr
15 als zehn Millionen Unterstützerinnen und Unterstützern in über 150 Ländern. Es sind Menschen verschiedenster Altersgruppen, Nationalitäten und Kulturen. Zusammen setzen wir alle Mut, Kraft und Fantasie ein, um eine Welt zu schaffen, in der die Menschenrechte für alle gelten.

Für diesen Einsatz erhielt Amnesty 1977 den
20 Friedensnobelpreis. In der Begründung hieß es, Amnesty zeichne sich durch eine klare Haltung aus: „Nein zu Gewalt, Folter und Terrorismus. Auf der anderen Seite ein Ja zur Verteidigung der Menschenwürde und Menschenrechte."
25 Für diese Werte setzt sich Amnesty bis heute ein.

Amnesty International in Deutschland

Amnesty in Deutschland – das sind mehr als 180 000 Menschen, die sich für den Schutz der Menschenrechte einsetzen. Gegründet wurde die deutsche Sektion von Amnesty 1961 unter anderem von der Journalistin Carola Stern und dem Journalisten Gerd Ruge.
30 Amnesty bietet allen, die sich für die Einhaltung der Menschenrechte einsetzen wollen, vielfältige Möglichkeiten: In Deutschland gibt es fast 600 Amnesty-Gruppen – darunter sind auch Jugend- und Hochschulgruppen sowie Länder-, Regional- und Themenkoordinationsgruppen. Sie treffen sich regelmäßig, um Menschenrechtsthemen zu bearbeiten, Mahnwachen, Info-
35 stände und andere Veranstaltungen zu organisieren und Petitionsunterschriften zu sammeln. […]*

2 Entscheide, welche der folgenden Aussagen richtig oder falsch sind.

1 Amnesty setzt sich gegen Einschränkungen von Menschenrechten ein.
2 Amnesty ist abhängig von Regierungen, Parteien, Ideologien, Wirtschaftsinteressen und Religionen.
3 Die Organisation finanziert sich vor allem durch Spenden und Mitgliedsbeiträge.
4 1997 erhielt Amnesty International den Friedensnobelpreis.

3 Korrigiere die falschen Aussagen aus Aufgabe 2.

4 Notiere mithilfe des Textes Antworten auf folgende Fragen.

1 Wofür setzt sich Amnesty International ein?
2 Wofür erhielt die Organisation den Friedensnobelpreis?
3 Wann und durch wen wurde Amnesty International in Deutschland gegründet?

5 Die Autorin bzw. der Autor möchte mit diesem Text sowohl informieren als auch werten und appellieren. Belege das anhand von Textstellen.

6 Werte das Säulendiagramm aus. Beantworte dazu die folgenden Fragen.

1 Worüber gibt die grafische Darstellung Auskunft?
2 Welche Werte sind dargestellt?
3 Was ist die generelle Aussage der Grafik?

→ **S. 322:** Lösung zum Test

Einnahmen und Ausgaben von Amnesty International von 2014 bis 2022 (in Millionen Euro)

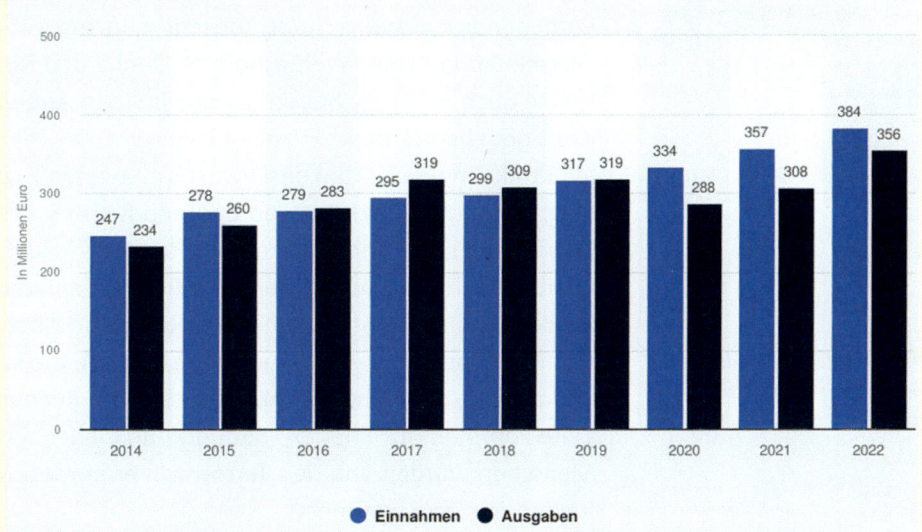

(Online im Internet: https://de.statista.com/ [28.05.2024].)

Präsentieren

Reden hören und verstehen

 1 Tauscht euch über folgende Aussagen aus.

> „Eine gute Rede soll das Thema erschöpfen, nicht die Zuhörer."
> (Winston Churchill, 1874–1965, britischer Staatsmann)

> „Eine gute Rede hat einen guten Anfang und ein gutes Ende –
> und beide sollten möglichst dicht beieinanderliegen."
> (Mark Twain, 1835–1910, amerikanischer Schriftsteller)

2 Malala Yousafzai ist die jüngste Nobelpreisträgerin. Im Jahr 2014 wurde ihr im Alter von 17 Jahren der Friedensnobelpreis verliehen.

 a Recherchiere die Biografie von Malala Yousafzai und die Gründe, warum ihr der Friedensnobelpreis verliehen wurde.

b Lies die Rede, die Malala an ihrem 16. Geburtstag hielt, oder lass sie dir vortragen.

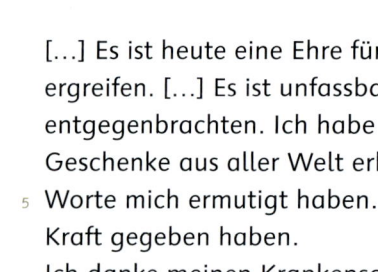

Malala Yousafzai (geb. 1997)

Rede vor den Vereinten Nationen, 12. Juli 2013

[…] Es ist heute eine Ehre für mich, nach langer Zeit wieder das Wort zu ergreifen. […] Es ist unfassbar für mich, wie viel Liebe die Menschen mir entgegenbrachten. Ich habe Tausende Karten mit guten Wünschen und Geschenke aus aller Welt erhalten. Danke den Kindern, deren unschuldige
5 Worte mich ermutigt haben. Danke meinen Angehörigen, deren Gebete mir Kraft gegeben haben.
Ich danke meinen Krankenschwestern, meinen Ärzten und dem Krankenhauspersonal in Pakistan und England […].
Liebe Brüder und Schwestern, lasst uns eins festhalten: Der Malala-Tag ist
10 nicht mein Tag. Heute ist der Tag aller Frauen, aller Jungen und aller Mädchen, die ihre Stimme für ihre Rechte erhoben haben. Es gibt Hunderte von Menschenrechtsaktivisten[1] und solchen, die sich auf sozialem Gebiet engagieren, die nicht nur mündlich für ihre Rechte eintreten, sondern für ihre Ziele kämpfen, für Frieden, Bildung und Gleichberechtigung. Tausende von
15 Menschen wurden von den Terroristen ermordet, Millionen wurden verletzt. Ich bin nur eine von ihnen.
So stehe ich hier … so stehe ich hier, ein Mädchen unter vielen.

[1] Die Rede wurde aus dem Englischen übersetzt, deshalb wird nicht gegendert.

Ich spreche – nicht für mich, sondern um denjenigen, die keine Stimme haben, Gehör zu verschaffen. Denjenigen, die für ihre Rechte gekämpft
20 haben.

Ihr Recht, in Frieden zu leben.

Ihr Recht, mit Würde behandelt zu werden.

Ihr Recht auf Chancengleichheit.

Ihr Recht auf Bildung.

25 Liebe Freunde, am 9. Oktober 2012 haben die Taliban mich in meine linke Stirnseite geschossen. [...] Die Terroristen dachten, sie würden meine Bestrebungen ändern und meinen Absichten ein Ende machen, doch in meinem Leben hat sich nichts geändert, nur dies: Schwäche, Angst und Hoffnungslosigkeit sind gestorben. Stärke, Macht und Mut wurden geboren.

30 Ich bin dieselbe Malala. Meine Absichten sind dieselben. Meine Hoffnungen sind dieselben. Meine Träume sind dieselben. [...]

Liebe Weggefährten, heute richte ich mein Hauptaugenmerk auf die Rechte der Frauen und auf die Bildung von Mädchen, weil sie am meisten zu leiden haben. Es gab Zeiten, da baten sozialpolitische Aktivistinnen die Männer,
35 sich für ihre Rechte starkzumachen. Diesmal jedoch stehen wir für uns selbst ein. Ich sage nicht, dass Männer davon Abstand nehmen sollen, sich für die Rechte der Frauen einzusetzen. Ich möchte mich vielmehr darauf konzentrieren, dass Frauen sich befreien und selbst für ihre Rechte kämpfen.

Es ist also an der Zeit, Schwestern und Brüder, die Stimme zu erheben. Und
40 so richten wir heute unseren Appell an die Führer der Welt, ihre Strategien zugunsten von Frieden und Wohlstand in eine neue Richtung zu lenken.

Wir fordern die Führer der Welt dazu auf, mit sämtlichen Friedensabkommen die Rechte von Frauen und Kindern zu schützen. Ein Abkommen, das die Rechte der Frauen ignoriert, ist inakzeptabel.

45 Wir fordern sämtliche Regierungen dazu auf, die verpflichtende, kostenfreie Schulbildung für jedes Kind auf der ganzen Welt einzuführen.

Wir fordern sämtliche Regierungen dazu auf, den Kampf gegen Terrorismus und Gewalt aufzunehmen und Kinder vor Brutalität und körperlichem Schaden zu beschützen.

50 Wir fordern die Industriestaaten dazu auf, den Ausbau von Bildungsmöglichkeiten für Mädchen in den Entwicklungsländern zu unterstützen.

Wir fordern alle Gesellschaften zu Toleranz auf – und dazu, entschieden gegen Vorurteile vorzugehen, die auf gesellschaftlichem Stand, politischer Überzeugung, Konfession, Hautfarbe, Religion und Geschlecht beruhen.

55 Dazu, Frauen die Freiheit und Gleichheit zu garantieren, die sie brauchen, um zu gedeihen. Wie können wir als Gesellschaft erfolgreich sein, wenn die Hälfte von uns unterdrückt wird?

Wir fordern alle unsere Schwestern auf der ganzen Welt dazu auf, Mut zu haben – ihre innere Stärke zu erkennen und das ihnen innewohnende Poten-
60 zial voll auszuschöpfen.

Liebe Brüder und Schwestern, wir wollen Schulen und Bildung für eine leuchtende Zukunft aller Kinder. Wir werden unsere Reise hin zu Frieden und Bildung fortsetzen. Niemand kann uns aufhalten. Wir werden für unsere Rechte einstehen und unsere Stimme einsetzen, um Veränderung zu erzwingen. Wir
65 glauben an die Macht und die Stärke unserer Worte. Unsere Worte können die Welt verändern – wenn wir alle zusammenstehen, vereint im Kampf um Bildung. […]
Liebe Brüder und Schwestern, wir dürfen nicht vergessen, dass Millionen von Menschen unter Armut, Ungerechtigkeit und Unwissenheit leiden. Wir
70 dürfen nicht vergessen, dass Millionen von Kindern der Besuch einer Schule verwehrt bleibt. Wir dürfen nicht vergessen, dass unsere Schwestern und Brüder auf eine leuchtende, friedliche Zukunft warten. Und so lasst uns den globalen Kampf gegen Analphabetismus wagen, gegen Armut und Terrorismus. Lasst uns zu unseren Büchern und Stiften greifen. Das sind unsere
75 mächtigsten Waffen.
Ein Kind, ein Lehrer, ein Buch und ein Stift können die Welt verändern. Bildung ist die einzige Lösung. Bildung geht vor.
Ich danke Ihnen.*

c Beschreibe deinen ersten Eindruck von der Rede.

3 Untersuche den Inhalt der Rede.

a Lies den Text in Aufgabe 2b noch einmal. Kläre ggf. Stellen oder Begriffe, die du nicht verstanden hast. Notiere Stichpunkte zu den wichtigsten Aussagen.

Einleitung
– eine Ehre für mich
– Dank an Kinder für Ermutigung
– …

Hauptteil: Frauenrechte
– nur eine von Millionen verwundeten Menschenrechtsaktivisten
– …

b Stelle die wichtigsten Schlüsselwörter bzw. Themen des Hauptteils der Rede anschaulich in Form einer Übersicht dar.

c Schreibe gezielt Informationen und Zitate heraus, die die Bedeutung von Bildung und Gleichberechtigung für Mädchen und Frauen hervorheben.

4 Untersuche den Aufbau der Rede. Beantworte hierzu die folgenden Fragen.

1 An wen ist die Rede gerichtet?
2 Was beabsichtigt die Rednerin?
3 Welchen Appell richtet die Rednerin an ihr Publikum?
4 Wie beginnt die Rede und wie endet sie?
5 Wie spricht die Rednerin ihr Publikum an?

→ **S. 218:**
Sprachliche
(stilistische) Mittel
im Überblick

5 Um die Aufmerksamkeit der Zuhörerinnen und Zuhörer zu gewinnen und aufrechtzuerhalten, nutzt die Rednerin sprachliche (stilistische) bzw. rhetorische Mittel.

a Lies im Merkkasten auf S. 218 nach, welche sprachlichen (stilistischen) bzw. rhetorischen Mittel es gibt.

 b Tauscht euch darüber aus, welche der im Merkkasten genannten Mittel beim Halten einer Rede besonders wichtig sind.

c Untersuche, welche sprachlichen (stilistischen) bzw. rhetorischen Mittel Malala in ihrer Rede verwendet. Übertrage die Tabelle in dein Heft und notiere Beispiele in der mittleren Spalte.

sprachliches (stilistisches) Mittel	Textbeispiel (mit Zeilenangabe)	Wirkung
Aufzählung	„Frieden, Bildung und Gleichberechtigung […]" (Z. 14) …	Strukturierung, Betonung eines Sachverhalts …
Wiederholung/ Parallelismus	„So stehe ich hier … so stehe ich hier […]" (Z. 17) …	…
…	…	…

 d Beschreibt die mögliche Wirkung der gefundenen sprachlichen (stilistischen) Mittel. Ergänzt die rechte Spalte der Tabelle.

  6 Sucht im Internet ein Video des englischsprachigen Auftritts von Malala vor der UNO und seht es euch an.

a Beschreibt die Körpersprache der Rednerin. Beantwortet dazu die folgenden Fragen.

1 Welche Gesten der Rednerin zur Betonung ihrer Aussagen erkennst du?

2 Wie ist ihre Körperhaltung (z. B.: aufrecht, selbstbewusst, unsicher)?

3 Nehmen ihre Bewegungen Raum ein oder bleibt sie statisch?

4 Hält die Rednerin Blickkontakt mit ihrem Publikum?

5 Was lässt sich über die Mimik aussagen (z. B.: Lächeln, ernster Gesichtsausdruck)?

b Tauscht euch darüber aus, ob und wie die Körpersprache der Rednerin ihre Botschaft unterstützt.

Zur **Rhetorik** (Redekunst) gehört auch, auf bestimmte **Sprech- und Vortragsweisen** zurückzugreifen, um die Kernaussage einer **Rede** überzeugend zu übermitteln, z. B. durch:
- **Betonung** von bestimmten Wörtern und Formulierungen zur Hervorhebung eines Sachverhaltes,
- Abwechslung in **Sprechtempo** und **Tonfall** zur Erzeugung eines wirkungsvollen und interessanten Rhythmus,
- Anpassung der **Lautstärke** zur Betonung von wichtigen Aspekten,
- bewussten Einsatz von **Pausen** zur Erzeugung bzw. Steigerung von Spannung und Aufmerksamkeit beim Publikum.

Beim **Vortragen** sollte man stets darauf achten, möglichst frei zu sprechen, den Blickkontakt zu den Zuhörerinnen und Zuhörern zu halten, aufrecht zu stehen, Gestik sowie Mimik angemessen einzusetzen und deutlich zu sprechen.

7 Auf feierlichen Veranstaltungen zum Schulabschluss werden oft Reden gehalten, zum Beispiel von der Schulleitung oder von Schülersprecherinnen und -sprechern.

a Lies die folgende Abschlussrede eines Schülersprechers oder lass sie dir vortragen.

Liebe Mitschülerinnen und Mitschüler,
liebe Lehrerinnen und Lehrer, liebe Gäste!

Endlich! Wir haben es geschafft! Wir sind heute zusammengekommen, um unsere Abschlusszeugnisse in Empfang zu nehmen.
5 Wir haben uns alle ordentlich dafür angestrengt, gelernt und geschwitzt. Manche haben auch gebangt, ob sie das Ziel erreichen werden. Und nun dürfen wir alle zu Recht stolz auf das sein, was wir geschafft haben!
Die Schule mag zwar abgeschlossen sein, die Bildung, die wir hier bekommen haben, reicht aber weit über die Schulzeit hinaus. Und nicht nur das.
10 Ein Lebensabschnitt geht zu Ende, der uns in vielerlei Hinsicht geprägt hat und den wir nicht vergessen werden.
Dazu möchte ich meine Gedanken heute mit allen hier teilen. Und ich möchte danke sagen all jenen, die daran beteiligt waren: unseren Eltern natürlich, den Lehrerinnen und Lehrern, dem gesamten Schulpersonal und
15 nicht zuletzt auch unseren Freundinnen und Freunden, die mit uns gelitten und mit uns gefeiert und manchmal auch ganz konkret geholfen haben.
Schulbildung ist ein wichtiger Bestandteil für unsere persönliche Entfaltung und Entwicklung. Sie besitzt eine entscheidende Bedeutung für unser zukünftiges Leben. Bildung stattet uns nicht nur mit dem nötigen Wissen und den
20 Fähigkeiten aus, um in der Gesellschaft erfolgreich zu sein, sondern sie liefert auch den Grundstein dafür, dass wir als Menschen weiter wachsen können, persönlich und beruflich.

In der Schule haben wir uns nicht nur mit Mathematik, Deutsch, Englisch oder Geschichte, Geografie und Musik auseinandergesetzt, sondern wir
25 haben auch gelernt, wie wir uns selbst organisieren, wie wir uns in Gruppen einfügen und wie wir unsere Talente und unsere Kreativität nutzen können. Darüber hinaus haben uns viele engagierte Lehrkräfte beigebracht, kritisch zu denken. Wir haben gelernt, uns Meinungen zu bilden, und unsere Meinungen angemessen und auf Augenhöhe auszutauschen. Dabei haben wir
30 andere Menschen kennen und verstehen gelernt und auch uns selbst ein bisschen besser verstanden.

Eine gute Bildung kann uns helfen, unsere Träume zu verwirklichen und damit im weitesten Sinne auch uns selbst. Wir alle haben Ziele, die wir erreichen möchten: einen bestimmten Job, eine schöne Wohnung, eine eigene
35 Familie oder ein Leben im Ausland. Eine gute Schulbildung ist ein wichtiger Schritt auf diesem Weg. In der Schule werden nicht nur Wissen und Fachkompetenzen vermittelt, sondern auch Individuen mit eigenen Meinungen geformt, die sich etwas zutrauen und in einer Gemeinschaft bestehen können.
40 Doch das Wichtigste ist, dass Schulbildung und all die Erfahrungen unserer Schulzeit dabei helfen, unsere höchst komplexe Welt besser zu verstehen und die vielen Herausforderungen anzugehen, mit denen wir konfrontiert sind und sein werden. Wir leben in einer Welt, die sich extrem schnell verändert und in der man auch mal die Orientierung verlieren kann. Deswegen ist eine
45 gute Schulbildung ein Schlüssel zum Erfolg. Sie öffnet die Türen und Tore, durch die wir gehen können, vielleicht gehen müssen. Eine gute Schulbildung ist ein Schlüssel, um bevorstehende Herausforderungen meistern zu können. Allerdings werden wir auch weiterhin Menschen brauchen, Menschen, die uns auf unseren Wegen begleiten und unterstützen. Deshalb noch einmal
50 danke an alle jene, die bisher für uns da waren, die uns geholfen und ermuntert, uns manchmal auch angetrieben und streng gefordert haben, und die ganz sicher für viele von uns auch weiterhin unverzichtbar sein werden. Lasst uns optimistisch in die nächste Phase gehen! Egal, ob wir eine Ausbildung machen, eine weiterführende Schule besuchen oder ein Freiwilliges
55 Soziales Jahr absolvieren: Wir können stolz sein auf das, was wir in den letzten zehn Jahren gelernt und geleistet haben! Es wird uns helfen, die Welt mitzugestalten und vielleicht zu einem besseren Ort machen zu können. Danke!

 b Tauscht euch darüber aus, wie euch die Rede gefällt. Begründet eure Meinung.

c Nenne die angesprochenen Themen. Fasse den Gedankengang in Stichpunkten zusammen.

d Lies oder höre die Rede noch einmal und prüfe, ob deine Stichpunkte vollständig sind.

e Untersuche die Gestaltung der Rede in Aufgabe a. Welche sprachlichen (stilistischen) bzw. rhetorischen Mittel sind enthalten?

f Bereite die Rede aus Aufgabe a zum Vortragen vor. Erprobe für deinen Vortrag mögliche Sprech- und Vortragsweisen. Orientiere dich dazu am Merkkasten auf S. 54.

8 Untersuche nun eine weitere Rede zum selben Anlass.

a Lies die Rede oder lass sie dir, wenn möglich, vorlesen.

> Liebe Mitschülerinnen und Mitschüler,
> ich möchte im Folgenden hervorheben, wie wichtig eine gute Schulbildung ist. Denn sie hilft dabei, dass eine ständig komplexer werdende Welt besser verstanden werden kann. Dann gelingt es einem auch besser, Herausforde-
> 5 rungen anzugehen, mit denen man immer wieder konfrontiert wird. Die Schulbildung ist nämlich ein wichtiger Bestandteil der persönlichen Entwicklung und hat einen entscheidenden Einfluss auf das zukünftige Leben. Sie vermittelt das notwendige Wissen und die Fähigkeiten, um in der Gesellschaft erfolgreich zu sein. In der Schule lernt man nicht nur bestimmte Fächer
> 10 wie Mathematik, Deutsch oder Geschichte, sondern auch organisatorische Fähigkeiten, Talente und Kreativität können entwickelt und erlernt werden. Und auch das kritische Denken und das Vertreten persönlicher Meinungen ist von zentraler Bedeutung. Eine gute Schulbildung eröffnet zudem berufliche Perspektiven und ermöglicht auch, persönliche Ziele zu erreichen.
> 15 Deshalb sollte man immer optimistisch in die Zukunft blicken und stolz darauf sein, was man erreicht hat. Danke!

b Beschreibe deinen ersten Eindruck von dieser Rede.

 c Tauscht euch über die Unterschiede zwischen den beiden Reden aus. Erstellt eine Liste über Gelungenes und weniger Gelungenes.

	Rede 1:	*Rede 2:*
gut gelungen:	...	...
weniger/nicht gelungen:	...	...

 d Vergleicht die Struktur der Texte. Beantwortet dazu die folgenden Fragen.

1 Welche Unterschiede gibt es in der Abfolge und inhaltlichen Gestaltung der Strukturelemente (z. B.: Einleitung, Reihenfolge von Einzelpunkten, Nennung von Fakten und Beispielen)?

2 Wie beeinflusst diese Veränderung die Lesbarkeit und Verständlichkeit der Texte?

e Bewerte die sprachliche Gestaltung der beiden Texte hinsichtlich der Ausdrucksweise, der Wortwahl und der sprachlichen (stilistischen) Mittel.

 f Beurteilt die Wirkung der beiden Texte.

Reden vorbereiten und halten

Es gibt verschiedene Anlässe, eine **Rede** zu halten. Eine Rede kann unterschiedliche **Funktionen** erfüllen und bestimmte Ziele verfolgen. Meist richtet sie sich an ein bestimmtes Publikum, zum Beispiel mit der Absicht, auf etwas aufmerksam zu machen, einen Standpunkt darzustellen, andere zu überzeugen, zum Handeln anzuregen oder sich zu bedanken. Folglich lässt sich zum Beispiel unterscheiden zwischen politischen Reden, Dankesreden, Eröffnungsreden, Abschlussreden u. Ä.

Immer kommt es bei einer Rede darauf an, das Interesse des Publikums zu wecken und dessen Aufmerksamkeit zu erhalten. Deshalb muss eine Rede in Abhängigkeit von ihren Funktionen, dem Thema und dem Publikum inhaltlich und sprachlich genau durchdacht und ansprechend gestaltet sein.

Eine Rede sollte folgende **Bestandteile** enthalten:

- **Einleitung**: Begrüßung, Einführung ins Thema, Interesse wecken,
- **Hauptteil**: Ausführungen zum Thema in Abhängigkeit vom Anlass der Rede,
- **Schluss**: Zusammenfassung des Gesagten, Formulieren einer Schlussfolgerung oder eines Appells.

 1 Verfasst eine Dankesrede zum Schulabschluss. Tauscht euch zunächst zum Thema aus: In welchem Rahmen wird die Rede gehalten? Wofür könntet ihr euch bedanken? An wen könnte sich der Dank richten?

Eine Rede planen

 2 Denkt über die Einleitung eurer Rede nach.

a Bewertet, welche Form der Begrüßung für die Einleitung geeignet ist und welche nicht. Begründet eure Meinung.

1 Hallo und willkommen, liebe Absolventinnen und Absolventen, liebe Eltern und Lehrkräfte, verehrte Schulleitung!

2 Hi, zusammen!

3 Liebe Schülerinnen und Schüler, werte Lehrerinnen und Lehrer, hochgeschätzte Mitglieder der Schulleitung, stolze Eltern, Großeltern, Geschwister, Verwandte, Freunde und alle anderen Anwesenden.

4 Ein herzliches Willkommen an alle Anwesenden!

5 Ich begrüße Sie alle hier heute! Vielen Dank, dass Sie gekommen sind.

6 Guten Abend, liebe Mitschülerinnen und Mitschüler, geschätzte Lehrerinnen und Lehrer, geehrte Schulleitung, stolze Eltern!

b In der Einleitung nennt man auch den Anlass der Rede. Sammelt mögliche Formulierungen.

- *Wir sind heute zusammengekommen, um ...*
- *Ich möchte die Gelegenheit nutzen, ...*
- *...*

3   Im Hauptteil bringt ihr eure wichtigsten Gedanken zum Ausdruck.

a   Überlegt, zu welchen Themen ihr eure Gedanken zum Ausdruck bringen möchtet bzw. könntet.

– *Anerkennung für die Unterstützung durch Lehrkräfte und Eltern*
– *...*

b   Stellt Gründe zusammen, weshalb es wichtig ist, verschiedenen Menschen zu danken.

c   Übertragt die Tabelle in eure Hefte. Ergänzt sie mithilfe des Wortmaterials.

Tipp
Nutzt die Ergebnisse aus Aufgabe 1 (S. 57).

Anleitung, Engagement, Unterstützung im Unterricht / Sekretariat / Schaffung einer lernförderlichen Umgebung / gemeinsames Lernen / Ermutigung während der Schulzeit / Freundschaften / Reinigungspersonal / Schulveranstaltungen / Aktivitäten / Führung

Lehrkräfte	Einfluss auf schulische Entwicklung, ...
Schulleitung	Organisation, ...
Mitschülerinnen/Mitschüler	gemeinsame Erlebnisse, ...
Eltern/Familie	Liebe, ...
Schulpersonal	Hausmeister, ...
...	...

d   Ergänzt eure Tabelle mit eigenen Überlegungen.

 4   Tauscht euch über folgende Möglichkeiten aus, eure Rede abzuschließen. Begründet, welche für eure Dankesrede am geeignetsten erscheinen.

1   Zusammenfassung der wichtigsten Punkte aus dem Hauptteil
2   Ausdruck der Dankbarkeit und Wertschätzung gegenüber allen genannten Personen und Gruppen
3   Betonung der Bedeutung des Abschlusses und optimistischer Ausblick in die Zukunft
4   Formulieren eines letzten Gedankens oder Ausdruck eines Wunsches
5   Richten eines Appells oder Aufrufs an das Publikum
6   Aufwerfen einer rhetorischen Frage, die das Publikum zum Nachdenken anregt
7   Schaffen einer nachdenklichen oder besinnlichen Atmosphäre

Eine Rede verfassen

 5   Formuliert nun die einzelnen Teile eurer Rede. Orientiert euch am Merkkasten auf S. 57 und verwendet eure Ergebnisse aus den Aufgaben 1 bis 4 (S. 57–58). Verfasst einen zusammenhängenden Text, möglichst am Computer.

**Eine Rede
überarbeiten**

 6 Überarbeitet eure Rede gemeinsam.

a Prüft, ob ihr eure Kernaussagen deutlich formuliert und begründet habt.

b Prüft, ob ihr allen wichtigen Personen angemessen gedankt habt.
Ergänzt, wenn nötig.

c Prüft, ob ihr das Publikum mit einbezogen habt.

→ **S. 218:**
Sprachliche
(stilistische) Mittel
im Überblick

d Untersucht eure Formulierungen und die verwendeten sprachlichen
(stilistischen) bzw. rhetorischen Mittel mithilfe der folgenden Fragen.

1 Ist die Rede ansprechend, höflich und sprachlich korrekt formuliert?
2 Sind sprachliche (stilistische) bzw. rhetorische Mittel passend eingesetzt?
3 Unterstützen sie die Überzeugungskraft?
4 Welche Stellen bieten Verbesserungsmöglichkeiten?

7 Tragt eure Reden einer anderen Gruppe vor. Nutzt das Feedback der anderen
für eine erneute Überarbeitung.

Tipp
Nehmt eure Reden
als Audio oder
Video auf und hört
bzw. seht sie euch
an.

8 Haltet eure Reden in der Klasse. Das Publikum achtet darauf,
– ob die Rede inhaltlich passend und folgerichtig aufgebaut ist,
– ob Sprech- und Vortragsweisen sowie die sprachlichen (stilistischen)
bzw. rhetorischen Mittel zielgerichtet eingesetzt sind,
– ob die Rede insgesamt überzeugend wirkt und
– ob der Vortrag insgesamt gelungen ist.

9 Gestaltet einen Redewettbewerb in der Klasse oder Schule. Wählt möglichst
interessante Themen aus und bereitet eure Reden vor. Orientiert euch
an der Schrittfolge. Entscheidet und begründet abschließend, welche Reden
ihr am überzeugendsten findet.

So kannst du eine Rede verfassen
1. Überlege, vor wem, zu welchem Thema und mit welchem Ziel die Rede
gehalten werden soll.
2. Schreibe Fragen auf, die dir zu dem Thema einfallen. Notiere erste
Ideen dazu in Stichpunkten.
3. Notiere Stichpunkte zu den einzelnen Teilen der Rede:
• Einleitung: Verwende zum Beispiel ein Zitat oder eine Anekdote.
• Hauptteil: Stelle die wichtigsten Gedanken zum Thema dar.
• Schluss: Fasse den Inhalt kurz zusammen, formuliere eine Schlussfolgerung, einen Dank oder einen Appell an das Publikum.
4. Formuliere die vollständige Rede schriftlich. Verwende dabei sprachliche (stilistische) bzw. rhetorische Mittel.
5. Überarbeite die Rede und schreibe die Endfassung.
6. Übe das Vortragen deiner Rede mehrfach.

Mit Medien umgehen

Medienprodukte untersuchen

 1 Humorvolle Medienprodukte erfreuen sich großer Beliebtheit, egal ob in Zeitungen, im Fernsehen, Rundfunk oder Internet veröffentlicht.

a Wann ist etwas humorvoll? Tauscht euch darüber aus, was ihr unter Humor versteht. Nennt ggf. Beispiele.

b Wählt zwei Aussagen aus und setzt euch kritisch mit ihnen auseinander. Bezieht eure Gedanken aus Aufgabe a mit ein.

> „Humor zeigt sich in der Fähigkeit eines Menschen,
> in fast allen seinen Lebensbezügen etwas Komisches zu entdecken,
> insbesondere in der eigenen Person."
>
> (Ezra Ben Gershôm, 1922–2006, deutsch-israelischer
> Schriftsteller und Biochemiker)

> „[…] gelassene Heiterkeit, die den Menschen befähigt […], eigene
> und fremde Schwächen zu belächeln und den Mut zu bewahren."
>
> (Søren Kierkegaard, 1813–1855,
> dänischer Philosoph und Theologe)

> „Der Humor sorgt dafür, dass die Bösartigkeit des Lebens
> uns nicht ganz und gar überwältigt."
>
> (Charles Chaplin, 1889–1977, amerikanischer Schauspieler)

> „Humor ist, wenn man trotzdem lacht."
>
> (Otto Julius Bierbaum, 1865–1910, deutscher Schriftsteller)

c Lest den folgenden Merkkasten und vergleicht die zusammenfassende Bestimmung von Humor mit euren Überlegungen zu den Aufgaben a und b.

> Allgemein bezeichnet **Humor** die Fähigkeit eines Menschen, auf alltägliche Widrigkeiten, Missgeschicke und Schwierigkeiten des Lebens und der Welt mit fröhlicher Gelassenheit zu reagieren.
> Ein **Witz** ist eine humorvolle **epische Kurzform**. Meist enthält er eine überraschende Lösung oder Wendung (Pointe), die u. a. durch die Mehrdeutigkeit eines Wortes, einer Situation oder durch Übertreibung entsteht.
> Ein **Sketch** (*engl.* sketch – Skizze) ist eine Art **dramaturgisch-szenische Umsetzung eines Witzes** oder lustigen Ereignisses mit einer auffälligen Schlusspointe, zum Beispiel in einem Rollenspiel auf einer Bühne oder als Filmclip.

2 Beschäftige dich genauer mit der Frage: Wann ist ein Witz witzig?

a Lies folgende Texte. Fasse die wichtigsten Erkenntnisse stichpunktartig zusammen.

„Ein guter Witz muss den Schein des Unabsichtlichen haben.
[...] der Scharfsinn des Hörers entdeckt ihn, entdeckt den geistreichen Gedanken in der Maske des schlichten Wortes."
(Marie von Ebner-Eschenbach, 1830–1916, österreichische Schriftstellerin)

Christian Heinrich

Der beste Witz der Welt

Wer humorvoll ist, gilt als kreativ und intelligent, kann für Erleichterung sorgen und Kummer lindern. Was es für einen guten Witz braucht? [...]

„Die Überraschung", sagt Tabea Scheel, Psychologin, Humorforscherin und Professorin [...] an der Europa-Universität in Flensburg. „Man baut eine gewisse Anspannung auf, weil man weiß, dass es ein Witz ist. Man wartet auf das Ungewöhnliche. Und dann kommt etwas tatsächlich ganz anderes, als man denkt – und die Anspannung entlädt sich in einem Lachen oder zumindest in einem Schmunzeln." [...]*

 b Lest die folgenden Witze und tauscht euch darüber aus, ob sie den genannten Kriterien entsprechen. Begründet eure Ansichten.

Sagt ein Freund zum anderen: „Ich habe ein 20-Teile-Puzzle in nur drei Monaten geschafft!"
Entgegnet der andere: „Was soll denn daran toll sein?"
Sagt der andere: „Na ja, auf der Packung stand: 3–4 Jahre ..."

Verkehrskontrolle. Der Polizist: „Haben Sie etwas getrunken?"
Autofahrer: „Nein."
Polizist: „Sollten Sie aber! Mindestens zwei Liter am Tag."

Ein Malerlehrling soll die Markierungen auf der Autobahn erneuern. Am ersten Tag schafft er mehr als zwei Kilometer, am zweiten Tag nur noch 500 Meter, am dritten sogar nur noch 200 Meter. Fragt der Chef: „Warum schaffst du nicht mehr so viel wie am Anfang?" Darauf der Lehrling: „Na ja, der Weg zum Farbeimer ist inzwischen echt weit ..."

 c Sammelt verschiedene Witze. Überlegt euch Ordnungskriterien (Thema, Personengruppe, ...). Untersucht, was euch zum Lachen gebracht hat, und vergleicht eure Erkenntnisse mit den Ergebnissen aus Aufgabe a.

 d Präsentiert die Witze in geeigneter Form, zum Beispiel als Plakat, in einer Lesung oder einem Programm. Einigt euch auf den Inhalt der Präsentation (Zeitepochen, Themen, mögliche Autorinnen/Autoren, Ranking-Liste).

3 Beschäftigt euch mit Sketchen.

a Tauscht euch über Merkmale von Sketchen aus. Fasst kurz zusammen, was beachtet werden muss, um Sketche zu spielen.

 b Recherchiert verschiedene Sketche. Nutzt Bücher oder das Internet. Wählt einen der Sketche aus und spielt ihn vor.

 c Schreibt eigene Sketche auf der Grundlage von Witzen. Führt eure Sketche auf oder dreht ein Video.

4 Auch das Kabarett ist eine humorvolle Kleinkunstform.

a Lies den Merkkasten.

> **Kabarett** ist eine Kleinkunstform, in der darstellende, lyrische und musikalische Elemente mit kritischem Ansatz zu unterschiedlichen Themen dargeboten werden. Dazu bedient sich das Kabarett meist **humoristischer, ironischer** und **satirischer Elemente**.
> **Ironie** ist ein **sprachliches (stilistisches) Mittel** zur Bezeichnung von Aussagen, die etwas anderes, meist Gegenteiliges meinen. Ironie erkennt man am Tonfall oder am offensichtlichen Widerspruch zur Realität, z. B.:
> *Das schmeckt ja mal wieder toll!* (wenn es nicht schmeckt)
> **Satire** ist eine Kunstrichtung (Spottdichtung, Spottlied, Karikatur, Film), in der durch überspitzte Darstellung (Übertreibung, Ironie, Verfremdung, Verzerrung, Spott) Missstände oder menschliche Schwächen humorvoll-bissig kritisiert werden, z. B.:
> *Gerade will ich schreien: „Mehr Personal!", da erkenne ich den Sinn des Schlangestehens: Nur durch sehr langes Anstehen in sehr langen Reihen kann ich die sehr lange Getränkekarte wirklich so eingehend studieren, dass ich anschließend professionell bestellen kann.*
>
> (Florian Schroeder, Kabarettist)

b Lies den folgenden Text einer Kabarettistin.

Anny Hartmann (geb. 1970)

Verdienen Sie doch einfach mehr!

[…] Wann immer Sie diese Kolumne lesen, wird es unerschütterliche Wahrheiten geben: Die Erde ist rund, Eis ist kälter als Suppe und Frauen verdienen weniger als Männer.
Pünktlich zum Internationalen Frauentag versuchen die Medien jedes Jahr
5 aufs Neue, Antwort auf die Frage zu geben, WARUM Frauen weniger verdienen als Männer. Meine Allzeit-Lieblingsantwort kam vor ein paar Jahren von der damaligen Frauenministerin Kristina Schröder, Sie erinnern sich? Frau Schröder hatte ihren Ministerposten niedergelegt, weil sie erkannt hatte:

Familie und Beruf lassen sich schwer vereinbaren. Ach was!
10 Und wer hätte daran was ändern können? Die Familien-
ministerin vielleicht? Wäre das nicht sogar ihre Aufgabe
gewesen?

So weit, so schlimm. Aber was hatte sie gesagt? Sie sagte
sinngemäß: „Frauen verdienen deswegen weniger als
15 Männer, weil sie sich Berufe aussuchen, in denen weniger
gezahlt wird." WOW! So eine Argumentation nannte man
früher „das Pferd von hinten aufzäumen". Die Frage ist
doch: Warum wird in den klassischen Frauenberufen so
wenig bezahlt? Ganz einfach: Weil man deren Arbeit nicht
20 wertschätzt. Warum verdient ein Fußballer das Hundertfa-
che einer Krankenschwester? Der tut nichts, der will nur
spielen!

Aber egal, ob Mann oder Frau: Mit normaler Arbeit werden
Sie nicht reich. Ich bitte Sie, von einem Arbeitseinkommen
25 müssen Sie doch Einkommensteuer zahlen und die Abgaben
für die Sozialversicherungen wie Arbeitslosen- und Rentenversicherung
werden auch noch fällig. Diese Abgaben werden prozentual von Ihrem Ein-
kommen abgezogen – allerdings nur bis zu einem bestimmten Betrag. Dieser
Betrag nennt sich Beitragsbemessungsgrenze und liegt im Jahr 2019 bei
30 80 400 Euro pro Jahr. Wenn Sie reich werden wollen, müssen Sie auf jeden
Fall ein Gehalt bekommen, das über der Beitragsbemessungsgrenze liegt.
(Sagen Sie dreimal schnell hintereinander *Beitragsbemessungsgrenze*. –
Geschafft? Dann machen Sie mir Angst!) Für alles, was Sie darüber hinaus
verdienen, zahlen Sie keinen Cent mehr in die Sozialversicherungen, keinen
35 Cent in die Arbeitslosenversicherung, keinen Cent in die Rentenkasse. Das
finden Sie ungerecht? Aber doch nur, weil Sie weniger verdienen!
Verdienen Sie doch einfach mehr! [...]*

c Beschreibe deinen ersten Eindruck vom Text. Spricht dich der Text an?
Begründe deine Meinung.

d Untersuche den Text genauer. Notiere die Kritikpunkte der Autorin.

e Mit welchen sprachlichen (stilistischen) Mitteln gelingt es der Autorin,
den Text unterhaltsam zu gestalten und zum Schmunzeln anzuregen?
Belege deine Aussagen mit entsprechenden Textstellen.

 ●●● **5** Die Kabarettistin Anny Hartmann wurde 2023 mit dem Deutschen Klein-
kunstpreis ausgezeichnet.

a Informiere dich über den Preis und höre einige Beiträge ausgezeichneter
Künstlerinnen und Künstler.

b Stelle deine Rechercheergebnisse in der Klasse vor.

6 Humoristische Texte regen oft auch zum Nachdenken an.

a Lies folgenden Auszug aus einem humoristischen Text.

1 *keulen:* töten

Torsten Sträter (geb. 1966)

Plastikmüll

Eines meiner Hobbys ist Kaffee trinken. […] Und damit produziere ich ordentlich Müll. Allein die ganzen Pappbecher. Die sind ja mit Plastik beschichtet.
Und Plastik ist ein Problem. Es ist doch so: Die Erde könnte so schön sein,
aber sie hat Sackratten: die Menschen. Die ersten Jahre der Menschheit
5 liefen ja noch recht entspannt ab für Mutter Erde: Fellschlüpfer, Grunzlaute,
einmal nicht aufgepasst, *zack!*, Säbelzahntiger-Snack.
1870 erfanden wir dann den Kunststoff. Und zwar für Billardkugeln. Die
waren vorher aus Elfenbein. Und weil man nicht für jede verdellte schwarze
Acht einen Elefanten keulen**1** konnte, wurde nach alternativem Material
10 gesucht. Das war Zelluloid. Ab da ging's los. […]
Fest steht: Plastik ist längst ein fester Bestandteil der Gesellschaft. Und
schon deshalb nicht mehr wegzudenken, weil die Scheiße einfach nicht ver-
nünftig verrotten will. Eine Plastikflasche braucht 450 Jahre dafür.
Also wird es nach Berechnungen um 2050 mehr Plastik in den Ozeanen
15 geben als Fische. […]
Gibt's auch 'ne gute Nachricht? Jau. Der Vorteil von einer Milliarde Tonnen
Plastik in den Ozeanen liegt auf der Hand: Man wird Amerika endlich zu Fuß
erreichen können. Expeditionen werden aufbrechen, ab und zu auf einer
Plastiktüte ausrutschen, ein paar einlaminierte Rochen sehen und ansonsten
20 nicht mal nass werden.
Hm. Was können wir tun? […] Kleine Schritte machen. Dafür aber jeder von
uns. Plastik schlicht vermeiden. […]
[…] auch ich versuche meinen Beitrag zur Vermeidung von Plastikmüll zu
leisten. Ich habe zwar keine globalen Konzepte zur Plastik-Reduzierung.
25 Aber ich für meinen Teil verzichte jetzt auf die Plastikdeckel auf dem Becher.
Ich habe da lange drüber nachgedacht.
Und das ist mein Beitrag. […]
Ich hatte trotzdem Bock auf Kaffee. Und sagte zu dem Mädchen hinterm
Tresen: „Einen Kaffee bitte."
30 Sie antwortete: „Ja, dann brauche ich deinen Namen." […]
„Wozu", sag ich zu dem Mädchen, „brauchst du meinen Namen?"
„ICH MUSS DEN AUF DEN BECHER SCHREIBEN!" […]
„Alles klar", sage ich. „Bereit? ZUUUUUUUUL, HERRSCHER DES SONNEN-
SYSTEMS UND ANHÄNGIGER PLANETEN! Ich darf buchstabieren: Zett, U,
35 U, U, U, U, U, U, U, U, U, U, U, U, U, U …"
Das hört sich jetzt albern an, aber es war schön zu sehen, wie sie versuchte,
sich mit immer kleiner werdenden Us den Platz auf dem Becher einzuteilen.

Ist aber auch egal. Darum geht es gar nicht. Ich bekam erwartungsgemäß
nach 90 Sekunden meinen Becher, sagte Danke, wollte ihn nehmen, und sie
40 fügte hinzu: „Warte, ich mach dir einen Deckel drauf."
„Meine Liebe", sagte ich, „das wirst du nicht tun."
„Was? Warum nicht?"
„Acht Millionen Tonnen Plastikmüll. Im Meer. Jedes Jahr. Dies soll mein Beitrag sein. Keine Plastikdeckel mehr auf Kaffeebechern."
45 Sie: „Ja …, aber der Kaffee ist doch zum MITNEHMEN!"
„Ja", erwiderte ich, „aber ich habe das Einsparungskonzept bereits fertig. Ich
halte den Becher einfach … mit der Öffnung nach oben."
Könnt ihr alle hier adaptieren[2]. Kostenlos. Danke.*

2 *adaptieren:*
hier: nachmachen

b   Beschreibe deinen ersten Eindruck vom Text. Spricht dich der Text an?
Begründe deine Ansicht.

c   Untersuche den Text genauer. Notiere die Themen, die der Autor kritisiert.

d   Mit welchen sprachlichen (stilistischen) Mitteln gelingt es Torsten Sträter,
den Text unterhaltsam zu gestalten und zum Schmunzeln anzuregen?
Belege deine Aussagen mit Textstellen.

> Der Begriff **Comedy** (*engl.* Komödie) bezeichnet humoristisch-unterhaltsame
> Bühnenprogramme mit wenigen Personen und geringem bühnentechnischen
> Aufwand sowie unterschiedliche humoristisch-unterhaltsame Unterhal-
> tungsformate in Hörfunk, Fernsehen und Internet. Im Gegensatz zum Kaba-
> rett stehen bei Comedy meist Themen aus der Alltagswelt im Vordergrund.

e   Weise anhand von Textstellen nach, dass der Text in Aufgabe a Comedy ist.
Orientiere dich am Merkkasten.

f   Untersuche, ob es sich bei Torsten Sträters Text auch um (umwelt-)politisches
und sozialkritisches Kabarett handeln könnte.

  7   Recherchiert im Internet humoristische Texte bzw. Auftritte von Comedians,
die einen kritischen Blick auf Alltagsfragen werfen. Untersucht die Themen
und Gestaltungsmittel. Stellt eure Ergebnisse in der Klasse vor.

   8   Wählt eine der beiden folgenden Projektideen.

a   Seht euch satirische Nachrichtensendungen, Comedyshows usw. im Fern-
sehen oder über Streamingdienste an. Analysiert, was ihr hört und seht
(Themen und Gestaltungsmittel). Präsentiert eure Ergebnisse in geeigneter
Form.

b   Sucht satirische Texte, zum Beispiel von Ephraim Kishon, Loriot oder Horst
Evers, und recherchiert zu deren Verfassern. Analysiert die Texte (Themen
und Gestaltungsmittel). Präsentiert eure Ergebnisse in geeigneter Form.

Medienprodukte erstellen

 1 Erprobt euch selbst in humoristischen Darstellungsweisen.

a Tragt zusammen, welche humoristischen Darstellungsformen für eine Abschlusszeitung oder eine Abschlussfeier geeignet wären.

b Überlegt euch kurze, witzige Formen der Personenbeschreibung. Achtet darauf, dass niemand beleidigt wird.

> Ben, ein Fan von Drachen, hat ein tolles Lachen.

> Man höre und staune, Julia hat immer gute Laune!

Tipp
Achtet auf die geltenden Datenschutzrichtlinien.

2 Bereitet ein humoristisches Programm für die Abschlussfeier eurer Klasse oder eine Abschlusszeitung vor. Verteilt dazu die folgenden Aufgaben.

1 Programmposter oder Deckblatt für eine Abschlusszeitung gestalten, z. B.: eine Collage.

2 Poster, Seiten, Texte, Sketche o. Ä. über Lehrkräfte sowie Schülerinnen und Schüler gestalten, z. B.: Lieblingsspruch, Frisur, Kleidung, Wesen.

3 Poster, Seiten, Texte, Sketche o. Ä. über Erwartungen, Wünsche, Hoffnungen für die Zukunft gestalten, z. B.: Schlagzeilen, Filmtitel nutzen.

4 Poster, Seiten, Texte, Sketche o. Ä. zur Geschichte bzw. Chronik der Klasse gestalten, z. B.: als Text in Reimform, als Comic oder Fotoroman.

5 Präsentation von gesammelten „Kunstwerken" der Schülerinnen und Schüler gestalten, z. B.: Versprecher, witzige Sätze, Spickzettel, typische Gestik und Mimik.

  3 Gestaltet einen Internetauftritt, in dem ihr die Geschichte bzw. Chronik eurer Klasse darstellt.

a Einigt euch zuerst, welche Darstellungsformen für euren Internetauftritt genutzt werden sollen, z. B. Erklärvideos mit Spielfiguren, Foto- und/oder Text-Collagen, Interviews, szenische Darstellungen.

Tipp
Ihr könnt auch ein Inhaltsverzeichnis und/oder ein Drehbuch verfassen.

b Sammelt in der Klasse Ideen, was über eure Klasse veröffentlicht werden sollte und was nicht. Einigt euch, ordnet und notiert alle Inhalte.

c Verteilt die Aufgaben. Bildet auch ein Redaktionsteam, das die Vorbereitungen organisiert und kontrolliert und schließlich die Endfassung online stellt.

d Entwerft die geplanten Elemente, prüft sie und bewertet ihre Eignung. Überarbeitet die Elemente gegebenenfalls.

e Anonymisiert die Inhalte so gut wie möglich und holt die Zustimmung der Beteiligten ein, bevor ihr alles online stellt.

Martin Luther King Jr. (1929–1968)

Ich habe einen Traum

Ansprache während des Marsches nach Washington für Arbeitsplätze und Freiheit am 28. August 1963

Heute sage ich euch, meine Freunde, trotz der Schwierigkeiten von heute und morgen habe ich einen Traum. Es ist ein Traum, der tief verwurzelt ist im
5 amerikanischen Traum. Ich habe einen Traum, dass eines Tages diese Nation sich erheben wird und der wahren Bedeutung ihres Credos gemäß leben wird: „Wir halten diese Wahrheit für selbstverständlich: dass alle Menschen gleich erschaffen sind." Ich habe einen Traum, dass eines Tages auf den roten Hügeln von Georgia die Söhne früherer Sklaven und die Söhne früherer Skla-
10 venhalter miteinander am Tisch der Brüderlichkeit sitzen können. Ich habe einen Traum, dass sich eines Tages selbst der Staat Mississippi, ein Staat, der in der Hitze der Ungerechtigkeit und Unterdrückung verschmachtet, in eine Oase der Freiheit und Gerechtigkeit verwandelt.
Ich habe einen Traum, dass meine vier kleinen Kinder eines Tages in einer
15 Nation leben werden, in der man sie nicht nach ihrer Hautfarbe, sondern nach ihrem Charakter beurteilen wird. […] Ich habe einen Traum, dass eines Tages in Alabama, mit seinen bösartigen Rassisten, […] kleine schwarze Jungen und Mädchen die Hände schütteln mit kleinen weißen Jungen und Mädchen als Brüder und Schwestern. […]
20 Das ist unsere Hoffnung. […] Mit diesem Glauben werde ich fähig sein, aus dem Berg der Verzweiflung einen Stein der Hoffnung zu hauen. […]*

 1 Die Rede von Martin Luther King gehört zu den berühmtesten Reden der Welt. Tauscht euch darüber aus, warum das so ist.

 2 Untersucht den Auszug aus der Rede genauer. Benennt sprachliche (stilistische) und rhetorische Mittel und besprecht ihre Wirkungen.

3 Lies die Rede noch einmal und formuliere mit eigenen Sätzen, wovon Martin Luther King träumte.

4 Sucht im Internet nach der englischsprachigen Originalaufnahme der Rede. Hört sie euch an und besprecht, wie Martin Luther King seine Anliegen durch die Sprechweise unterstützt.

Tipp
Romanauszüge
siehe Sprach-
und Lesebuch 9,
S. 177–182.

5 Im Roman „Nathan und seine Kinder" (2009) legt Mirjam Pressler der Hauptfigur am Ende der Ringparabel ähnliche Worte in den Mund. Besorge dir den Text und vergleiche Nathans Aussagen mit denen von Martin Luther King. Überlege, warum die Autorin Bezug auf Kings Rede nimmt.

Die Stadt Dortmund vergibt alle zwei Jahre den [...] renommierten Literatur-preis, der nach der deutschen Lyrikerin und ersten Preisträgerin Nelly Sachs benannt ist.

Mit dem Literaturpreis sollen Persönlichkeiten geehrt und gefördert werden, die besonders herausragende Leistungen auf dem Gebiet des literarischen und geistigen Lebens hervorbringen und die insbesondere eine Verbesserung der kulturellen Beziehungen zwischen den Völkern zum Ziel haben. [...]*

Katerina Poladjan (geb. 1971)

Rede zur Verleihung des Nelly-Sachs-Preises (2021)

Sehr geehrter Herr Westphal, sehr geehrte Frau Brunsing, sehr geehrte Frau Mais[1], liebe Jury, verehrtes Publikum!

Es ist mir eine große Ehre, heute den Nelly-Sachs-Preis entgegennehmen zu dürfen, und ich freue mich sehr, mich in eine Reihe von Preisträgerinnen und

5 Preisträgern gestellt zu sehen, deren Werken und Wirken mein höchster Respekt gilt.

Hier zu stehen, hätte ich mir schöner nicht ausdenken können.

Sage ich und lasse den Blick schweifen.

Schweifen: sich ohne festes Ziel in einem Bereich bewegen.

10 Sinnverwandte Wörter: schlendern, treiben, wandern, ziehen.

Schöne Wörter. Und so treffend für das, wie ich Erzählen begreifen möchte: Schlendern durch fiktive Orte, treiben in den Fluten eines fantastischen Ozeans, wandern über die Klippen einer waghalsigen Dramaturgie.

Dabei ist das Erzählen, das Finden von Sätzen, die Suche nach Worten doch

15 so oft eher: torkeln, taumeln, tasten, hadern[2], suchen,

weglassen,

nicht sagen,

nachdenken,

lesen.

20 „Manchmal glaub ich, man muss zuerst schweigen lernen, bevor man spricht", schrieb Ilse Aichinger 1946 kurz nach dem Zweiten Weltkrieg. [...]

Zu allen Zeiten fühlten sich Literaten berufen, bemüßigt oder gezwungen, zum Krieg Stellung zu nehmen. Thomas Mann sprach in den Jahren 1940 bis 1945 aus dem Exil in Radioansprachen zu den Deutschen, um sie zum Wider-

25 stand, zur Besinnung auf die Menschlichkeit, auf den Geist und die Kultur aufzurufen.

Wer konnte ihn hören? Wer hat ihn gehört?

Was also tun?

Ich fange nochmal an.

30 Ende der 1970er-Jahre wurde ich an den Händen meiner Eltern durch einen Spalt im Eisernen Vorhang gezogen, und kaum war ich hier, schloss sich der Spalt wieder. Für immer, dröhnte es in meinem Kopf.

[1] Die drei namentlich Genannten sind der Oberbürgermeister und zwei Bürgermeisterinnen der Stadt Dortmund.

[2] *hadern: hier:* unzufrieden sein

Ich ging zur Schule.

Ich lernte die deutsche Sprache.

35 Das Curriculum führte mich zu den Abgründen der deutschen Geschichte. Gemeinsam mit meinen Mitschülerinnen und Mitschülern erschauderte ich und zog dann das Pausenbrot hervor, denn wir spürten, dass die drängende Kinderfrage, wie Großmütter und Großväter all dies Grauen zulassen konnten, nicht beantwortet werden würde.

40 Als der Eiserne Vorhang fiel, machte ich in München Abitur und lief einem Jungen hinterher, in den ich mich heute nicht mehr verlieben würde. Ich lieh mir Geld und fuhr nach Ibiza, nicht einen Gedanken verschwendete ich an eine nun mögliche Reise in das Land meiner ersten Kindheitsjahre. Herkunft? Nicht einmal das Wort spielte mehr eine Rolle.

45 Ich las und schrieb, und beim Lesen und Schreiben entdeckte ich etwas, wofür ich mich der Worte von Margaret Atwood zu bedienen erlaube, Worte, die sie vor zwölf Jahren an dieser Stelle sagte, als sie den Nelly-Sachs-Preis entgegennahm:

„Die Literatur [...] lässt uns, so weit dies irgend möglich ist, in den Geist

50 eines anderen eintreten. Wir können uns vorstellen, wir seien ein anderer. Und je besser wir dies vermögen, desto weniger können wir den anderen als eine Sache ohne Gefühle und ohne Menschenwürde behandeln. Wenn wir uns den Abstieg ins Inferno als zukünftiges Geschehen klar vor Augen führen können, dann werden wir ihn auch eher meiden."

55 Die Geschichte scheint Margaret Atwood Lügen zu strafen: Menschen behandeln einander als eine Sache ohne Gefühle und ohne Würde, die Bereitschaft zum Abstieg ins Inferno scheint allgegenwärtig. Doch um wie viel verzweifelter und infernalischer müssen wir uns eine Welt vorstellen, in der kein Kultur- und Geistesleben um Verständnis ringt? Verständnis unserer

60 selbst, unserer Nächsten, unserer Vergangenheit und Zukunft? –

„Unerreichbar, die Zeit zwischen zwei Atemzügen", schrieb Nelly Sachs. Ich denke bei diesem Satz an eine unendliche Spanne, einen flüchtigen Moment, viel zu kurz, ihn zu treffen, viel zu ausgedehnt, ihn zu umfassen.

„Unerreichbar, die Zeit zwischen zwei Atemzügen" – ich denke bei diesem

65 Satz an das Intervall in der Musik: Musik ist die Anordnung von Klängen in einer bestimmten Zeitspanne. Melodien und Harmonien nehmen wir wahr, weil die meisten Töne in dieser Zeitspanne nicht gespielt werden. [...]

„Unerreichbar, die Zeit zwischen zwei Atemzügen" – ich denke bei diesem Satz an den unendlichen Raum zwischen den Zeilen, ein Spielfeld, das Nelly

70 Sachs beispielhaft beherrschte und in ungekannte Dimensionen entfaltete. Beim Lesen wie beim Schreiben begeben wir uns auf dieses Spielfeld. Erzählen ist kontrollierter Kontrollverlust: In Worte gefasste Fragmente von Welt – mal noch form- und veränderbar wie Brocken feuchter Tonerde, dann wieder fein ziseliert[3], trocken und zerbrechlich – entgleiten; werden aufgefangen.

75 Fallengelassen. Verändert. Zerdrückt. Eingeordnet.

Das ist existenziell. Und nur ein Spiel – zur Zeit zwischen zwei Atemzügen.

Katerina Poladjan

[3] *ziseliert: hier:* kunstvoll eingearbeitet

Arthur Schopenhauer schrieb in seiner Vorrede zur ersten Auflage seines Opus Magnum „Die Welt als Wille und Vorstellung": „Was durch dasselbe Buch mitgeteilt werden soll, ist ein einziger Gedanke." Es folgten fast zwei-
80 tausend Seiten.

„Im Zweifel für den Zweifel", sangen Tocotronic.

Der Zweifel und der Sinn für Ambivalenz schärfen das Bewusstsein für das Ausschnitthafte unserer Weltwahrnehmung. Wenn wir erzählen, winden wir uns um Lücken und Unwägbarkeiten, ringen mit dem Schwindel vor dem
85 Abgrund unseres Unverständnisses und Unwissens. Und mal ist das eine Zumutung, mal prickelnd wie Champagner.

Dabei denke ich oft an meine Grundschullehrerin Frau Mirbach, sie sagte: „Wenn du einsam bist, dann schreib und lass dir nicht die Schönheit aus-reden."
90 In diesem Sinne möchte ich den Preis begreifen, und es ist mir Ehre und Aufgabe, diesen Staffelstab weiterzutragen.

Ich danke der Stadt Dortmund und der Jury für diese Ehrung, ich danke Christiane Hauch und Henning Fritsch für das jahrelange Zusammenspiel, dem S. Fischer Verlag, bei dem ich zu Hause sein darf – nennen möchte ich
95 meine Lektorin Juliane Schindler –, und all jenen Verlagen, die das Erschei-nen von „Hier sind Löwen" auch in anderen Sprachen ermöglicht haben und ermöglichen. Ich danke denen, die sie von der einen in die andere Sprache bringen, den Übersetzerinnen. Besonders aber danke ich meiner türkischen Verlegerin, die bereit war, „Hier sind Löwen" in der Türkei zu veröffentlichen.
100 Ich habe sie gefragt, ob sie keine Angst habe, und sie sagte: „Natürlich habe ich Angst, aber man gewöhnt sich."*

1 Spricht dich die Rede an? Was gefällt dir, was irritiert dich? Formuliere deine Eindrücke und Gedanken dazu.

2 Die Rede enthält viele sprachliche (stilistische) bzw. rhetorische Mittel. Nennt Beispiele und versucht zu erklären, welche Wirkung für euch davon ausgeht.

3 Untersucht den Aufbau und die Themen der Rede. Notiert Stichpunkte zum Inhalt von Einleitung, Hauptteil und Schluss.

4 Tauscht euch darüber aus, was die Autorin mit ihrer Rede erreichen möchte.

5 Recherchiere Informationen zum erwähnten Roman „Hier sind Löwen". Stelle Vermutungen an, warum Katerina Poladjan am Ende ihrer Rede von „Angst" spricht.

Nils Mohl (geb. 1971)

9 Zeilen Ego-Probleme

Ich wie in wichtig
wie in richtig wichtig
wie in Oberschicht
wie in Lichtgestalt
Ich! Ich! Ich!
wie in Geniestreich
wie in Parteichef
wie in *happy* …
Ich wie du nie-nicht!

Kommentare

Fal & co.
Ja, Mann! So Typen kenne ich. E-Mails heißen bei denen Me-Mails.

Rucki Zucki
Da lacht das Publikum, bis es pupsen muss. Dabei ist das zu 100 %
DAS Problem in unserer Gesellschaft.

> **me*Rember**
> @Rucki Zucki Was ist mit dir denn falsch?

> **La Rissa**
> @Rucki Zucki Satire?

1 Lies die „9 Zeilen Ego-Probleme" mehrfach laut. Erprobe verschiedene
Sprechweisen.

2 Wie viele Male ist *ich* in den Versen enthalten? Lies genau und zähle.

3 Tauscht euch darüber aus, was der Titel „9 Zeilen Ego-Probleme" mit den
einzelnen Aussagen zu tun hat. Besprecht auch, wer hier angesprochen
sein könnte.

4 Tauscht euch über die unterschiedlichen Kommentare aus.
Welche Meinungen sind darin erkennbar und was haltet ihr davon?

5 Ergänze einen eigenen Kommentar. Überlege, worauf du Bezug nehmen
möchtest.

Tamara Bach (geb. 1976)

Sankt Irgendwas (Auszug)

*Irgendetwas ist schrecklich schiefgegangen auf der Klassenfahrt der 10 b.
Das sagen zumindest die anderen. Und dass es deshalb heute Abend eine
Klassenkonferenz mit allen Eltern gibt. Aber keiner weiß, was genau passiert
ist. Ein Machtkampf zwischen den Schülern und Dr. Utz. Ob in dem Protokoll*
5 *mehr steht? Und ob wirklich eine ganze Klasse von der Schule geschmissen
werden kann?*

Protokoll der Klassenfahrt der 10 b

Sonntag, 10.07.
21:00 Uhr Treffen an der Bushaltestelle VOR dem Gymnasium
21:30 Uhr: Abfahrt
10 Protokollant: Adrian

Wir sind pünktlich um 21:30 losgefahren. Ich glaub auch, dass alle dabei
sind.
Der Busfahrer hat gesagt, dass wir die Toiletten im Bus nicht benutzen
dürfen. Weder für groß noch für klein.
15 Svenja fragt, ob er wenigstens Musik laufen lassen kann. Er sagt, dass er
kein Discjockey ist.
Piet fragt, was ein Discjockey ist.
Keiner hat Musik dabei.
Hat vielleicht doch jemand Musik dabei?
20 Frau Kaiser fragt, ob denn niemand ein Instrument mitgebracht hat.
Wir stellen fest: Unsere Klasse ist nicht musikalisch.
Der Busfahrer hat ein Radio, hört aber nur Nachrichten.

22:15: Man fragt, ob man eine Pullerpause machen könnte.
Pullerpause ist erst in einer halben Stunde angedacht.

25 22:25: Pullerpause wird aus basisdemokratischen Gründen vorverlegt.
Nachtrag: Der Busfahrer heißt Herr Keller.
In denselben geht er wohl auch zum Lachen.

22:45: Es geht weiter.
Der Busfahrer sagt durch, dass es die nächste Pause erst wieder in zwei
30 Stunden gibt und man sich wohl besser die Flüssigkeitszunahme einteilen
sollte. Versuche jetzt zu schlafen. Werde aus demselben Grund nicht mehr
schreiben.

23:20: Es riecht nach Füßen.
23:25: Denke mit Ole über die Weltherrschaft und unsere Beteiligung daran
35 nach.
23:30: Jamie will mitmachen. Jamie hat gute Ideen.

23:48: Es stellt sich heraus, dass Sarah einen alten MP3-Player dabeihat. Es stellt sich außerdem heraus, dass man diesen auch an die Anlage des Busses anschließen kann.

40 23:50: Anschließen könnte. Wenn der Busfahrer einen ließe.

Mitternacht: Herr Utz überlegt, ob man den MP3-Player erlauben kann oder muss. Sofia argumentiert, dass MP3-Player ja nicht auf der Liste standen und dass man damit ja auch nicht ins Internet gehen kann. Sofia hat die besseren Argumente. Herr Utz hat mehr Entscheidungskraft, sagt er.

45 00:12: Der MP3-Player trägt 1 GB Musik!!! Wie viele Lieder sind das? Keiner weiß, wie viele Lieder ein GB sind.

00:15: Es stellt sich heraus, dass basisdemokratisch über den Gebrauch der Musikanlage abgestimmt werden kann.

00:17: Jamie schlägt vor, Sofia am Ende der Weltordnung, wie wir sie

50 kennen, zu beteiligen. Es läuft Musik. Niemand hat mit dem schlechten Geschmack von Sarah gerechnet.

00:20: Merke: Man kann den MP3-Player nicht „vorspulen", wie der Busfahrer das gerne hätte. Die dafür vorgesehene Taste ist kaputt.

55 00:30: Der Busfahrer braucht eine Pullerpause. Zum Rauchen.

00:45: Weiterfahrt.

00:50: Zurück zum Rastplatz. Man hatte Pavel vergessen.

60 00:51: Wo war Pavel? Was hat er zu erzählen? Was hat er erlebt? Ist er jetzt ein neuer Mensch? Was ist aus dem Pavel geworden, wie wir ihn kannten?

00:52: Pavel war einfach nur auf Toilette.

65 00:58: Das Licht wird gedimmt. Zweiter Versuch zu schlafen. [...]*

1 Beschreibe deine ersten Eindrücke von dem Textauszug.

2 Beschreibe Stimmungen und Ereignisse zwischen der Abfahrt und dem zweiten Versuch Adrians zu schlafen.

3 Tauscht euch darüber aus, wie die zeitliche Struktur zur Darstellung der Klassenfahrt beiträgt.

4 Stellt Vermutungen darüber an, weshalb Tamara Bach diese ungewöhnliche Form für ihren Roman gewählt hat.

5 Unternimm einen Perspektivwechsel und erzähle die bisherige Fahrt aus der Sicht des Lehrers Utz.

1 Der Text von 1919 erschien unter dem Pseudonym *Ignaz Wrobel*.

Kurt Tucholsky (1890–1935)[1]

Was darf die Satire?

[…] Wenn einer bei uns einen guten politischen Witz macht, dann sitzt halb Deutschland auf dem Sofa und nimmt übel.

Satire scheint eine durchaus negative Sache. Sie sagt: „Nein!" Eine Satire, die zur Zeichnung einer Kriegsanleihe auffordert, ist keine. Die Satire beißt,
5 lacht, pfeift und trommelt die große, bunte Landsknechtstrommel gegen alles, was stockt und träge ist. […]

Vor allem macht der Deutsche einen Fehler: Er verwechselt das Dargestellte mit dem Darstellenden. Wenn ich die Folgen der Trunksucht aufzeigen will, also dieses Laster bekämpfe, so kann ich das nicht mit frommen Bibel-
10 sprüchen, sondern ich werde es am wirksamsten durch die packende Darstellung eines Mannes tun, der hoffnungslos betrunken ist. […]

Übertreibt die Satire? Die Satire muss übertreiben und ist ihrem tiefsten Wesen nach ungerecht. Sie bläst die Wahrheit auf, damit sie deutlicher wird, und sie kann gar nicht anders arbeiten als nach dem Bibelwort: Es leiden die
15 Gerechten mit den Ungerechten.

Aber nun sitzt zutiefst im Deutschen die leidige Angewohnheit, nicht in Individuen, sondern in Ständen, in Korporationen zu denken und aufzutreten, und wehe, wenn du einer dieser zu nahe trittst. Warum sind unsere Witzblätter, unsere Lustspiele, unsere Komödien und unsere Filme so mager? Weil
20 keiner wagt, dem dicken Kraken an den Leib zu gehen, der das ganze Land bedrückt und dahockt: fett, faul und lebenstötend. […]

So aber schwillt ständischer Dünkel zum Größenwahn an. Der deutsche Satiriker tanzt zwischen Berufsständen, Klassen, Konfessionen und Lokaleinrichtungen einen ständigen Eiertanz. Das ist gewiss recht graziös, aber auf die
25 Dauer etwas ermüdend. Die echte Satire ist blutreinigend: Und wer gesundes Blut hat, der hat auch einen reinen Teint.

Was darf die Satire?

Alles.*

1 Stellt Vermutungen darüber an, was Kurt Tucholsky mit seiner abschließenden Aussage meinen könnte: „Was darf die Satire? Alles" (Z. 27–28).

2 Sucht im Text Hinweise darauf, dass die Politik Gegenstand des Interesses von Satire ist.

3 Überlegt, weshalb die Politik häufig Gegenstand von satirischen Texten ist.

Der Postillon

Leipziger Zoo sucht Elefanten auf 450-Euro-Basis

Leipzig (dpo) – Wegen Umstrukturierungsmaßnahmen hat der Zoologische Garten Leipzig heute Morgen eine neue Elefantenstelle ausgeschrieben. Der Bewerber sollte teamfähig, mindestens 2,50 Meter groß, grau und im Besitz eines Rüssels sein. Nach einer halbjährigen Probezeit sei eine Festanstellung
5 in Vollzeit nicht ausgeschlossen, so die Zoodirektion. Die Stelle könne bei erfolgreicher Bewerbung sofort angetreten werden.

Nach eigenen Angaben beschäftigt das Unternehmen mittlerweile über 9500 Tiere; die meisten von ihnen auf Teilzeitbasis oder Provision. Die Arbeitsbereiche sind klar strukturiert, das angenehme Betriebsklima sucht
10 seinesgleichen. Laut Zoodirektor Jörg Junhold haben sich viele der dort Beschäftigten erst vor Ort kennengelernt und Familien gegründet.

Elefanten gehören Junhold zufolge neben Schimpansen, Löwen und Wärtern zu den Lieblingen der Besucher, seien auf dem deutschen Arbeitsmarkt mit den entsprechenden Qualifikationen jedoch schwer zu bekommen. Das
15 Unternehmen setzt bei der internationalen Ausschreibung daher verstärkt auf Fachkräfte aus Indien oder Afrika.

Die Konditionen: Für 54 Stunden im Monat bekommt der Elefant in der Probezeit neben den 450 Euro auch Verpflegung sowie eine Übernach-
20 tungsmöglichkeit geboten. Dafür verpflichtet er sich, hin und wieder das Versteck zu verlassen, ein paar Runden zu drehen und gegebenenfalls in die Richtung der Besucher zu tröten. Wasserfontänen wären schön, gehören laut Junhold jedoch nicht
25 zu den zwingenden Voraussetzungen.

Erfahrungsgemäß können allerdings mehrere Monate vergehen, bis ein geeigneter Kandidat gefunden ist. Bis zur endgültigen Besetzung der Stelle sollen daher erfahrene Mitarbeiter, darunter
30 ein Nilpferd und zwei Affen, den fehlenden Elefanten vertreten.

1 Was ließ dich beim ersten Lesen oder Hören des Textes schmunzeln? Formuliere, welche ersten Gedanken dir in den Sinn kamen.

2 Untersuche genauer, warum der Text humoristisch wirkt. Ermittle, was kritisiert wird und mithilfe welcher Gestaltungsmittel das gelingt.

 3 „Der Postillon" ist ein beliebtes deutsches Satiremagazin. Recherchiere im Internet und informiere dich genauer darüber.

Mark Twain (1835–1910)

Die schreckliche deutsche Sprache (Auszug)

[...] Es gibt wohl keine zweite Sprache, die so unberechenbar und unsyste-
matisch ist und einem ständig durch die Finger gleitet. Man wird darin hilf-
los hierhin und dorthin getrieben, und wenn man schließlich glaubt, eine
Regel gefunden zu haben, die einem festen Grund unter den Füßen gibt, auf
5 dem man sich inmitten dieser reißenden Strömungen und Strudel der zehn
Wortarten ein wenig ausruhen kann, dann blättert man um und liest: „Die
folgenden *Ausnahmen* sollte der Schüler unbedingt beachten." Man lässt den
Blick über die Seite schweifen und stellt fest, dass es mehr Ausnahmen gibt
als Regelfälle. [...] Jedes Mal, wenn ich denke, ich beherrsche einen dieser
10 verwirrenden vier „Fälle", drängt sich in meinen Satz so eine scheinbar harm-
lose Präposition, ausgestattet mit schrecklicher, ganz unerwarteter Voll-
macht, und man verliert wieder den Halt. Zum Beispiel fragt mein Lehrbuch
nach einem bestimmten Vogel – (es fragt immerzu nach Dingen, für die sich
kein Mensch interessiert): „Wo ist der Vogel?" Die Antwort auf diese Frage
15 lautet nun – dem Lehrbuch zufolge –, dass der Vogel wegen des Regens in
der Schmiede ausharrt. Natürlich würde das kein Vogel tun, aber wir müssen
uns an das Lehrbuch halten. Na schön. Ich fange also an, mir diese Antwort
auf Deutsch zurechtzulegen. Selbstverständlich beginne ich am falschen
Ende des Satzes, denn so ist das nun mal im Deutschen. „Regen", sage ich
20 mir, „ist männlich – oder vielleicht weiblich – oder möglicherweise sächlich –,
es ist mir zu umständlich, das jetzt nachzuschlagen. Es muss also entweder
der Regen heißen oder *die* Regen oder *das* Regen, je nachdem, was sich als
das richtige Geschlecht herausstellt, wenn man es nachsieht. Im Interesse
der Wissenschaft nehme ich einmal an, dass dieses Wort männlich ist. Nun
25 gut, dann heißt es also *der* Regen, wenn er sich im Ruhezustand befindet und
nur *benannt* wird, ohne Zusatz oder nähere Bestimmung – Nominativ. Wenn
dieser Regen nun aber im weitesten Sinn auf der Erde herumliegt, dann
befindet er sich an einem Ort und *tut etwas* – das heißt, er *liegt* (das ist nach
dem Verständnis der deutschen Grammatik eine Möglichkeit von ‚*etwas*
30 *tun*'), und damit wird der Regen in den Dativ versetzt, und es wird *dem*
Regen daraus. Wenn dieser Regen jedoch nicht daliegt, sondern *aktiv* etwas
tut – nämlich fällt und damit eine *Bewegung* anzeigt (und vermutlich den
Vogel stört), dann führt das dazu, dass das Wort in den Akkusativ verscho-
ben und dass aus *dem* Regen *den* Regen wird." Damit schließe ich diese
35 grammatische Sterndeuterei ab und antworte zuversichtlich auf Deutsch,
dass der Vogel in der Schmiede ausharrt „wegen den Regen". Mein Lehrer
weist mich daraufhin milde zurecht mit der Bemerkung, dass das Wort
„wegen", sobald es in einem Satz auftaucht, dem Gegenstand unweigerlich
und ohne Rücksicht auf die Folgen den Genitiv verpasst und dass infolge-
40 dessen der Vogel „wegen *des* Regens" in der Schmiede blieb. [...]

Die Deutschen haben noch eine andere Art der Parenthese, die dadurch entsteht, dass sie ein Verb teilen und die eine Hälfte an den Anfang eines spannenden Kapitels stellen und die *andere Hälfte* ans Ende. Können Sie sich etwas Verwirrenderes vorstellen? Dergleichen nennt man „trennbare
45 Verben". Die deutsche Grammatik strotzt nur so von trennbaren Verben, und je weiter die beiden Teile so eines Verbs voneinander getrennt sind, umso mehr freut sich der schriftstellernde Bösewicht seiner Übeltat. Besonders gefällt mir *reiste ab* – auf Englisch *departed*. Hier ist ein Beispiel, das ich aus einem Roman entnommen und vereinfacht ins Englische übertragen habe:
50 „Als das Gepäck verstaut war, REISTE er, nachdem er Mutter und Schwestern geküsst und sein geliebtes Gretchen, das, in ein schlichtes weißes Musselinkleid gehüllt und mit einer einzelnen Rose in den üppigen Locken ihres dichten braunen Haars mühsam die Treppe hinuntergewankt war, noch immer ganz blass von den Schrecken und Aufregungen des letzten Abends, aber
55 sich danach sehnend, noch einmal ihr armes, schmerzendes Haupt an die Brust dessen zu lehnen, den sie mehr liebte als alles auf der Welt, an sein Herz gedrückt hatte, AB."
Man sollte sich aber nicht allzu lange bei den trennbaren Verben aufhalten, sonst bekommt man schnell schlechte Laune, und wer allen Warnungen zum
60 Trotz dennoch bei diesem Gegenstand verharrt, der erleidet am Ende eine Gehirnerweichung oder -versteinerung. [...]*

1 Erläutere die Probleme, die Mark Twain mit der deutschen Sprache hatte.

2 Beschreibe lustige Eigenschaften, die Twain an der deutschen Grammatik feststellt.

3 Sucht ironische und satirische Stellen im Text. Nutzt die Informationen aus dem Merkkasten auf S. 62.

4 Tauscht euch darüber aus, ob heutige Lernende der deutschen Sprache ähnliche Erfahrungen machen wie Mark Twain.

Volker Weidermann

Eine Art Wunder

Als erste deutsche Schriftstellerin wurde Jenny Erpenbeck mit dem International Booker Prize ausgezeichnet. Zu Recht, ihr Roman „Kairos" ist ein literarischer Triumph.

Was für ein Triumph war das am gestrigen Dienstagabend in der Tate
5 Modern in London, für die deutsche Literatur, für Jenny Erpenbeck und ihren Übersetzer Michael Hofman, als den beiden auf der Bühne dieser kleine silberne Pokal übergeben wurde. Der International Booker Prize ist die wichtigste Auszeichnung für ein ins Englische übersetztes literarisches Werk. Bislang war noch kein im Original deutschsprachiges Werk mit diesem Preis
10 prämiert worden. Jenny Erpenbeck hat es mit ihrem Roman „Kairos" geschafft.

„Ich komme aus einer Familie von Schriftstellern", hat sie am gestrigen Abend auf der Bühne mit Pokal in der Hand gesagt. Und ging kurz die Annalen ihres Lebens durch, die Großeltern Schriftsteller, der Vater, die
15 Mutter Übersetzerin aus dem Arabischen, unter anderem des Werkes des ägyptischen Nobelpreisträgers Nagib Mahfuz. [...]

Man konnte die Verleihung des Booker-Preises am gestrigen Abend im Livestream verfolgen, in diesem schier unendlich hohen Saal der Tate Modern, die Autoren und Übersetzer kamen auf einem türkis-grünen Teppich in den
20 Saal und wurden wie bei der Oscar-Verleihung interviewt. [...] Auszüge aus den nominierten Werken werden in Einspielfilmen von Schauspielern und Schauspielerinnen vorgetragen. [...] „Kairos" wird von Eleanor Tomlinson gelesen. Ein deutschsprachiger Roman verwandelt sich auf der Bühne hörbar und sichtbar in Weltliteratur.

25 Es ist einfach toll zu sehen, wie hier Literatur ernst genommen, gefeiert und glanzvoll und professionell inszeniert wird. Und natürlich musste man beim Betrachten dieser Oscar-Zeremonie der Weltliteratur noch einmal daran denken, dass „Kairos" weder auf den Nominierungslisten für den Deutschen Buchpreis in Frankfurt noch für den Leipziger Buchpreis stand. Und natürlich
30 kann es damit zusammenhängen, dass in diesen Jurys kein Juror ostdeutscher Herkunft saß. Natürlich mit westdeutschem Überdruss am Thema dieses Romans.

Die Geschichte eines Verschwindens

Denn „Kairos" erzählt die Geschichte des Untergangs der DDR als eine Verlustgeschichte. Als die Geschichte eines Verschwindens – ohne zu verklären,
35 ohne zu klagen. Die 1967 in Ost-Berlin geborene Erpenbeck [...] hat einmal über ihre Wende-Erfahrungen gesagt: „Die Freiheit war ja nicht geschenkt. Sie hatte einen Preis, und der Preis war mein gesamtes bisheriges Leben."

Ihr Vater John Erpenbeck, Physiker, Philosoph und Schriftsteller, hat um die Wende herum das Schreiben aufgegeben. […] Da fing seine Tochter mit dem
40 Schreiben an. Sie selbst nennt es eine „Staffelübergabe".

Die Vorsitzende der Jury des International Booker Prize, die kanadische Autorin Eleanor Wachtel, sagt in ihrer kurzen Laudatio in London, alle Werke auf der Shortlist zeigten, „wie das Gewicht der Geschichte" unser Leben bestimmt. Für Jenny Erpenbeck gilt das auf ganz besondere Weise. […]

Ein Roman und keine Anklageschrift

45 „Kairos" ist ein Roman des Übergangs. Ein Liebespaar, Hans und Katharina, er ein überzeugter Kommunist, früherer Stasi-Spitzel und viel älter als Katharina, hat den Untergang ihres Landes nicht kommen sehen. Sie gehörten nicht zu den Demonstrierenden, nicht zu denen, die das System abschaffen wollten. Hans wird seine Anstellung, seinen Glauben, sein Leben verlieren.
50 Katharina ist jung genug, um bereit zu sein für den Neuanfang […].

„Kairos" von Jenny Erpenbeck ist ein Roman und keine Anklageschrift; und Jenny Erpenbeck ist keine Ostalgikerin. Aber der Antrieb, der diesem Roman die Energie verleiht, ist die Kraft der Trauer und des Verlustes. […]

Jenny Erpenbeck hat ihre Karriere als Autorin vor
55 mehr als 25 Jahren mit einem Experiment begonnen. Als 27-Jährige hat sie sich noch einmal einschulen lassen, in einer Schule, in der sie niemand kannte, in eine Abiturklasse, als gehöre sie dazu. Erpenbeck hat darüber ihr erstes Buch geschrieben,
60 „Geschichte vom alten Kind" heißt das und erzählt die Geschichte eines Menschen ohne Namen, ohne Alter, ohne Vorgeschichte. […]

Dass die Autorin […] 25 Jahre später im Licht dieser glanzvollen Bühne von London steht, ist
65 schon eine Art Wunder. Eine Erfindung aus der Welt der Wirklichkeit. Ein literarischer Triumph.*

 1 Lest den Text mehrfach und untersucht ihn genauer. Notiert Textstellen, die auf die Meinung des Verfassers schließen lassen. Begründet eure Auswahl.

 2 Lest den Text erneut und nennt Textstellen, in denen der Autor Kritik äußert oder anklingen lässt. Begründet eure Auswahl und erläutert die Kritikpunkte.

3 Hat der Text dein Interesse an der Schriftstellerin Jenny Erpenbeck und ihrem Roman „Kairos" geweckt? Begründe, warum bzw. warum nicht.

   4 Beschäftigt euch genauer mit Leben und Werk von Jenny Erpenbeck und stellt die Autorin in der Klasse vor.

Informationen zu Berufen einholen

 1 Es sind viele Informationen notwendig, um eine Entscheidung über die Berufswahl treffen zu können.

   a Überlegt, welche Möglichkeiten euch nach der 10. Klasse offenstehen.

      – *Berufsausbildung*

      – *...*

   b Recherchiert im Internet Informationen zu Freiwilligendiensten wie FSJ oder FÖJ. Notiert Vorausset- zungen und Möglich- keiten der Durch- führung.

   2 Welche Berufsfelder und Berufe gibt es?

   a Wiederholt, wo und wie ihr Informationen dazu bekommen könnt.

      – *mit einer Person sprechen, die einen für mich interessanten Beruf ausübt*

      – *...*

   b Recherchiert im Internet aktuelle Informationen zu Berufsfeldern. Nutzt dazu zum Beispiel die Website der Arbeitsagentur. Notiert eure Ergebnisse.

> **Tipp**
> Es können auch zwei bis drei Berufsfelder sein.

   c Wähle ein Berufsfeld aus und informiere dich darüber, welche Berufe es in diesem Berufsfeld gibt. Notiere Stichpunkte in deinem Heft.

   d Unterstreiche in deinen Aufzeichnungen die Berufe, die für dich interessant klingen.

   3 Überlege dir, welche Interessen und Stärken du hast.

   a Schätze deine Interessen und Stärken zuerst selbst ein. Nutze dazu auch das Tool „Check-U" der Bundesagentur für Arbeit.

   b Bitte Eltern oder Freunde um eine Einschätzung deiner Interessen und Stärken. Vergleiche ihre Einschätzungen mit deinen eigenen.

   c Recherchiere, welche Schulfächer, Interessen und Stärken für das Berufsfeld wichtig sind, das du dir ausgesucht hast. Schreibe sie in dein Heft.

   d Prüfe, ob deine Interessen und Stärken mit den Anforderungen an das Berufsfeld übereinstimmen, das du dir ausgesucht hast. Überlege auch, wofür du eventuell Interesse entwickeln könntest.

4 Wähle einen Beruf, der zu dir passt.

a Überlege, in welchen Berufen deine Stärken und Interessen gebraucht werden. Nutze dazu auch das Tool „Check-U" der Bundesagentur für Arbeit.

b Lies das folgende Berufsbild und überlege, ob dieser Beruf für dich in Frage käme. Begründe deine Meinung.

Konditor/-in

Berufstyp: Anerkannter Ausbildungsberuf
Ausbildungsart: Duale Ausbildung im Handwerk
                               (geregelt durch Ausbildungsverordnung)
Ausbildungsdauer: 3 Jahre
Lernorte: Ausbildungsbetrieb und Berufsschule
                             (duale Ausbildung)

Was macht man in diesem Beruf?

Konditoren und Konditorinnen wählen die Zutaten für die Herstellung von Konditoreiprodukten wie Torten, Kuchen, Pralinen, Süßspeisen, Party- oder Käsegebäck aus, berechnen die benötigten Mengen und wiegen bzw. messen
5 diese ab. Dann verarbeiten sie die Ausgangsstoffe per Hand oder mithilfe von Maschinen und Geräten. Sie mischen, portionieren und formen die Massen, etwa Teige, geben weitere Zutaten wie vorbereitetes Obst nach Rezept hinzu und geben alles in Backformen oder auf Backbleche. Nach dem Backen garnieren, glasieren oder zuckern Konditoren und Konditorinnen die
10 Waren, z.B. Torten und Gebäck. Außerdem wirken sie bei der Warenpräsentation im Laden, beim Verkauf der Konditoreiwaren und bei der Kundenberatung mit.

Wo arbeitet man?

Beschäftigungsbetriebe: […]
15 • in Konditoreien, Confiserien, Cafés oder Bäckereien mit Feinbackwarensortiment
• im Patisseriebereich großer Hotels und Restaurants
Arbeitsorte: […]
• in Backstuben
20 Darüber hinaus arbeiten sie ggf. auch
• in Verkaufsräumen und in zu Konditoreien gehörigen Cafés
• in Produktionshallen (bei Beschäftigung in der Industrie)
• in Kühl- und Lagerräumen

Welcher Schulabschluss wird erwartet?
25 Rechtlich ist keine bestimmte Schulbildung vorgeschrieben. In der Praxis stellen Betriebe überwiegend Auszubildende mit mittlerem Bildungsabschluss oder Hochschulreife ein.

Worauf kommt es an?

Anforderungen:

30 • Geschicklichkeit und Sinn für Ästhetik (z. B. beim Dekorieren von Torten)
  • Verantwortungsbewusstsein (z. B. beim Einhalten lebensmittelrechtlicher Vorschriften)
  • gute körperliche Konstitution (z. B. beim Heben von schweren Backblechen)

35 *Schulfächer:*

  • Mathematik (z. B. beim Abwiegen von Zutaten und Umrechnen von Gewichtsangaben)
  • Chemie (z. B. zum Verstehen der lebensmittelchemischen Grundlagen und der chemischen Prozesse beim Backen)

40 • Kunst (z. B. beim Dekorieren von Hochzeitstorten)
  • Deutsch (z. B. bei der Beratung zu Konditoreiwaren) […]*

c Notiere die Informationen zum Beruf aus Aufgabe b übersichtlich. Übertrage dazu die folgende Tabelle in dein Heft und ergänze die mittlere Spalte.

Berufsbezeichnung	Konditor/-in	Wunschberuf: …
Haupttätigkeiten	…	…
Tätigkeitsorte	…	…
Anforderungen	…	…
weitere Informationen (Ausbildungsvergütung, verwandte Berufe o. Ä.)	…	…

5 Die Internetseite „Planet Beruf" der Bundesagentur für Arbeit hilft Jugendlichen, sich bei der Berufswahl zu orientieren.

a Suche auf der Website nach Informationen zu deinem Wunschberuf oder einem in Frage kommenden Beruf. Ergänze die rechte Spalte deiner Tabelle aus Aufgabe 4 c.

b Überprüfe, ob du die Voraussetzungen für deinen Wunschberuf erfüllst. Überlege ggf. auch, ob du die Voraussetzungen demnächst erfüllen könntest.

c Stelle deinen Wunschberuf in der Gruppe vor. Notiere dazu Stichpunkte und verwende auch Zitate mit korrekten Quellenangaben.

d Besprecht eure Wunschberufe in der Gruppe. Tauscht euch darüber aus, wie realistisch eure jeweiligen Vorstellungen sind und welche Alternativen es möglicherweise gibt.

e Trage für dich in Frage kommende Alternativen zusammen und recherchiere Informationen dazu.

Tipp

Schlage die Bedeutung von Fachwörtern nach.

→ **S. 225:**
Fachwörter

→ **S. 210:**
Die Zeichensetzung beim Zitieren

6 Du hast deinen Wunschberuf gefunden und suchst nach einer Ausbildungsstelle.

a Tragt zusammen, wo ihr Ausbildungsstellenangebote findet. Legt dazu eine Liste an.

b Lies die folgenden Stellenanzeigen. Erkläre, woraus man schließen kann, dass diese Angebote seriös sind.

Anzeige A

Ausbildung zum Elektroniker (m/w/d) für Betriebstechnik
zum 1. August
Ausbildungsdauer: 3 Jahre in dualer Berufsausbildung

Wir sind ein deutschlandweit tätiges Aufzugsunternehmen. Technologische Kompetenz, hervorragende Qualität und innovative Ideen zeigen sich in einer guten Arbeitsatmosphäre und hoher Kundenzufriedenheit.

Wir bieten:
– Bau von mechanischen, elektrischen, elektronischen und pneumatischen Komponenten,
– Montage, Instandhaltung und Wartung komplexer Systeme,
– Installation von Steuerungssoftware und Vernetzung von Anlagen,
– Planung und Steuerung von Arbeitsabläufen.

Sie besitzen:
– einen mittleren Schulabschluss (Realschule, Mittelschule, Sekundarschule),
– solides Grundwissen in den Fächern Mathematik und Physik,
– erste Erfahrungen aus einem Praktikum mit technischem Hintergrund,
– handwerkliches Geschick, technisches Verständnis, Experimentierfreude,
– Kommunikations- und Teamfähigkeit.

Bewerben Sie sich jetzt!
Als mehrfach ausgezeichneter Ausbildungsbetrieb bieten wir Ihnen eine Tätigkeit in einer zukunftsorientierten und innovativen Branche, überdurchschnittliche Ausbildungsvergütung sowie 30 Urlaubstage.

Senden Sie Ihre vollständigen Bewerbungsunterlagen per Mail an: Maria.Meier@beispiel.de.

Anzeige B

Wir machen einen Raumausstatter aus dir! (m/w/d)
Ausbildungsbeginn: 1. August
Raumausstatter ist ein zeitlos attraktiver Beruf. Während der dreijährigen Ausbildung kannst du deiner Kreativität freien Lauf lassen. Du arbeitest mit verschiedenen Materialien und triffst auf viele Menschen.

Das erwartet dich:
- Planen der Raumausstattungen nach den Wünschen der Kundschaft,
- Kalkulieren der Kosten und Besorgen der Materialien,
- Nähen und Konfektionieren von Dekorationen und Gardinen,
- Verlegen von Teppichwaren, Laminaten, PVC-Belägen,
- Beziehen und Aufarbeiten diverser Polstermöbel,
- Weiterbildungsmöglichkeiten und Perspektiven im Unternehmen,
- attraktive Ausbildungsvergütung.

Das erwarten wir:
- einen mittleren Schulabschluss (Real-, Mittel-, Sekundarschule),
- handwerkliche Fähigkeiten, kreatives Denken und technisches Verständnis,
- Interesse an Farben, Formen und Materialien,
- Spaß an Teamarbeit.

Sende deine vollständigen Bewerbungsunterlagen an:
raum & wunsch GmbH
Max Schmerk
Mustergasse 23
23952 Wismar
oder bewirb dich online unter www.raum-wunsch-beispiel.de.

c Übertrage die Tabelle in dein Heft. Sortiere zuerst folgende Informationen sinnvoll und trage sie in die linke Spalte ein.

genaue Berufsbezeichnung **/** Ansprechpartnerin oder Ansprechpartner **/** Anforderungen **/** Ausbildungsinhalte **/** Leistungen des Unternehmens **/** Name der Firma **/** Arten der Bewerbung

	Anzeige: …	Berufswunsch: …
…	…	…

d Wähle eine Stellenanzeige aus Aufgabe b aus und ergänze die entsprechenden Informationen in deiner Tabelle.

e Suche Stellenanzeigen für Ausbildungsplätze, die deinem Berufswunsch entsprechen. Analysiere sie und ergänze die rechte Spalte der Tabelle.

Bewerbungsunterlagen verfassen

1 Zu den Bewerbungsunterlagen gehören ein Bewerbungsschreiben und ein tabellarischer Lebenslauf sowie verschiedene Anlagen wie Zeugniskopien oder Praktikumsbescheinigungen.

a Lies die folgenden Bewerbungsunterlagen und wiederhole, welche Angaben Bewerbungsschreiben und Lebenslauf enthalten müssen.

Jannik Meister Grevesmühlen, 12. Dezember 20..
Beispielstr. 10
23936 Grevesmühlen
Tel.: 0162 2089465

raum & wunsch GmbH
Herrn Max Schmerk
Mustergasse 23
23952 Wismar

Bewerbung um einen Ausbildungsplatz zum Raumausstatter

Sehr geehrter Herr Schmerk,

durch Ihre Anzeige im Internet bin ich auf Ihre Firma aufmerksam geworden. Ich möchte einen Beruf ergreifen, in dem ich meine Kreativität und mein handwerkliches Geschick einbringen kann. Deshalb bewerbe ich mich bei Ihnen um einen Ausbildungsplatz zum Raumausstatter.

Zurzeit besuche ich die 10. Klasse der Regionalen Schule „Theodor Storm" in Grevesmühlen. Diese werde ich im Juli nächsten Jahres mit der Mittleren Reife beenden. In der 9. Klasse konnte ich während eines Betriebspraktikums in einem Einrichtungshaus erste Eindrücke von Arbeitsabläufen und Tätigkeiten als Raumausstatter gewinnen. Ich war an der Ausgestaltung des Showrooms zum Thema „Frühling" beteiligt. Gern bringe ich zum Vorstellungsgespräch einige Fotos und Entwurfszeichnungen mit. Ich verfüge über gute Kenntnisse in Kunst und Mathematik und arbeite gern und zuverlässig im Team. In meiner Freizeit besuche ich einen Zeichenkurs in der JugendKunstSchule.

Über eine Einladung zum persönlichen Gespräch würde ich mich sehr freuen.

Mit freundlichen Grüßen

Jannik Meister

Anlagen: Lebenslauf, Zeugniskopie 9. Klasse, Praktikumsnachweis

Lebenslauf

persönliche Daten
Name: Jannik Meister
Anschrift: Beispielstr. 10
                   23936 Grevesmühlen
Tel.:   0162 2089465
E-Mail: jannik.meister@beispiel.de
Geburtsdatum: 11. April 2010
Geburtsort: Greifswald

Schulbildung
2026   voraussichtlich Mittlere Reife
seit 08/2020   Regionale Schule „Theodor Storm" in Grevesmühlen
2016–2020   Ostsee-Grundschule, Grevesmühlen

Praktika
03/2025   dreiwöchiges Betriebspraktikum im Einrichtungshaus
                   Schneider in Grevesmühlen

persönliche Fähigkeiten und Kompetenzen
Fremdsprachen: Englisch (8 Jahre)
Hobbys: Zeichenkurs in der JugendKunstSchule

Grevesmühlen, 12. Dezember 20..

Jannik Meister

b Überprüfe, ob Janniks Bewerbungsunterlagen den Anforderungen entsprechen.

2 Entwirf deine eigenen Bewerbungsunterlagen.

a Suche eine Stellenanzeige für einen Ausbildungsplatz deiner Wahl. Verfasse dein Bewerbungsschreiben und den Lebenslauf. Schreibe am Computer und prüfe kritisch, ob du dazu digitale Vorlagen oder deine evtl. vorhandenen Dateien aus Klasse 9 nutzen kannst.

b Überarbeite deine Entwürfe. Achte darauf, dass das Bewerbungsschreiben die Anforderungen an einen offiziellen Brief erfüllt. Prüfe, ob alle wichtigen Angaben für die Bewerbung enthalten sind.

c Prüfe die Formatierungen (Schriftart, Schriftgröße, Absätze, Hervorhebungen) und bearbeite sie, wenn nötig. Lebenslauf und Bewerbungsschreiben sollten einheitlich formatiert sein.

d Speichere deine Unterlagen unter einem eindeutigen Dateinamen, sodass du sie immer wieder anpassen kannst.

Tipp
Erprobe ein KI-Tool. Gib einen Auftrag (Prompt) zum Verfassen des Bewerbungsschreibens ein, prüfe das Ergebnis kritisch, überarbeite und personalisiere es.

3 Viele Firmen erwarten die Bewerbungsunterlagen per E-Mail.

 a Tragt zusammen, was bei einer E-Mail-Bewerbung zu beachten ist.

b Stelle deine Unterlagen für eine E-Mail-Bewerbung zusammen.
Wenn möglich, schicke die Bewerbung mit Anhang an eine vertraute Person
und bitte sie um eine Rückmeldung (ein Feedback) zu Inhalt und Form.

c Lies die Korrekturvorschläge und frage nach, falls etwas unklar ist.
Überarbeite deine E-Mail-Bewerbung.

> Viele Firmen bitten um das Ausfüllen eines **Online-Bewerbungsformulars**,
> um alle wichtigen Informationen in übersichtlicher Form zu erhalten und so
> einen ersten Eindruck von einer Bewerberin / einem Bewerber zu gewinnen.
> Die Formulare sollten mit größter Sorgfalt und den Anforderungen entspre-
> chend ausgefüllt werden.

4 Online-Bewerbungsformulare sehen bei jedem Unternehmen anders aus.
Sie fragen aber alle wesentlichen Informationen ab.

a Fülle eine Kopie des folgenden Formulars aus.

Online-Bewerbungsformular

Persönliche Daten

Vorname: [   ]   Nachname: [   ]

Geburtsdatum: [   ]   Geburtsort: [   ]

Straße, Nr.: [   ]   PLZ, Wohnort: [   ]

Telefon: [   ]   E-Mail: [   ]

Angaben zur Ausbildung

Ich möchte für Sie tätig werden als [   ]

Ich bin interessant für Sie, weil [   ]

mein bevorzugter Einsatzort: [   ]

meine bisherigen Praktika: [   ]

frühestmöglicher Eintrittstermin: [   ]

Anlagen

Bitte laden Sie Ihre Dokumente hier hoch: [   ]

---

b Bereite deinen Anhang vor. Speichere in einer PDF-Datei deine komplette
Bewerbung: Anschreiben, Lebenslauf und Kopien wichtiger Zeugnisse.
Achte darauf, dass die Datei nicht größer als 1 bis 3 MB ist.

Vorstellungsgespräche führen

→ S. 14:
Formelle Gespräche
führen

1 Wiederhole, was du über Vorstellungsgespräche weißt.
Vergleiche mit dem folgenden Merkkasten.

> Wenn man mit einer Bewerbung überzeugt hat, wird man zu einem **Vorstellungsgespräch** eingeladen, in dem ein Eindruck von der **Persönlichkeit**, den **Fähigkeiten** und der **Eignung** der Bewerberinnen/Bewerber gewonnen werden soll. Der **Verlauf** des Vorstellungsgesprächs entscheidet wesentlich darüber, ob man den Ausbildungsplatz bekommt. Man sollte deshalb gut vorbereitet sein und zum Beispiel Auskunft geben können über:
> • sich selbst, eigene Interessen und den Berufswunsch,
> • den Betrieb, seine Produkte und Besonderheiten,
> • den Ausbildungsberuf.
> Außerdem sollte man sich Fragen überlegen, zum Beispiel zur zuständigen Berufsschule oder zum Ablauf der Ausbildung.

2 Stelle dir vor, du bereitest dich auf ein Vorstellungsgespräch vor.

a Notiere, was du in der folgenden Anzeige über die Ausbildung erfährst.

> **Assistent für Softwaretechnik (m/w/d)**
> Unsere Berufsfachschule bildet ab 1. August wieder aus!
> Die schulische Ausbildung dauert drei Jahre und schließt eine praktische Ausbildung (18 Monate) bei Datenbankanbietern, in Software- und Systemhäusern oder bei Softwareverlegern und Datenverarbeitungsdiensten ein. Wir bereiten dich intensiv auf die IHK-Prüfung vor.
>
> Was sind deine Aufgaben?
> – System- und Anwendungssoftware auf Rechnern und in Netzwerken installieren, konfigurieren und pflegen
> – Kunden bei der Anschaffung von IT-Systemen beraten und schulen
> – IT-Systeme analysieren und individuelle Lösungen konzipieren
> – Standardsoftware an betriebliche Erfordernisse anpassen bzw. in vorhandene IT-Systeme integrieren
> – anwendergerechte Datenbanken entwickeln
>
> Welche Voraussetzungen bringst du mit?
> – einen mittleren Bildungsabschluss (Real-, Mittel-, Sekundarschule)
> – sehr gute Kenntnisse in Englisch, Informatik und Mathematik
> – technisches Verständnis und Sorgfalt
> – Kreativität und Durchhaltevermögen sowie Lernbereitschaft
>
> Bewirb dich online. Wir freuen uns darauf, dich kennen zu lernen!
> Berufsbildungsakademie Magdeburg, www.bba-MD-beispiel.de

b Überlege, welche weiteren Informationen du für die Vorbereitung des Vorstellungsgesprächs brauchst und wie du an diese Informationen kommst.

> Ein **Vorstellungsgespräch** hat häufig folgenden **Aufbau**:
> - Begrüßung,
> - Interview,
> - Gesprächsabschluss.
>
> Zum Abschluss des Gesprächs erfahren die Bewerberinnen/Bewerber, wann sie über die Entscheidung des Unternehmens informiert werden. Manchmal bekommt man eine Rückmeldung über das Auftreten und das Gesprächsverhalten. Zu Hause sollte man unbedingt Gesprächsnotizen anfertigen. So behält man die Übersicht und lernt aus den Hinweisen.

→ S. 14:
Formelle
Gespräche
führen

 3 Bereite dich auf den möglichen Verlauf des Vorstellungsgesprächs vor.

a Sammelt Wendungen für eine höfliche Begrüßung und Verabschiedung.

Guten Tag und vielen Dank für die Einladung ...
Es hat mich gefreut, dass ...
...

b Lies die folgenden Äußerungen und ordne sie den Gesprächsteilen aus dem Merkkasten zu.

1 Guten Tag! Haben Sie gut hergefunden?
2 Wir teilen Ihnen unsere Entscheidung nächste Woche telefonisch mit.
3 Beschreiben Sie Ihre Stärken und Schwächen.
4 Was wissen Sie bereits über den Beruf „..."?
5 Welche Voraussetzungen bringen Sie für diese Ausbildung mit?
6 Welche Vorstellungen haben Sie von der Ausbildung und vom Berufsalltag?
7 Warum bewerben Sie sich in unserem Unternehmen?
8 Ich begrüße Sie zum Gespräch. Wie geht es Ihnen?
9 Welche Erfahrungen haben Sie mit Teamarbeit?
10 Warum sollten wir uns für Sie entscheiden?
11 Vielen Dank für das Gespräch. Es war sehr aufschlussreich.
12 Vielen Dank. Auf Wiedersehen.

c Notiere, wie du auf die Äußerungen in Aufgabe b passend reagieren könntest.

 d Überlegt, welche weiteren Fragen gestellt werden könnten. Sucht passende Antworten.

e Überlege, welche Fragen du im Vorstellungsgespräch stellen möchtest. Schreibe sie auf.

4 Gestaltet ein Vorstellungsgespräch als Rollenspiel.

a Bereitet ein Vorstellungsgespräch vor. Nutzt dazu die Ergebnisse der Aufgaben 2 und 3 (S. 88–89).

b Spielt eure Gespräche in der Klasse vor. Achtet auf angemessene Sprache, Gestik und Mimik.

c Tragt Kriterien zur Einschätzung des Gesprächsverhaltens der Bewerberin bzw. des Bewerbers zusammen. Entwerft einen Beobachtungsbogen.

Name: …	++	+	–
ist vorbereitet			
spricht laut und deutlich			
…			

d Bewertet das Gesprächsverhalten der Bewerberin bzw. des Bewerbers mithilfe des Bewertungsbogens fair und ehrlich.

 5 Bereitet ein angemessenes Auftreten in einem Vorstellungsgespräch vor.

a Wiederholt, was ihr über die organisatorische Vorbereitung von Vorstellungsgesprächen wisst. Vergleicht mit dem folgenden Merkkasten.

> Bei der **Vorbereitung auf ein Vorstellungsgespräch** sollte man:
> • sich informieren, wo das Gespräch stattfindet und wie man termingerecht dort hingelangt,
> • Kleidung auswählen, die dem Ausbildungsplatz angemessen ist,
> • für ein gepflegtes Erscheinungsbild sorgen (saubere Fingernägel, geputzte Schuhe u. Ä.).

b Tauscht euch darüber aus, was unter angemessener Kleidung und gepflegtem Erscheinungsbild zu verstehen ist.

c Stellt euch vor, ihr seid zu einem ganz bestimmten Vorstellungsgespräch eingeladen. Beratet euch gegenseitig, was ihr anziehen solltet.

  6 Recherchiert im Internet, welche Informationen Betriebe oder Branchen zu Erwartungen und Gestaltung von Vorstellungsgesprächen veröffentlicht haben. Stellt in der Klasse Beispiele vor und besprecht, welche auch für euch empfehlenswert sind.

Was habe ich gelernt? **7** Überprüft, was ihr über Bewerbungen gelernt habt. Entwerft Checklisten für Bewerbungsschreiben, Lebenslauf und Vorstellungsgespräch.

Mitteilungen verfassen

 ## Formulare ausfüllen

1 Für viele Zwecke gibt es Formulare. Mit einem Ausbildungsvertrag wird ein Antrag auf Eintragung in das Verzeichnis der Berufsausbildungsverhältnisse gestellt.

a Sieh dir das Formular an, das Auszubildende bekommen.
Bestimme, welche Angaben vom Arbeitgeber ausgefüllt sein müssen.

Berufsausbildungsvertrag

AUSFERTIGUNG FÜR **AUSZUBILDENDE**
BLATT 3 / SEITE 1 VON 4

(§§ 10, 11 des Berufsbildungsgesetzes – BBiG)

Zwischen dem Ausbildenden (Ausbildungsbetrieb) und der/dem Auszubildenden wird nachstehender Berufsausbildungsvertrag zur Ausbildung im Ausbildungsberuf

(wenn einschlägig, bitte einschließlich Fachrichtung, Schwerpunkt, Wahlqualifikation(en) und/oder Einsatzgebiet nach der Ausbildungsordnung bezeichnen)

nach Maßgabe der Ausbildungsordnung[1] geschlossen.

Zuständige Berufsschule

Änderungen des wesentlichen Vertragsinhaltes sind vom Ausbildenden unverzüglich zur Eintragung in das Verzeichnis der Berufsausbildungsverhältnisse bei der Industrie- und Handelskammer anzuzeigen. Die beigefügten Angaben zur sachlichen und zeitlichen Gliederung des Ausbildungsablaufes (Ausbildungsplan) sowie die beigefügten **weiteren Bestimmungen** sind Bestandteil dieses Vertrages.

Angaben zum Ausbildenden

Name des Ausbildenden (Ausbildungsbetriebes)[2]

Straße, Haus-Nr.

PLZ   Ort

Telefonnummer

E-Mail-Adresse (Angabe freiwillig)

Name, Vorname verantwortliche/r Ausbilder/in

Angaben zur/zum Auszubildenden

Name   Vorname

Straße, Haus-Nr.

PLZ   Ort

Geburtsdatum   Mobil-/Telefonnummer (Angabe freiwillig)

E-Mail-Adresse (Angabe freiwillig)

§ 1 – Dauer der Ausbildung

Dauer

Die Ausbildungsdauer beträgt nach der Ausbildungsordnung

☐ 24 Monate.   ☐ 36 Monate.   ☐ 42 Monate.

Auf die Ausbildungsdauer wird die Berufsausbildung zur/zum[4]

bzw. eine berufliche Vorbildung in

mit [___] Monaten angerechnet.[5]

Die Berufsausbildung wird in

☐ Vollzeit   ☐ Teilzeit[6,7] [___] (% der Ausbildungs-zeit in Vollzeit) durchgeführt.

Die Ausbildungsdauer verlängert sich aufgrund der Teilzeit um [___] Monate.

Soweit keine geschlechtsneutrale Formulierung gewählt wird, dient dies allein der Vereinfachung der Lesbarkeit. Auch dort werden alle Menschen angesprochen – unabhängig von ihrem Geschlecht (w/m/d).

☐ Die Berufsausbildung wird im Rahmen eines ausbildungsintegrierenden dualen Studiums absolviert.

Das Berufsausbildungsverhältnis

beginnt am _____ und endet am:[8] _____

Probezeit

Die Probezeit beträgt in Monaten[9]

☐ einen ☐ zwei ☐ drei ☐ vier

---

§ 2 – siehe S. 3 des Berufsausbildungsvertrages

---

§ 3 – Ausbildungsstätte

Die Ausbildung findet vorbehaltlich der Regelungen nach § 4 Nr. 12 dieses Vertrages in

Name/Anschrift der Ausbildungsstätte

und den mit dem Betriebssitz für die Ausbildung üblicherweise zusammenhängenden Bau-, Montage- und sonstigen Arbeitsstellen statt.

---

§ 4 – Pflichten des Ausbildenden

Ausbildungsmaßnahmen außerhalb der Ausbildungsstätte(n) sind für den folgenden Zeitraum in der/den folgenden Ausbildungsstätte(n) vorgesehen (hierzu zählen auch Auslandsaufenthalte)

---

§ 5 – Pflichten der/des Auszubildenden

Führung von schriftlichen oder elektronischen Ausbildungsnachweisen

Der Ausbildungsnachweis wird wie folgt geführt: ☐ schriftlich ☐ elektronisch

---

§ 6 – Bestandteile der Vergütung und sonstige Leistungen

Höhe und Fälligkeit

☐ Das Ausbildungsverhältnis fällt in den Geltungsbereich des folgenden Tarifvertrages:

Die beigefügten weiteren Bestimmungen
(Blatt 3 / Ausfertigung für **Auszubildende** / S. 3 und S. 4)
sind Gegenstand dieses Vertrages.

Stempel und Unterschrift des Ausbildenden*

☐ Das Ausbildungsverhältnis fällt nicht in den Geltungsbereich eines gültigen Tarifvertrages.

Der Ausbildende zahlt der/dem Auszubildenden eine angemessene Vergütung; diese beträgt zurzeit monatlich brutto

EUR				
im	ersten	zweiten	dritten	vierten

Ausbildungsjahr.

☐ Die Vergütung setzt sich aus verschiedenen Bestandteilen zusammen, die dem Vertrag als Anlage beigefügt werden.

Überstunden[10]

Überstunden werden
☐ besonders vergütet.
☐ besonders vergütet **oder** in Freizeit ausgeglichen.
☐ in Freizeit ausgeglichen.
☐ besonders vergütet **und** in Freizeit ausgeglichen.

---

§ 7 – Ausbildungszeit, Anrechnung und Urlaub

Tägliche und wöchentliche Ausbildungszeit[11]

Die regelmäßige tägliche Ausbildungszeit beträgt

_____ Stunden.[12]

Die durchschnittliche wöchentliche Ausbildungszeit beträgt

_____ Stunden.

Urlaub

Es besteht ein Urlaubsanspruch

im Kalenderjahr		
Werktage		
Arbeitstage		

---

§§ 8 bis 11 – siehe S. 4 des Berufsausbildungsvertrages

---

§ 12 – Sonstige Vereinbarungen[13]**; Hinweis auf anwendende Betriebs- bzw. Dienstvereinbarungen**

☐ Anlage gemäß § 4 Nr. 1 des Berufsausbildungsvertrages[14]

Ort, Datum

Unterschrift der/des Auszubildenden*

Unterschrift(en) der/des gesetzlichen Vertreter/s*

Die meisten **Formulare** werden heute online ausgefüllt. Liegen die Formulare noch in Papierform vor, sollten sie möglichst sorgfältig in gut lesbaren Druckbuchstaben ausgefüllt werden. Bei Bedarf verwendet man dabei **Abkürzungen**, z. B.: *Straße – Str., zurzeit – zzt.*
Vor dem Ausfüllen sollte man sich das gesamte Formular ansehen und überlegen, welche Angaben einzutragen sind. Es empfiehlt sich, zuerst eine Kopie des Formulars auszufüllen und diese aufzubewahren.

b Suche im Internet nach einem Ausbildungsvertrag und lade ihn herunter. Fülle in einem Ausdruck des Formulars die Angaben zu dir als Auszubildender bzw. Auszubildendem aus.

2 Wenn du während deiner Ausbildung eine Ausbildungsvergütung bekommst, musst du dich bei einer Krankenkasse selbst versichern.

a Sieh dir das folgende Anmeldeformular einer Krankenkasse an, das du online ausfüllen kannst. Prüfe, welche Angaben du benötigst und welche Unterlagen du ggf. besorgen und bereitlegen solltest.

Online-Antrag

Persönliche Daten

Vorname: [   ]   Nachname: [   ]

Geburtsdatum: [   ]   Geburtsort: [   ]

Geburtsland: [   ]   Staatsangehörigkeit: [   ]

Geschlecht: [   ]

Straße, Nr.: [   ]   PLZ, Wohnort: [   ]

Telefon (optional): [   ]   E-Mail: [   ]

Rentenversicherungsnummer: [   ]

Angaben zur Mitgliedschaft
- [ ] so schnell wie möglich
- [ ] Arbeitnehmer/-in
- [ ] Ausbildung, ein FSJ/FÖJ oder Freiwilligendienst

Startdatum: [   ]

Name des Arbeitgebers: [   ]

Straße, Nr.: [   ]

PLZ, Ort: [   ]

Angaben zur aktuellen Krankenversicherung
- [ ] selbst gesetzlich versichert
- [ ] gesetzlich familienversichert
- [ ] freiwillig versichert
- [ ] privat versichert
- [ ] privat im Ausland versichert
- [ ] nicht versichert

Name der Krankenkasse: [   ]

b Fülle zuerst eine Kopie des Formulars aus, danach das Formular im Internet. Bevor du die Angaben online absendest, prüfe sie noch einmal. Wenn möglich, speichere eine Kopie des ausgefüllten Formulars (zum Beispiel als PDF) oder drucke es aus.

3 Übe das Ausfüllen von Formularen. Wähle Aufgabe a, b oder c.

●○○ **a** Stelle dir vor, du möchtest bei der Bundesagentur für Arbeit online einen Beratungstermin beantragen. Suche das entsprechende Formular im Internet und fülle es aus. Schicke es nur ab, wenn du den Termin tatsächlich wahrnehmen möchtest.

●●○ **b** Stelle dir vor, du möchtest bei der Bundesagentur für Arbeit die beiden folgenden Anliegen online erledigen. Recherchiere die entsprechenden Formulare im Internet und fülle sie online aus. Schicke sie aber nur ab, wenn du den Termin tatsächlich wahrnehmen oder den Check starten möchtest.

   1 Beantragung eines Beratungstermins für eine Berufsberatung bei der Arbeitsagentur

   2 Prüfung der Berufseignung durch das Tool „Berufecheck" der Agentur für Arbeit

●●● **c** Wähle eines der folgenden Anliegen aus. Recherchiere im Internet und fülle das Formular online aus. Schicke es nur ab, wenn dein Anliegen real ist und du den entsprechenden Vorgang tatsächlich starten möchtest.

   1 Beantragung eines Beratungstermins für eine Berufsberatung bei der Arbeitsagentur

   2 Beantragung eines Fahrtkostenzuschusses für Berufsschülerinnen und Berufsschüler

   3 Prüfung der Berufseignung durch das Tool „Berufecheck" der Agentur für Arbeit

   4 Beantragung eines Wohngeldzuschusses bei der Gemeinde

 **4** Tauscht euch über mögliche Schwierigkeiten beim Ausfüllen der Formulare aus.

Was habe ich gelernt?

5 Überprüfe, was du über das Ausfüllen von Formularen gelernt hast. Überlege, worauf zu achten ist, und formuliere mindestens drei Imperativsätze.

Beschaffe alle nötigen Informationen!
Lege alle …
…

Fachkräftemangel: Wie steht es um die berufliche Bildung in Deutschland?

In vielen Branchen in Deutschland wird der Fachkräftemangel beklagt – Betriebe finden keine Auszubildenden, Handwerker keine Nachfolger, Auftraggeber keine ausführenden Firmen, so heißt es. Fehlt es an Nachwuchs? Wie steht es überhaupt um die berufliche Bildung hierzulande? […]

5 Über Fragen wie diese sprechen wir in unserer neuen Folge von „StatGespräch", dem Podcast des Statistischen Bundesamtes, mit Emilio Schraner, Experte für Berufliche Bildung hier im Statistischen Bundesamt, und Mirko Wesling, Referatsleiter beim Zentralverband des Deutschen Handwerks […].

10 *Herr Schraner, Sie haben kürzlich gemeldet, die Zahl neuer Ausbildungsverträge 2021 liege „auf historisch niedrigem Niveau". Was bedeutet das?*
Schraner: Wir hatten einen allgemeinen Trend in letzter Zeit […], dass die Zahl der Auszubildenden und auch der Neuverträge abgenommen hat. Und wir hatten 2020 einen sehr starken Einbruch, der auch mit Corona in
15 Verbindung gebracht werden kann. Seit wir die Statistik hier erheben – und das ist seit vor der Wiedervereinigung – hatten wir noch nie so niedrige Zahlen. Zum Vergleich: Wir hatten vor zehn Jahren noch 100 000 Neuabschlüsse mehr in einem Jahr und sind jetzt unter einer halben Million angekommen. Und das ist eine Zahl, die historisch sehr niedrig ist.

Neu abgeschlossene Ausbildungsverträge 2018–2022

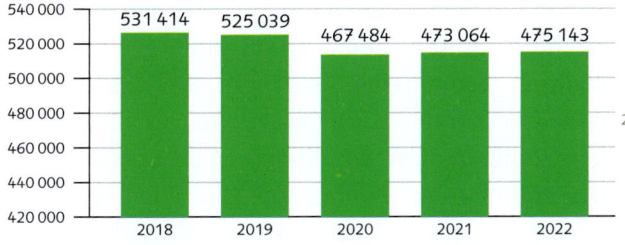

(Zahlen aus: https://www.bibb.de/ [30.05.2024], S. 34.)

20 *Die Zahl der jungen Menschen geht zurück, doch erklärt das, warum ein Fünftel weniger Ausbildungsverträge im dualen System abgeschlossen wurden?*
Schraner: Nicht ganz. Es gibt mehr Menschen, die
25 jetzt im Ausbildungssystem fehlen, als man durch den demografischen Wandel erwarten könnte. Die Gründe sind mannigfaltig. Wir haben auch im Arbeitsmarkt Verschiebungen, wir haben eine oft diskutierte Akademisierung der Bildung, dass also
30 immer mehr Studiengänge besucht werden für Berufe, die früher auch über eine duale Ausbildung zum Abschluss gebracht werden konnten. Und das merken wir tatsächlich nicht nur an den Berufsschulen selbst. Wenn wir auf die Hochschulen schauen, so sind es auch gerade die Fachhochschulen, die einen starken Zuwachs haben – also Studiengänge mit einem stark berufsbe-
35 zogenen Kontext. […]

Wenn es um den Nachwuchsmangel geht, spielt auch die Geschlechterfrage eine Rolle. Herr Schraner, gibt es immer noch typische Männer- und Frauenberufe oder ändert sich das allmählich?
Schraner: Auch hier ist es sehr unterschiedlich je nach Berufsbereich. Es gibt
40 manche Berufe, bei denen die Statistik gut widerspiegelt, was viele von uns

vielleicht auch im Alltag erfahren. Wenn man beispielsweise an den letzten Besuch in der medizinischen Praxis oder in der Werkstatt denkt, hat man vielleicht schon eine Vorstellung, wie das Geschlechterverhältnis ist. Gleichzeitig sind es andere Berufe, vor allem im Kaufmännischen, wo wir heute ein
45 recht ausgewogenes Geschlechterverhältnis haben und wo es früher oft mehr die Frauen waren, die sich dort in der Ausbildung befanden.

In Analysen, beispielsweise zum Girls' und Boys' Day, konnten wir sehen, dass in manchen Berufen wie zum Beispiel der Berufskraftfahrerin tatsächlich ein starker Anstieg stattgefunden hat.
50 [...] Ähnlich sieht das bei Tischlerinnen aus: Auch hier hatten wir früher eher wenige und da steigt der Anteil. Umgekehrt ist es beim Friseurhandwerk, wo sich immer mehr Männer in diesem Ausbildungsberuf befinden. Von daher: Es gibt Verschiebungen, sie sind nicht sehr groß, aber man sieht durchaus, dass
55 es möglich ist in manchen Berufen, dieses Paradigma auszugleichen und den Beruf für beide Geschlechter attraktiv zu machen.

Herr Wesling, die Tischlerin und der Friseur – ist das auch eine Chance für die Betriebe, die Ausbildungen attraktiver für beide Geschlechter zu machen und so Lücken zu schließen?

60 **Wesling:** Absolut. Frauen sind im Handwerk mit Ausnahme vom Gesundheitshandwerk, beispielsweise Augenoptikerinnen, Zahntechnikerinnen, Hörakustikerinnen, und einigen Handwerken für den privaten Bedarf wie die Friseure/Friseurinnen immer noch komplett unterrepräsentiert. Das hat verschiedene Ursachen. Zum einen ist es so, dass die Zahl und der Anteil von
65 Frauen auf dem Ausbildungsmarkt generell zurückgeht, was vermutlich damit zu tun hat, dass Frauen häufiger Abitur machen als Männer und studieren gehen. Und was auch damit zusammenhängen mag, dass in den Gesundheits-, Erziehungs- und Sozialberufen auch eine große Geschlechterimbalance besteht und Frauen häufig in diese Berufe gehen. Und da sind wir
70 auch wieder bei diesem Punkt Orientierung: Wir müssen es aus den Köpfen herausbekommen, dass Frauen, wenn sie an Handwerk denken, vielleicht nur an Friseurin denken. Anlagenmechanikerin für SHK[1], Elektronikerin für Gebäudesystemintegration – das sind auch Berufe, die Frauen einfallen müssen, wenn sie Handwerk assoziieren und sich überlegen, vielleicht ins
75 Handwerk zu gehen. Aber man muss auch schauen, dass sich da ein bisschen was tut. Es braucht eben auch mehr Handwerkerinnen, die ihrem Handwerk ein Gesicht geben. [...]*

[1] *SHK: Sanitär-, Heizungs- und Klimatechnik*

  1 Sucht im Internet nach dem Podcast und hört euch den Ausschnitt an. Lest das Interview noch einmal und fasst die Aussagen zusammen.

 2 Tauscht euch anschließend zu den Aussagen des Interviews aus. Vergleicht die Aussagen des Interviews mit den Ausbildungswünschen in eurer Klasse.

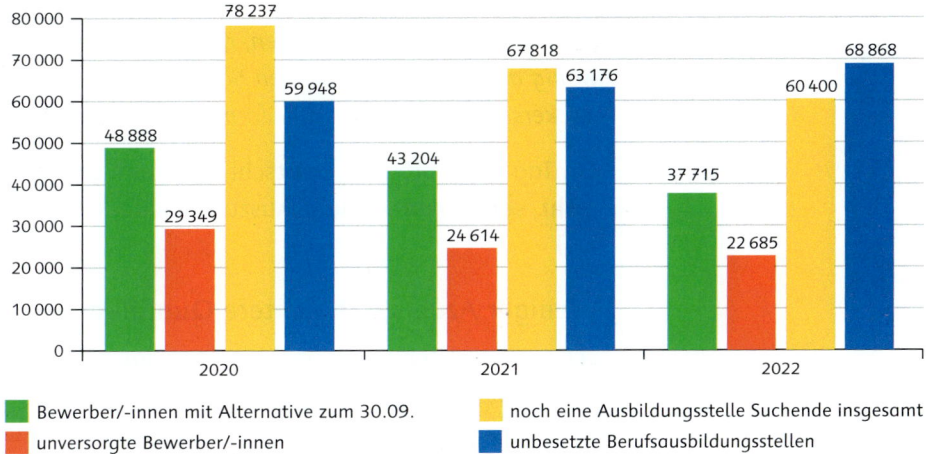

Gemeldete unbesetzte Berufsausbildungsstellen und noch eine Ausbildungsstelle suchende Bewerberinnen und Bewerber

(Zahlen aus: https://www.demografie-portal.de/ [07.11.2023], S. 72.)

- Bewerber/-innen mit Alternative zum 30.09.
- unversorgte Bewerber/-innen
- noch eine Ausbildungsstelle Suchende insgesamt
- unbesetzte Berufsausbildungsstellen

Die zehn häufigsten Ausbildungsberufe 2022

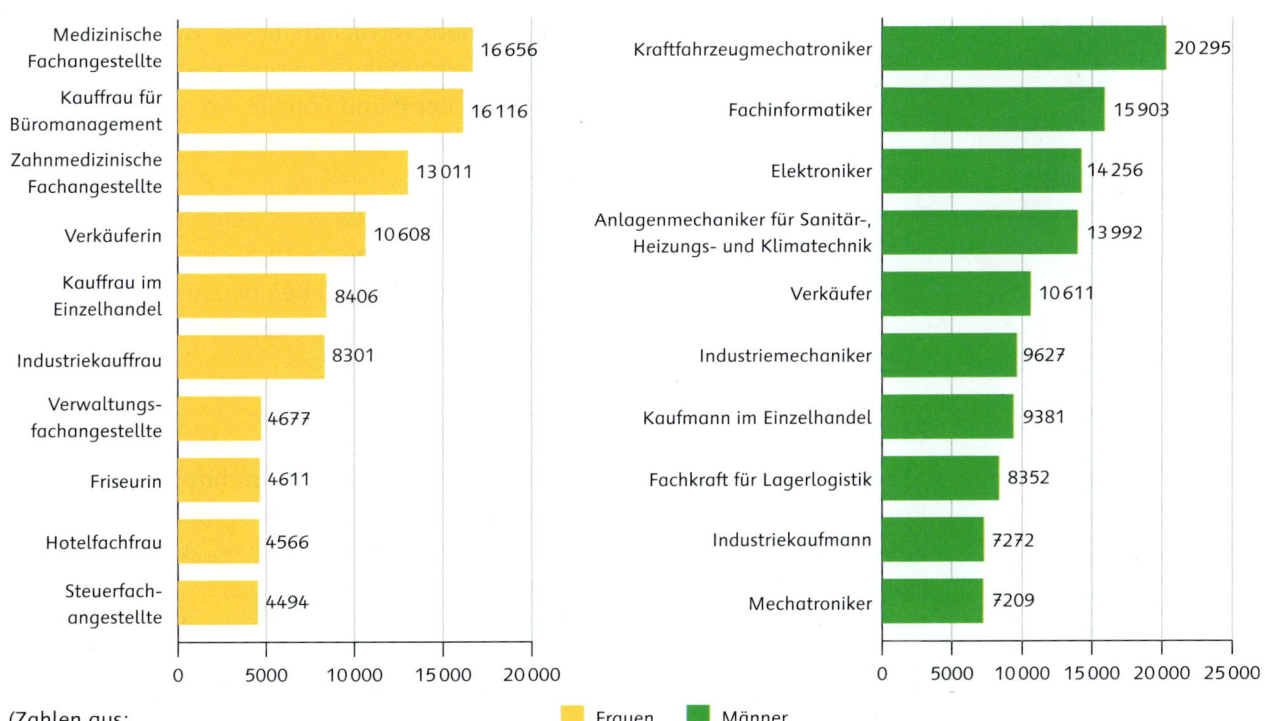

Medizinische Fachangestellte	16 656
Kauffrau für Büromanagement	16 116
Zahnmedizinische Fachangestellte	13 011
Verkäuferin	10 608
Kauffrau im Einzelhandel	8 406
Industriekauffrau	8 301
Verwaltungsfachangestellte	4 677
Friseurin	4 611
Hotelfachfrau	4 566
Steuerfachangestellte	4 494

Kraftfahrzeugmechatroniker	20 295
Fachinformatiker	15 903
Elektroniker	14 256
Anlagenmechaniker für Sanitär-, Heizungs- und Klimatechnik	13 992
Verkäufer	10 611
Industriemechaniker	9 627
Kaufmann im Einzelhandel	9 381
Fachkraft für Lagerlogistik	8 352
Industriekaufmann	7 272
Mechatroniker	7 209

- Frauen
- Männer

(Zahlen aus: https://www.bibb.de/ [30.05.2024].)

1 Werte beide Diagramme aus. Bestimme jeweils die Diagrammart und formuliere die Gesamtaussage in einem Satz.

2 Setze die Gesamtaussagen der Diagramme in Bezug zu den Aussagen aus dem Interview (S. 95). Welche Zusammenhänge sind erkennbar? Welche Fragen bleiben offen?

Jens Eberl

Mehr Bäcker-Nachwuchs durch andere Arbeitszeiten?

Mitten in der Nacht aufstehen, damit frühmorgens die Brötchen fertig sind – wenig attraktive Arbeitszeiten halten viele junge Menschen vom Beruf des Bäckers ab. Ein Betrieb in Köln macht es anders.

Ein Tag ohne Brot? In Deutschland kaum denkbar. Als Bäcker arbeiten? Eher
5 nicht, sagen immer mehr Auszubildende. Die Branche hat Nachwuchssorgen. […]

Weniger Azubis, schlechtere Qualifikation

„Die Lage ist schwierig, da das Angebot an talentierten und qualifizierten Fachkräften knapp ist. […]", sagt die Präsidentin des Verbands Deutscher Großbäckereien, Ulrike Detmers. […] „Um die relativ geringe Anzahl derjeni-
10 gen, die sich für die Berufsausbildung entscheiden, gibt es ein Gerangel der Arbeitgeber. Deshalb ist die Arbeitgeber-Attraktivität ein wichtiges Auswahlmerkmal für Auszubildende", so Detmers.

Die Betriebe würden deshalb versuchen, besser auf die Bedürfnisse der „Generation Z" einzugehen, unter anderem durch eine
15 bessere Vereinbarkeit von Beruf und Familie. So gebe es beispielsweise Angebote von Vier-Tage-Wochen oder Sechs-Stunden-Tagen.
Als ein Grund, warum sich immer weniger junge Menschen für den Beruf interessieren, werden aber auch die unattraktiven
20 Arbeitszeiten genannt. In vielen Betrieben beginnt die Schicht nachts um ein Uhr, um die Brötchen rechtzeitig anbieten zu können.

Mehr Nachwuchs durch bessere Arbeitszeiten?

Alexander Onasch, Inhaber der Bäckereien „prôt" in Köln, hat sich ein neues Konzept einfallen lassen. Er öffnet seine Filialen erst um 10 Uhr. Außerdem
25 hat er sein Sortiment reduziert: sieben Sorten Brot, keine Snacks, keinen Kaffee, keinen Kuchen, keine Brötchen.
Vor allem aber hat er den Produktionsprozess in seinem Betrieb „herumgedreht", wie er sagt: „Wir bereiten die Teige bereits am Vortag vor und geben sie dann bei zwei Grad in die Kühlung", erklärt er den Ablauf. „Einer fängt
30 dann morgens an, den gekühlten Teig abzubacken. Er beginnt um 6 Uhr, die anderen kommen um 7 Uhr und fangen an, die Teige zu machen, aber erst für den nächsten Tag", so Onasch. Durch dieses Verfahren könnten die Angestellten viel später anfangen zu arbeiten.
Das Problem, keine Auszubildenden zu finden, hat Onasch nicht. Im Gegen-
35 teil: Immer wieder melden sich Auszubildende anderer Betriebe, die gerne zu ihm wechseln möchten. […]

„Um 18 oder 19 Uhr abends ins Bett gehen, um dann um eins in der Backstube zu stehen – das wollen viele nicht mehr", sagt Onasch. [...]
„Ich habe auf der Innungsversammlung immer wieder gesagt, die Leute
40 wollen nicht mehr nachts arbeiten, die wollen Freunde treffen, die Bereitschaft für nachts um eins ist nicht mehr da", so Onasch. Das Verständnis in
der Kollegenschaft dafür sei aber nicht sonderlich groß gewesen.
Ulrike Detmers vom Verband Deutscher Großbäckereien befürwortet Konzepte wie das von „prôt" in Köln. Sie seien ein positiver Anreiz für andere
45 Kolleginnen und Kollegen. „Jedoch hängen die Öffnungszeiten auch von der
Lage des Betriebes ab. Beginnt die Rushhour um 7 Uhr oder 8 Uhr morgens,
wird der Gewerbetreibende, der ja auch Gewinne erzielen will, früher öffnen.
[...]", so Detmers. [...]*

Entwicklung der Zahlen der Auszubildenden im Bäckerhandwerk

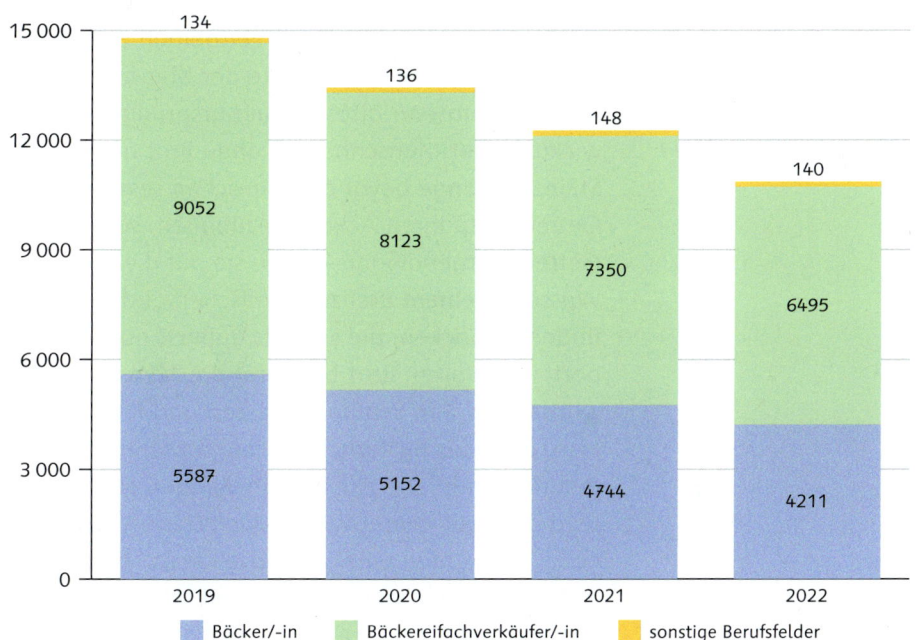

(Zahlen aus:
https://www.baecker-
handwerk.de/
[30.05.2024].)

1 Könnt ihr euch vorstellen, den Beruf der Bäckerin bzw. des Bäckers
zu erlernen? Tauscht euch in der Klasse darüber aus.

2 Lies den Text noch einmal und werte das Säulendiagramm aus.
Welche Aussage des Textes wird durch das Diagramm unterstützt?

3 Trage im Text genannte Möglichkeiten zusammen, den Beruf attraktiver zu
machen. Welche könnten dich überzeugen und welche nicht?

  4 Recherchiert Informationen zum Berufsbild „Bäcker/-in". Tauscht euch erneut
darüber aus, ob ihr euch vorstellen könntet, diesen Beruf zu ergreifen.
Begründet, warum (nicht).

Max Kugel

Wie ich auszog, um mein Handwerk zu retten (Auszug)

Wenn du in eine Familie geboren wirst, die heute bereits in der vierten Generation im Bäckerhandwerk arbeitet, dann ist dein eigener Lebensweg wohl
unweigerlich vorgeprägt. Bei mir jedenfalls war das so. Ich bin Max Kugel,
und seit 2017 betreibe ich in Bonn meine eigene Bäckerei, in der ich zehn
5 verschiedene Sorten Brot backe. Sonst nichts. Eine reine Brotbäckerei, das
war damals hier in Deutschland noch eine ziemlich neue Idee […].
[…] Ich wollte nicht weniger als zurück in die Zukunft. Zurück zu einer Hand-
werkstradition und zurück zu einem Produkt aus purer Natur, das durch die
Hände des Bäckers zu einem Lebensmittel geformt wird, das diesen Namen
10 auch wirklich verdient, weil es schmeckt und den Menschen guttut, die es
essen. Und zukunftsgerichtet nach vorne, mit einem Konzept, das es mir
ermöglicht, mein Handwerk zeitgemäß zu leben und weiterzuentwickeln. […]
Blättern wir in der Geschichte der Menschheit zurück, dann sehen wir, dass
Brot eines unserer ältesten und ursprünglichsten Nahrungsmittel ist. Die Ent-
15 wicklung der Menschheit ist ohne Brot nicht zu denken. Schon in der frühen
Steinzeit, lange bevor die Menschen sesshaft wurden und damit begannen,
Getreide auf ihren Äckern anzubauen, sammelten sie wild wachsendes
Getreide. Irgendwann kamen sie auf die Idee, die Körner aufzubrechen, mit
Wasser zu einem Brei zu vermischen und auf heißen Steinen ihre ersten Brot-
20 fladen zu backen, die sich als äußerst nahrhaft erwiesen und leicht zu trans-
portieren waren. Brot begleitet die Menschen seit vielen tausend Jahren und
wurde zu einem Symbol für Essen und für unser Überleben. Kein Wunder
also, dass das Brot auch in viele sakrale und rituelle Handlungen Eingang
gefunden hat. […] Auch in unzähligen Sinnsprüchen und Volksweisheiten
25 wird das Brot immer wieder thematisiert. Man „verdient sein Brot" oder auch
nicht, wenn man eine „brotlose Kunst" betreibt.
Auf dem Weg vom Korn zu einem schmackhaften Brot sind alle wesentlichen
Elemente unseres Lebens beteiligt: Erde, Wasser, Luft und Feuer. In der vom
Regen gewässerten Erde keimt das Getreidekorn und wächst der Sonne ent-
30 gegen zu Ähren heran. Werden die reifen Körner zu Mehl gemahlen und mit
Wasser vermischt, setzen Bakterien und winzige Hefepilze aus der Luft den
Gärprozess in Gang, der dem Teig sein Volumen verleiht, bevor er zu einem
Brotlaib geformt und im heißen Ofen ausgebacken wird. An diesem Grund-
prinzip des Backens hat sich von den Anfängen der Menschheit bis heute
35 im Prinzip nichts verändert. Auch heute ist das Brot ein wichtiges Grund-
nahrungsmittel, das uns mit vielen wertvollen Inhaltsstoffen wie Vitaminen,
Mineralien und Ballaststoffen versorgt. […]
Führt man sich diese lange Geschichte und die so wesentliche Bedeutung vor
Augen, die das Brot für uns alle hat, dann muss es doch für jeden Bäcker
40 eine Selbstverständlichkeit sein, diesem so elementaren Lebensmittel mit
großer Wertschätzung zu begegnen. All das schwingt jedenfalls in mir mit,

Max Kugel

wenn wir in meiner Backstube daran arbeiten, ein handwerklich ehrliches Brot aus besten biologischen Rohstoffen zu backen. Ein Brot, ohne alle
45 Zusatzstoffe bzw. Backmittel, die das fehlende Know-how des Bäckers kompensieren. Zum Verständnis: Handwerklich ehrliche Backwaren sind für mich Produkte, die nur mit Zutaten gebacken werden, die in ihrer natürlichen Form und
50 Ursprünglichkeit nicht verändert sind. Backwaren, die nur mit dem erlernten Wissen des Bäckers und mit dem Geschick und der Raffinesse des Handwerks gebacken werden. Hier und nur in diesem Fall trifft für mich der Begriff „Handwerksbäcker"
55 zu. Wenn meine Hände am Teig sind, dann bin ich ganz bei mir, involviert in diesen organischen wie kreativen Prozess, der mich mit Glück erfüllt, wenn es gelingt, und der mich in den sowieso oft viel zu kurzen Nächten wach liegen lässt, wenn
60 ich mit dem Ergebnis nicht zufrieden bin und darüber nachdenke, wie wir es besser machen können.
Ich wünsche mir, dass auch die Leute, die bei mir arbeiten, diese besondere Verantwortung spüren und die Zufriedenheit erfahren, die aus unserer Arbeit entstehen kann. [...]*

1 Lies die beiden Texte (S. 98, 100) noch einmal und arbeite die verschiedenen Ansätze heraus, einen Beruf attraktiv zu machen.

2 Tauscht euch darüber aus, welcher der beiden Ansätze euch mehr überzeugen würde.

3 Die Wertschätzung von Brot ist in vielen kulturellen Ritualen verankert. Stellt in der Klasse vor, welche Rolle Brot in eurer Familie oder bei Bekannten spielt, zum Beispiel im Alltag und zu bestimmten Festen und Feiertagen.

4 Tragt Redewendungen und Sprichwörter zum Thema „Brot" zusammen. Tauscht euch darüber aus, was damit jeweils ausgedrückt wird.

Elisabeth Steinkellner

Dieser wilde Ozean, den wir Leben nennen (Auszüge)

Simon ist auf der Suche nach einer Farbexplosion im Alltagsgrau. Mit der Hoffnung, eine Zugbekanntschaft wiederzufinden, fährt er kurzerhand in eine fremde Stadt. Antonia hat das Suchen aufgegeben und treibt ziellos durch ihr Leben. Zufällig kommen sie an einer Parkbank miteinander ins Gespräch. Obwohl oder gerade weil sie sich nicht kennen, können sie über Dinge sprechen, die sie sonst für sich behalten. Können für ein paar Tage Erinnerungen und Tag-träume miteinander teilen. Als ihre Wege sich wieder trennen, scheint alles möglich. [...]

Montag, zweiter Februar

nebelgrau
[…]
Die Stadt ist grau.
Die Häuser sind grau, der Himmel ist grau.
Ich sehe zu meinen Füßen hinunter und zähle die Schritte. Eins, zwei, drei,
5 vier … fünfundsechzig … einhundertzwölf …
Ich steige über Zigarettenstummel und Hundekacke hinweg, über eine leere Energiedrink-Dose und einen Haargummi, über einen Parkschein und einen zerschlissenen Kinderhandschuh, aus dem das weiße Innenfutter quillt. Als ich wieder hochsehe, ist alles immer noch genauso grau wie vorher.
10 „Mann, was ist eigentlich los mit dir?", hat Lenz gefragt. Das war vor drei Tagen, als ich mein Zeugnis in die Hand gedrückt bekommen habe und ein-fach keine Lust hatte, auch nur einen einzigen Blick draufzuwerfen. Weil es mich nicht interessiert hat, einfach absolut nicht interessiert. Also hat Lenz mir meine Noten vorgelesen. Die waren durchschnittlich, glaube ich, aber ich
15 habe gar nicht richtig zugehört. Dann hat Lenz gefragt, ob ich am nächsten Tag zu einer Party mitkommen würde. Ich habe mit den Schultern gezuckt und ins Nichts geschaut. Und da hat er es gesagt: „Mann, was ist eigentlich los mit dir?" Und ich hätte ihm keine Antwort geben können. Selbst wenn ich gewollt hätte.

20 Was ist los mit dir, wenn du keine Ahnung hast, wer du bist oder sein möch-test, welche Zukunftspläne du hast oder was du dir wünschen würdest, käme die berühmte gute Fee vorbei.
Wenn alle um dich herum reden und du die meiste Zeit schweigst, fast so, als würdest du gar nicht ihre Sprache sprechen.
25 Wenn in deinem Kopf der Film ganz anders läuft, an anderen Schauplätzen und mit anderen Dialogen. Die sich richtiger anfühlen. Richtiger als: dich jedes Wochenende in der einzigen Bar im Umkreis von zwanzig Kilometern zu besaufen […].

Wenn du viel lieber mit jemandem ans Meer fahren würdest, zum Tauchen
30 vielleicht, um danach am Strand zu sitzen und nichts weiter zu tun, als den
sich brechenden Wellen zuzuhören.
Wenn du an den meisten Tagen das Gefühl hast, aus der Zeit gefallen zu
sein oder von einem anderen Planeten zu kommen und ein Gehirn zu besitzen, das in jeder Hinsicht anders programmiert ist als das derjenigen, die du
35 kennst.
Erklär das mal jemandem: das Gefühl, ständig an deinem Leben vorbei-
zuleben, weil der Film einfach nicht stimmt. Das Gefühl, die meiste Zeit
konturlos zu sein, wie Nebelschwaden. Oder Dunst.
[…]

bohnenbraun
40 […]
Mit elf wollte ich Meeresforscher werden. Mir gefiel die Vorstellung, unter
Wasser nach noch unbekannten Lebewesen zu suchen. Ich hatte dieses Bild
im Kopf, dass ich ganz alleine auf Tauchgang gehen und mich einfach ziellos
durchs Meer treiben lassen würde. Ich dachte, unter Wasser gibt es keine
45 Geräusche. „Im Meer sind die Geräusche nicht im Ohr, sondern ganz tief
drinnen im Kopf", habe ich damals zu meiner Mutter gesagt und die hat
mich erstaunt angesehen. Wie sie mich so oft erstaunt angesehen hat. Als
würde sie einfach nicht begreifen, wer ich bin. Manchmal umarmt sie mich
dann kurz und seufzt. Sie seufzt lautlos und glaubt, ich kriege es nicht mit.
50 Egal. Die Wahrheit ist jedenfalls, dass ich keine Ahnung habe, wie das mit
den Geräuschen wirklich ist. Ich war noch nie in meinem Leben tauchen.
Noch nicht einmal schnorcheln. Ich war überhaupt noch nie am Meer. […]*

1 Was wolltest du als Kind werden und warum? Denke darüber nach, woraus
Kindheitswünsche entstehen und weshalb sie oft aufgegeben werden.

2 Lies die Romanauszüge noch einmal. Stelle Vermutungen an, in welcher
Stimmung sich der *Ich*-Erzähler befindet. Begründe mithilfe von Textstellen.

3 Tauscht euch darüber aus, welche Gründe es für Simons Stimmungslage
geben könnte. Nenne Textstellen, die Hinweise darauf geben.

4 Die Autorin gliedert ihren Romantext mithilfe von Schlüsselwörtern.
Oft nutzt sie Farbadjektive als Überschriften, wie „nebelgrau",
„bohnenbraun", „bonbonbunt", „plüschrot" oder „schneeweiß".
Überlege, welche Deutungen sich daraus ableiten lassen.

5 Besorge dir das Buch und untersuche weitere Farbbezeichnungen. Stelle
Vermutungen an, was sie mit dem jeweiligen Kapitel zu tun haben könnten.
Wenn dein Interesse geweckt ist, lies die Kapitel oder auch das ganze Buch.

Kurt Tucholsky (1890–1935)[1]

Arbeit tut not –!

Es raucht der Schlot. Sirene gellt.
Arbeit tobt durch die deutsche Welt:
   Noch mehr Tender[2] –!

[2] *der Tender: veraltet*:
der Vorratsbehälter
von Dampflokomotiven
für Kohle und Wasser

Graumorgens taumelt, lungenkrank,
5 der Mann aus seinem Menschenschrank.
Die Pfeife hetzt zum Eingangstor,
Kontrolluhr, Wächter und Hund davor …
   Noch mehr Tender! Noch mehr Automobile!

Der Stumpfsinn treibt die Transmission.
10 Wir haben auch einen Leitspruch schon:
Arbeit tut not!
             Die Fräser surren,
   Hämmer hämmern, die Sägen schnurren …
   Noch mehr Tender! Noch mehr Automobile!
15   Noch mehr Zangen! Noch mehr Spatenstiele!

Grau stickt Büroluft alle Lungen.
Hier hockt die Jugend; hier sitzen die Jungen.
Rabatte gellen durchs Telefon –
es klappert Underwood und Cohn[3]:

[3] *Underwood und Cohn:*
hier: Schreibmaschinen
der genannten Firmen

20   Noch mehr Tender! Noch mehr Automobile!
   Noch mehr Zangen! Noch mehr Spatenstiele!
   Noch mehr Aktien! Noch mehr Industrie!
   Und alles made in Germany!

Waren! An Waren profitieren!
25 Waren sinnlos produzieren!
Will einer sie haben? Kann einer kaufen?
Unser Land soll in Waren versaufen!
Klopfen, hämmern, schneiden und weben –
eine Kleinigkeit fehlt: das Leben.
30 Kleben, kochen, färben und braten –
Kinder, macht Kinder! der Staat braucht Soldaten!
Sind die Gräben einst voll, sinds die Gräber auch –
das ist des Landes so der Brauch.
Produziert Kinder! Unentwegt!
35 Sie werden euch später in Kalk gelegt.
Das ist Wirtschaftspolitik.
Und es bläst die Militärmusik:
　　Noch mehr Granaten! Noch mehr Automobile!
　　Noch mehr Kinder! Noch mehr Spatenstiele!
40 　　Noch mehr Bleche! Noch mehr Krane!
　　Noch mehr Werften! Noch mehr Vulkane!
　　In die Welt gepresst bis zum Börsensieg –
　　Und wenn sie nicht wollen, macht Deutschland Krieg!

Wer wird uns den rasenden Kaufmann bezwingen –?
45 Arbeit tut not:
　　　　　　Die Masse wirds bringen.

1 Das Gedicht ist 1925 in der Zeitschrift „Die Weltbühne" erschienen.
Überrascht dich dieses Erscheinungsjahr?
Begründe, warum bzw. warum nicht.

2 Untersuche die Darstellung der Arbeitswelt genauer. Nenne Berufsfelder
und Arbeitsbereiche, die im Gedicht angesprochen sind.

3 Arbeite heraus, was der Dichter kritisiert. Beziehe diese Kritikpunkte
auf unsere heutige Arbeits- und Lebenswelt.

4 Untersuche, welche sprachlichen (stilistischen) Mittel der Dichter nutzt,
und erläutere deren Wirkung.

Ernst Jandl (1925–2000)

my own song (1966)

ich will nicht sein
so wie ihr mich wollt
ich will nicht ihr sein
so wie ihr mich wollt
5   ich will nicht sein wie ihr
so wie ihr mich wollt
ich will nicht sein wie ihr seid
so wie ihr mich wollt
ich will nicht sein wie ihr sein wollt
10   so wie ihr mich wollt

nicht wie ihr mich wollt
wie ich sein will will ich sein
nicht wie ihr mich wollt
wie ich bin will ich sein
15   nicht wie ihr mich wollt
wie *ich* will ich sein
nicht wie ihr mich wollt
ich will *ich* sein
nicht wie ihr mich wollt will ich sein
20   ich will *sein.*

1 An wen könnte Jandls Gedicht gerichtet sein? Stellt Vermutungen an
und begründet sie.

2 Lest das Gedicht mehrmals laut und erprobt dabei unterschiedliche
Betonungen, Pausen und Sprechweisen. Besprecht, wie sich die Wirkung
dadurch verändert.

3 Schreibt das Gedicht in ein *Wir*-Gedicht um. Besprecht, wer mit *wir*
gemeint sein könnte.

4 Tragt euer *Wir*-Gedicht ausdrucksvoll in der Klasse vor.

Nils Mohl (geb. 1971)

an die, die wir nicht werden wollen (Auszug)

[…]

//Tagessauftakt im WOHNBLOCK//:

Kindergeschrei/Erwachsenengeschrei:

Dialoge in Stereo & doppelter Genervtheit:

Geräusche aus der Zukunft …?

… eines künftigen Lebens mit//

.⁰⁰

… weniger Haar
& mehr Bauch?

⁰⁰.

//all den rätselhaften Kaputtheiten?
Von Morgenmantel bis Frühstücksradio:

>>

Hallöchen da draußen!

<<

: Es ist Montag, 7 Uhr, es ist Dienstag, nein, es ist eigentlich ganz egal:
Den Rucksack packen. Ein. Aus.

: Ich pack's!

))) 1 neue Mitteilung (((

ǀ DU

Über alle Berge?

ǀ ICH

Oder wie die Zwerge: auf zur Schicht.

ǀ DU

… im Namen der Pflicht?

ǀ ICH

-.-

Na, vielleicht ist's in Überalleberge
ja auch nicht so märchenhaft.

ǀ DU

& so lebten sie unglücklich …

ǀ ICH

… bis ans Ende ihrer Schultage?

_*/

/\

 1 Lest den Text mehrmals. Tauscht euch darüber aus, warum der Dichter
wohl eine so ungewöhnliche Darstellungsweise gewählt hat.

 2 Arbeitet die im Text verwendeten sprachlichen Bilder und Anspielungen
heraus und deutet (interpretiert) sie.

Epische Texte analysieren und interpretieren

1 Erzähltexte sind die am häufigsten gelesenen fiktionalen Texte. Überlege, warum das so ist. Welche Erfahrungen hast du mit Erzähltexten?

2 Fiktionale Erzähltexte gehören zur literarischen Gattung Epik.
Erstelle eine Übersicht über die Gattung Epik. Benenne dazu Textsorten und Merkmale, erkläre diese und notiere Beispiele.

Epik (Definition, allgemeine Merkmale): ...
Textsorten (besondere Merkmale und Beispiele):
der Roman (...)   *Beispiel: ...*

Einen epischen Text analysieren

3 Die folgende Erzählung ist eine Kurzgeschichte.

a Lies den Text oder lass ihn dir vorlesen, wenn möglich.

Reiner Kunze (geb. 1933)

Clown, Maurer oder Dichter

Ich gebe zu, gesagt zu haben: Kuchenteller. Ich gebe ebenfalls zu, auf die Frage des Sohnes, ob er allen Kuchen auf den Teller legen solle, geantwortet zu haben: allen. Und ich stelle nicht in Abrede, daß der Kuchen drei Viertel der Fläche des Küchentischs einnahm. Kann man denn aber von einem zehn-
5 jährigen Jungen nicht erwarten, daß er weiß, was gemeint ist, wenn man Kuchenteller sagt? Das Händewaschen hatte ich überwacht, und dann war ich hinausgegangen, um meine Freunde zu begrüßen, die ich zum Kartoffel-kuchenessen eingeladen hatte. Frischer Kartoffelkuchen von unserem Bäcker ist eine Delikatesse.
10 Als ich in die Küche zurückkehrte, kniete der Sohn auf dem Tisch. Auf einem jener Kuchenteller, die nur wenig größer sind als eine Untertasse, hatte er einen Kartoffelkuchenturm errichtet, neben dem der schiefe Turm zu Pisa senkrecht gewirkt hätte. Ich sparte nicht mit Stimme.
Ob er denn nicht sähe, dass der Teller zu klein sei.
15 Er legte sich mit der Wange auf den Tisch, um den Teller unter diesem völlig neuen Gesichtspunkt zu betrachten.
Er müsse doch sehen, daß der Kuchen nicht auf diesen Teller passe.
Aber der Kuchen passe doch, entgegnete er. Das eine Blech lehnte am Tisch-bein, und auch das andere war fast leer.
20 Ich begann mich laut zu fragen, was einmal aus einem Menschen werden solle, der einen Quadratmeter Kuchen auf eine Untertasse stapelt, ohne auch nur einen Augenblick daran zu zweifeln, daß sie groß genug sein könnte.
Da standen meine Freunde bereits in der Tür.

25 „Was aus dem Jungen werden soll?" fragte der
erste, meine Worte aufnehmend. Er peilte den
Turm an. „Der Junge offenbart ein erstaunliches
Gefühl für Balance. Entweder er geht einmal zum
Zirkus, oder er wird Maurer."
30 Der zweite ging kopfschüttelnd um den Turm
herum. „Wo hast du nur deine Augen?" fragte er
mich. Erst jetzt entdeckte ich, daß die von mir
geschnittenen Kuchenstücke geviertelt waren, als
wären wir zahnlose Greise. Mein Freund sah die
35 größeren Zusammenhänge. „Siehst du denn nicht,
daß in dem Jungen ein Künstler steckt?" sagte er.
„Der Junge hat Mut zum Niegesehenen. Er verknüpft die Dinge so miteinander, daß wir staunen.
Er hat schöpferische Ausdauer. Vielleicht wird aus
40 ihm sogar ein Dichter, wer weiß."
„Eher ein richtiger oder ein genialer Soldat"
sagte der dritte, den ich jedoch sogleich unter-
brach. „Soldat? Wieso Soldat?" fragte ich auf die
Gefahr hin, dem Sohn die Wörter wieder abge-
45 wöhnen zu müssen, die zu erwarten waren,
sobald sich dieser Freund seiner Armeezeit erinnerte. Er antwortete: „Ein richtiger Soldat, weil er
auch den idiotischsten Befehl ausführt. Und ein
genialer Soldat, weil er ihn so ausführt, daß das
50 Idiotische des Befehls augenfällig wird. Ein
Mensch wie er kann zum Segen der Truppe
werden."

Ich hoffte, der Sohn würde das meiste nicht verstanden haben. Am Abend
hockte er sich jedoch zu Füßen seiner Schwester aufs Bett und fragte sie, was
55 zu werden sie ihm rate: Clown, Maurer oder Dichter. Soldat zu werden, zog
er nicht in Betracht, weil er es dann mit Vorgesetzten wie seinem Vater zu
tun haben könnte.
Seitdem bedenke ich, wer bei uns zu Gast ist, bevor ich eines meiner Kinder
kritisiere. R

b Tauscht euch in der Klasse darüber aus, ob euch der Text anspricht.
Welche Textstellen ziehen eure Aufmerksamkeit auf sich, welche überraschen
oder irritieren euch?

c Lest euch den Text gegenseitig laut vor und besprecht, wie die Erzählstimme
und die einzelnen Figuren klingen könnten. Erprobt Varianten.

→ S. 289:
Merkwissen:
Kurzgeschichte

d Besprecht, ob es sich bei diesem Text um eine typische Kurzgeschichte
handelt. Begründet eure erste Einschätzung.

4 Wiederhole mithilfe des Merkkastens, wie man beim genaueren Analysieren und Interpretieren von Erzähltexten vorgeht

> Beim **Erschließen (Analysieren) epischer Texte** muss man ihren Inhalt und ihre Form untersuchen, um daraus Aussagen und mögliche **Deutungen (Interpretationen)** abzuleiten. Dazu betrachtet man:
> - die **Handlung**, indem man:
>   - das zentrale Thema bzw. das (zu lösende) Problem bestimmt,
>   - Handlungsschritte (zur Lösung des Problems) untersucht,
>   - Handlungsorte und Handlungszeiten ermittelt,
> - die **Figuren**, indem man:
>   - äußere Merkmale (Gesamterscheinung, Einzelheiten, Besonderheiten),
>   - innere Merkmale (Gedanken, Gefühle, Verhaltensweisen) ermittelt,
> - die **Gestaltungsmittel**, indem man:
>   - die Erzählperspektive ermittelt, z. B.: ob eine *Ich*-Erzählerin / ein *Ich*-Erzähler oder eine *Sie*-Erzählerin / ein *Er*-Erzähler spricht,
>   - die **Zeitgestaltung** untersucht, z. B.: die Abfolge der Handlung (Rückblende, Vorausdeutung) und die Erzählgeschwindigkeit (Zeitraffung, Zeitdehnung),
>   - die **sprachlichen (stilistischen) Mittel** bestimmt, z. B.: bildhafte Vergleiche und Bezeichnungen, z. B.: *kalt wie Eis, Hütte,* Metaphern, z. B.: *ein Blumenmeer,* abwechslungsreiche und genaue Bezeichnungen (Synonyme, Verben, Adjektive), z. B.: *schnell – hastig – eilig, flüstern – murmeln – tuscheln,* Personifizierungen, z. B.: *Freude ergriff von ihm Besitz.*
> Oft muss man auch **eigene Vorstellungen entwickeln**. Am besten gelingt das **im Gespräch mit anderen**.

→ S. 276:
Merkwissen:
erzählerisches Mittel

 5 Analysiert und interpretiert die Geschichte aus Aufgabe 3 a (S. 108). Tauscht euch jeweils über eure Ergebnisse und mögliche Deutungen aus.

Tipp
Notiert eure Untersuchungsergebnisse stichpunktartig.

a Lest den Text erneut und untersucht, wann, wo und in welchem Umfeld die Handlung stattfindet. Belegt eure Aussage mithilfe von Textstellen.

b Tragt die wichtigsten Handlungsschritte zusammen. Formuliert sie möglichst kurz und genau.

c Deutet die Überschrift des Textes in Bezug zum Inhalt der Geschichte.

d Lest den letzten Satz der Geschichte noch einmal. Besprecht, warum der *Ich*-Erzähler zu dieser Schlussfolgerung kommt.

e Stellt Vermutungen an, welche Absicht der Autor mit dem Text verfolgt.

f Tauscht euch darüber aus, wer die Geschichte erzählen könnte. Bestimmt, aus wessen Perspektive erzählt wird. Nutzt dazu den Merkkasten auf S. 111.

Die Sicht, aus der ein Geschehen erzählt wird, nennt man **Erzählperspektive** (Wer spricht? Wessen **Erzählstimme** hört man?). Innerhalb eines Textes kann die Perspektive wechseln. Man unterscheidet folgende Erzählperspektiven (Erzählstimmen):

- *Ich*-Erzählerin / *Ich*-Erzähler: ist am Geschehen beteiligt und erzählt aus ihrer bzw. seiner Sicht (eher subjektive Einschätzung des Geschehens und der anderen Figuren),
- *Sie*-Erzählerin / *Er*-Erzähler: erzählt von außen beobachtend, kann aber auch als Figur am Geschehen beteiligt sein (eingeschränkter Einblick in die Gefühls- und Gedankenwelt anderer Figuren).
- **auktoriale Erzählerin / auktorialer Erzähler**: ist allwissend, d. h. kennt die Vorgeschichte, den Handlungsverlauf, die Gedanken und Gefühle der Figuren und kommentiert bzw. bewertet das Geschehen u. Ä. (auch allwissendes/**auktoriales Erzählen** genannt).

g Untersucht die äußeren und die inneren Merkmale der Figuren genauer. Tauscht euch darüber aus, wie ihr euch die Figuren vorstellt.

h Bewertet die Handlungsweisen der Figuren. Begründet eure Meinungen.

i Stellt Bezüge zu eurem eigenen Leben her. Besprecht zum Beispiel, was euch bekannt oder fremd ist und welche Schlüsse ihr aus der Geschichte zieht.

→ S. 218:
Sprachliche
(stilistische) Mittel
im Überblick

6 Analysiert die sprachliche (stilistische) Gestaltung der Geschichte aus Aufgabe 3 a (S. 108).

a Der Autor nutzt in seinem Text Ironie. Nennt Textstellen, die als ironisch zu interpretieren sind. Besprecht, was jeweils gemeint sein könnte.

b Sucht im Text nach weiteren sprachlichen (stilistischen) Mitteln und besprecht deren Wirkung. Übertragt die folgende Tabelle in eure Hefte und ergänzt sie.

sprachliche (stilistische) Besonderheiten	Textbeispiele	Wirkung, Deutung (Interpretation)
Anapher, Parallelismus	…	…
rhetorische Frage	…	…
Hypotaxe	…	…
…	…	…

→ S. 289:
Merkwissen:
Kurzgeschichte

7 Überprüfe deine Einschätzung aus Aufgabe 3 d (S. 109) anhand deiner Analyseergebnisse. Begründe in zwei bis drei Sätzen zusammenfassend, dass es sich bei diesem Text um eine typische Kurzgeschichte handelt.

Einen Text gestaltend erschließen

8 Auch das gestaltende Schreiben hilft dabei, literarische Texte zu erschließen und Deutungsvarianten zu erproben. Wähle eine der folgenden Aufgaben aus. Orientiere dich beim Schreiben an der Schrittfolge.

1 Schreibe die Geschichte aus Aufgabe 3 a (S. 108) aus der Perspektive des Sohnes in *Ich*-Form. Versetze dich in seine Situation.

2 Versetze dich in die Erzählfigur und schreibe einen inneren Monolog oder einen Tagebucheintrag.

3 Erzähle aus der Perspektive einer der anderen Figuren (Freunde).

So kannst du einen literarischen Text gestaltend erschließen

1. Lies den Text gründlich und analysiere ihn (Handlungsverlauf, Zeitgestaltung, Ort, Figuren, Erzählperspektive, Sprache).
2. Sammle Ideen für deinen Text und ordne deine Notizen.
3. Schreibe einen Entwurf deines Textes. Achte darauf, dass er sich inhaltlich und sprachlich an den Ausgangstext anschließt.
4. Überarbeite deinen Entwurf und erstelle die Endfassung.

Eine Textinterpretation planen

9 Bereite jetzt das Schreiben einer zusammenhängenden Textinterpretation zur Geschichte „Clown, Maurer oder Dichter" (Aufgabe 3 a, S. 108) vor.

a Wiederhole mithilfe des folgenden Merkkastens, was bei einer schriftlichen Textinterpretation zu beachten ist.

Das Ziel einer **Interpretation** ist es, mögliche Aussagen eines epischen Textes herauszuarbeiten, d. h. den Text zu **deuten (interpretieren)**. Diese Deutungen müssen durch Textstellen (**Zitate**) belegt werden. Eine gründliche **Analyse** des Textes ist die Voraussetzung für das Verfassen einer Interpretation. Eine Textinterpretation schreibt man im Präsens. Sie sollte folgende **Bestandteile** aufweisen:

Einleitung:
• Name der Autorin / des Autors, evtl. biografische Daten,
• Textsorte, Titel, Thema sowie erster Eindruck vom Text,

Hauptteil:
• kurze Inhaltsangabe,
• Interpretationshypothese(n)[1] zum Gesamttext: zusammenfassende Annahme(n) bzw. Deutung(en) zu zentralen Botschaften bzw. Aussagen,
• Begründung der Interpretationshypothese(n) durch: Darstellung und Deutung von Besonderheiten der Handlungs-, Orts-, Zeit- und Figurengestaltung und der Erzählperspektive, Darstellung und Deutung besonderer sprachlicher (stilistischer) Mittel und deren Wirkung,

Schluss:
• eigene Meinung zu dem in der Geschichte Dargestellten,
• Bezug zum eigenen Leben.

[1] *die Interpretationshypothese*: eine noch unbelegte Annahme für die Interpretation

b Entwirf eine kurze Inhaltsangabe. Fasse dazu den Inhalt des Textes in drei bis vier Sätzen zusammen.

●●○ **c** Lies die folgenden Interpretationshypothesen und entscheide dich für eine. Begründe deine Meinung.

1 Die Kurzgeschichte verdeutlicht, wie man mit alltäglichen Missverständnissen zwischen Eltern und Kindern umgehen kann.

2 In der Kurzgeschichte geht es um die Kreativität eines Kindes und die Schwierigkeiten des Vaters, diese als Potenzial zu erkennen.

3 Die Kurzgeschichte handelt von Perspektivwechsel und Selbstkritik, weil ein unerwartetes, unwichtiges Ereignis zunächst zu ernst genommen, dann aber optimistisch aufgelöst wird.

4 Die Kurzgeschichte zeigt insgesamt, dass Freunde helfen können, Dinge mit anderen Augen zu sehen und auch selbstkritisch zu sein.

●●● **d** Überlege, welche Deutungen sich aus dem Gesamttext ableiten lassen. Formuliere eigene Interpretationshypothese(n) und wähle eine aus.

→ S. 210:
Die Zeichensetzung
beim Zitieren

e Suche zu deiner Interpretationshypothese Textstellen heraus, die deine Meinung belegen. Formuliere Deutungsansätze und notiere Stichpunkte. Achte auf das sinnvolle Einbinden und richtige Kennzeichnen von Zitaten.

Den Entwurf schreiben und überarbeiten

 10 Schreibe deine Interpretation zur Geschichte „Clown, Maurer oder Dichter" (Aufgabe 3 a, S. 108). Du kannst auch am Computer arbeiten.

a Fasse alle Ergebnisse der Textanalyse zusammen und schreibe einen Entwurf deiner Textinterpretation. Orientiere dich am Merkkasten (S. 112) und nutze deine Notizen aus den Aufgaben 5 bis 7 (S. 110–111).

Reiner Kunzes Kurzgeschichte „Clown, Maurer oder Dichter" …

→ S. 307:
Merkwissen:
Schreibkonferenz

 b Überarbeitet eure Entwürfe. Achtet besonders auf geeignete Zitate und persönliche Wertungen. Geht dabei so vor:
– Legt zu jedem Text einen Kommentarbogen an. Entwerft Spalten dazu, was am Text besonders gut gefallen hat, was im Text aufgefallen ist und wozu es Fragen gibt.
– Jede Leserin bzw. jeder Leser sollte in jede Spalte etwas eintragen. Auch konkrete Verbesserungsvorschläge sollten vermerkt werden.
– Der Text mit dem Kommentarbogen wird innerhalb der Gruppe herumgereicht und zum Schluss an die Verfasserin bzw. den Verfasser für die Überarbeitung des Textes gegeben.

c Schreibe die Endfassung.

9 b Nutze zum Beispiel den folgenden Beginn.
Im Text „Clown, Maurer oder Dichter" von Reiner Kunze erzählt ein Vater auf ironische Weise, welche unterschiedlichen Sichtweisen auf das unerwartete Verhalten des Sohnes möglich sind. Der zehnjährige Sohn …

Eine Text-interpretation verfassen

11 Analysiere und interpretiere einen weiteren kurzen epischen Text.

a Lies die folgende Fabel oder lass sie dir vortragen, wenn möglich.

Lew Tolstoi (1828–1910)

Der Wolf und das Lamm

Ein Wolf sah, dass ein Lamm am Fluss Wasser trank.
Da bekam der Wolf Lust, das Lamm zu fressen, ging zu ihm
und machte ihm Vorwürfe. „Du trübst mir das Wasser",
sagte er, „und lässt mich nicht trinken." Das Lamm sagte:
5   „Ach, lieber Wolf, wie kann ich dir denn das Wasser trüben?
Wo ich stehe, ist das Wasser doch schon an dir vorbeigeflossen,
und ich berühre es auch nur ganz leicht mit den Lippen."
Darauf sagte der Wolf: „So, und warum hast du im vorigen
Sommer meinen Vater beschimpft?" Das Lamm sagte:
10   „Aber, lieber Wolf, im vorigen Sommer war ich ja noch gar
nicht geboren." Der Wolf wurde wütend und sagte: „Du bist
unverbesserlich. Und da ich zudem Hunger habe, werde ich
dich dafür fressen."

b Überlege, warum dich der Text anspricht bzw. nicht anspricht.
Wodurch wird diese Wirkung ausgelöst?

c Analysiere und interpretiere den Text. Übertrage dazu die folgende Tabelle
in dein Heft und ergänze die rechte Spalte.

Autor, Lebensdaten	Lew Tolstoi (1828–1910)
Titel	„Der Wolf und das Lamm"
Textsorte	Fabel
Thema	…
Handlungsschritte	…
Ort, Zeitgestaltung	…
Erzählperspektive	…
sprachliche (stilistische) Mittel	…

d Überlege, welche Deutungen sich aus dem Gesamttext ableiten lassen.
Formuliere eine oder mehrere Interpretationshypothese(n) zum Gesamttext.

Der Text zeigt insgesamt, dass …
Die Fabel verdeutlicht anschaulich, dass …
Als zusammenfassende Lehre lässt sich aus der Fabel ableiten, dass …

e Überlege, wie sich deine Interpretationshypothese(n) begründen lassen. Notiere Stichpunkte. Nutze dazu deine Ergebnisse aus Aufgabe c.

– *Absicht des Wolfs von Beginn an klar (Z.2)*
– *...*

12 Verfasse eine zusammenhängende Interpretation zur Fabel „Der Wolf und das Lamm" aus Aufgabe 11 a. Schreibe ggf. am Computer.

a Schreibe einen Entwurf deiner Interpretation. Orientiere dich dabei am Merkkasten auf S.112. Nutze deine Vorarbeiten aus Aufgabe 11.

b Überarbeite deinen Entwurf. Wenn möglich, hole ein Feedback (eine Rückmeldung) von anderen ein und lass dir Überarbeitungshinweise geben.

c Überarbeite deinen Text ggf. erneut und schreibe die Endfassung.

13 Verfasse eine weitere Interpretation. Wähle Aufgabe a oder b.

●●○ **a** Verfasse eine Interpretation der Fabel „Der Löwe und der Bär" (Lesestoffe, S.130). Orientiere dich dabei an der Schrittfolge.

> **So kannst du eine Textinterpretation verfassen**
> 1. Lies den Text und notiere deine Gedanken beim Lesen.
> 2. Untersuche den Text (Textanalyse).
>   - Fertige Notizen zum Inhalt an. Auf einer Textkopie kannst du wichtige Wörter und Textpassagen markieren.
>   - Untersuche den Text auf Besonderheiten (Textanalyse). Analysiere Handlung, Aufbau, Erzählperspektive, Figuren, Sprache und Zeitgestaltung. Bestimme die Textsorte.
>   - Untersuche die Wirkung der Besonderheiten auf die Leserinnen/ Leser.
> 3. Formuliere Deutungsansätze zu einzelnen, dir wichtig erscheinenden Textstellen.
> 4. Formuliere eine oder mehrere zusammenfassende Interpretationshypothesen zum Gesamttext. Notiere auch offene Fragen und Unklarheiten.
> 5. Entwirf eine kurze Inhaltsangabe.
> 6. Ordne deine Notizen und schreibe einen Entwurf deiner Interpretation.
> 7. Überarbeite den Entwurf und schreibe die Endfassung.

●●● **b** Wähle aus den Lesestoffen (S.124–131) einen epischen Text aus und verfasse eine Interpretation dazu.

Literarische Gespräche führen

Lesen ist Entdecken. Lesen ist Spurensuche in Texten. Das **Sprechen über Literatur** kann dabei helfen, **Texte** zu **analysieren** und zu **interpretieren (deuten)**. Man tauscht sich mit anderen darüber aus, welche Gedanken und Gefühle, aber auch welche Fragen und Irritationen beim Lesen bzw. Hören von Texten und Textstellen entstehen, um mögliche Deutungen zu erkennen, zu überdenken, ggf. zu verändern oder zu erweitern.

In einem **literarischen Gespräch** geht man am besten so vor:

- **Einstieg**: Gesprächsatmosphäre herstellen, Regeln verdeutlichen,
- **Textbegegnung**: Lesen oder Hören von Texten bzw. Textteilen,
- **Blitzlichtrunde**: spontane Äußerungen (erste Eindrücke, Gedanken, Gefühle, Fragen, Irritationen),
- **offenes Gespräch**: genaues Lesen von Texten und Textstellen, offener Austausch über mögliche Verstehensweisen und Deutungen,
- **Schlussrunde**: Äußern gewonnener Einsichten, weiterführender Überlegungen und offen gebliebener Fragen,
- **Abschluss und Reflexion**: Einschätzen der Ergebnisse und des Gesprächsverlaufs.

→ **S. 285:**
Merkwissen:
Kalendergeschichte

1 Führt in der Klasse ein literarisches Gespräch zu einer Kalendergeschichte.

a Lest zuerst folgenden Text still oder lasst ihn euch vorlesen.

Erwin Strittmatter (1912–1994)

Die Macht des Wortes

Jedes Jahr setzte Großvater vorgezogene Kürbispflanzen in Kompost und zog große gelbe Kürbisse für den Winter. Der Komposthaufen war auf dem Felde. Durch die Felder schlichen zuweilen redliche Menschen, wenn man den Worten der Bibel traun kann: Sie säten nicht, und sie ernteten doch, und

5 deshalb nächtigte Großvater, wenn die Kürbisse reiften, draußen. Er breitete seine blaue Schürze aus, legte sich hin und schlief im Raingras, und da er beim Schlafen schnarchte, waren die Diebe gewarnt.

Eine Weile ging's gut, aber Großmutter war noch eifersüchtig. [...] „Denk an den Winter! Denk an dein Rheuma. Ich reib dich nicht ein, wenn es dich

10 wieder quält. Im Grase liegen – bist doch kein Rehbock!"

Großvater nahm seine Schürze und ging zur Großmutter in die Kammer, doch bevor er das Feld verließ, nahm er sein Messer und ritzte in alle Kürbishüte: „Gestohlen bei Kulka".

Die Kürbisse wuchsen. Großvaters Schrift wuchs mit. *„Gestohlen bei Kulka."*

15 Die Diebe umschlichen den Komposthaufen und ließen die Kürbisse, wo sie waren. Großvaters Buchstaben wirkten wie Zauberrunen.*

b Tauscht euch in einer Blitzlichtrunde über eure ersten (spontanen) Eindrücke, Gedanken, Gefühle und Fragen zum Text aus.

c Lest nun den Text und bestimmte Textstellen genau. Tauscht euch darüber aus, wie ihr den Text versteht. Besprecht zum Beispiel die folgenden Fragen.

– Was erfährt man über die Figuren? Wie stellt ihr euch die Figuren vor?
– Wie ist die Handlungsweise der Figuren zu bewerten?
– Wie wirkt die Geschichte? Welche sprachlichen (stilistischen) Mittel tragen dazu bei?
– Wer könnte die Geschichte erzählen und mit welcher Sicht auf die Handlung?
– Welche typischen Merkmale einer Kalendergeschichte erkennt ihr?

d Sprecht in der Schlussrunde darüber, welche Fragen im Text für euch offen geblieben sind. Welche Erkenntnisse habt ihr im Gespräch gewonnen?

e Tauscht euch darüber aus, wie das Gespräch verlaufen ist. Seid ihr mit den Ergebnissen des Gesprächs zufrieden? Welche Textstellen habt ihr verstanden und welche noch nicht so richtig?

2 Führt ein weiteres literarisches Gespräch zu einem epischen Text.

a Wählt einen der folgenden Texte aus den Lesestoffen aus.

– Der Bauer und seine Kinder (S. 130)
– Geschichten vom Herrn Keuner: Der hilflose Knabe (S. 131)
– Das Winterlindenweg-Gefühl (S. 126)

b Lest den Text oder lasst ihn euch vorlesen. Tauscht euch in der Klasse oder in eurer Gruppe darüber aus. Orientiert euch am Merkkasten auf S. 116.

3 Führt in der Klasse oder in einer Gruppe ein literarisches Gespräch zu einem humoristischen epischen Text.

a Wählt einen Text aus den Lesestoffen aus (S. 74–77) oder recherchiert andere humoristische Texte, die ihr vorstellen und besprechen wollt.

b Lest den Text oder lasst ihn euch vorlesen. Tauscht euch in der Klasse oder in einer Gruppe darüber aus. Orientiert euch am Merkkasten auf S. 116.

4 Führt in der Klasse oder in einer Gruppe ein literarisches Gespräch zu einem lyrischen Text.

a Wählt ein Gedicht aus den Lesestoffen aus (S. 143–149) oder bringt eigene Gedichte mit, die ihr vorstellen und besprechen wollt.

b Lest das Gedicht oder lasst es euch vortragen. Tauscht euch in der Klasse oder in einer Gruppe darüber aus. Orientiert euch am Merkkasten auf S. 116.

Einen epischen Text interpretieren

Prüfungsaufgaben zum **Interpretieren epischer Texte** können **analytisch** oder **produktionsorientiert** (produktiv-gestaltend) sein. Oft muss eine zusammenhängende **Interpretation** geschrieben werden.

1 Untersuche folgende Prüfungsaufgaben. Ermittle genau, was sie von dir verlangen. Notiere die Anforderungen mit eigenen Worten als Teilaufgaben. Suche dazu die Schlüsselwörter heraus.

1 Interpretieren Sie die Kurzgeschichte „Supersonic Me".
Beginnen Sie mit einer Inhaltsangabe.

2 Interpretieren Sie Tolstois Fabel „Der Wolf und das Lamm".
Beziehen Sie dabei besonders die Moral ein.

3 Interpretieren Sie den Text unter Einbeziehung der Arbeitshinweise.
– Fassen Sie die Handlung und die Handlungsmotive der Titelfigur zusammen.
– Untersuchen Sie den Zusammenhang von Sprache und ihrer Wirkung.
– Achten Sie auf die Entstehungszeit des Textes und berücksichtigen Sie die Merkmale der literarischen Epoche.
– Deuten Sie den Schluss.

4 Interpretieren Sie den Textauszug aus dem Jugendbuch „Wie man eine Raumkapsel verlässt". Beschreiben Sie dabei die innere Verfassung der Hauptfigur. Erschließen Sie die Gründe für ihr Verhalten.

5 Verfassen Sie einen Tagebucheintrag des Großvaters („Die Macht des Wortes"), in dem seine Gedanken und Gefühle deutlich werden.

2 Lies die Schrittfolge. Überlege, was du bei deiner Zeiteinteilung besonders beachten solltest.

> **Tipp**
> Achte auf die Verbformen (Operatoren) im Imperativ.
>
> → **S. 336:** Operatoren im Überblick (Auswahl)

So kannst du Prüfungsaufgaben zum Interpretieren bearbeiten
1. Lies die Aufgabenstellung gründlich, unterstreiche die Verben (Aufforderungen) und eventuell vorgegebene Schwerpunkte.
2. Formuliere die Teilaufgaben mit eigenen Worten. Teile deine Zeit ein.
3. Lies den Text und notiere deine ersten Gedanken beim Lesen.
4. Analysiere den Text (Textsorte, Thema, Handlung, Figuren, Erzählperspektive, sprachliche/stilistische bzw. rhetorische Mittel und deren Wirkung).
5. Formuliere Deutungsansätze zum Gesamttext und zu einzelnen Textstellen. Notiere offene Fragen und Unklarheiten.
6. Ordne den Text ggf. in eine literarische Epoche ein.
7. Ordne deine Notizen und schreibe einen Entwurf.
8. Überarbeite deinen Entwurf und schreibe die Endfassung.

Erzählen

Eindrücke wiedergeben – Schildern

> Beim **Wiedergeben von Eindrücken (Schildern)** stellt man die Wahrneh-
> mungen, Gedanken, Gefühle und Einstellungen von Personen oder Figuren
> ausführlich und anschaulich dar. Das Schildern von Sinneswahrnehmungen
> (beim Hören, Sehen, Riechen, Schmecken, Tasten) trägt dazu bei, eine
> Erzählung oder Beschreibung zu beleben, z.B.:
> *Der Wind pfiff mir um die Ohren. Mir wurde schwarz vor Augen.*
> *Meine Hände fühlten sich taub an. Es roch nach Fisch und Tang.*
> *Kälte kroch in meine Zehen. Ich zitterte wie Espenlaub.*

1 Häufig finden sich schildernde Passagen in der Literatur.

a Lies den folgenden Beginn eines Jugendbuchs, in dem Sebastian ein
Mädchen kennen lernt. Es geht im Buch darum, herauszufinden, was
man anderen über sich erzählt und wie man von ihnen wahrgenommen
werden möchte.

Michael Gerard Bauer (geb. 1955)

Dinge, die so nicht bleiben können (Auszug)

1. Sesam öffnet sich nicht

Ich fixiere die gläserne Automatiktür und zwinge sie, sich zu öffnen.
Aber sie öffnet sich nicht.
Enttäuschend, aber nicht überraschend.
Ich werfe einen Blick auf die Uhr an der Wand zu meiner Rechten. Wie schon
5 so oft. Die rot leuchtenden Zahlen verkünden 10:40 Uhr.
Noch fünf Minuten. Noch fünf Minuten, und dann war's das. Irgendwo muss
man die Grenze ziehen, und ich ziehe sie in fünf Minuten. Das habe ich mir
natürlich auch schon um 10:30 Uhr gesagt und um 10:35 Uhr. Aber diesmal
meine ich es ernst. Echt jetzt. Entweder kommt sie um 10:45 Uhr durch diese
10 Tür, oder ich bin weg. Du kannst mich beim Wort nehmen. Um 10:45 Uhr
ist Schluss, ich weg.
Noch einmal lasse ich den Blick durch das leere Kinofoyer mit seinem blau-
gold gesprenkelten Teppich schweifen, als ein inzwischen vertrautes Mantra
in meinem Kopf wieder lauter wird.
15 *Komm durch diese Tür.* Los. *Komm durch diese Tür.* Wir haben noch Zeit. Der
Film hat noch nicht begonnen. Bestimmt kommt jede Menge Werbung. Das
ist immer so. Außerdem noch die ganzen Trailer. Und stand in dem Prospekt
nicht, dass zuerst ein Kurzfilm in Schwarz-Weiß gezeigt wird? Also los. Es ist
noch nicht zu spät. *Komm durch diese Tür.* Mach schon. Lass dieses eine Mal

20 ein Wunder für mich geschehen. Du hast es in der Hand.
Das weißt du. Du musst *nur durch diese Tür kommen*.
Niemand kommt durch die Tür.
Frustrierend, aber nicht überraschend.
Also gut, wenn das hier so läuft, dann habe ich keine Wahl:
25 Ich muss die unfassbaren Kräfte meines positiven Denkens
aktivieren. Ich bin verzweifelt. Alles ist einen Versuch wert.
*In den nächsten zwanzig Sekunden wird sie durch diese Tür
kommen. Sie wird kommen. Sie wird in den nächsten zwanzig
Sekunden durch diese blöde Tür kommen.*
30 Ich hefte meinen Blick auf die geschlossene Tür und beginne
stumm, von zwanzig herunterzuzählen. Je niedriger die Zahl,
desto langsamer zähle ich. Als ich bei drei bin, wäre jeder
Gletscher schneller als ich. Von drei schleppe ich mich ganz
langsam in Richtung eins. Dann quetsche ich noch einige
35 wenige wertvolle Tropfen Zeit aus, bevor ich den letzten, niederschmettern-
den Schritt zur Null vollende. Natürlich buchstabiere ich die Zahl.
N .... U .... LL.
Niemand kommt durch die Tür.
Ultrakacke, aber nicht überraschend.
40 Nach außen hin reagiere ich nicht. Aber innerlich falle ich auf die Knie und
stoße einen markerschütternden Schrei gen Himmel aus, während ich von
oben gefilmt werde.
Einen Countdown runterzählen? Willst du mich verarschen? Das ist aus mir
geworden? Wie alt bin ich? Sechzehn oder sechs? Wem mache ich hier
45 überhaupt was vor? Ich meine, wann ist mir zuletzt so etwas Unglaubliches,
wie ich es mir jetzt hier erhoffe, tatsächlich passiert?
MÖÖÖÖP! Könnte es sein, dass die Antwort lautet ... noch nie?
Genau!
Warum stehe ich also immer noch wie ein Vollidiot mit der Kinokarte in der
50 Hand hier herum, starre auf die Scheißtür, die sich nicht öffnet, auch wenn
die Zukunft der Welt davon abhinge, und erwarte, dass sich mein beschisse-
nes Leben entwickelt wie eine kitschig romantische „Stinknormaler Typ bän-
delt mit supersüßem Mädel an"-Liebeskomödie mit Wohlfühlfaktor. [...]*

 b Tauscht euch darüber aus, welche Gefühle die Figur während des Wartens
hat und wie sie sich im Laufe der Geschichte verändern.

→ S. 218:
Sprachliche
(stilistische) Mittel
im Überblick

c Untersuche, wie die erzählende Figur ihre Wahrnehmungen, Gedanken und
Gefühle schildert. Notiere sprachliche (stilistische) Mittel und deren Wirkung.

Anaphern, Wiederholungen: ... (Z. 6, Anspannung, Verzweiflung)
bildhafte, anschauliche Wortwahl: ...   Vergleiche: ...
Parataxen: ...   Hypotaxen: ...
Ellipsen: ...   rhetorische Fragen: ...

d Versetzt euch selbst in eine Situation des Wartens. Notiert in einem Cluster Wörter und Wendungen, mit denen man Empfindungen und Gefühle möglichst genau ausdrücken kann.

Tipp
Überlege, was du fühlen, sehen, hören, riechen und denken könntest.

e Stelle dir vor, du wärst in der im Text von Aufgabe a geschilderten Situation. Schildere deine Eindrücke. Nutze den Cluster aus Aufgabe d.

2 Auch im Jugendroman „Schallplattensommer" gibt es schildernde Passagen.

a Lies den folgenden Textauszug.

Alina Bronsky (geb. 1978)

Schallplattensommer (Auszug)

Der Roman erzählt von Maserati, die eigentlich nur ihrer Oma beim Bedienen der Feriengäste helfen will und die Tage bis zur Volljährigkeit zählt. Von Liebe und Jungs will sie nichts wissen. Doch dann kauft eine Familie die Villa nebenan und es entsteht ein Gewirr aus Geheimnissen und Gefühlschaos.

Maserati schlief schlecht. Die bewölkte Nacht war stockdunkel. Die schwere Stille wurde durch vereinzeltes Geheul und Gebell unterbrochen, das durch das geöffnete Fenster drang und sich trotz einiger Kilometer Entfernung anhörte, als stünde ein Monsterhund direkt neben dem Bett. Dazu knirschte
5 und knarzte es, als würde jemand die ganze Nacht auf Zehenspitzen über die Dielen schleichen. Maserati schreckte immer wieder hoch, stieg aus dem Bett, lief über den Flur und guckte durch die angelehnte Tür in Omas Schlafzimmer. Omas Kopf war ein dunkler Schatten auf dem Kopfkissen, der Atem gleichmäßig mit gelegentlichen Schnarchern.
10 In manchen Nächten entdeckte Maserati sie sitzend im Bett, das Kissen im Rücken, die Brille auf der Nase, in der Hand das Heft mit den Kreuzworträtseln.
„Bist noch zu jung, um schlaflos zu sein", rügte sie Maserati. „Ab ins Bett."
Dann gab es noch andere Nächte, an die Maserati lieber nicht denken
15 wollte.
Auch heute schlief sie wie so oft erst wieder ein, als die Dunkelheit sich zu lichten begann, kurz bevor der Lärm der Bauarbeiten am Ende der Hauptstraße sie wieder aus dem Schlaf riss. Sie zog ein T-Shirt und Jeans an, die zu kurz geworden waren und die sie mit der Küchenschere über den Knien
20 abgeschnitten hatte, und griff das Handtuch von der Wäscheleine.
[…]

Sie sah schon von Weitem, dass die Badestelle besetzt war, und fluchte. Die Sommerferien hatten noch gar nicht begonnen. Sie hatte sich daran gewöhnt, hier morgens allein zu sein. […]

25 Auf dem Steg, den Maserati bis dahin als ihren persönlichen, wenn auch inoffiziellen Besitz betrachtet hatte, saß der Sonnyboy in einer Badehose, die mit Sonnenblumen gemustert war. Sein Haar glänzte in der Morgensonne. Maserati ging, ohne zu grüßen, an ihm vorbei und begann, sich auszuziehen. […] Sie verbot sich, sich zu ihm umzudrehen, ließ ihre Sachen auf den Steg

30 fallen und sprang ins Wasser. Sie würde extra lange schwimmen, beschloss sie. Wenn er bei ihrer Rückkehr weg war, würde alles gut werden. Wenn sein Bruder bis dahin dazukäme, würde sie beide für immer hassen.

Auf dem Rückweg sah sie schon von Weitem, dass Sonnyboy sich nicht vom Fleck gerührt hatte. Als sie prustend aus dem Wasser stieg, sprang er auf und

35 kam näher, als hätte er auf sie gewartet. Er braucht jemanden, den er voll-quatschen kann, dachte Maserati. Wieder einer, der die Stille nicht aushalten konnte. Er hielt einen Kaffeebecher in der Hand und hatte sich die Sonnen-brille in die Stirn geschoben.

„Du schwimmst aber weit hinaus."

40 „Habt ihr keinen eigenen Steg bei euch an der Villa?" Sie brauchte keine Antwort, sie hatte es gerade von der Seeseite aus noch einmal überprüft.

„Der ist morsch, sagt Annabell."

„Annabell? […] Du nennst deine Mutter beim Vornamen?"

„Sie ist meine Lieblingstante. Theo ist mein Cousin."

45 Maserati nickte. Sie wollte keineswegs interessiert wirken. Sie war auch nicht interessiert. Aber die Hand, die er ihr entgegenstreckte, musste sie schon aus Höflichkeit schütteln.

„Ich bin Caspar."

Klar, dachte sie. So heißen sie immer. „Ich bin Maserati."

50 Sie wusste selbst nicht, warum sie es einfach aussprach. Sie behielt den Namen in der Regel für sich. Nicht, weil sie sich schämte. Die Zeiten waren vorbei. Trotzdem fühlte sie sich plötzlich bloßgestellt. Sie schlang das Bade-tuch um sich, sich schmerzlich dessen bewusst, dass es fadenscheinig und ausgefranst war und dass es ihr mehr ausmachte, als sie sich eingestehen

55 wollte.

[…] Er hielt ihr den Kaffeebecher hin. „Deine Lippen sind blau."

Sie nahm den Becher und trank einen Schluck starken, bitteren, irgendwie sehr erwachsenen Kaffees.

„Warum bist du nicht in der Schule? Ihr habt doch noch keine Ferien hier?"

60 Sie zuckte mit den Schultern. „Hab heute frei. Und selbst?"

„Ich bin gerade aus den Staaten zurück", sagte Caspar, leuchtend vor Stolz. „Mein Austauschjahr ist zu Ende, ich muss erst nach den Sommerferien wieder zur Schule."

„Du warst bestimmt in Kalifornien", sagte Maserati. „So wie du aussiehst."

65 „Fast. In Ohio."

„War dein Cousin mit in Ohio?" Maserati gab ihm den Becher zurück, verwundert über die eigene Gesprächigkeit. „Oder sind dort, wo ihr herkommt, jetzt schon Ferien?"

„Nein. Theo ist krankgeschrieben." Er sprach es mit der gewohnten Leichtig-
70 keit aus, aber Maserati registrierte den Tonfallwechsel. Sie wandte sich ab, zog sich hastig Jeans und T-Shirt über die nasse Wäsche und murmelte einen Abschiedsgruß.

„Man sieht sich", rief ihr Caspar hinterher, und diesmal war sie sich sicher, dass irgendwas an seiner Fröhlichkeit sich nicht ganz echt anhörte. […]*

b Die auftretenden Figuren scheint etwas zu belasten. Stelle Vermutungen an, was das sein könnte.

c Lies den Text noch einmal und trage zusammen, was man über die Figuren erfährt. Formuliere auch Fragen, die offenbleiben.

→ **S. 218:**
Sprachliche (stilistische) Mittel im Überblick

d Untersuche, wie Maseratis schlaflose Nächte geschildert werden. Nenne sprachliche (stilistische) Mittel und beschreibe deren Wirkung.

e Untersuche, wie die Begegnung zwischen Maserati und Caspar geschildert wird. Nenne Textstellen und sprachliche (stilistische) Mittel, die auf die Gefühle der Figuren hinweisen.

f Wenn dein Interesse geweckt ist, besorge dir das Buch und lies es.

3 Verfasse selbst einen Text, in dem du Eindrücke, Gedanken und Gefühle schilderst. Wähle Aufgabe a, b oder c.

a Lies den Romanauszug aus Aufgabe 2a noch einmal. Versetze dich in Maseratis oder Caspars Situation, schildere in einigen Sätzen deine Wahrnehmungen, Gedanken und Gefühle. Schreibe in der *Ich*-Form.

b Erinnere dich an eine Situation, die dich besonders beeindruckt hat, zum Beispiel in einer Notlage, bei einer Begegnung. Erzähle davon und schildere, was du wahrnimmst, denkst und fühlst. Orientiere dich an der Schrittfolge.

> **So kannst du Eindrücke schildern**
> 1. Versetze dich in die Situation, die du schildern möchtest.
> 2. Notiere mögliche Eindrücke und Gefühle.
>   • Was sieht, hört, schmeckt, riecht, fühlt man?
>   • Was denkt man? Woran erinnert man sich?
> 3. Ordne deine Notizen und schreibe einen Entwurf deiner Schilderung.
> 4. Überarbeite deinen Entwurf und erstelle die Endfassung.

c „Die Kunst ist, einmal mehr aufzustehen, als man umgeworfen wird" (Winston Churchill). Schildere eine Situation, in der du genau das getan hast und wie es dir damit ergangen ist.

Reinhold Ziegler (1955–2017)

Nur ein Test

Dieses Wartezimmer hat so etwas Frohes, Lebensbejahendes, ich war schon als Kind hier. Fröhliche Farben und die muntere Familienwerbung eines Krankenversicherungskalenders. Es gibt nie Uhren in Wartezimmern. Hier und jetzt, wo mir das Verrinnen des Lebens am eindeutigsten bewusst wird,
5   fehlt der allgegenwärtige Zeitzumesser.

In den drei Tagen, seit sie mir das Blut abgenommen haben, lief mein Leben tausendmal vor mir ab, tausendmal ein Film, immer bis zu diesem Moment im fahlen Abendlicht in den Dünen, für den ich mich wütend und verzweifelt tausendmal angeschrien und geohrfeigt habe.
10   Oft meinte ich, das Virus schon in mir zu fühlen, meinte plötzlich zu spüren, dass ich todgeweiht bin.

Am Freitagabend im Bad, als auf einmal meine Nase zu bluten begann, kam mir mit einem Mal beim Blick in meine trüben Augen die Idee, dass ich von meiner Urlaubsliebe noch andere Andenken als ein Säckchen voll betörend
15   riechender Eukalyptuskapseln mitgebracht haben könnte.

Eine Frau sitzt mir gegenüber, die linke Hand in einem dicken, provisorischen Verband. Ab und zu legt sie die rechte darüber, stöhnt ein wenig. Ich wünschte mir ein gebrochenes Handgelenk oder eine Verbrennung. Irgend-was, bloß nicht das.
20   „Warum machst du auch so was?", hatte der Arzt am Montag gefragt, aber das war auch das Einzige, was ich als Vorwurf hätte deuten können. Wahr-scheinlich hatte er gemerkt, dass man mir keine Vorwürfe mehr machen musste, das ganze Wochenende hatte ich mir genug vorgeworfen. Zwei Tage und zwei Nächte lang, vom Moment der schrecklichen Idee bis zum Montag-
25   morgen, als endlich die Praxis geöffnet wurde.

„Mach dich nicht verrückt, wir testen es. Komm am Donnerstag wieder, dann wissen wir mehr."

Wahrscheinlich wusste er, dass ich bis dahin kein Auge zutun würde.

Ich bin noch so jung, ich will noch nicht sterben!
30   Ich habe das Internet durchsucht und Millionen von Hinweisen gefunden. Wie, wo, wann und wobei man sich ansteckt. Über Tests und Therapien, Selbsthilfegruppen und Medikamente. Nichts über Dummheit. Nichts über abgrundtiefe, sinnlose, unnötige Dummheit.

Die Frau mit dem Verband wird reingerufen. Sie jammert. Wollen wir tau-
35   schen?, denke ich. Ich tausche alles gegen ein kleines Virus oder Tausende von ihnen. Wie viel sind jetzt schon in mir? Hundert, tausend, Millionen? Auch das steht bestimmt im Internet. Oder in Broschüren.

Wo steht, wie man stirbt?

Warum war mir mein Leben in diesem Moment so billig, dass ich es so kopf-
40   los riskieren konnte?

Vor dem Fenster Geräusche, dann fährt eine Kabine an der Fassade herunter. Ein junger Kerl mit Fensterwischer und Eimer grinst von außen in das Wartezimmer, zieht blitzschnell in gekonnten
45 Serpentinen seinen Schwamm über die Scheibe. Die Praxis liegt im sechsten Stock, das würde reichen, würde schneller gehen als das, was mir bevorsteht.
Kann man sterben, ohne dass es wehtut?
50 „So!" Der Doktor steht selber in der Tür. „Komm, du bist dran!"

Ich laufe hinter ihm her, setz mich auf den Stuhl, auf den seine Hand weist. Er setzt sich in seinen Bürosessel, zieht ein Blatt aus meinem Krankenakt. „Hier, dein Test", sagt er. „Negativ!"
55 Ich fang an zu zittern, zu weinen, er nimmt mich an den Schultern, schüttelt mich ein bisschen.
„Was ist denn los, he? Negativ! Du hast es nicht! Negativ heißt, du hast das Virus nicht, es ist alles in Ordnung."
Er hat „alles in Ordnung" gesagt. Natürlich, wenn man es hat, heißt es posi-
60 tiv. Negativ bedeutet, alles ist in Ordnung. Negativ ist in Ordnung, natürlich. Ich steh auf, putz mir die Nase am Ärmel ab, egal.
Negativ heißt in Ordnung.
„Danke", sage ich zu ihm, als wäre er es gewesen, der die Hand über mir hatte, stolpere in den Gang, in den Aufzug, raus.
65 Draußen nieselt es ein wenig. Irgendwo sticht ein Sonnenstrahl durch die Wolken. Auf einem Tulpenbaum sitzt eine Amsel und schmettert ihr Lied quer durch die Stadt.
„Hallo, Welt!", sage ich leise und versuche ein Lachen.

1 Tauscht euch darüber aus, wie die letzte Zeile auf euch wirkt.

2 Die Kurzgeschichte ist aus der *Ich*-Perspektive erzählt. Überlegt, wer hier erzählen könnte und warum er oder sie diese Geschichte erzählt.

3 Lies den Text noch einmal. Untersuche, wie sich die Gedanken und Gefühle der erzählenden Figur im Laufe der Geschichte verändern.

→ S. 218:
Sprachliche (stilistische) Mittel im Überblick

4 Untersuche, welche sprachlichen (stilistischen) Mittel genutzt werden, um die Gedanken und Gefühle der Figur darzustellen. Notiere Beispiele und deren Wirkung.

5 Erinnere dich an eine Situation in einem Wartezimmer oder stelle dir vor, du wärst in einer ähnlichen Situation wie die Figur im Text. Schildere in einigen Sätzen, was du wahrnimmst, denkst und fühlst.

Magret Kindermann (geb. 1988)

Das Winterlindenweg-Gefühl

Den steilen Winterlindenweg laufen wir runter, jeder Schritt ist ein halbes
Fallen. Hinter mir schreit und lacht Funda. Sie fühlt sich genau wie ich.
Oakley höre ich nicht, aber ich bin mir sicher, dass er mit uns rennt. Beide
lassen sich auf mein Tempo ein, obwohl sie ohne mich mit meiner Prothese
5   viel schneller wären. Der Sommerwind raschelt in den Ahornbäumen, weht
mir ins Gesicht, zerrt an meinem Oberteil und gibt mir das Gefühl, richtig zu
rasen. Der Weg endet viel zu schnell in der Hauptstraße, aber ich brauche
mehr von dieser Freiheit. In der Ligusterhecke der Körners ist eine kleine
Lücke. […] Ich hüpfe über den Bordstein und werfe mich durch die Hecke. An
10   eine Sache habe ich mich nicht mehr erinnert: Direkt hinter der Lücke steht
ein Brombeerbusch. Mein Aufschrei stoppt Funda nicht, und sie landet auf
mir. Wir ziehen uns hinter dem Busch hervor, mein Gesicht brennt, ein Arm
ist zerkratzt und mein Ärmel ist eingerissen. Ich kann trotzdem nicht aufhö-
ren zu kichern, und auch Funda lacht ins frisch gemähte Gras. Ihr Kopftuch
15   hat sich an der Stirn komisch verzogen. […]
„Was ist mit euch passiert, ist da ein Pool mit Haien?", ruft Oakley, und wir
schrecken auf.
„Komm vorsichtig rein, hier sind Brombeeren", flüstert Funda. Wahrscheinlich weil wir in einem fremden Garten sind und sie nicht entdeckt werden
20   will. Darüber breche ich wieder in Lachen aus.
Während wir warten, mustert sie mich mit einem Lächeln, das ich nicht
zuordnen kann. „Geht es dir besser?", fragt sie.
Damit erinnert sie mich wieder an den anstehenden Deutschtest, durch den
ich zu hundert Prozent durchfallen werde. „Na, jetzt nicht mehr", sage ich
25   und verziehe das Gesicht.
„Dann müssen wir dich eben noch mehr ablenken!" Sie schubst mich, sodass
mein Oberkörper gegen die Hecke kracht, springt auf und rennt wieder los.
Im Zickzack durch die Kirschbäume erreicht sie die Papiermülltonnen, hievt
sich hoch, grinst mich noch einmal an und klettert dann über die Mauer in
30   den angrenzenden Garten.
Oakley ruft ihr noch hinterher: „Wollen wir nicht lieber zocken?"
Aber ich will die Bewegung spüren und laufe Funda hinterher. […]
Die Mülltonnen bremsen mich aus, wie soll ich da bloß hochkommen?
„Und Funda ist da echt einfach hochgehüpft", sagt Oakley, tritt neben mich
35   und schüttelt den Kopf. „Komm schon, Räuberleiter!" Er kniet sich schon hin
und faltet die Hände.
[…] Funda wartet auf der anderen Seite und feuert uns mit hochgestreckten
Armen an.
Zu dritt rennen wir erneut. Den beiden geht es nicht um die Geschwindig-
40   keit, sondern um das Miteinander, und ich lächle breit wie ein angeknabber-
tes Wassermelonenstück. Dieser Garten ist voll mit verwilderten Erdbeer-

pflanzen und Maulwurfshügeln. Dieses Mal ist Oakley vor uns, [...]. Vor dem Gartenzaun, von dem nur noch jede zweite Latte steht, bleibt er stehen und lauscht. Wir halten ebenfalls an seiner Seite und unterdrücken unser Kichern.

45 „Da sind Leute", sagt Oakley.

Vorsichtig spähen wir über die violetten Disteln, die Hummeln übertönen jedes Geräusch. Zwei Frauen sitzen unter einem Apfelbaum an einem runden Tisch. [...]

Ich bedeute den anderen, mir zu folgen, und wir huschen am Zaun entlang

50 von Blumenbeet zu Blumenbeet. Was eine Freude, etwas heimlich zu tun, auch wenn sich daran niemand stören würde! [...]

Ich bin froh, dass Oakley zuerst über die niedrige Hecke auf den Gehweg springt, dann haben Funda und ich noch einen Augenblick gemeinsam in diesem Abenteuer. Sie fragt nicht noch einmal, ob es mir nun besser geht. Ich

55 glaube, sie sieht es mir an. Funda nimmt meine Hand, damit ich besser über die kleine Hecke komme. Gemeinsam landen wir auf dem Gehweg der Hauptstraße. Der Winterlindenweg ist nur um die Ecke.

Zu Hause im Dunkeln flaut der Rausch ab. Ich liege im Bett, die Prothese hängt schon am Strom, genau wie mein Handy. Die Nachttischlampe

60 beleuchtet meine Gehstützen, die an der Bettkante lehnen. Mein restliches Bein beschwert sich wegen der Strapazen ganz schön, aber ich spüre das Brennen kaum, weil die Freude noch so stark nachklingt.

Mir ist eins klar geworden: Ich hätte gerne mehr von diesen Momenten, in denen ich mit Funda alleine bin. Am liebsten würde ich sie direkt fragen, ob

65 sie das auch will. Aber mich hält eins davon ab, und zwar der Gedanke an Oakley. Zwar hat er jetzt Mia, aber vielleicht wäre er trotzdem traurig. Sonst bespreche ich auch alles mit Oakley, und weil alles andere nicht hilft, ziehe ich das Handy vom Kabel und tippe eine übereilte Nachricht, um nicht zu lange darüber nachzudenken. Ich starre lange auf den Bildschirm, bis er end-

70 lich antwortet: „Hab es mir schon gedacht und wollte eh mal wieder mehr mit meiner Schwester machen." Es folgen drei Lach-Emoticons.

Wieder fühle ich mich, als renne ich noch immer den Winterlindenweg hinunter. Ich öffne Fundas Chatfenster, da bekomme ich eine Nachricht von ihr: „Hast du jetzt noch immer Angst vor Deutsch?"

75 Daran habe ich überhaupt nicht gedacht. Dafür brauche ich nun für etwas anderes Mut. Und ich frage sie, ob sie mich morgen nach der Schule treffen will, nur wir beide.

Sie fragt: „Und wo?"

Das ist mir herzlich egal, denn nach dieser Antwort ist der Winterlindenweg

80 für mich überall.*

1 Passt die Überschrift zur Geschichte? Äußere deine Gedanken dazu.

→ S. 116:
Gewusst wie: Litera-
rische Gespräche führen

2 Führt in der Klasse oder einer Gruppe ein literarisches Gespräch zu dieser Geschichte. Weist nach, dass es sich um eine Kurzgeschichte handelt.

Alison McGhee (geb. 1960)

Wie man eine Raumkapsel verlässt (Auszüge)

Will, die Hauptfigur des Buches, ist ein Geher. Beim Gehen kann er seinen Gedanken freien Lauf lassen.

Manchmal muss man sich den Tag rauslaufen. Weißt du, was ich meine?
Ihn sich durch die Fußsohlen rauslaufen. Dollar Only hat jetzt geschlossen,
mit meiner Schicht bin ich gleich fertig. Es ist Dienstag, das heißt, meine
Mom hat Nachtschicht und merkt nicht, wenn ich nicht zu Hause bin.

5 Hinter dieser Tür warten die Nacht und die Bürgersteige.
Noch den Mopp auswringen, Eimer ausleeren, mich im System abmelden.
Major Tom Tschüss sagen. Der schon wartet, dass er abschließen und durch
die Hoftür zu seinem Wagen gehen kann.
Major Tom ist nämlich kein Fußgänger. Die meisten Leute sind das nicht.

10 Ich schon.
[…]

Lass deine Füße den Weg finden. Du merkst es, wenn das geschieht. Dann
lass den Tag aus dir heraussickern. Lass alles, was dir in den Kopf kommt,
frei darin herumschweben.

15 Was heute Abend in meinem Kopf ist?
Maisbrot. Dieses dunkle Maisbrot aus der gusseisernen Pfanne, so wie mein
Dad es immer gebacken hat.
Und das zerschlissene kleine Tuch, das Playa jeden Tag im Rucksack mit-
schleppte, damals, in der Grundschule.

20 Und das Kistchen ganz hinten im Voodoo-Laden, mit den hundert Segens-
sprüchen, alle chinesisch durchnummeriert.
Heilung für dein gebrochenes Herz.
Eine Wolke aus Geborgenheit für dich.
Ein Licht für eine friedliche Nacht.

25 […]

Gehen. Ob zur Schule, zum Job oder nach Hause.
Anfangs habe ich Major Tom immer mit seinem richtigen Namen angeredet:
Mr. Montalvo.
Aber das will er nicht. „Sag einfach Tom, Will!"

30 Erst hab ich gedacht, ich solle ihn Tom Will nennen, und fand das sehr selt-
sam. Aber so war's nicht. Will bin ich, und Tom heißt er, und so soll ich ihn
nennen.
Zu dem Zeitpunkt war ich gerade mal eine Woche da, aber ich wusste schon,
dass dieser Laden, der Dollar Only, mehr oder weniger sein ganzer Lebens-

35 inhalt war.
Manche Leute sind eben so. Die mit diesem hilflosen Lächeln.
[…]

Gehen. Gehen. Gehen.
Raus mit dem Tag. Gehen. Das ist schon fast so
40 etwas wie ein Mantra.
Wie bei Major Tom mit seinem *Klappt's nicht auf
Anhieb, versuch's noch einmal.*
Wie bei Dad mit seinem *Don't let the bastards get
you down.*
45 Wie bei Dear Mrs. Lin (so nannte Dad die Frau
vom Voodoo-Laden) mit ihrem *Kann ich helfen?*.
Okay, wie bei ihr vielleicht nicht. Ist schon lange
her, seit ich zuletzt da war. Sehr lang. Vielleicht ist
Dear Mrs. Lin gar nicht mehr da.
50 Fast zu Hause. Vielleicht hole ich die Pfanne raus.
Und opfere den Geistern.
Den Maisbrotgeistern.
[…]

Wie übersteht man das, wenn einem alles über den Kopf wächst? Frag mich,
55 ich sag's dir: Laufend.
„Lauf einfach", würde ich dir sagen. „Lauf. Lauf und lauf und lauf und lauf
und lauf."
So hab ich's gemacht. Nachdem das mit meinem Dad war. Am Morgen
nachdem sie ihn gefunden hatten, am Morgen nach der Nacht, als meine
60 Mom bis morgens aufblieb und ich versuchte, mit ihr wach zu bleiben, aber
gegen meinen Willen eingeschlafen bin – an dem Morgen habe ich mit dem
Laufen angefangen.
Ich war dreizehn, als ich zu laufen anfing. Jetzt bin ich sechzehn und laufe
noch immer. […]*

1 Stelle Vermutungen an, in was für einer Situation sich Will befindet.

2 Lies den Text noch einmal und überprüfe deine Vermutungen.
Was erfährt man über Will, was bleibt offen? Fertige Notizen an,
formuliere evtl. Fragen.

3 Das Gehen ist für Will von großer Bedeutung. Belege das anhand
von Textstellen.

4 Was hilft dir dabei, mit anstrengenden oder belastenden Situationen
umzugehen? Erzähle davon. Schreibe eine *Ich*-Geschichte oder einen
Tagebucheintrag.

 5 Wenn du mehr über Wills Probleme wissen möchtest, besorge dir
das Buch und lies es.

Äsop (6. Jahrhundert v. Chr.)

Der Löwe und der Bär

Ein Löwe und ein Bär hatten ein Hirschkalb gefunden und fochten einen Kampf darum aus. Sie richteten sich übel zu, und als ihnen ganz schwindlig war, lagen sie halbtot am Boden. Da kam eine Füchsin vorbei, und als sie die beiden hingestreckt, das Kitz aber in der Mitte liegen sah, da nahm sie es und machte sich davon, ab durch die Mitte. Die aber konnten nicht aufstehen und sagten: „Wir Armen, die wir uns für eine Füchsin so abgemüht haben!"
Die Fabel zeigt, dass sich die zu Recht ärgern, die sehen, wie andere die Früchte ihrer eigenen Mühen davontragen.

Äsop (6. Jahrhundert v. Chr.)

Der Bauer und seine Kinder

Ein Bauer lag im Sterben und wollte seinen Söhnen noch Kenntnis in der Landwirtschaft beibringen. Er rief sie also zusammen und sagte: „Meine Kinder, in einem meiner Weinberge liegt ein Schatz." Die nun nahmen nach seinem Tod Schaufeln und Hacken und gruben ihren ganzen Weinberg um. Den Schatz fanden sie nicht, der Weinstock gab ihnen aber dafür den Ertrag vielfach zurück.
Die Geschichte zeigt, dass die Mühe ein Schatz für die Menschen ist.

Gotthold Ephraim Lessing (1729–1781)

Der Adler

Man fragte den Adler: Warum erziehst du deine Jungen so hoch in der Luft?
Der Adler antwortete: Würden sie sich, erwachsen, so nahe zur Sonne wagen, wenn ich sie tief an der Erde erzöge?

1 Welche der drei Fabeln spricht dich am meisten an? Begründe deine Meinung.

→ **S. 116:**
Gewusst wie: Literarische Gespräche führen

 2 Wählt mindestens zwei der Fabeln aus. Analysiert und interpretiert sie in einem literarischen Gespräch.

  3 Sowohl Äsop als auch Lessing gehören zu den berühmtesten Fabeldichtern. Recherchiert Informationen zu beiden Autoren und stellt sie in der Klasse vor.

Bertolt Brecht (1898–1956)

Geschichten vom Herrn Keuner (Auszüge)

Der hilflose Knabe

Herr K. sprach über die Unart, erlittenes Unrecht stillschweigend in sich hineinzufressen, und erzählte folgende Geschichte: „Einen vor sich hin weinenden Jungen fragte ein Vorübergehender nach dem Grund seines Kummers. ‚Ich hatte zwei Groschen für das Kino beisammen', sagte der Knabe, da kam
5 ein Junge und riß mir einen aus der Hand', und er zeigte auf einen Jungen, der in einiger Entfernung zu sehen war. ‚Hast du denn nicht um Hilfe geschrien?' fragte der Mann. ‚Doch', sagte der Junge und schluchzte ein wenig stärker. ‚Hat dich niemand gehört?' fragte ihn der Mann weiter, ihn liebevoll streichelnd. ‚Nein', schluchzte der Junge. ‚Kannst du denn nicht
10 lauter schreien?' fragte der Mann. ‚Nein' sagte der Junge und blickte ihn mit neuer Hoffnung an. Denn der Mann lächelte. ‚Dann gib auch den her', sagte er, nahm ihm den letzten Groschen aus der Hand und ging unbekümmert weiter." R

Warten

Herr K. wartete auf etwas einen Tag, dann eine Woche, dann noch einen
15 Monat. Am Schlusse sagte er: „Einen Monat hätte ich ganz gut warten können, aber nicht diesen Tag und diese Woche." R

Herr Keuner und die Zeichnung seiner Nichte

Herr Keuner sah sich die Zeichnung seiner kleinen Nichte an. Sie stellte ein Huhn dar, das über einen Hof flog. „Warum hat dein Huhn eigentlich drei Beine?", fragte Herr Keuner. „Hühner können doch nicht fliegen", sagte die
20 kleine Künstlerin, „und darum brauchte ich ein drittes Bein zum Abstoßen." „Ich bin froh, dass ich gefragt habe", sagte Herr Keuner. R

1 Bertolt Brechts „Geschichten vom Herrn Keuner" (Herrn K.) gehören zu den bekanntesten und noch immer beliebten Kalendergeschichten. Tauscht euch darüber aus, warum das so ist.

2 Tauscht euch über mögliche Deutungen der einzelnen Geschichten aus und versucht, jeweils eine Lehre zu formulieren.

3 Recherchiert weitere Kalendergeschichten über Herrn Keuner (Herrn K.), wählt ein bis zwei aus und stellt sie in der Klasse vor.

4 Recherchiert Informationen zum Autor Bertolt Brecht. Stellt Leben und Werk sowie seine Bedeutung für die Nachwelt auf einem Poster oder mithilfe einer Präsentation in der Klasse vor.

Lyrische Texte analysieren und interpretieren

1 Warum schreiben und lesen Menschen Gedichte?

 a Lest folgendes Gedicht. Tauscht euch darüber aus, was die Dichterin damit zum Ausdruck bringen möchte.

Leta Semadeni (geb. 1944)

Warum ich dichte

Warum ich dichte?

Denn ohne Dichtung
wären Fenster
der freie Zutritt
für Gespenster.

Tipp
Falls du selbst dichtest, kannst du auch das thematisieren.

b Denke über deine Erfahrungen mit Gedichten nach und verfasse ein Gedicht zu einer der folgenden Überschriften.

Warum ich Gedichte lese
...

Warum ich keine Gedichte lese
...

 2 In Gedichten begegnen uns oft Fragen nach dem Sinn des Lebens.

a Betrachtet die Illustration. Tauscht euch über eure Zukunftswünsche aus.

b Lest die folgenden Gedichte.

Rupi Kaur (geb. 1992)

[1] *verklären*: beschönigen

entweder ich verkläre[1] die vergangenheit
oder ich mache mir sorgen um die zukunft
es ist kein wunder
dass ich mich nicht lebendig fühle
ich lebe nicht
im einzigen moment der real ist

– jetzt

F. W. Bernstein (1938–2018)

Hurtig ist der Schritt der Zeit

Hurtig ist der Schritt der Zeit
Zukunft wird Vergangenheit
Zwischen beiden aber harrt
hier und jetzt Frau Gegenwart
Hic et nunc[1] sagt der Lateiner
Sonst noch was! Das glaubt doch keiner
Schon ist Gegenwart vorbei
Sauerei!

[1] *Hic et nunc* (latein.):
hier und jetzt

Paul Maar (geb. 1937)

In hundert Jahren

Was wird in hundert Jahren sein?
Was wird mit uns geschehen?
Man weiß es nicht, denn niemand hier
kann in die Zukunft sehen.
Doch etwas kann man jetzt schon tun:
Man kann die Zukunft denken.
Und tut man dies, dann kann man sie
vielleicht zum Guten lenken.

c Wie wirken die Gedichte auf euch? Welche Grundstimmung geht für euch
von den Gedichten aus? Beschreibt eure ersten Leseeindrücke.

d Erprobt verschiedene Vortragsweisen der Gedichte. Besprecht, ob sich
dadurch die Grundstimmung verändert.

e Wählt ein Gedicht aus. Lest das ausgewählte Gedicht noch einmal
und formuliert mit eigenen Worten, welche Gedanken und Gefühle
das lyrische *Ich* ausdrückt.

f Tauscht euch darüber aus, ob eure Gedanken und Wünsche an die Zukunft sich mit denen des lyrischen *Ichs* im ausgewählten Gedicht decken. Stellt Vermutungen darüber an, warum das so ist.

g Tauscht euch darüber aus, was euch an der Form und der Sprache des ausgewählten Gedichts auf den ersten Blick besonders auffällt.

 3 Untersucht die Form und Sprache des ausgewählten Gedichts aus Aufgabe 2 b genauer.

→ **S. 291:**
Merkwissen: Lyrik

a Wiederholt die sprachlichen und die formalen Merkmale von Lyrik.

b Untersucht die Strophen- und Versgestaltung im ausgewählten Gedicht aus Aufgabe 2 b. Notiert Wichtiges.

c Eine Besonderheit von Gedichten ist die Verwendung von sprachlichen (stilistischen) Mitteln. Ordnet die sprachlichen (stilistischen) Mittel 1 bis 7 den Erklärungen A bis G zu.

1 die Alliteration	**A** die Wiederholung eines Satzanfangs
2 die Anapher	**B** die Übertragung typisch menschlicher Verhaltensweisen und Eigenschaften auf unbelebte Gegenstände und Erscheinungen
3 die Ellipse	
4 die Hyperbel	
5 die Klimax	**C** eine Übertreibung
6 die Metapher	**D** eine Aufzählung mit Steigerung
7 die Personifizierung	**E** ein Wort oder ein Ausdruck mit einer übertragenen, bildhaften Bedeutung
	F ein Satz, in dem Wörter oder Satzteile weggelassen wurden
	G aufeinanderfolgende Wörter mit dem gleichen Anfangsbuchstaben

d Vergleicht eure Ergebnisse mit dem Merkkasten auf S. 218.

e Nennt Beispiele für sprachliche (stilistische) Mittel im ausgewählten Gedicht. Besprecht, welche Wirkung davon ausgeht.

f Interpretiert (deutet) die einzelnen Verse. Besprecht jeweils Deutungsvarianten und bezieht auch mögliche Sprechweisen ein.

g Versucht, eine Interpretationshypothese zum Gesamttext zu formulieren.

Im Gedicht „..." von ... spricht ein lyrisches Ich von ...
Das lyrische Ich formuliert ...

4 Welche Bilder hast du zu den Themen „Zeit" und „Zukunft" im Kopf? Betrachte die Illustration zu den Gedichten aus Aufgabe 2 b (S. 133) und schätze ein, wie sie deiner Meinung nach zu den Themen passt. Gestalte ggf. eigene Bilder und stelle sie in der Klasse vor.

5 Das folgende Gedicht lebt von einer besonders bildhaften Sprache.
Analysiert und interpretiert es.

a Lest den Beginn des Gedichts oder lasst ihn euch vorlesen.

Marie Luise Kaschnitz (1901–1974)

Zukunftsmusik (1950)

O wie mich dürstet nach Zukunftsmusik!

Wenn ich meine Augen schließe und stille sitze,
Tu ich es nicht, um das Lied der Erinnerung zu hören,
Nicht um der Stimme des alten Gewissens zu lauschen.
5 Zu dem was ich suche, verhält sich mein eigenes Wesen
Wie ein Tropfen Tau zu dem Frühlingsregen der Erde,
Wie der Hauch des schlafenden Kindes zum Frühlingssturmwind.
Mit dem Atem des Kommenden trachtet mein Herz sich zu füllen,
Hören will ich die Zukunftsmusik.

10 Die aber sendet kein Sender. Nicht gibt es Geräte,
Die man in Gang setzt, damit sie ins Zimmer flute.
Ihr Klang ist verborgen in Wellen von Wohllaut und Mißton,
Im Rauschen der Welt, das aus Gestern und Morgen gemischt ist.
Schwer zu vernehmen ist Zukunftsmusik. […]* R

b Lest den ersten Vers noch einmal. Beschreibt das sprachliche Bild.
Formuliert, was man eurer Meinung nach über das lyrische *Ich* erfährt.

Das lyrische Ich wünscht sich / sehnt sich nach ...

c Lest die Strophen noch einmal. Stellt Vermutungen an, wer das lyrische *Ich*
sein könnte und in welcher Stimmung es sich befinden könnte.
Notiert Stichpunkte und begründet mithilfe von Textstellen.

– eine Frau oder ein Mann, die oder der ...
– erkennt man z. B. an: ...

d Das lyrische *Ich* nutzt Vergleiche, um Gedanken und Gefühle auszudrücken.
Notiert einige dieser Vergleiche und interpretiert (deutet) sie.

→ S. 218:
Sprachliche
(stilistische) Mittel
im Überblick

e Sucht weitere sprachliche (stilistische) Mittel heraus. Notiert jeweils Beispiele
und tauscht euch über deren Wirkung aus.

Personifizierung: ...   bildhafte Wortwahl: ...
...

f Beschreibt den formalen Aufbau des Gedichts (Strophen, Verse, Reimschema,
formale Auffälligkeiten). Notiert stichpunktartig, wie diese formalen Besonderheiten zu Aussage und Wirkung des Gedichts beitragen.

g Formuliert, welche Grundstimmung für euch von dem Gedicht ausgeht.

h Wählt einige euch besonders wichtig erscheinende Textstellen aus und formuliert mögliche Deutungen dazu. Notiert Stichpunkte.

- *Vers 2: lyrisches Ich macht sich Gedanken und Gefühle bewusst, denkt über das Leben nach, ruhig, evtl. traurig*
- *Vers ...:*

i Formuliert eine oder mehrere Interpretationshypothesen zum Gedicht.

Insgesamt bringen die Strophen und Verse ... zum Ausdruck.
Sie verdeutlichen ...

 j Recherchiert Informationen über die Autorin Marie Luise Kaschnitz. Besprecht, ob und ggf. wie eure Interpretation dadurch beeinflusst wird.

Eine schriftliche Interpretation verfassen **6** Schreibe eine Interpretation zum Gedicht aus Aufgabe 5 a. Arbeite ggf. am Computer.

a Wiederhole mithilfe des Merkkastens, wie eine Interpretation aufgebaut ist.

> Das Ziel einer **Interpretation** ist es, mögliche Aussagen eines **lyrischen Textes** herauszuarbeiten, d. h., den **Text zu deuten (interpretieren)**. Die Deutungen müssen mithilfe von Textstellen (**Zitaten**) belegt werden. Eine gründliche **Analyse** des Gedichts ist die Voraussetzung für das Verfassen einer Interpretation. Eine Textinterpretation schreibt man im Präsens. Sie sollte folgende **Bestandteile** aufweisen:
> **Einleitung:**
> • Name der Dichterin / des Dichters, evtl. biografische Daten,
> • Textsorte, z. B.: Gedicht, Ballade, Volkslied,
> • Titel, Thema sowie erster Eindruck vom Text,
> **Hauptteil:**
> • kurze Inhaltsangabe,
> • Interpretationshypothese(n)[1] zum Gesamttext: zusammenfassende Annahme(n) bzw. Deutung(en) zu zentralen Botschaften bzw. Aussagen,
> • Begründung der Interpretationshypothese(n) durch: Darstellung und Deutung des Inhalts, der Form und der Sprache (sprachliche/stilistische Mittel) und deren Wirkung, ggf. Einordnung in eine Epoche,
> **Schluss:**
> • eigene Meinung zu dem im Gedicht Dargestellten,
> • Bezug zum eigenen Leben.

[1] *die Interpretations-hypothese: eine noch unbelegte Annahme für die Interpretation*

b Schreibe einen Entwurf deiner Interpretation. Beginne mit der Einleitung. Lass einen breiten Rand zum Überarbeiten.

Das Gedicht „Zukunftsmusik" von Marie Luise Kaschnitz entstand ...

c Entwirf den Hauptteil. Nutze dazu deine Ergebnisse aus Aufgabe 5. Orientiere dich am Merkkasten auf S. 136.

Im Gedicht „Zukunftsmusik" spricht ein lyrisches Ich von …

d Schreibe den Schluss deiner Interpretation. Fasse deine Meinung zum Gedicht zusammen und stelle Bezüge zu deinem Leben her.

Zusammenfassend möchte ich sagen, …
Das Thema des Gedichts ist zeitlos, da …

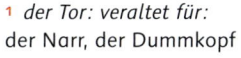 **e** Vergleicht eure Entwürfe und überarbeitet sie. Achtet auf den roten Faden, Textbelege, korrektes Zitieren und sprachliche Korrektheit.

Einen lyrischen Text analysieren und interpretieren

 Analysiere und interpretiere ein weiteres Gedicht.

a Lies das Gedicht oder lass es dir vorlesen.

Friedrich Schiller (1759–1805)

Hoffnung (1797)

Es reden und träumen die Menschen viel
   Von bessern künftigen Tagen,
Nach einem glücklichen goldenen Ziel
   Sieht man sie rennen und jagen;
5 Die Welt wird alt und wird wieder jung,
   Doch der Mensch hofft immer Verbesserung!

Die Hoffnung führt ihn ins Leben ein,
   Sie umflattert den fröhlichen Knaben,
Den Jüngling begeistert ihr Zauberschein,
10   Sie wird mit dem Greis nicht begraben;
Denn beschließt er im Grabe den müden Lauf,
Noch am Grabe pflanzt er – die Hoffnung auf.

Es ist kein leerer schmeichelnder Wahn,
   Erzeugt im Gehirne des Toren[1],
15 Im Herzen kündet es laut sich an:
   Zu was Besserm sind wir geboren;
Und was die innere Stimme spricht,
Das täuscht die hoffende Seele nicht.

[1] *der Tor: veraltet für: der Narr, der Dummkopf*

b Beschreibe deinen ersten Leseeindruck. Wie wirkt das Gedicht auf dich? Welche ersten Gedanken und/oder Fragen hast du zu den einzelnen Versen? Notiere ggf. Stichpunkte.

6 c Verwende zur Fortsetzung zum Beispiel die folgenden Formulierungen.
Das lyrische Ich stellt dar, … / Das lyrische Ich verdeutlicht … / Man erfährt … /
Eindrucksvoll zum Ausdruck gebracht wird (werden) …

Tipp
Nutze eine Kopie
des Gedichts
zum Markieren.

c Lies das Gedicht noch einmal und überlege, worum es in dem Gedicht geht. Notiere das Thema und belege es durch Textstellen.

Thema: …
Textstellen: Überschrift, Vers 6, Vers …

d Untersuche das Gedicht genauer. Stelle Vermutungen an, wer das lyrische *Ich* und in welcher Stimmung es sein könnte.

e Beschreibe den formalen Aufbau des Gedichts (Strophen, Verse, Reimschema, formale Auffälligkeiten) und wie diese Besonderheiten zu Aussage und Wirkung des Gedichts beitragen.

→ S. 218:
Sprachliche
(stilistische) Mittel
im Überblick

f Untersuche, welche sprachlichen (stilistischen) Mittel im Gedicht verwendet werden und welche Wirkung diese haben. Notiere Beispiele.

g Wähle einige dir besonders wichtig erscheinende Textstellen aus und formuliere mögliche Deutungen dazu.

h Formuliere eine Interpretationshypothese zum Gesamttext.

Das Gedicht „Hoffnung" verdeutlicht insgesamt, …

 **i** Friedrich Schillers Gedicht „Hoffnung" wird oft als Ode bezeichnet. Recherchiert, was eine Ode ist. Tauscht euch darüber aus, welche Merkmale des Textes dafürsprechen, ihn Ode zu nennen.

 **j** Recherchiert verschiedene Hörproben des Gedichts. Besprecht, welche Vorträge euch gefallen und warum.

 k Erprobt eigene Vortragsvarianten und tauscht euch darüber aus.

Eine Interpretation schreiben

 8 Verfasse eine schriftliche Interpretation zum Gedicht „Hoffnung" aus Aufgabe 7a. Arbeite ggf. am Computer.

a Schreibe die Einleitung deiner Interpretation. Lass einen breiten Rand zum Überarbeiten.

b Entwirf den Hauptteil. Orientiere dich am Merkkasten auf S. 136 und nutze deine Vorarbeiten aus Aufgabe 7.

c Verfasse den Schluss deiner Gedichtinterpretation.

d Überarbeite deinen Entwurf gründlich und erstelle die Endfassung deiner Textinterpretation. Achte auch auf korrektes Zitieren.

---

7 d Nutze zum Beispiel die folgenden Formulierungen.
Das lyrische Ich könnte … sein. Das erkenne ich daran, dass …

7 f Notiere deine Ergebnisse zum Beispiel nach dem folgenden Muster.
„glücklichen goldenen Ziel" (V. 3) – Alliteration (Verklärung, Überschwang)
„rennen und jagen" (V. 4) – …

9 Schreibe eine weitere Gedichtinterpretation. Wähle Aufgabe a oder b.

●●○ **a** Schreibe eine Interpretation zu folgender Ballade. Orientiere dich dabei an der Schrittfolge unten.

Gottfried August Bürger (1747–1794)

Die Schatzgräber

Ein Winzer, der am Tode lag,
Rief seine Kinder an und sprach:
„In unserm Weinberg liegt ein Schatz,
Grabt nur darnach!" – „An welchem Platz?" –
5 Schrie alles laut den Vater an.
„Grabt nur!" – O weh! da starb der Mann.

Kaum war der Alte beigeschafft,
So grub man nach aus Leibeskraft.
Mit Hacke, Karst und Spaden ward
10 Der Weinberg um und um gescharrt.
Da war kein Kloß, der ruhig blieb;
Man warf die Erde gar durchs Sieb,
Und zog die Harken kreuz und quer
Nach jedem Steinchen hin und her.
15 Allein da ward kein Schatz verspürt
Und jeder hielt sich angeführt.

Doch kaum erschien das nächste Jahr,
So nahm man mit Erstaunen wahr,
Dass jede Rebe dreifach trug.
20 Da wurden erst die Söhne klug
Und gruben nun jahrein, jahraus
Des Schatzes immer mehr heraus.

So kannst du eine Gedichtinterpretation verfassen

1. Lies den Text und notiere deine Gedanken beim Lesen.
2. Untersuche den Text (Textanalyse).
   - Fertige Notizen zum Inhalt an.
   - Untersuche den Text auf Besonderheiten.
   - Analysiere die Grundstimmung, das lyrische *Ich*, die äußere Form (Strophen, Verse) und die sprachlichen (stilistischen) Mittel.
   - Untersuche, welche Wirkung durch diese Besonderheiten entsteht.
3. Formuliere Deutungen zu Textstellen und eine Interpretationshypothese zum Gesamttext. Notiere ggf. offene Fragen und Unklarheiten.
4. Ordne deine Notizen und schreibe einen Entwurf.
5. Überarbeite den Entwurf und schreibe die Endfassung.

●●● **b** Wähle ein Gedicht aus den Lesestoffen (S. 143–149) aus und verfasse eine Gedichtinterpretation.

Lyrische Texte gestaltend erschließen

10 Man kann sich mit Gedichten auch gestaltend auseinandersetzen und sie zum Beispiel erschließen, indem man eigene Texte dazu schreibt.

a Lies die beiden folgenden Gedichte.

Joachim Ringelnatz (1883–1934)

Ich habe dich so lieb!

Ich habe dich so lieb!
Ich würde dir ohne Bedenken
Eine Kachel aus meinem Ofen
Schenken.

5 Ich habe dir nichts getan.
Nun ist mir traurig zumut.
An den Hängen der Eisenbahn
Leuchtet der Ginster so gut.

Vorbei – verjährt –
10 Doch nimmer vergessen.
Ich reise.
Alles, was lange währt,
Ist leise.

Die Zeit entstellt
15 Alle Lebewesen.
Ein Hund bellt.
Er kann nicht lesen.
Er kann nicht schreiben.
Wir können nicht bleiben.

20 Ich lache.
Die Löcher sind die Hauptsache
an einem Sieb.

Ich habe dich so lieb.

Heinz Janisch (geb. 1960)

Ich hab dich so lieb

für Joachim Ringelnatz

Ich hab dich so lieb
Ich würde dir ohne Bedenken
einen Stollen
aus meinem Fußballschuh schenken

b Ein Parallelgedicht ist ein Gedicht, das in Inhalt, Form und Sprache nah am Original bleibt. Prüfe, ob die beiden Gedichte Parallelgedichte sind.

11 Verfasse selbst ein Parallelgedicht.

a Wähle eins der folgenden Gedichte aus. Untersuche den formalen Aufbau, den Inhalt und die sprachlichen Besonderheiten.

Mascha Kaléko (1907–1975)

Was man so braucht ...

Man braucht nur eine Insel
Allein im weiten Meer.
Man braucht nur einen Menschen,
Den aber braucht man sehr. R

Regina Schwarz (geb. 1951)

Wen du brauchst

Einen zum Küssen und Augenzubinden,
einen zum lustige-Streiche-erfinden.
Einen zum Regenbogen-suchen-gehn
und einen zum fest-auf-dem-Boden-stehn.
Einen zum Brüllen, zum Leisesein einen,
einen zum Lachen und einen zum Weinen.
Auf jeden Fall einen, der dich mag,
heute und morgen und jeden Tag.

Heinz Kahlau (1931–2012)

Bedingungen

Es ist wahr,
ich brauche viele Menschen,
damit mich
viele brauchen können.
5 Alle zusammen aber
reichen nicht aus,
mir den Menschen zu ersetzen,
den ich auch dann brauche,
wenn ich unnütz bin:
10 Dich.

b Sammle Ideen für dein Parallelgedicht und ordne deine Notizen.

c Schreibe einen Entwurf deines Textes. Achte darauf, dass er sich inhaltlich und sprachlich an den Ausgangstext anpasst.

d Überarbeite deinen Entwurf und erstelle die Endfassung.

Einen lyrischen Text interpretieren

> Prüfungsaufgaben zum **Interpretieren lyrischer Texte** können **analytisch** oder **produktionsorientiert** (produktiv-gestaltend) sein. Oft muss eine zusammenhängende **Interpretation** geschrieben werden.

Tipp
Achte auf die Verbformen (Operatoren) im Imperativ.

→ S. 336:
Operatoren im Überblick (Auswahl)

1 Untersuche die folgenden Prüfungsaufgaben. Ermittle genau, was sie von dir verlangen. Notiere die enthaltenen Anforderungen als Teilaufgaben.

1 Interpretieren Sie das Gedicht „Ich habe gehört, ihr wollt nichts lernen" von Bertolt Brecht. Stellen Sie auch Bezüge zu Ihrem Leben her.

2 Begründen Sie, dass es sich bei Gottfried August Bürgers Text „Die Schatzgräber" um eine Ballade handelt.

3 Weisen Sie nach, dass das Gedicht „Prometheus" der Epoche des „Sturm und Drang" zuzuordnen ist.

4 Nennen Sie Besonderheiten von Inhalt, Form und Sprache in Friedrich Schillers Gedicht „Hoffnung". Verfassen Sie ein Parallelgedicht.

5 Untersuchen Sie Inhalt, Form und Sprache von Schillers Gedicht „Hoffnung" und formulieren Sie eine Interpretationshypothese.

6 Untersuchen Sie, in welcher Stimmung das lyrische *Ich* in Mascha Kalékos Gedicht „Sozusagen grundlos vergnügt" sein könnte. Formulieren Sie mögliche Gedanken und Gefühle des lyrischen *Ichs* in Form eines inneren Monologs oder Tagebucheintrags.

2 Lies die Schrittfolge zum Verfassen einer Interpretation. Überlege jeweils, welche der Arbeitsschritte bei den in Aufgabe 1 geforderten Lösungen wichtig sind. Notiere ggf. weitere Arbeitsschritte.

> **So kannst du Prüfungsaufgaben zum Interpretieren bearbeiten**
> 1. Lies die Aufgabenstellung gründlich, unterstreiche die Verben (Aufforderungen) und eventuell vorgegebene Schwerpunkte.
> 2. Formuliere die Teilaufgaben mit eigenen Worten. Teile deine Zeit ein.
> 3. Lies den Text und notiere deine ersten Gedanken beim Lesen.
> 4. Analysiere den Text (Textsorte, Thema, Inhalt, Grundstimmung, lyrisches *Ich*, Form, Sprache und deren Wirkung).
> 5. Formuliere Deutungsansätze zum Gesamttext und zu einzelnen Textstellen. Notiere offene Fragen und Unklarheiten.
> 6. Ordne den Text ggf. in eine literarische Epoche ein.
> 7. Ziehe biografische Informationen der Dichterin bzw. des Dichters und historische Fakten heran.
> 8. Ordne deine Notizen und schreibe einen Entwurf.
> 9. Überarbeite deinen Entwurf und schreibe die Endfassung.

Bertolt Brecht (1898–1956)

Ich habe gehört, ihr wollt nichts lernen (1932)

Ich habe gehört, ihr wollt nichts lernen
Daraus entnehme ich: ihr seid Millionäre.
Eure Zukunft ist gesichert – sie liegt
Vor euch im Licht. Eure Eltern
5 Haben dafür gesorgt, daß eure Füße
An keinen Stein stoßen. Da mußt du
Nichts lernen. So wie du bist
Kannst du bleiben.

Sollte es dann doch Schwierigkeiten geben, da doch die Zeiten
10 Wie ich gehört habe, unsicher sind
Hast du deine Führer, die dir genau sagen
Was du zu machen hast, damit es euch gut geht.
Sie haben nachgelesen bei denen
Welche die Wahrheiten wissen
15 Die für alle Zeiten Gültigkeit haben
Und die Rezepte, die immer helfen.

Wo so viele für dich sind
Brauchst du keinen Finger zu rühren.
Freilich, wenn es anders wäre
20 Müßtest du lernen. ᴿ

1 Erläutere, welche Botschaft über Bildung und Lernen das Gedicht vermittelt.

2 Bertolt Brechts Gedicht ist sehr ironisch verfasst. Stelle Vermutungen darüber an, weshalb Brecht in seinen Aussagen das sprachliche (stilistische) Mittel der Ironie verwendet.

  3 Recherchiert zum Hintergrund des Jahres 1932. Welche politischen und sozialen Ereignisse könnten Einfluss auf die Entstehung des Gedichts gehabt haben?

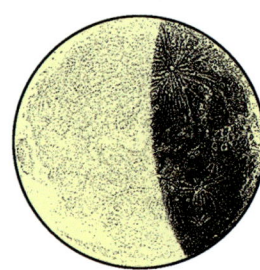

¹ *die Immen:* die Bienen

Mascha Kaléko (1907–1975)

Sozusagen grundlos vergnügt

Ich freu mich, daß am Himmel Wolken ziehen
Und daß es regnet, hagelt, friert und schneit.
Ich freu mich auch zur grünen Jahreszeit,
Wenn Heckenrosen und Holunder blühen.
5 – Daß Amseln flöten und daß Immen¹ summen,
Daß Mücken stechen und daß Brummer brummen.
Daß rote Luftballons ins Blaue steigen.
Daß Spatzen schwatzen. Und daß Fische schweigen.

Ich freu mich, daß der Mond am Himmel steht
10 Und daß die Sonne täglich neu aufgeht.
Daß Herbst dem Sommer folgt und Lenz dem Winter,
Gefällt mir wohl. Da steckt ein Sinn dahinter,
Wenn auch die Neunmalklugen ihn nicht sehn.
Man kann nicht alles mit dem Kopf verstehn!
15 Ich freue mich. Das ist des Lebens Sinn.
Ich freue mich vor allem, daß ich bin.

In mir ist alles aufgeräumt und heiter:
Die Diele blitzt. Das Feuer ist geschürt.
An solchem Tag erklettert man die Leiter,
20 Die von der Erde in den Himmel führt.
Da kann der Mensch, wie es ihm vorgeschrieben,
– Weil er sich selber liebt – den Nächsten lieben.
Ich freue mich, daß ich mich an das Schöne
Und an das Wunder niemals ganz gewöhne.
25 Daß alles so erstaunlich bleibt, und neu!
Ich freu mich, daß ich … Daß ich mich freu. R

1 Passt die Überschrift zur Stimmung des Gedichts?
Äußere erste Meinungen dazu.

→ S. 116:
Gewusst wie:
Literarische
Gespräche führen

 2 Erschließt das Gedicht mithilfe eines literarischen Gesprächs.

3 Verfasse eine Interpretation zum Gedicht „Sozusagen grundlos vergnügt".

4 Stelle dir vor, du wärst „grundlos vergnügt". Schreibe einen Paralleltext
zum Gedicht oder einen Tagebucheintrag über deine Gefühle und
die Gründe dafür.

Rupi Kaur (geb. 1992)

immer wieder rennt mein verstand in die dunkelsten ecken
und kommt mit gründen zurück
warum ich nicht genug bin

Clara Louise (geb. 1992)

Genug

Oft glaube ich,
ich bin nicht genug.

Nicht fleißig genug,
um gelobt zu werden,
5   nicht entspannt genug,
um einen Urlaub
zu genießen.

Nicht sportlich genug,
um gesund zu sein,
10   nicht gebildet genug,
um zu schreiben.

Nicht schön genug,
um ein Kompliment
anzunehmen,
15   nicht witzig genug,
so dass jemand Zeit mit mir
verbringen möchte.

Nicht gesellig genug,
um ein guter Freund zu sein,
20   nicht ausgelaugt genug,
um Geld zu verdienen.

Oft glaube ich,
ich bin nicht genug.

Dann spreche ich es aus
25   und merke selbst,
wie falsch ich doch liege.

Ich bin genug,
weil ja nur ich
ich selbst sein kann.

1 Untersuche, wie sich das lyrische *Ich* jeweils beschreibt.

2 Tauscht euch über Rupi Kaurs Gedicht aus. Interpretiert (deutet) die einzelnen Verse. Bezieht auch eigene Erfahrungen ein.

→ **S. 116:**
Gewusst wie:
Literarische
Gespräche führen

3 Führt ein literarisches Gespräch zu Clara Louises Gedicht. Stellt Vermutungen dazu an, welche persönlichen oder gesellschaftlichen Ursachen es dafür gibt, dass sich das lyrische *Ich* als „nicht genug" empfindet.

4 Wähle eins der beiden Gedichte aus und versetze dich in die Situation des lyrischen *Ichs*. Verfasse einen Tagebucheintrag zu deinen Gedanken und Gefühlen.

Joseph von Eichendorff (1788–1857)

Sehnsucht (1834)

Es schienen so golden die Sterne,
Am Fenster ich einsam stand
Und hörte aus weiter Ferne
Ein Posthorn im stillen Land.
5 Das Herz mir im Leibe entbrennte,
Da hab' ich mir heimlich gedacht:
Ach, wer da mitreisen könnte
In der prächtigen Sommernacht!

Zwei junge Gesellen gingen
10 Vorüber am Bergeshang,
Ich hörte im Wandern sie singen
Die stille Gegend entlang:
Von schwindelnden Felsenschlüften[1],
Wo die Wälder rauschen so sacht,
15 Von Quellen, die von den Klüften
Sich stürzen in die Waldesnacht.

Sie sangen von Marmorbildern,
Von Gärten, die überm Gestein
In dämmernden Lauben verwildern,
20 Palästen im Mondenschein,
Wo die Mädchen am Fenster lauschen,
Wann der Lauten[2] Klang erwacht,
Und die Brunnen verschlafen rauschen
In der prächtigen Sommernacht. –

[1] *die Schluft: veraltet:* die Schlucht
[2] *die Laute:* ein Musikinstrument

Mascha Kaléko (1907–1975)

Sehnsucht nach dem Anderswo

Drinnen duften die Äpfel im Spind,
Prasselt der Kessel im Feuer.
Doch draußen pfeift Vagabundenwind
Und singt das Abenteuer!

Der Sehnsucht nach dem Anderswo
Kannst du wohl nie entrinnen:
Nach Drinnen, wenn du draußen bist,
Nach Draußen, bist du drinnen. ℝ

1 Welches der beiden Gedichte spricht dich mehr an: Eichendorffs oder
Kalékos? Begründe deine ersten Eindrücke.

2 Lies das Gedicht von Eichendorff noch einmal. Nenne Textstellen, die zeigen,
dass das Gedicht bereits vor über 190 Jahren geschrieben wurde.

3 Untersucht beide Gedichte. Erschließt, wonach das lyrische *Ich* sich sehnt.
Tauscht euch auch über die Grundstimmung der beiden Gedichte aus.

4 Untersucht in beiden Gedichten, durch welche formalen und sprachlichen
(stilistischen) Mittel die Sehnsucht zum Ausdruck gebracht wird.

5 Wähle eins der Gedichte aus und interpretiere es.

6 Versetze dich in das lyrische *Ich* aus dem Gedicht von Eichendorff und
verfasse einen inneren Monolog oder einen Brief an einen geliebten
Menschen über deine Beobachtungen, Gedanken, Gefühle und Sehnsüchte.

Lenke Molnár (geb. 2009, in Zusammenarbeit mit ihrem Mitschüler Leano Weisskopf, Berlin)

Mein Kleeblatt vermisst das Glück

Für ein gelungenes Kleeblatt nehme man
Sonne, die die Dunkelheit bemalt.
Leuchte hell!
Wasser, in dem Träume schwimmen.
5 Tauche unter!
Erde, die den Neuanfang kreiert.
Fang an!
Saat, die der Koffer voller Wünsche ist.
Pack aus!
10 Zeit, die es gedeihen lässt!
Warte ab!
Und eine Hand, die pflückt.
Nimm es!

Amelia Schober (geb. 2007, Köln)

Denkrichtungen

Ich lasse los, was ich nicht ändern kann.
Los lasse ich, was ich nicht ändern kann.
Lasse ich los, was ich nicht ändern kann.
Was ich nicht ändern kann, lasse ich los.
5 Was nicht ich ändern kann, ich lasse los.
Was kann ich nicht ändern, los lasse ich.
Kann nicht ich ändern, was lasse ich los.
Kann ich nicht ändern, lasse ich was los.
Was ich nicht kann ändern, ich lasse los.
10 Was ich nicht kann ändern, lasse ich los.
Was ich kann ändern, lasse ich nicht los.
Ich kann was ändern, lasse ich nicht los.
Ich kann ändern, was ich nicht loslasse.

1   Lies die Gedichte mehrfach laut. Erprobe Vortragsweisen.

2   Untersucht genauer, was das lyrische *Ich* zum Ausdruck bringen möchte. Tauscht euch darüber aus, wie Form und Sprache des Gedichts auf euch wirken und wie die Gestaltungsmittel die Aussagen unterstützen.

3   Beide Gedichte gehören zu den von *lyrix* (Bundeswettbewerb für junge Lyrik) ausgewählten Gedichten des Jahres 2023. Recherchiert Informationen zum Wettbewerb und lest weitere Gedichte. Tauscht euch darüber aus.

Herbert Grönemeyer (geb. 1956)

Morgen

[…]
Du bist mein Vorbote
meine Batterie, mein Betrieb
mein Feinmatrose
5 ich bin stolz, dass Du mich liebst

Wirst Du morgen noch mit mir tanzen
bleibst Du in Deiner Liebe fest
wirst Du Dich für mich verwenden
bestehen wir zusammen jeden Test

10 Untersuchst Du mit mir Horizonte
widmest Du mir Dein Gedicht
sind die Punkte abgeschritten
löschst Du das Licht
[…]*

Revolverheld

Ich lass für dich das Licht an

[…]
Ich lass für dich das Licht an, obwohl's mir zu hell ist
Ich hör mit dir Platten, die ich nicht mag
Ich bin für dich leise, wenn du zu laut bist
Renn' für dich zum Kiosk, ob Nacht oder Tag

Ich lass für dich das Licht an, obwohl's mir zu hell ist
Ich schaue mir Bands an, die ich nicht mag
Ich gehe mit dir in die schlimmsten Schnulzen
Ist mir alles egal, Hauptsache, du bist da […]*

1 Suche dir einen der beiden Songtexte aus und untersuche die formalen und die sprachlichen Besonderheiten.

2 Verfasse eine Fortsetzung des ausgesuchten Liedes.

  3 Sucht im Internet die Musikvideos und seht sie euch an. Tauscht euch darüber aus, welcher Song euch besonders gefällt, und begründet eure Meinung.

Dramenszenen analysieren und interpretieren

 1 Wiederholt, was ihr über dramatische Texte wisst. Vergleicht eure Ergebnisse anschließend mit dem Merkkasten.

> Das **Drama** ist ein literarischer Text der Gattung **Dramatik**, der zur Aufführung auf der Bühne verfasst ist. Es handelt sich also um ein Bühnenstück.
> Ein **dramatischer Text** ist in Aufzüge (oder Akte) eingeteilt, die wiederum aus Szenen bestehen. Der dramatische Text besteht im **Haupttext** aus wörtlicher Rede, d. h. aus Monologen (Selbstgesprächen) und Dialogen (Zwiegesprächen) von Figuren. Zusätzlich gibt es oft Regieanweisungen (**Nebentexte**) mit Hinweisen zu Ort und Zeit des Geschehens, zur Bühnengestaltung und zu Requisiten sowie zu Handlungen und Sprechweise der Figuren.
> Oft werden in Dramen **Konflikte** und deren Lösung behandelt.
> Eine **Komödie** ist ein Drama mit einer heiteren Handlung und meist glücklichem Ende. In einer **Tragödie** wird die Hauptfigur mit einem unausweichlichen Schicksal konfrontiert oder gerät in einen Konflikt zwischen einander ausschließenden Werten und scheitert daran.

2 Eines der berühmtesten Dramen der Welt ist Goethes „Faust".

a Lies folgende Auszüge aus dem Prolog, einer der Handlung vorangestellten Szene.

Tipp
Recherchiere eine Hörfassung und höre den Text zuerst.

Johann Wolfgang von Goethe (1749–1832)

Faust. Eine Tragödie

[…]

Prolog im Himmel

Der Herr. Die himmlischen Heerscharen. Nachher Mephistopheles. […]
Mephistopheles: Da du, o Herr, dich einmal wieder nahst
   Und fragst, wie alles sich bei uns befinde,
   Und du mich sonst gewöhnlich gerne sahst,
5   So siehst du mich auch unter dem Gesinde.
   Verzeih, ich kann nicht hohe Worte machen,
   Und wenn mich auch der ganze Kreis verhöhnt;
   Mein Pathos brächte dich gewiss zum Lachen,
   Hättst du dir nicht das Lachen abgewöhnt.
10   Von Sonn' und Welten weiß ich nichts zu sagen,
   Ich sehe nur, wie sich die Menschen plagen.
   Der kleine Gott der Welt bleibt stets von gleichem Schlag,
   Und ist so wunderlich als wie am ersten Tag.

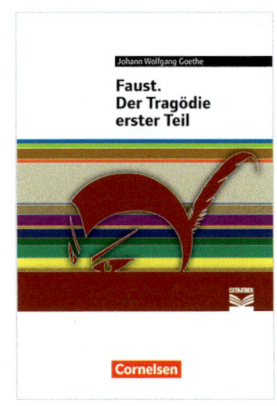

Ein wenig besser würd' er leben,

15 Hättst du ihm nicht den Schein des Himmelslichts gegeben;

Er nennt's Vernunft und braucht's allein,

Nur tierischer als jedes Tier zu sein.

Er scheint mir, mit Verlaub von Euer Gnaden,

Wie eine der langbeinigen Zikaden,

20 Die immer fliegt und fliegend springt

Und gleich im Gras ihr altes Liedchen singt;

Und läg' er nur noch immer in dem Grase!

In jeden Quark begräbt er seine Nase.

Der Herr: Hast du mir weiter nichts zu sagen?

25 Kommst du nur immer anzuklagen?

Ist auf der Erde ewig dir nichts recht?

Mephistopheles:

Nein, Herr! ich find' es dort, wie immer, herzlich schlecht.

Die Menschen dauern mich in ihren Jammertagen,

30 Ich mag sogar die armen selbst nicht plagen.

Der Herr: Kennst du den Faust?

Mephistopheles: Den Doktor?

Der Herr: Meinen Knecht!

Mephistopheles:

35 Fürwahr! er dient Euch auf besondre Weise.

Nicht irdisch ist des Toren[1] Trank noch Speise.

Ihn treibt die Gärung in die Ferne,

Er ist sich seiner Tollheit halb bewusst;

Vom Himmel fordert er die schönsten Sterne

40 Und von der Erde jede höchste Lust,

Und alle Näh' und alle Ferne

Befriedigt nicht die tief bewegte Brust.

Der Herr:

Wenn er mir jetzt auch nur verworren dient,

45 So werd' ich ihn bald in die Klarheit führen.

Weiß doch der Gärtner, wenn das Bäumchen grünt,

Dass Blüt' und Frucht die künft'gen Jahre zieren.

Mephistopheles:

Was wettet Ihr? den sollt Ihr noch verlieren,

50 Wenn Ihr mir die Erlaubnis gebt,

Ihn meine Straße sacht zu führen!

Der Herr: Solang' er auf der Erde lebt,

So lange sei dir's nicht verboten.

Es irrt der Mensch, solang' er strebt. [...]

55 Zieh diesen Geist von seinem Urquell ab,

Und führ' ihn, kannst du ihn erfassen,

Auf deinem Wege mit herab,

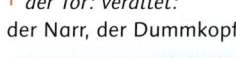

1 *der Tor: veraltet:* der Narr, der Dummkopf

Johann Adam Oest als Mephisto (alle Fotos: Inszenierung von Peter Stein)

Und steh beschämt, wenn du bekennen musst:
Ein guter Mensch in seinem dunklen Drange
60   Ist sich des rechten Weges wohl bewusst.

Mephistopheles:
Schon gut, nur dauert es nicht lange.
Mir ist für meine Wette gar nicht bange.
Wenn ich zu meinem Zweck gelange,
65   Erlaubt Ihr mir Triumph aus voller Brust.
Staub soll er fressen, und mit Lust [...].

Der Herr: Du darfst auch da nur frei erscheinen;
Ich habe deinesgleichen nie gehasst.
Von allen Geistern, die verneinen,
70   Ist mir der Schalk am wenigsten zur Last.
Des Menschen Tätigkeit kann allzu leicht erschlaffen,
Er liebt sich bald die unbedingte Ruh;
Drum geb' ich gern ihm den Gesellen zu,
Der reizt und wirkt und muss als Teufel schaffen. – [...]

75 **Mephistopheles** *(allein):*
Von Zeit zu Zeit seh' ich den Alten gern,
Und hüte mich, mit ihm zu brechen.
Es ist gar hübsch von einem großen Herrn,
So menschlich mit dem Teufel selbst zu sprechen.*

 b   Tauscht euch darüber aus, wer in dieser Szene spricht und wie ihr euch
die Situation vorstellt. Begründet eure ersten Überlegungen dazu.

Um **Dramenszenen** zu **erschließen**, muss man die **Figuren** und die **Figuren-konstellation** (Beziehung der Figuren zueinander) genau **untersuchen**.
Dazu sollte man den **dramatischen Text** mehrmals lesen und sich fragen:
Was erfährt man (nicht) über
- **äußere Merkmale der Figur** (Aussehen, Alter, Kleidung usw.),
- **innere Merkmale der Figur**, z.B.:
  - die Lebensumstände (Stellung, Freunde, Familie, Wohnung usw.),
  - das Verhalten (zu Hause, bei Freunden, in bestimmten Situationen usw.),
  - Gedanken und Gefühle, Interessen usw.,
  - die Sprache (Wortwahl, Ausdrucksweise, Sprechweise)

und welche **Eigenschaften** lassen sich jeweils daraus ableiten?
Zur **Analyse** sollte man sowohl im **Haupttext (Figurenrede)** als auch im
Nebentext nach beschreibenden oder charakterisierenden Aussagen suchen.
Man kann Figurenmerkmale, besonders Eigenschaften, auch aus den Handlungen der Figuren ableiten.
Oft gibt ein Text keine eindeutigen Auskünfte. Man muss eigene Vorstellungen entwickeln, am besten im **Austausch mit anderen**, zum Beispiel
in einem **literarischen Gespräch**.

3 Analysiert und interpretiert den Auszug aus Aufgabe 2 a (S. 150)
im Austausch miteinander.

a Lest den Text noch einmal und untersucht genauer, wer hier spricht und
wie die Figuren zueinander stehen.

b Ermittelt, was man über die Handlungszeit und den Handlungsort erfährt,
bzw. äußert eure Vorstellungen darüber.

c Untersucht die Figurenrede und leitet daraus Deutungen über Eigenschaften
der auftretenden Figuren ab.

d Untersucht, welches Bild der Herr und der Teufel vom Menschen zeichnen.
Belegt eure Aussagen mit Textstellen.

e Der Herr und Mephistopheles (kurz: Mephisto) schließen eine Wette ab.
Besprecht, worum es in der Wette geht. Formuliert die Wette mit eigenen
Worten.

f „Es irrt der Mensch, solang' er strebt" (V. 54) ist ein bekanntes Zitat aus
Goethes „Faust". Erklärt es mit eigenen Worten.

g Prüft, inwiefern ein mögliches Ende des Dramas in diesem Szenenausschnitt
bereits angedeutet wird. Nennt entsprechende Textstellen.

→ S. 218:
Sprachliche
(stilistische) Mittel
im Überblick

h Untersucht die Dialoggestaltung in dieser Dramenszene. Achtet besonders
auf die sprachlichen (stilistischen) Mittel, die in der Dramenszene verwendet
werden, und beschreibt mögliche Wirkungen.

i Versucht, den Inhalt der Szene zusammenfassend wiederzugeben.

> Das Ziel einer **Interpretation** ist es, mögliche Aussagen einer Dramenszene
> herauszuarbeiten, d. h. den Text zu **deuten (interpretieren)**.
> Diese Deutungen müssen mithilfe von Textstellen (**Zitaten**) belegt werden.
> Eine gründliche **Analyse** einer Dramenszene ist die Voraussetzung für das
> Interpretieren. Auch das **gestaltende Lesen** kann dazu beitragen, Texte zu
> erschließen.

 4 Erprobt das dialogische Lesen des „Prologs im Himmel" (Aufgabe 2 a, S. 150).

a Verteilt die Rollen und übt eure Rolle zunächst einzeln. Erprobt Lese-
varianten, durch die sowohl die Aussagen als auch die Charakteristika
der jeweiligen Figur deutlich werden.

b Lest den gesamten Dialog mehrfach gemeinsam.

c Tragt eure Dialog-Lesung in der Klasse vor und gebt euch gegenseitig
Feedbacks (Rückmeldungen). Besprecht auch mögliche Lese- bzw. Sprech-
varianten.

5 In der ersten Szene, in der Faust (ein Gelehrter und Wissenschaftler) selbst auftritt, befindet er sich in seinem Studierzimmer und spricht zu sich selbst.

a Lies den Auszug aus seinem Monolog. Wenn möglich, lass ihn dir vorlesen.

Der Tragödie erster Teil

Nacht

2 *gotisch:* im mittelalterlichen Baustil der Gotik (12. bis 15./16. Jahrhundert) gebaut

80 *In einem hochgewölbten, engen gotischen² Zimmer.*
Faust unruhig auf seinem Sessel am Pulte.
Faust: Habe nun, ach! Philosophie,
       Juristerei und Medizin,
       Und leider auch Theologie
85   Durchaus studiert, mit heißem Bemühn.
       Da steh' ich nun, ich armer Tor,
       Und bin so klug als wie zuvor!
       Heiße Magister, heiße Doktor gar,
       Und ziehe schon an die zehen Jahr',
90   Herauf, herab und quer und krumm
       Meine Schüler an der Nase herum –
       Und sehe, dass wir nichts wissen können!
       Das will mir schier das Herz verbrennen.
       Zwar bin ich gescheiter als alle die Laffen,
95   Doktoren, Magister, Schreiber und Pfaffen;
       Mich plagen keine Skrupel noch Zweifel,
       Fürchte mich weder vor Hölle noch Teufel –
       Dafür ist mir auch alle Freud' entrissen,
       Bilde mir nicht ein, was Rechts zu wissen,
100   Bilde mir nicht ein, ich könnte was lehren,
       Die Menschen zu bessern und zu bekehren.
       Auch hab' ich weder Gut noch Geld,
       Noch Ehr' und Herrlichkeit der Welt;
       Es möchte kein Hund so länger leben!
105   Drum hab' ich mich der Magie ergeben,
       Ob mir durch Geistes Kraft und Mund
       Nicht manch Geheimnis würde kund;

Bruno Ganz als Faust

Dass ich nicht mehr, mit sauerm Schweiß
Zu sagen brauche, was ich nicht weiß;
110 Dass ich erkenne, was die Welt
Im Innersten zusammenhält,
Schau' alle Wirkenskraft und Samen,
Und tu' nicht mehr in Worten kramen.

O sähst du, voller Mondenschein,
115 Zum letzten Mal auf meine Pein,
Den ich so manche Mitternacht
An diesem Pult herangewacht:
Dann über Büchern und Papier,
Trübsel'ger Freund, erschienst du mir!
120 Ach! könnt' ich doch auf Bergeshöhn
In deinem lieben Lichte gehn,
Um Bergeshöhle mit Geistern schweben,
Auf Wiesen in deinem Dämmer weben,
Von allem Wissensqualm entladen,
125 In deinem Tau gesund mich baden!

Weh! steck' ich in dem Kerker noch?
Verfluchtes dumpfes Mauerloch,
Wo selbst das liebe Himmelslicht
Trüb durch gemalte Scheiben bricht!
130 Beschränkt von diesem Bücherhauf,
Den Würme nagen, Staub bedeckt,
Den, bis ans hohe Gewölb' hinauf,
Ein angeraucht Papier umsteckt;
Mit Gläsern, Büchsen rings umstellt,
135 Mit Instrumenten vollgepfropft,
Urväter-Hausrat dreingestopft –
Das ist deine Welt! das heißt eine Welt! […]*

b Wie stellst du dir die Figur Faust vor? Gib deinen ersten Eindruck von Faust wieder und vergleiche deine Vorstellungen mit den Szenenfotos.

6 Untersucht Fausts Monolog genauer. Tauscht euch dazu in der Klasse aus.

Tipp
Beachte besonders
V. 80–113.

a Lest die Szene noch einmal und besprecht, was man über Fausts Leben als Gelehrter und Wissenschaftler erfährt.

b Faust steckt in einer Zwickmühle, weil er nicht weiß, „was die Welt im Innersten zusammenhält" (V. 110–111). Erklärt, was damit gemeint sein könnte.

c Beschreibt Fausts Sichtweise auf die Wissenschaft (V. 82–104). Belegt eure Meinungen mit Textstellen.

d   Untersucht Fausts inneren Zustand. Lest dazu die Szene noch einmal und versucht, seine Gedanken und Gefühle mit eigenen Worten zu beschreiben.

Tipp
Recherchiert eine Hörfassung. Hört und besprecht diesen Vortrag.

e   Wählt euch besonders wichtig erscheinende Teile des Monologs aus und bereitet sie zum ausdrucksstarken Vorlesen vor. Versucht auch, die Gefühle von Faust durch Mimik und Gestik darzustellen. Besprecht eure Vorträge.

f   Tauscht euch darüber aus, inwiefern ihr Fausts Verzweiflung nachvollziehen könnt. Bezieht auch eure Sicht auf die heutige Welt mit ein.

 7 Bereitet gemeinsam eine schriftliche Interpretation der Szene aus Aufgabe 5 a (S. 154) vor. Fertigt euch jeweils Notizen an.

a   Fasst den Inhalt kurz zusammen. Tauscht euch über mögliche Zusammenfassungen aus.

b   Besprecht und formuliert eine oder mehrere Interpretationshypothese(n) zur Szene.

c   Begründet die Interpretationshypothese(n) durch die Darstellung und Deutung von Besonderheiten der Handlungs-, Orts-, Zeit- und Figurengestaltung sowie besonderer sprachlicher (stilistischer) Mittel und deren Wirkung.

> Eine **schriftliche Textinterpretation** schreibt man im Präsens. Sie sollte folgende **Bestandteile** aufweisen:
> **Einleitung:**
> • Name der Autorin / des Autors, evtl. biografische Daten,
> • Textsorte, Titel, Thema sowie erster Eindruck von der Dramenszene,
> **Hauptteil:**
> • kurze Inhaltsangabe,
> • Interpretationshypothese(n)[1] zur Dramenszene: zusammenfassende Annahme(n) bzw. Deutung(en) zu zentralen Botschaften bzw. Aussagen,
> • Begründung der Interpretationshypothese(n) durch Darstellung und Deutung von Besonderheiten der Handlungs-, Orts-, Zeit- und Figurengestaltung, Darstellung und Deutung besonderer sprachlicher (stilistischer) Mittel und deren Wirkung, ggf. Einordnung in eine Epoche,
> **Schluss:**
> • eigene Meinung zu dem in der Dramenszene Dargestellten,
> • Bezug zum eigenen Leben.

[1] *die Interpretationshypothese:* eine noch unbelegte Annahme für die Interpretation

7 b Wählt einen der folgenden Satzanfänge aus und ergänzt ihn.
Der Gelehrte und Wissenschaftler Faust ist verzweifelt und hat sich der Magie ergeben, weil er erkannt hat, dass …
Der Gelehrte und Wissenschaftler Faust ergibt sich aus Verzweiflung der Magie, weil die Wissenschaft …
Der Gelehrte und Wissenschaftler Faust hat die Vergeblichkeit seines Studierens und Forschens erkannt und sehnt sich verzweifelt nach …

**Eine
Interpretation
entwerfen und
überarbeiten**

 8 Verfasse eine schriftliche Textinterpretation zur Szene aus Aufgabe 5a (Faustmonolog, S. 154). Orientiere dich am Merkkasten auf S. 156. Arbeite ggf. am Computer.

a Schreibe die Einleitung. Lass einen breiten Rand zum Überarbeiten.

b Entwirf den Hauptteil. Orientiere dich am Merkkasten und beginne mit einer Inhaltsangabe.

c Formuliere eine Interpretationshypothese und begründe sie.

Die Szene vermittelt die Botschaft, dass …

d Verfasse den Schluss deiner Interpretation.

 e Vergleicht eure Entwürfe und überarbeitet sie.

f Schreibe die Endfassung deiner Textinterpretation.

9 Nach einem gescheiterten Versuch, die Geister zu beschwören, sieht Faust im Leben keinen Sinn mehr. Doch gerade als er das Glas mit dem Gift leeren will, vernimmt er den Klang der Kirchenglocken zum Osterfest. An unbeschwerte Kindheitstage erinnert, unternimmt er einen Spaziergang.

a Lies den Auszug, der auch als „Der Osterspaziergang" bekannt ist. Wenn möglich, lass ihn dir vortragen.

Vor dem Tor

Spaziergänger aller Art ziehen hinaus.
[…]
140 **Faust:** Vom Eise befreit sind Strom und Bäche
　　　　Durch des Frühlings holden, belebenden Blick;
　　　　Im Tale grünet Hoffnungsglück;
　　　　Der alte Winter, in seiner Schwäche,
　　　　Zog sich in raue Berge zurück.
145　　Von dorther sendet er, fliehend, nur
　　　　Ohnmächtige Schauer körnigen Eises
　　　　In Streifen über die grünende Flur;
　　　　Aber die Sonne duldet kein Weißes:
　　　　Überall regt sich Bildung und Streben,
150　　Alles will sie mit Farben beleben;
　　　　Doch an Blumen fehlt's im Revier,
　　　　Sie nimmt geputzte Menschen dafür.
　　　　Kehre dich um, von diesen Höhen
　　　　Nach der Stadt zurückzusehen.
155　　Aus dem hohlen finstern Tor
　　　　Dringt ein buntes Gewimmel hervor.
　　　　Jeder sonnt sich heute so gern.

Sie feiern die Auferstehung des Herrn,
Denn sie sind selber auferstanden,
160 Aus niedriger Häuser dumpfen Gemächern,
Aus Handwerks- und Gewerbesbanden,
Aus dem Druck von Giebeln und Dächern,
Aus der Straßen quetschender Enge,
Aus der Kirchen ehrwürdiger Nacht
165 Sind sie alle ans Licht gebracht.
Sieh nur, sieh! wie behänd sich die Menge
Durch die Gärten und Felder zerschlägt,
Wie der Fluss, in Breit' und Länge,
So manchen lustigen Nachen[3] bewegt,
170 Und bis zum Sinken überladen
Entfernt sich dieser letzte Kahn.

[3] *der Nachen*:
der Kahn, das Boot

Selbst von des Berges fernen Pfaden
Blinken uns farbige Kleider an.
Ich höre schon des Dorfs Getümmel,
175 Hier ist des Volkes wahrer Himmel,
Zufrieden jauchzet Groß und Klein;
Hier bin ich Mensch, hier darf ich's sein. […]*

 b Lest den letzten Vers noch einmal. Stellt erste Überlegungen an, wie Faust diese Worte sprechen könnte. Probiert Varianten aus und begründet mögliche Sprechweisen.

 10 Analysiert und interpretiert den „Osterspaziergang" (Aufgabe 9 a) im Austausch miteinander.

a Faust blickt auf die Natur. Lest den Text gründlich und untersucht, wie die Natur beschrieben wird. Besprecht, welche Bilder (Vorstellungen) dazu in euren Köpfen entstehen. Bezieht eure eigenen Naturerfahrungen ein.

b Faust blickt auch auf die Menschen. Untersucht, wie die Menschen beschrieben werden. Nennt Textstellen und besprecht, wie ihr euch die Menschen und das Treiben vorstellt.

c Lest im Text nach, was man über die Handlungszeit und die Lebenswelt erfährt. Tauscht euch darüber aus, wie ihr euch das Leben der Menschen vorstellt und welche Bedeutung die Osterfeierlichkeiten für sie haben.

d Lest die Schlussverse (V. 174–177) noch einmal und deutet sie. Überlegt auch, warum Faust mit diesen Worten endet.

e Vergleicht die Stimmung Fausts in der Szene „Nacht" (Aufgabe 5 a, S. 154) mit der Stimmung auf seinem Osterspaziergang (Aufgabe 9 a, S. 157).

→ **S. 218:**
Sprachliche
(stilistische) Mittel
im Überblick

f Betrachtet die formale und die sprachliche Gestaltung des Auszugs
„Der Osterspaziergang". Analysiert die folgenden Aspekte.

1 Reimschema
2 Satzbau und Zeichensetzung
3 sprachliche (stilistische) Mittel

g Bereitet den „Osterspaziergang" zum ausdrucksstarken Vorlesen vor.
Versucht, wichtige Aussagen hervorzuheben und die Gefühle von Faust
zu verdeutlichen.

11 Auf dem Heimweg läuft Faust ein Pudel bis in sein Studierzimmer nach,
in dem sich Faust einer Bibelübersetzung widmen möchte.

a Lest den Auszug aus der folgenden Szene.

Studierzimmer I

Faust *(mit dem Pudel hereintretend):* [...]
    Wir sehnen uns nach Offenbarung,
180   Die nirgends würd'ger und schöner brennt
    Als in dem Neuen Testament.
    Mich drängt's, den Grundtext aufzuschlagen,
    Mit redlichem Gefühl einmal
    Das heilige Original
185   In mein geliebtes Deutsch zu übertragen.
    (Er schlägt ein Volum[4] auf und schickt sich an.)
    Geschrieben steht: „Im Anfang war das Wort!"
    Hier stock' ich schon! Wer hilft mir weiter fort?
    Ich kann das Wort so hoch unmöglich schätzen,
190   Ich muss es anders übersetzen,
    Wenn ich vom Geiste recht erleuchtet bin.
    Geschrieben steht: Im Anfang war der Sinn.
    Bedenke wohl die erste Zeile,
    Dass deine Feder sich nicht übereile!

[4] *das Volum: hier:*   195   Ist es der Sinn, der alles wirkt und schafft?
der Band, das Buch
    Es sollte stehn: Im Anfang war die Kraft!
    Doch, auch indem ich dieses niederschreibe,
    Schon warnt mich was, dass ich dabei nicht bleibe.
    Mir hilft der Geist! Auf einmal seh' ich Rat
200   Und schreibe getrost: Im Anfang war die Tat!

    Soll ich mit dir das Zimmer teilen,
    Pudel, so lass das Heulen,
    So lass das Bellen!

10 f Achtet zum Beispiel besonders auf die folgenden sprachlichen (stilistischen) Mittel.
Enjambement (Zeilensprung) / Anapher / Personifizierung / Konjunktionen / Inversion

Solch einen störenden Gesellen
205 Mag ich nicht in der Nähe leiden.
Einer von uns beiden
Muss die Zelle meiden.
Ungern heb' ich das Gastrecht auf,
Die Tür ist offen, hast freien Lauf.
210 Aber was muss ich sehen!
Kann das natürlich geschehen?
Ist es Schatten? ist's Wirklichkeit?
Wie wird mein Pudel lang und breit!
Er hebt sich mit Gewalt,
215 Das ist nicht eines Hundes Gestalt!
Welch ein Gespenst bracht' ich ins Haus!
Schon sieht er wie ein Nilpferd aus […].

Mephistopheles *(tritt, indem der Nebel fällt, gekleidet wie ein fahrender Scholastikus⁵, hinter dem Ofen hervor):*
220   Wozu der Lärm? was steht dem Herrn zu Diensten?
Faust: Das also war des Pudels Kern!
Ein fahrender Skolast? Der Casus macht mich lachen.
Mephistopheles: Ich salutiere den gelehrten Herrn!
Ihr habt mich weidlich schwitzen machen.
225 **Faust:** Wie nennst du dich?
Mephistopheles: Die Frage scheint mir klein
Für einen, der das Wort so sehr verachtet,
Der, weit entfernt von allem Schein,
Nur in der Wesen Tiefe trachtet.
230 **Faust:** Bei euch, ihr Herrn, kann man das Wesen
Gewöhnlich aus dem Namen lesen,
Wo es sich allzu deutlich weist,
Wenn man euch Fliegengott, Verderber, Lügner heißt.
Nun gut, wer bist du denn?
235 **Mephistopheles:**   Ein Teil von jener Kraft,
Die stets das Böse will und stets das Gute schafft.
Faust: Was ist mit diesem Rätselwort gemeint?
Mephistopheles: Ich bin der Geist, der stets verneint!
Und das mit Recht; denn alles, was entsteht,
240 Ist wert, dass es zugrunde geht;
Drum besser wär's, dass nichts entstünde.
So ist denn alles, was ihr Sünde,
Zerstörung, kurz das Böse nennt,
Mein eigentliches Element. […]*

⁵ *der Scholastikus, der Skolast:* ein Schüler bzw. Student

b Besprecht, wer sich hinter dem Pudel verborgen hat. Begründet eure ersten Vermutungen.

12 Analysiert und interpretiert den Szenenauszug aus „Studierzimmer I" (Aufgabe 11 a) genauer.

a Lest den Beginn der Szene noch einmal. Tauscht euch darüber aus, welche Gedanken sich Faust bei der Bibelübersetzung (V. 187–200) macht. Stellt seinen Gedankengang mit eigenen Worten dar.

b Überlegt, wie Faust in dieser Szene sprechen könnte. Lest den Beginn der Szene so vor, dass Fausts Gedankengang deutlich wird.

c Besprecht, was ihr von Fausts Entscheidung, die „Tat" an den Anfang zu setzen, haltet (V. 200). Was könnte das über die Figur aussagen?

→ **S. 218:**
Sprachliche
(stilistische) Mittel
im Überblick

d Untersucht die sprachliche Gestaltung der Verse 187–200. Nennt sprachliche (stilistische) Mittel, mit denen Goethe die innere Auseinandersetzung Fausts zum Ausdruck bringt, und führt dazu Beispiele an.

Paarreime: V. 187/188 …

…

e Lest die ganze Szene noch einmal und notiert mithilfe von Textbeispielen, wie und als was sich Mephistopheles (kurz: Mephisto) vorstellt (V. 235–236, 238–244).

f Besprecht, was mit Mephistos Aussagen jeweils gemeint ist und was ihr davon haltet.

g Untersucht, wie Faust zunächst auf den Pudel und danach auf die Verwandlung reagiert (V. 201–217, 221–222, 225, 230–234). Stellt Vermutungen darüber an, warum Faust nicht sehr überrascht wirkt.

h „Das also war des Pudels Kern!" (V. 221) ist als Redewendung in die deutsche Sprache eingegangen. Tauscht euch darüber aus, in welchen Situationen sie passend ist.

i Lest noch einmal im Text nach, wie Mephisto auf Fausts Frage nach seinem Namen reagiert (V. 226–229). Besprecht, welche Sichtweise auf Faust daraus abzuleiten ist und worauf diese Sicht gründet.

j Untersucht die Figur Faust genauer. Besprecht, was Faust von Mephisto hält. Belegt eure Aussagen mit Textstellen.

k Verteilt die Rollen und lest den Dialog zwischen Faust und Mephisto (V. 218–244) mehrfach laut. Erprobt Sprechweisen, die zur Situation und den Figuren passen könnten.

13 Mephisto will seine Wette mit dem Herrn gewinnen.

a Lies noch einmal im Prolog nach (Aufgabe 2 a, S. 150), worum es in der Wette zwischen dem Herrn und Mephisto geht. Nutze ggf. deine Lösung aus Aufgabe 3 e (S. 153).

b   Lies, wie es im Drama um Faust und Mephisto weitergeht.

Studierzimmer II

245   *Faust. Mephistopheles.*
[…]
Mephistopheles: […]
Ich bin keiner von den Großen;
Doch willst du mit mir vereint
250   Deine Schritte durchs Leben nehmen,
So will ich mich gern bequemen,
Dein zu sein, auf der Stelle.
Ich bin dein Geselle,
Und mach' ich dir's recht,
255   Bin ich dein Diener, bin dein Knecht!
Faust: Und was soll ich dagegen dir erfüllen?
Mephistopheles: Dazu hast du noch eine lange Frist.
Faust: Nein, nein! der Teufel ist ein Egoist
Und tut nicht leicht um Gottes willen,
260   Was einem andern nützlich ist.
Sprich die Bedingung deutlich aus;
Ein solcher Diener bringt Gefahr ins Haus. […]
Zeig mir die Frucht, die fault, eh' man sie bricht,
Und Bäume, die sich täglich neu begrünen!
265   **Mephistopheles:** Ein solcher Auftrag schreckt mich nicht,
Mit solchen Schätzen kann ich dienen.
Doch, guter Freund, die Zeit kommt auch heran,
Wo wir was Guts in Ruhe schmausen mögen.
Faust: Werd' ich beruhigt je mich auf ein Faulbett legen,
270   So sei es gleich um mich getan!
Kannst du mich schmeichelnd je belügen,
Dass ich mir selbst gefallen mag,
Kannst du mich mit Genuss betrügen,
Das sei für mich der letzte Tag!
275   Die Wette biet' ich!
Mephistopheles: Topp!

Faust: Und Schlag auf Schlag!
Werd' ich zum Augenblicke sagen:
Verweile doch! du bist so schön!
280   Dann magst du mich in Fesseln schlagen,
Dann will ich gern zugrunde gehn!
Dann mag die Totenglocke schallen,
Dann bist du deines Dienstes frei,
Die Uhr mag stehn, der Zeiger fallen,
285   Es sei die Zeit für mich vorbei! […]*

c Was vereinbaren Mephisto und Faust? Gib die Wette zwischen Faust und Mephisto mit eigenen Worten wieder. Notiere in Stichpunkten die jeweils zu erfüllenden Bedingungen.

d Warum lässt sich Faust auf diesen Pakt mit dem Teufel ein? Tauscht euch in der Klasse darüber aus und begründet eure Meinungen.

e Bereitet die Szene aus Aufgabe b für ein szenisches Spiel vor. Verwendet den Originaltext oder gebt den Dialog sinngemäß mit eigenen Worten wieder. Führt eure Darstellungen in der Klasse auf und besprecht sie.

14 In einer weiteren Szene des Dramas befinden sich Faust und Mephisto in der Hexenküche. Faust lässt sich durch einen Zaubertrank verjüngen. In einem Zauberspiegel sieht Faust Margarete, in die er sich sofort verliebt.

a Lies die folgende Szene, in der sich der junge Faust und Margarete (kurz: Gretchen) das erste Mal begegnen.

Straße

Dorothee Hartinger als Gretchen, Christian Nickel als junger Faust

Faust. Margarete vorübergehend.
Faust: Mein schönes Fräulein, darf ich wagen,
Meinen Arm und Geleit Ihr anzutragen?
Margarete: Bin weder Fräulein, weder schön,
290   Kann ungeleitet nach Hause gehn. *(Sie macht sich los und ab.)*
Faust: Beim Himmel, dieses Kind ist schön!
So etwas hab' ich nie gesehn.
Sie ist so sitt- und tugendreich,
Und etwas schnippisch doch zugleich.
295   Der Lippe Rot, der Wange Licht,
Die Tage der Welt vergess' ich's nicht!
Wie sie die Augen niederschlägt,
Hat tief sich in mein Herz geprägt;
Wie sie kurz angebunden war,
300   Das ist nun zum Entzücken gar!
(Mephistopheles tritt auf.)
Faust: Hör, du musst mir die Dirne[6] schaffen!
Mephistopheles: Nun, welche?
Faust: Sie ging just vorbei.
305   **Mephistopheles:** Da die? Sie kam von ihrem Pfaffen,
Der sprach sie aller Sünden frei;
Ich schlich mich hart am Stuhl[7] vorbei,
Es ist ein gar unschuldig Ding,
Das eben für nichts zur Beichte ging;
310   Über die hab' ich keine Gewalt!
Faust: Ist über vierzehn Jahr doch alt.

[6] *die Dirne:* ursprüngliche *Bedeutung:* das Mädchen

[7] *der Stuhl: hier:* der Beichtstuhl

Mephistopheles: Du sprichst ja wie Hans Liederlich,
Der begehrt jede liebe Blum' für sich [...].
Faust: Und das sag' ich Ihm kurz und gut:
315 Wenn nicht das süße junge Blut
Heut Nacht in meinen Armen ruht,
So sind wir um Mitternacht geschieden.
Mephistopheles: Bedenkt, was gehn und stehen mag!
Ich brauche wenigstens vierzehn Tag',
320 Nur die Gelegenheit auszuspüren.

Faust: Hätt' ich nur sieben Stunden Ruh',
Brauchte den Teufel nicht dazu,
So ein Geschöpfchen zu verführen. [...]
Mephistopheles: Jetzt ohne Schimpf und ohne Spaß.
325 Ich sag' Euch: mit dem schönen Kind
Geht's ein- für allemal nicht geschwind.
Mit Sturm ist da nichts einzunehmen;
Wir müssen uns zur List bequemen.
Faust: Schaff mir etwas vom Engelsschatz!
330 Führ mich an ihren Ruheplatz!
Schaff mir ein Halstuch von ihrer Brust,
Ein Strumpfband meiner Liebeslust!
Mephistopheles: Damit Ihr seht, dass ich Eurer Pein
Will förderlich und dienstlich sein,
335 Wollen wir keinen Augenblick verlieren,
Will Euch noch heut in ihr Zimmer führen.
Faust: Und soll sie sehn? sie haben?
Mephistopheles: Nein!
Sie wird bei einer Nachbarin sein.
340 Indessen könnt Ihr ganz allein
An aller Hoffnung künft'ger Freuden
In ihrem Dunstkreis satt Euch weiden. [...]*

b Wie wirkt diese Szene auf dich? Beschreibe deine ersten Eindrücke von den
Figuren Faust, Mephisto und Gretchen.

 15 Analysiert und interpretiert die Szene aus Aufgabe 14 a gemeinsam genauer.

a Lest die Szene noch einmal und besprecht, welche Eigenschaften Fausts sich
aus der Figurenrede ableiten lassen. Belegt eure Deutungen mit Textstellen.

b Bewertet das Verhalten Fausts aus eurer Sicht. Begründet eure Meinungen
anhand des Textes.

c Untersucht und besprecht, was man über die Figur Gretchen erfährt und
auf welche Weise man es erfährt. Tauscht euch auch über Fausts und
Mephistos Sicht auf das Mädchen aus.

16 Faust und Gretchen verlieben sich ineinander.

a Lies, was weiter passiert.

Wegen der Wette mit Faust (vgl. *Studierzimmer II*, Aufgabe 13 b, S. 162) möchte Mephisto ihn vom rechten Weg abbringen. Deshalb verleitet er Faust, bei Gretchen einzubrechen und ihr Schmuck in den Schrank zu legen. Gretchen entdeckt den Schmuck und übergibt ihn ihrer Mutter, die ihn der Kirche spendet. Anschließend verhilft Mephisto Faust zu einem Treffen mit Gretchen, bei dem sich beide ineinander verlieben. Damit Faust Gretchen besuchen kann, gibt er ihr ein Schlafmittel für die Mutter mit, an dem die Mutter aber stirbt.

b Lies folgende Szene, in der Gretchen und Lieschen sich über eine gemeinsame Bekannte (Bärbelchen) unterhalten.

Am Brunnen

Gretchen und Lieschen mit Krügen.

Lieschen: Hast nichts von Bärbelchen gehört?

345 **Gretchen:** Kein Wort. Ich komm' gar wenig unter Leute.

Lieschen: Gewiss, Sibylle sagt' mir's heute!

Die hat sich endlich auch betört[8].

Das ist das Vornehmtun!

Gretchen: Wieso?

350 **Lieschen:** Es stinkt!

Sie füttert zwei, wenn sie nun isst und trinkt.

Gretchen: Ach!

Lieschen: So ist's ihr endlich recht ergangen.

Wie lange hat sie an dem Kerl gehangen!

355 Das war ein Spazieren,

Auf Dorf und Tanzplatz Führen,

Musst' überall die Erste sein,

Kurtesiert'[9] ihr immer mit Pastetchen und Wein;

Bild't' sich was auf ihre Schönheit ein;

360 War doch so ehrlos, sich nicht zu schämen,

Geschenke von ihm anzunehmen.

War ein Gekos' und ein Geschleck';

Da ist denn auch das Blümchen weg!

Gretchen: Das arme Ding!

365 **Lieschen:** Bedauerst sie noch gar!

Wenn unsereins am Spinnen war,

Uns nachts die Mutter nicht hinunterließ,

Stand sie bei ihrem Buhlen süß,

Auf der Türbank und im dunklen Gang

370 Ward ihnen keine Stunde zu lang.

8 sich betört: hier: sich verführen lassen

9 kurtesieren: jmdm. den Hof machen, jmdn. umwerben

Da mag sie denn sich ducken nun,
Im Sünderhemdchen Kirchbuß' tun!
Gretchen: Er nimmt sie gewiss zu seiner Frau.
Lieschen: Er wär' ein Narr! Ein flinker Jung'
375 Hat anderwärts noch Luft genung.
Er ist auch fort.
Gretchen: Das ist nicht schön!
Lieschen: Kriegt sie ihn, soll's ihr übel gehn.
Das Kränzel reißen die Buben ihr,
380 Und Häckerling[10] streuen wir vor die Tür! *(Ab.)*
Gretchen *(nach Hause gehend):*
Wie konnt' ich sonst so tapfer schmälen,
Wenn tät ein armes Mägdlein fehlen[11]!
Wie konnt' ich über andrer Sünden
385 Nicht Worte gnug der Zunge finden!
Wie schien mir's schwarz, und schwärzt's noch gar,
Mir's immer doch nicht schwarz gnug war,
Und segnet' mich und tat so groß,
Und bin nun selbst der Sünde bloß!
390 Doch – alles, was dazu mich trieb,
Gott! war so gut! ach war so lieb!*

[10] *der Häckerling:* gehäckseltes Stroh (meist als Futtermittel verwendet)

[11] *fehlen: hier:* einen Fehltritt begehen

c Erschließe zuerst, worüber die jungen Frauen sprechen. Gib kurz mit eigenen Worten wieder, in welcher Situation Bärbelchen sich befindet.

d Lies noch einmal, worüber Gretchen sich auf dem Heimweg Gedanken macht (V. 381–391). Was lässt sich daraus ableiten? Auf welche Eigenschaften Gretchens kann man schließen? Notiere deine Deutungen.

e Die Szene gibt Aufschluss über damals verbreitete Moralvorstellungen. Notiere in Stichpunkten, wie das Verhalten und die Situation Bärbelchens bewertet wird und was das für Gretchen bedeutet.

17 Erfahre, wie sich die dramatische Handlung zuspitzt.

a Lies, wie die Geschichte zwischen Gretchen und Faust weitergeht.

Gretchens Bruder Valentin, der von Gretchen und Faust gehört hat, will diesen zur Rede stellen. Doch Valentin wird in einem Zweikampf von Faust erstochen. Mephisto und Faust müssen fliehen. Sie fahren zur Walpurgisnacht in den Harz und Faust lässt sich von Mephisto leicht ablenken. Nach einigen Monaten erfährt Faust, dass Gretchen ein Kind bekommen hat und im Kerker sitzt. Für ihr uneheliches Kind von der Gesellschaft verstoßen und allein, ist sie verrückt geworden und hat ihr Kind ertränkt. Faust möchte sie befreien, doch zuerst erkennt Gretchen ihn nicht wieder, sie hält ihn für den Henker. Erst als Faust sie laut ruft, erwacht sie aus ihrer Verwirrung.

b Lies die Auszüge aus der letzten Szene des Dramas „Faust – Der Tragödie erster Teil".

Kerker

[...]

Faust: Komm! Folge mir! Liebchen, fasse Mut!
Ich herze dich mit tausendfacher Glut;
395 Nur folge mir! Ich bitte dich nur dies!
Margarete *(zu ihm gewendet):*
Und bist du's denn? Und bist du's auch gewiss?
Faust: Ich bin's! Komm mit!
Margarete: Du machst die Fesseln los,
400 Nimmst wieder mich in deinen Schoß.
Wie kommt es, dass du dich vor mir nicht scheust? –
Und weißt du denn, mein Freund, wen du befreist?
Faust: Komm! komm! schon weicht die tiefe Nacht.
Margarete: Meine Mutter hab' ich umgebracht,
405 Mein Kind hab' ich ertränkt.
War es nicht dir und mir geschenkt?
Dir auch. – Du bist's! ich glaub' es kaum.
Gib deine Hand! Es ist kein Traum! [...]
Faust: Lass das Vergangne vergangen sein,
410 Du bringst mich um.
Margarete: Nein, du musst übrig bleiben!
Ich will dir die Gräber beschreiben,
Für die musst du sorgen
Gleich morgen;
415 Der Mutter den besten Platz geben,
Meinen Bruder sogleich darneben,
Mich ein wenig beiseit',
Nur nicht gar zu weit!
Und das Kleine mir an die rechte Brust.
420 Niemand wird sonst bei mir liegen!
Mich an deine Seite zu schmiegen,
Das war ein süßes, ein holdes Glück!
Aber es will mir nicht mehr gelingen;
Mir ist's, als müsst' ich mich zu dir zwingen,
425 Als stießest du mich von dir zurück;
Und doch bist du's und blickst so gut, so fromm. [...]
Faust: Hilft hier kein Flehen, hilft kein Sagen,
So wag ich's, dich hinwegzutragen.
Margarete: Lass mich! [...]
430 Es ist eben geschehn!
Wir werden uns wiedersehn;

Aber nicht beim Tanze. […]

Gericht Gottes! dir hab' ich mich übergeben! […]

Dein bin ich, Vater! Rette mich!

435   Ihr Engel! Ihr heiligen Scharen,

Lagert euch umher, mich zu bewahren!

Heinrich! Mir graut's vor dir.

Mephistopheles: Sie ist gerichtet!

Stimme *(von oben):*   Ist gerettet!

440   **Mephistopheles** *(zu Faust):*   Her zu mir!

Verschwindet mit Faust. […]*

 c Beschreibt eure Eindrücke von der Szene. Benennt auch eventuelle Unklarheiten und formuliert ggf. Fragen.

 d Stellt erste Vermutungen an, weshalb Gretchen nicht mit Faust aus dem Kerker flieht.

 18 Analysiert und interpretiert den Szenenauszug aus Aufgabe 17 b genauer. Notiert eure Deutungen jeweils stichpunktartig und belegt sie mit Textstellen.

a Lest den Auszug noch einmal. Untersucht und besprecht, welche Gefühle Gretchen gegenüber Faust hat.

→ S.218:
Sprachliche
(stilistische) Mittel
im Überblick

b Nennt sprachliche (stilistische) Mittel, durch die Gretchens Stimmung wirksam verdeutlicht wird.

c Setzt euch mit der Verurteilung Gretchens auseinander und prüft, inwiefern sie als schuldig betrachtet werden kann.

d Lest den Schluss des Auszugs noch einmal und tauscht euch darüber aus, wer recht hat: Mephisto oder die Stimme von oben (V.438–439)?

e Untersucht und besprecht, was der Szenenauszug über Fausts Gefühle verrät.

f Untersucht und besprecht, welche sprachlichen (stilistischen) Mittel Fausts Stimmung verdeutlichen.

g Tauscht euch darüber aus, ob und inwieweit ihr Faust für schuldig haltet.

h Überlegt und besprecht, was zur Tragödie Gretchens geführt hat.

i Lest den Auszug aus der Schlussszene von „Faust" noch einmal und fasst die Handlung mit eigenen Worten kurz zusammen.

19 Verfasse eine Interpretation zum Auszug aus der Schlussszene von „Faust". Nutze deine Ergebnisse aus den Aufgaben 17 und 18 (S.166–168) und orientiere dich am Merkkasten auf S.156.

20 Verfasse eine weitere Interpretation. Wähle Aufgabe a oder b.

●●○   **a** Verfasse eine Interpretation zum „Osterspaziergang" (Aufgabe 9 a, S. 157). Nutze deine Ergebnisse aus den Aufgaben 9 und 10 (S. 157–159) und orientiere dich an der Schrittfolge.

> **So kannst du eine Interpretation einer Dramenszene verfassen**
> 1. Lies die Dramenszene und notiere deine Gedanken beim Lesen.
> 2. Untersuche den Text (Textanalyse).
>   • Fertige Notizen zum Inhalt an. Auf einer Textkopie kannst du wichtige Wörter und Textpassagen markieren.
>   • Untersuche den Text auf Besonderheiten (Textanalyse). Analysiere Handlung, Figuren und Sprache. Bestimme die Textsorte.
>   • Untersuche, welche Wirkung die Besonderheiten haben.
> 3. Formuliere Deutungsansätze zu einzelnen Textstellen und eine Interpretationshypothese zur gesamten Szene. Notiere offene Fragen und Unklarheiten.
> 4. Ordne deine Notizen und schreibe einen Entwurf.
> 5. Überarbeite den Entwurf und schreibe die Endfassung.

●●●   **b** Wähle eine Dramenszene aus dem Kapitel (S. 150–170) aus und verfasse eine Interpretation dazu.

  21 Recherchiert Theateraufführungen des Dramas „Faust" in eurer Nähe.

Tipp
Nutzt zum Beispiel die Internetauftritte der regionalen Theater.

a Seht euch die Inszenierungsfotos an. Tauscht euch darüber aus, ob sie euch gefallen, und begründet eure Meinungen.

b Im Internet finden sich mitunter Mitschnitte (Auszüge) von Theateraufführungen. Recherchiert geeignete Videos und seht euch einige an. Vergleicht die unterschiedlichen Umsetzungen des dramatischen Textes.

c Wenn möglich, seht euch eine Aufführung des Dramas „Faust" im Theater an.

Eine Dramenszene gestaltend interpretieren

 22 Stellt euch vor, ihr wärt Regisseurinnen bzw. Regisseure und wollt eine Szene des Dramas „Faust" aufführen.

a Wählt eine Szene aus, untersucht die Figurenkonstellation und besprecht, wie ihr die Figuren besetzen würdet. Entwerft Rollenbiografien.

> *Rollenbiografie: Faust*
> *Ich bin ein Gelehrter. ...*

> *Rollenbiografie: ...*
> *Ich bin ...*

b Entwickelt Ideen, wie die Figuren aussehen, sprechen und sich bewegen könnten. Entwerft Regieanweisungen zu den Figuren und Handlungsschritten.

23 Bereitet eine Aufführung der in Aufgabe 22 ausgewählten Szene aus dem Drama „Faust" vor.

a Verteilt die Rollen und Aufgaben (Regie, Musik, Geräusche, Licht, Technik, Bühnengestaltung).

b Lernt die Texte. Probt Sprechweisen, Mimik, Gestik und Bewegungen der Figuren.

c Baut das Bühnenbild. Überlegt, wie ihr Ort, Zeit und Stimmung mit einfachen oder auch künstlerischen Mitteln darstellen könnt.

d Überlegt euch, welche Kostüme die Figuren tragen. Fertigt die Kostüme an oder besorgt euch passende Kostüme.

e Überlegt und entscheidet, wie Licht eingesetzt werden kann, um Ort, Zeit und Stimmung zu verdeutlichen. Probiert verschiedene Varianten aus.

f Überlegt und entscheidet, wie Musik bzw. Geräusche eingesetzt werden können. Probt den Einsatz von Musik und Geräuschen und besprecht deren jeweilige Wirkung.

g Probt eure Aufführung mehrfach. Gebt euch gegenseitig Hinweise
– zu den Figurenauftritten,
– zu den Kostümen,
– zum Einsatz von Licht und Schatten,
– zum Einsatz von Musik und Geräuschen,
– zum Bühnenbild.

h Führt eine Generalprobe durch. Eine Generalprobe ist die letzte Probe vor dem großen Auftritt, in der alles zusammen geprobt wird.

i Führt die Szene vor Publikum auf, zum Beispiel auf einem Elternabend. Gestaltet ansprechende Einladungen und verschickt sie rechtzeitig. Entwerft ggf. auch Theaterplakate, um in der Schule auf euer Stück aufmerksam zu machen.

j Schätzt euer Theaterprojekt abschließend ein. Besprecht,
– wie die Vorbereitungen gelaufen sind,
– wie die Aufführung geklappt hat,
– was ihr beim nächsten Mal ändern würdet.

Einen dramatischen Text interpretieren

> Prüfungsaufgaben zum **Interpretieren dramatischer Texte** können **analytisch** oder **produktionsorientiert** (produktiv-gestaltend) sein. Oft muss eine zusammenhängende **Interpretation** geschrieben werden.

Tipp
Achte auf die Verbformen (Operatoren) im Imperativ.

→ **S. 336:** Operatoren im Überblick (Auswahl)

1 Untersuche folgende Prüfungsaufgaben. Ermittle genau, was sie von dir verlangen. Notiere die Anforderungen als Teilaufgaben.

1 Deuten Sie die Schlussszene aus dem Werk „Nathan der Weise" hinsichtlich Gotthold Ephraim Lessings Ansicht zu Religion und Menschlichkeit.

2 Analysieren und interpretieren Sie den Auszug aus Friedrich Dürrenmatts Drama „Der Besuch der alten Dame" (1956 uraufgeführt). Untersuchen Sie besonders die äußeren und inneren Merkmale der Hauptfigur Claire Zachanassian. Beachten Sie dabei auch die Figurensprache.

3 Charakterisieren Sie die Vater-Sohn-Beziehung von Walter und Wilhelm Tell anhand der vorliegenden Szene.

4 Analysieren und interpretieren Sie den Auszug aus „Romeo und Julia". Bewerten Sie das Verhalten der Eltern.

5 Lesen Sie folgende Szene, in der Gretchen und Faust sich zum ersten Mal treffen. Untersuchen Sie insbesondere die Figur Gretchen und schreiben Sie einen Brief, in dem Gretchen einer Freundin von dem Treffen erzählt.

6 Untersuchen Sie, welche Eigenschaften der Hauptfigur in dem vorliegendem Dramenauszug deutlich werden. Belegen Sie Ihre Deutungen durch Textstellen.

2 Lies die Schrittfolge. Überlege, welche Besonderheiten dramatischer Texte zu berücksichtigen sind.

> **So kannst du Prüfungsaufgaben zum Interpretieren bearbeiten**
> 1. Lies die Aufgabenstellung gründlich, unterstreiche die Verben (Aufforderungen) und eventuell vorgegebene Schwerpunkte.
> 2. Formuliere die Teilaufgaben mit eigenen Worten. Teile deine Zeit ein.
> 3. Lies den Text und notiere deine ersten Gedanken beim Lesen.
> 4. Analysiere den Text (Textsorte, Thema, Handlung, Figuren, Erzählperspektive, Sprache, sprachliche/stilistische Mittel, Wirkung).
> 5. Formuliere Deutungsansätze zum Gesamttext und zu einzelnen Textstellen. Notiere offene Fragen und Unklarheiten.
> 6. Ordne den Text ggf. in eine literarische Epoche ein.
> 7. Ordne deine Notizen und schreibe einen Entwurf.
> 8. Überarbeite deinen Entwurf und schreibe die Endfassung.

Zur Entstehungsgeschichte des Dramas „Faust"

Johann Wolfgang von Goethes Drama „Faust" entstand innerhalb einer Bearbeitungszeit von fast sechzig Jahren. Aufgrund einiger Unterbrechungen brauchte Goethe allein für „Faust I" ca. dreißig Jahre. Bereits um 1800 herum hatte er sich für die Zweiteilung des Werks entschieden, das nach der

5 Fertigstellung von „Faust I" im Jahr 1806 („Der Tragödie erster Teil") erst mit „Faust II" („Der Tragödie zweiter Teil") 1831 vollendet war.
Die früheste Erwähnung des Faust-Stoffes durch Goethe selbst stammt aus dem Jahr 1775. Die Grundlage für den Text war die „Historia von D. Fausten" (1587). Fausten, Doktor der Theologie, schließt einen Pakt mit dem

10 Teufel, um das Diesseits voll und ganz erleben und genießen zu können. Goethe greift diesen mittelalterlichen Stoff auf, um Probleme seiner Zeit, aber auch weit darüber hinausreichende menschheitsgeschichtlich bedeutsame Fragen zu thematisieren.
Die Entstehungsgeschichte von Goethes Drama lässt sich in vier Abschnitte

15 unterteilen: Zwischen 1772 und 1775 verfasste Goethe den sogenannten „Urfaust", von 1788 bis 1790 entstehen „Fragmente", am „Faust I" arbeitete Goethe zwischen 1797 und 1805 und am „Faust II" schließlich zwischen 1825 und 1831. Die Vollendung des Werks gestaltete sich schwierig, es lag fast achtzehn Jahre lang nur als Fragment vor. Erst 1797 nahm Goethe die

20 Arbeit wieder auf, nach Ermutigung durch seinen Freund Friedrich Schiller. Goethe kam dennoch nicht zügig voran. Anfang 1800 konnte Schiller dann den Verleger der von Goethe herausgegebenen Zeitschrift für bildende Kunst „Propyläen" gewinnen, ein finanziell gutes Angebot zu machen. Daraufhin beendete Goethe 1806 den „Faust I". Über die Jahre wurden viele Szenen

25 überarbeitet und verworfen. Die Gretchentragödie ist allerdings vom „Urfaust" bis „Faust I" zu finden, und in „Faust II" wird ein Wiedersehen von Gretchen und Faust im Himmel in Aussicht gestellt.

Mädlerpassage in Leipzig mit „Auerbachs Keller" (einem historischen Restaurant, Handlungsort im Drama) und Szenen aus „Faust"

Im Stil der Epoche des „Sturm und Drang" (ca. 1765–1785) wollte Goethe die Natur realistisch zeigen, was sich im „Faust I" u. a. an der offenen Dra-
30 menstruktur zeigt: Die Szenen reihen sich in loser Folge aneinander und es gibt keine Einteilung in Akte. Damit weicht Goethe von der tradierten Form des geschlossenen Dramas mit dessen festen Formvorgaben ab (fünf Akte: Einleitung, Steigerung, Höhepunkt, Fall/Umkehr, Katastrophe). Auch auf die typische Einheit von Raum und Zeit (nur ein Handlungsort, überschaubare
35 Zeit) verzichtete er.

Innerhalb der Bearbeitungszeit von mehreren Jahrzehnten veränderte sich aber die Kunstauffassung. In Rückbesinnung auf die Antike[1] gibt es dann in „Faust II" (und z. B. auch in Goethes „Iphigenie auf Tauris", 1787) fünf Akte, ganz nach dem Vorbild des griechischen Dramas.
40 Insgesamt muss Goethes „Faust" aber als ein epochenübergreifendes Werk bezeichnet werden, weil in Inhalt, Darstellungsweise, Welt- und Menschenbild auch Merkmale der Epochen „Aufklärung" (1720–1800), „Weimarer Klassik" (1786–1805) und „Romantik" (1795–1835) zu erkennen sind.

[1] *die Antike*: griechisch-römische Epoche (ca. 800 v. Chr. bis ca. 500 n. Chr.), deren Zivilisation, Wissenschaft, Kunst und Literatur viele nachfolgende Epochen beeinflusst hat

(Vgl. z. B.: Alt 2008, Hamm 1997, Jeßing 2023.)

 1 Stellt Vermutungen an, warum Goethe so lange am „Faust" gearbeitet hat.

 2 Tauscht euch darüber aus, warum Goethe die Gretchen-Tragödie offenbar sehr wichtig war. Stellt Bezüge zum Frauenbild im 18. Jahrhundert her (S. 175).

 3 Recherchiert Informationen über Goethes Leben und Werk. Präsentiert eure Ergebnisse in der Klasse. Stellt ggf. auch ein weiteres Werk Goethes vor, zum Beispiel ein Drama, einen Roman oder ein Gedicht.

4 Wiederholt die Merkmale der Epochen „Aufklärung" und „Sturm und Drang". Besprecht, welche der Merkmale in den Dramenauszügen des Kapitels (S. 150–170) erkennbar sind.

 5 Informiert euch über die Epoche der „Weimarer Klassik" (S. 174). Besprecht, welche dieser Merkmale in den Dramenauszügen des Kapitels (S. 150–170) erkennbar sind.

6 Recherchiert Informationen über die Epoche „Romantik". Bezieht eure Ergebnisse auf die Dramenauszüge des Kapitels (S. 150–170).

Weimarer Klassik

Als „Weimarer Klassik" (1786–1805) wird eine Epoche der deutschen Kultur und Literatur bezeichnet, die ihren Namen von der Stadt Weimar hat. Wesentlich geprägt

5 ist die „Weimarer Klassik" von den beiden befreundeten Dichtern Goethe und Schiller, die in der Stadt lebten und arbeiteten. Vielen Kunstwerken dieser Phase liegt das Kunstideal der Antike[1] zugrunde, das u.a.

10 durch ein Streben nach Vollkommenheit und Übereinstimmung von Inhalt und Form gekennzeichnet ist.

Auf zentralen Ideen des antiken (oft „klassisch" genannten) Welt- und Menschenbil-

15 des basiert auch die „Weimarer Klassik": Zum Leitbild wird der „vollkommene Mensch", der sich durch Humanität (Menschlichkeit) und Harmonie (Übereinstimmung von Geist und Gemüt, Mensch und Natur, Individuum und Gesellschaft) auszeichnet. Nach dem Ideal des vollkommenen Menschen nutzt

20 dieser seine Fähigkeiten und Talente im Einklang mit seiner Umgebung, unter Achtung der Natur und der Würde des Menschen.

Eine wichtige Rolle spielt dabei die Bildung und Erziehung des Menschen. Insbesondere auch Kunst und Literatur werden als Mittel zur Erziehung angesehen. Das Erziehungsideal ist ein Mensch, der mit sich selbst im Reinen

25 ist, dessen Handeln und Pflichten mit seinem Denken und seinen Neigungen übereinstimmen. Ein weiterer wichtiger Aspekt des Menschenbildes der „Weimarer Klassik" ist die Betonung von Vernunft und Wissenschaft. Die Wissenschaft soll dazu beitragen, die Welt zu verstehen und Probleme zu lösen, während die Vernunft dazu dienen soll, den Menschen zu leiten

30 und seine Entscheidungen zu rationalisieren.

Insgesamt geht das Menschenbild der „Weimarer Klassik" von einem optimistischen und positiven Bild des Menschen aus, der in der Lage ist, seine Umwelt zu gestalten und seine Potenziale voll auszuschöpfen.

[1] *die Antike:* griechisch-römische Epoche (ca. 800 v. Chr. bis ca. 500 n. Chr.), deren Zivilisation, Wissenschaft, Kunst und Literatur viele nachfolgende Epochen beeinflusst hat

(Vgl. z. B.: Weimarer Klassik. Online im Internet: https://brockhaus.de/ [19.08.2024], Hamm 1997.)

Das Goethe-Schiller-Denkmal in Weimar

1 Welches Menschenbild vertritt die „Weimarer Klassik"? Notiere Stichpunkte.

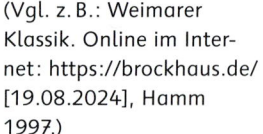 **2** Bezieht das Menschenbild der „Weimarer Klassik" auf Goethes Drama „Faust". Besprecht, welche Ideale des klassischen Menschenbildes sich in den Szenenauszügen des Kapitels (S. 150–170) erkennen lassen.

3 Recherchiert Informationen zur Wissenschaft und Kunst der Antike. Präsentiert eure Ergebnisse in der Klasse und stellt Beispiele antiker Kunstwerke vor.

Die Rolle der Frau im 18. Jahrhundert

Im 18. Jahrhundert wurden Moralvorstellungen und Rollenbilder in der Gesellschaft stark von religiösen Überzeugungen und dem aufkommenden Bürgertum geprägt. Frauen wurden in der Regel als „schwaches Geschlecht" betrachtet und ihre Rolle in der Gesellschaft war stark eingeschränkt.

5 Besonders in kleinbürgerlichen Schichten wurden Frauen oft als Hausfrauen und Mütter gesehen, die sich um die Familie und den Haushalt kümmerten und ihre Zeit mit Handarbeiten oder anderen häuslichen Tätigkeiten verbrachten. Frauen sollten sich demnach den Vorstellungen ihres Ehemannes oder Vaters unterordnen und ihre Tugenden wie Fleiß, Bescheidenheit und

10 Keuschheit bewahren.

Für viele Frauen war aber ein solches häusliches Leben gar nicht möglich, da sie zum Lebensunterhalt der Familie beitragen mussten, zum Beispiel durch Hof- und Feldarbeit.

In Bezug auf Moralvorstellungen spielte das Thema „Sexualität" eine wich-

15 tige Rolle. Frauen sollten vor der Ehe keusch und in der Ehe treu sein. Es wurde erwartet, dass Frauen sich in der Ehe unterordnen und dem Mann helfend zur Seite stehen.

Allerdings gab es auch Diskussionen und Debatten über die Rolle der Frau in der Gesellschaft und die Möglichkeit einer Bildung und Erziehung von

20 Frauen. Einige Vertreterinnen der Aufklärung forderten die Bildung von Frauen und ihre Gleichstellung mit Männern, um ihnen eine eigenständige Rolle in der Gesellschaft zu ermöglichen.

Insgesamt lassen sich im 18. Jahrhundert unterschiedliche Moralvorstellungen und Rollenbilder für Frauen erkennen, die stark von religiösen und bür-

25 gerlichen Vorstellungen geprägt waren. Die Rolle der (klein-)bürgerlichen Frau wurde oft auf den Haushalt und die Familie beschränkt, während Männer als Ernährer und Hauptverantwortliche betrachtet wurden.

(Vgl. z. B.: Baasner 2006, von Thiessen 2021, Vahsen, Mechthilde. Wie alles begann – Frauen um 1800. Online im Internet: https://www.bpb.de [19.08.2024].)

1 Gib das Frauenbild aus dem 18. Jahrhundert kurz mit eigenen Worten wieder.

2 Stelle einen Bezug zur Figur Gretchen in Goethes „Faust" her und untersuche, inwieweit das damalige Frauenbild auch durch Gretchen verkörpert wird.

3 Betrachtet die Rolle der Frauen in eurer Umgebung. Tragt eure Reflexionen zusammen. Überlegt, welche Ansichten oder Vorstellungen über Frauen gleichgeblieben sind und welche sich verändert haben.

Faust. Der Tragödie zweiter Teil

Durch einen Heilschlaf des Vergessens ist Faust von seinen schweren Schuldgefühlen befreit. Er ist nun bereit zu neuem Tatendrang, bereit, mit Mephisto an seiner Seite das Leben zu entdecken.

Fausts Weg führt zunächst in die Kaiserliche Pfalz, wo sich ihm ein Bild des
5 totalen Zerfalls bietet. Das Reich steckt politisch und wirtschaftlich in einer tiefen Krise, der Kaiser ist unfähig, das Land zu führen. Sein höchstes Interesse gilt dem Prassen und Feiern – ein großer Karneval ist angesagt. Durch das von Mephisto eingeführte Papiergeld glaubt sich der Kaiser in der Lage, so weitermachen zu können wie bisher. Seine Sucht nach Amüsement ist
10 ungebrochen. Er wünscht, dass Faust ihm Helena und Paris, die Urbilder antiker Schönheit, an seinen Hof holt, was mit Mephistos Hilfe gelingt.

Als illusionäre Kunstgeschöpfe tauchen Helena und Paris auf. Faust verliebt sich dabei in sein eigenes Kunstwerk und beschließt eine Reise durch Zeit und Raum zurück in die griechische Antike, um Helena zu finden. Aus der
15 Verbindung zwischen Faust und Helena geht ein Sohn, Euphorion, hervor. Als dieser stirbt, verschwindet auch Helena, woraufhin Faust in seine Welt zurückkehrt.

Sein Verlangen nach weltlicher Macht und Frauen hat Faust hinter sich gelassen, nun wendet er sich höheren Zielen zu: Er will als Unternehmer die
20 Natur, speziell das Meer kontrollieren, was in Form eines ehrgeizigen Projekts zur Landgewinnung realisiert werden soll. Vom Kaiser erhält Faust ein großes Stück Land am Meer, wo er sofort damit beginnt, seine Pläne in die Tat umzusetzen. Die Hütte von Philemon und Baucis (antike Sagengestalten) ist für Faust das letzte störende Hindernis. Die beiden alten Leute wider-
25 stehen dem Drängen Fausts, sodass dieser Hilfe von Mephisto verlangt. Durch dessen gewaltsames Vorgehen finden Philemon und Baucis den Tod. Die Verantwortung schiebt Faust kurzerhand Mephisto zu, seine eigene Schuld will er nicht wahrhaben. Da erscheinen ihm vier graue Weiber – Mangel, Not, Schuld und Sorge. Durch das Bündnis mit Mephisto können
30 ihm die ersten drei nichts anhaben, die Sorge jedoch lässt ihn erblinden. Mephisto, derweil mürrisch und ungeduldig, will mit Faust endlich zum Ziel des Pakts kommen. So lässt er seine höllischen Gehilfen schon mal das Grab ausheben.

Faust, nun wieder alt, meint in den lärmenden Geräuschen seine tüchtigen
35 Arbeiter zu hören, die im Rahmen seines Projekts einen Deich errichten. Faust ahnt nicht, dass sie sein Grab ausheben.
Er sinniert über die Zukunft der Welt.

Johann Wolfgang von Goethe (1749–1832)

Faust. Der Tragödie zweiter Teil
In fünf Akten

Fünfter Akt
Großer Vorhof des Palasts

[...]

Faust *(aus dem Palaste tretend, tastet an den Türpfosten):*
    Wie das Geklirr der Spaten mich ergetzt!
    Es ist die Menge, die mir frönet,
5   Die Erde mit sich selbst versöhnet,
    Den Wellen ihre Grenze setzt,
    Das Meer mit strengem Band umzieht. [...]
    Aufseher!
Mephistopheles: Hier!
10 **Faust:**   Wie es auch möglich sei,
    Arbeiter schaffe Meng' auf Menge,
    Ermuntere durch Genuss und Strenge,
    Bezahle, locke, presse bei!
    Mit jedem Tage will ich Nachricht haben,
15   Wie sich verlängt der unternommene Graben.
Mephistopheles *(halblaut):* Man spricht, wie man mir Nachricht gab,
    Von keinem Graben, doch vom Grab.

    Faust: Ein Sumpf zieht am Gebirge hin,
        Verpestet alles schon Errungene;
20   Den faulen Pfuhl auch abzuziehn,
        Das Letzte wär' das Höchsterrungene.
        Eröffn' ich Räume vielen Millionen,
        Nicht sicher zwar, doch tätig-frei zu wohnen.
        Grün das Gefilde, fruchtbar; Mensch und Herde
25   Sogleich behaglich auf der neusten Erde,
        Gleich angesiedelt an des Hügels Kraft,
        Den aufgewälzt kühn-emsige Völkerschaft.
        Im Innern hier ein paradiesisch Land,
        Da rase draußen Flut bis auf zum Rand,
30   Und wie sie nascht, gewaltsam einzuschießen,
        Gemeindrang eilt, die Lücke zu verschließen.
        Ja, diesem Sinne bin ich ganz ergeben,
        Das ist der Weisheit letzter Schluss:
        Nur der verdient sich Freiheit wie das Leben,
35   Der täglich sie erobern muss.
        Und so verbringt, umrungen von Gefahr,
        Hier Kindheit, Mann und Greis sein tüchtig Jahr.

Solch ein Gewimmel möcht' ich sehn,
Auf freiem Grund mit freiem Volke stehn.
40　Zum Augenblicke dürft' ich sagen:
Verweile doch, du bist so schön!
Es kann die Spur von meinen Erdetagen

1 *die Äonen:* die Zeitalter

Nicht in Äonen[1] untergehn. –
Im Vorgefühl von solchem hohen Glück
45　Genieß' ich jetzt den höchsten Augenblick. […]*

Nach diesen letzten Worten stirbt Faust und wird zu Grabe getragen.

1 Tauscht erste Gedanken darüber aus, wer eurer Meinung nach die Wette gewonnen hat: Mephisto oder Faust?

2 Lest Fausts letzte Worte noch einmal und tauscht euch darüber aus, was sie bedeuten (V. 33–45). Stellt Bezüge zum Menschenbild der „Weimarer Klassik" her.

3 Untersucht den Szenenauszug genauer. Tauscht euch darüber aus, welche Vision einer künftigen Welt Faust vorschwebt.

4 Lies den Abschluss des Dramas „Faust II".

Nachdem Faust gestorben ist, will Mephisto sich Fausts Seele nicht entgehen lassen, doch eine Schar von Engeln lenkt ihn ab und entführt Fausts Seele in den Himmel.

Bergschluchten

[…]
Engel *(schwebend in der höheren Atmosphäre, Faustens Unsterbliches tragend):*
Gerettet ist das edle Glied
Der Geisterwelt vom Bösen,
50　Wer immer strebend sich bemüht,
Den können wir erlösen.
Und hat an ihm die Liebe gar
Von oben teilgenommen,
Begegnet ihm die selige Schar
55　Mit herzlichem Willkommen. […]*

5 Überprüfe deine anfängliche Einschätzung, inwieweit das Ende des Dramas im Prolog (Aufgabe 2 a, S. 150) vorweggenommen wurde.

6 Besprecht noch einmal, wer am Ende die Wette gewonnen hat: Mephistopheles oder Faust. Begründet eure Deutungen mithilfe des Textes.

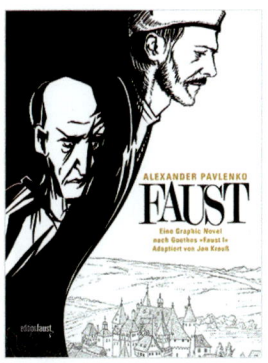

Alexander Pavlenko, Jan Krauß

Faust – Eine Graphic Novel

1 Vergleicht die Auszüge aus der Graphic Novel mit Goethes Drama „Faust".
Welche inhaltlichen Parallelen bestehen?

2 Beurteile die grafische Darstellung aus deiner persönlichen Sicht.
Beziehe Text und Bilder ein und begründe deine Einschätzungen.

3 Wähle eine andere Szene aus Goethes „Faust" und führe die Graphic Novel
weiter.

Wortarten und Wortformen

Verben

Modusformen

 1 Wiederholt, welche Modusformen ihr kennt. Wählt Aufgabe a oder b.

●○○ **a** Lest, was die Tanzforscherin Carina L. in einem Interview für eine Schulzeitung sagt. Benennt, was die unterstrichenen Modusformen ausdrücken.

„Bitte <u>beschreiben</u> Sie uns, was Jugendliche in den 1930er-Jahren, während der Nazizeit, an der amerikanischen Swing-Kultur so <u>fasziniert hat</u>", <u>baten</u> wir im Interview. Die flotten Rhythmen <u>hätten</u> sie <u>begeistert</u>, <u>erklärt</u> Carina L. und ergänzt:
5 „Bedenkt mal, hier tanzte man Walzer und Polka." Swing <u>sei</u> ja nicht nur ein neuer Musik- und Tanzstil <u>gewesen</u>. Auch die Kleider- und Haarmode hätten die Fans imitiert, als ob sie die Erwachsenen provozieren wollten. Sie würde es als Jugendkultur bezeichnen wie später Rock 'n' Roll, Rock, Punk oder Hip-Hop.
10 Ab 1935 habe Swing im deutschen Radio nicht mehr gespielt werden dürfen, weil die Nazis diese Musik als „entartet und undeutsch" betrachtet hätten.

●●○ **b** Lest den Text in Aufgabe a. Sucht Beispiele für die vier Modusformen und begründet eure Auswahl.

Verben bilden vier **Modusformen** (Formen der Aussageweise):
- Verbformen im **Indikativ** (Wirklichkeitsform) verwendet man, um Tatsachen oder direkte (wörtliche) Rede wiederzugeben, z. B.:
  Nils sagt: „Ich <u>bin</u> Basketballer. Aber ich <u>tanze</u> auch gern."
  Viele <u>tanzen</u> gern.
- Verbformen im **Konjunktiv I** geben Äußerungen anderer Personen als indirekte (nicht wörtliche) Rede wieder, v. a. im offiziellen Sprachgebrauch, z. B.: *Nils sagt, er <u>sei</u> Basketballer, aber er <u>tanze</u> auch gern.*
- Mit Verbformen im **Konjunktiv II** (Möglichkeitsform) kann man Wünsche, Vorstellungen, Ratschläge oder Empfehlungen oder irreale Vorgänge ausdrücken, z. B.:
  Ich <u>wünschte</u>, wir <u>hätten</u> Tanzen als Sport. Er tanzt, als <u>wäre</u> er ein Roboter.
- Mit dem **Imperativ** gibt man Aufforderungen, Befehle, Bitten oder Warnungen wieder, z. B.:
  <u>Hört</u> auf die Musik! <u>Achte</u> auf deine Haltung! <u>Achten</u> Sie auf den Takt!

1a Wählt aus den folgenden Möglichkeiten aus.
Tatsachen / Aufforderungen / Vorstellungen / direkte (wörtliche) Rede / indirekte (nicht wörtliche) Rede

2 Lies noch einmal den Text in Aufgabe 1 a.

a Erkläre an Beispielen, wer im Text auf welche Weise zu Wort kommt.

b Bestimme die Modusform, in der die Rede jeweils wiedergegeben ist. Begründe, warum die indirekte Rede auch im Konjunktiv II bzw. als *würde*-Form wiedergegeben ist. Orientiere dich am Merkkasten.

Direkte Rede lässt sich auf verschiedene Weise **indirekt wiedergeben**:		
direkte (wörtliche) Rede	**indirekte (nicht wörtliche) Rede**	
	Standardsprache (schriftlich, mündlich)	**Umgangssprache (mündlich)**
Er sagte: „Ich tanze gern."	*Er sagte, er tanze gern.* (Konjunktiv I)	*Er hat gesagt, dass er gern tanzt.* (Indikativ) *Er hat gesagt, er würde gern tanzen.* (*würde*-Ersatzform)
Er fragte: „Gehen wir aus?"	*Er fragte, ob sie ausgingen.* (Konjunktiv II, da Indikativ und Konjunktiv I die gleiche Form haben)	*Er hat gefragt, ob sie ausgehen.* (Indikativ) *Er hat gefragt, ob sie ausgehen würden.* (*würde*-Ersatzform)
Er sagte: „Wir sind ausgegangen." *Er sagte: „Wir waren ausgegangen."*	*Er sagte, sie seien ausgegangen.* (Konjunktiv I) *Er sagte, sie wären ausgegangen.* (Konjunktiv II)	*Er hat gesagt, dass sie ausgegangen sind.* *Er hat gesagt, dass sie ausgegangen waren.* (Indikativ)

3 Lies, was Tanzforscherin Carina L. sagt und wie sie Zeitzeugen zitiert. Bestimme die Modusform der Verben. Wähle Aufgabe a oder b.

●○○ **a** Bestimme in den folgenden Sätzen die Modusformen in der indirekten Rede.

Tipp
Überlege jeweils, was Carina L. wörtlich (in direkter Rede) gesagt hat.

1 Carina L. sagt, in Großstädten wie Berlin, Dresden oder Hamburg hätten die Swing-Kids auf Partys geflirtet, getanzt und Platten getauscht.

2 Ilse erklärte, in Hosen wären sie und ihre Freundinnen niemals in die Schule oder ins Büro gegangen, aber zum Swingtanzen habe es gepasst.

3 Fritz sagte, sein Bruder und er hätten zu Hause vor dem Spiegel das Bouncen, diesen typischen Swing-Tanzschritt, geübt.

4 Schulterlang habe er damals die Haare getragen und mit Pomade nach hinten gekämmt. Frisur und Kleidung seien eine Provokation gewesen.

1. hätten geflirtet, getanzt und Platten getauscht (Konjunktiv II)
2. …

●●○ **b** Bestimme in den folgenden Sätzen die Modusformen. Begründe jeweils, warum diese Modusform verwendet wurde.

1 Carina L. sagt, in Großstädten wie Berlin, Dresden oder Hamburg hätten die Swing-Kids auf Partys geflirtet, getanzt und Platten getauscht.
2 Ilse erklärte, in Hosen wären sie und ihre Freundinnen niemals in die Schule oder ins Büro gegangen, aber zum Swingtanzen habe es gepasst.
3 Fritz sagte, sein Bruder und er hätten zu Hause vor dem Spiegel das Bouncen, diesen typischen Swing-Tanzschritt, geübt.
4 Schulterlang habe er damals die Haare getragen und mit Pomade nach hinten gekämmt. Frisur und Kleidung seien eine Provokation gewesen.

5 Heute würde man das nicht verstehen, so Carina L., aber damals hätten viele diese Mode als skandalös empfunden.
6 Die Gestapo habe 1942 in Hamburg mehr als 300 Swing-Fans inhaftiert und in Erziehungslager gesteckt und einige hätten das nicht überlebt.
7 Nein, erklärt Carina L., die Swing-Kultur in Nazideutschland würde sie nicht als eine Form des politischen Widerstands betrachten.
8 Die Mehrzahl der Swing-Fans sei eher unpolitisch gewesen.

1. hätten geflirtet (Konjunktiv II, da Indikativ und Konjunktiv I formgleich)
2. …

4 Eine Wissenschaftlerin äußert sich zum Tanzen. Gebt ihre direkte (wörtliche) Rede indirekt wieder. Wählt Aufgabe a oder b.

→ **S. 309, 312:** Merkwissen: Standardsprache, Umgangssprache

●○○ **a** Setzt das unterstrichene Verb in der indirekten Rede in die Lücken ein. Probiert standardsprachliche und umgangssprachliche Möglichkeiten aus.

1 „Tanzen <u>ist</u> ein menschliches Bedürfnis."
a Die Wissenschaftlerin erklärt, Tanzen ___ ein menschliches Bedürfnis.
b Die Wissenschaftlerin erklärt, dass Tanzen ein menschliches Bedürfnis ___.
2 „Menschen <u>haben</u> eine genetische Veranlagung zum Bewegen."
a Sie sagt, Menschen ___ eine genetische Veranlagung zum Bewegen.
b Sie sagt, dass Menschen eine genetische Veranlagung zum Bewegen ___.
3 „Jede und jeder <u>hat</u> Rhythmusgefühl, auch wenn das nicht alle so <u>sehen</u>."
a Sie sagt, jede und jeder ___ Rhythmusgefühl, auch wenn das nicht alle so ___.
b Sie sagt, dass jede und jeder Rhythmusgefühl ___, auch wenn das nicht alle so ___.

1. a Die Wissenschaftlerin erklärt, Tanzen sei ein menschliches Bedürfnis.
b Die Wissenschaftlerin erklärt, dass Tanzen …
2. a …

●●○   **b**   Probiert standardsprachliche und umgangssprachliche Varianten
der indirekten Redewiedergabe aus. Besprecht, welche Variante ihr jeweils
bevorzugt und warum.

1   „Sobald Musik erklingt, wollen wir Menschen
tanzen."
2   „Nur sehr wenige Menschen, nämlich 1,5 %
der Bevölkerung, leiden unter Musik- und
Tanzblindheit, einer angeborenen Störung."
3   „Scham und Unsicherheit halten einige wohl
vom Tanzen ab."
4   „Beim Tanzen verbrennt der Körper je Minute
zwischen vier und elf Kalorien."

   5   Diskutiert folgende Fragen und gebt anschließend die Meinung eurer Gruppe
und ihrer Mitglieder mündlich wieder.

1   Was motiviert Frauen, was motiviert Männer, tanzen zu gehen?
2   Bist du ein Tanzmuffel? Wenn ja, was würde dich zum Tanzen
motivieren?

X meint, Frauen hätten das Tanzen im Blut.
Die anderen sagten, dass ...

   6   Die Klasse 10 b hat gemeinsam einen Tanzkurs absolviert.
Die Schulzeitung berichtet darüber.

a   Lest Finns Aussage und die Varianten, wie seine Aussage wiedergegeben
werden könnte.

Finn: Der Tanzkurs war toll, leider nervt mich ein Mädchen seitdem
mit Anrufen und Nachrichten.
Variante 1:   Eine Tanzpartnerin soll Finn seit dem Tanzkurs stalken.
Variante 2:   Angeblich wird Finn seit einem Tanzkurs belästigt.
Variante 3:   Finn sagt, seit dem Tanzkurs werde er gestalkt.
Variante 4:   Finn behauptet, eine junge Frau würde ihn mit Anrufen,
Mails und Nachrichten belästigen.

b   In einigen Äußerungen wird mit der Art der Redewiedergabe eine Wertung
ausgedrückt. Besprecht, auf welche Weise das erfolgt und wie das
auf euch wirkt.

c   Was erwartet ihr von der Berichterstattung in den Medien, wenn Äußerungen
anderer wiedergegeben werden? Tauscht euch darüber aus und begründet
eure Meinung.

---

5   Nutzt zum Beispiel die folgenden Satzanfänge.
*X meint, ... / Y sagt, ... / Z fragt, ... / Andere denken, ... / Manche erklären, ... /
Einige glauben, ... / Alle betonen, ...*

Indirekte (nicht wörtliche) Rede lässt sich mit verschiedenen sprachlichen Möglichkeiten bewerten, z. B.:

neutral, glaubwürdig	distanziert, zweifelhaft, unglaubwürdig
Indikativ/Konjunktiv I, z. B.: *Roy sagt, er hat / habe nichts davon gewusst.* *Er sagt, dass er davon nichts gewusst hat / habe.*	**Konjunktiv II / würde-Form**, z. B.: *Er sagt, er hätte nichts davon gewusst.* *Er sagt, er würde davon nichts gewusst haben.*
redeeinleitende Verben, z. B.: *Er versicherte / erklärte / gestand, nichts davon gewusst zu haben.*	*Er behauptete / gab an / prahlte, nichts davon gewusst zu haben.*
Adverbien/Adverbialbestimmungen, z. B.: *Er hat zweifellos / ganz sicher / offenbar / wohl nichts davon gewusst.*	*Er hat angeblich / vermutlich / wahrscheinlich nichts davon gewusst.*
Modalverben, z. B.: *Er kann nichts davon gewusst haben.*	*Er will / soll nichts davon gewusst haben.*

7 Untersuche folgende Beispiele indirekter Rede.

a Lies die Aussagen. Beschreibe, woran du erkennst, ob der Autor Sachverhalte bzw. Äußerungen anderer bewertet oder nicht. Orientiere dich dazu am Merkkasten oben.

1 Männer sollen – einer ungarischen Studie zufolge – Tanzveranstaltungen als Partnerbörse sehen.
2 Die Chance, mit anderen zu flirten, sei ein Hauptmotiv, bestätigten Studienteilnehmer.
3 Frauen würden die Glücksmomente durch körperliche Bewegung schätzen, fanden die Wissenschaftlerinnen heraus.
4 Für sie sei die Partnersuche beim Tanzen möglicherweise nur Nebensache.
5 Laut Studie ließen sich die Aussagen mehrerer Studienteilnehmerinnen so interpretieren.

  b Erprobt verschiedene Varianten, um die Studienergebnisse aus Aufgabe a indirekt wiederzugeben. Besprecht, welche Varianten ihr für geeignet haltet und warum.

1. Laut einer ungarischen Studie sehen Männer …
Männer – so zeigt eine ungarische Studie – sehen …
2. …

8 Wie glaubwürdig kommen dir Pavels Äußerungen vor? Setze die Wortformen in Klammern in die Lücken ein und bestimme die Glaubwürdigkeit der Aussagen.

1 Pavel sagt, er ▭ bei einem Breakdance-Meister trainiert.
(habe / hätte)

2 Er sagt, er ▭ von ihm auf der Straße angesprochen worden.
(sei / wäre)

3 Einige Powermoves beherrscht er ▭.
(zweifellos / vermutlich)

4 Pavel ▭, gute Chancen fürs Finale zu haben.
(versichert / behauptet)

5 Sein Freund und er ▭ schon mal auf einem Battle gewesen.
(seien / wären)

neutral, glaubwürdig: 1. Pavel sagt, er habe …
distanziert, zweifelhaft, unglaubwürdig: 1. Pavel sagt, er hätte …

Tipp
Nutze verschiedene Möglichkeiten der Bewertung.

9 Hast du schon gehört? Gib das nur lückenhaft Gehörte indirekt wieder. Drücke mithilfe der sprachlichen Mittel aus dem Merkkasten aus, für wie glaubwürdig du die Informationen hältst.

1 Nico / Hip-Hop-Kurs / während der Ferien / teilnehmen an

2 Celia und Jan / sich anmelden / zum Breakdance-Workshop

3 Charlie / gesehen worden / auf einer Rollerskater-Party

4 Leni / ihre Tanzkleider / selbst nähen

5 Seit gestern / die Tickets für die neue Show / sein / im Online-Verkauf

6 Ivan / preisgünstige Plätze / schon / sich sichern

1. Nico sagt / behauptet, er habe / hätte …
Nico soll / will / hat angeblich … teilgenommen. …

10 Mit bestimmten Wörtern und Wendungen und dem Konjunktiv II lässt sich ein irreales, nicht eingetretenes Ereignis ausdrücken. Wähle Aufgabe a oder b.

● ○ ○ **a** Setze die Verbformen in Klammern im Konjunktiv II in die Lücken ein.

1 <u>Es fehlte nicht viel</u>(,) und ich ▭ auf dem glatten Parkett ▭.
(ausrutschen)

2 <u>Um ein Haar</u> ▭ Johann uns beide für den Workshop ▭. (anmelden)

3 Yasin ▭ sich <u>fast</u> vom Tanzkurs wieder ▭. (abmelden)

4 Weil Aylin die Tanzschuhe vergessen hatte, ▭ die Tanzlehrerin sie <u>beinahe</u> ▭. (wegschicken)

1. Es fehlte nicht viel(,) und ich wäre …
2. …

Tipp
Präge dir die unterstrichenen Wörter und Wendungen ein.

●●○○ **b** Drücke aus, was hätte passieren können. Wähle aus den Wörtern und Wendungen passende aus und verwende sie mit dem Konjunktiv II.

beinahe / fast / es fehlte nicht viel / um ein Haar

1 Murat hat 99 Punkte im Test erzielt. 100 Punkte sind die volle Punktzahl.
2 Am Einlass suchte Alex das Ticket für den Auftritt seiner Lieblingsband. In letzter Minute fand er es und konnte damit seine Band live erleben.
3 Das Konzert begann Punkt 20 Uhr. Julia stürmte eine Minute vorher noch in den Saal.
4 Beim Eintanzen verstauchte sich meine Partnerin den Knöchel. Lea sprang für sie ein und so konnten wir am Wettbewerb teilnehmen.

1. Beinahe hätte Murat die volle Punktzahl erreicht. / Um ein Haar …
2. …

11 Drücke ein irreales, nicht eingetretenes Ereignis in der Vergangenheit aus. Bilde Sätze und nutze den Konjunktiv II.

1 Es ist jetzt schon 8:20 Uhr. Wir warten immer noch auf den Beginn des Workshops.
2 Es ist 21 Uhr. Pias Kurs endet um 20 Uhr und sie ist noch nicht zu Hause.
3 Um 20 Uhr sollte die Band spielen. Seit 30 Minuten warten wir auf sie.
4 Freitags ab 17 Uhr trainiert hier die Breakdance-Gruppe. Es ist schon 18 Uhr, aber niemand ist da.
5 Ich stehe vor der geschlossenen Tanzschule. Es ist Samstag, 11 Uhr. Laut Website bietet die Tanzschule samstags um 11 Uhr Swing-Kurse an.

1. Der Workshop hätte längst beginnen müssen. / Der Workshop müsste längst begonnen haben.
2. …

12 Was wäre, wenn (nicht) …? Formuliert, wie es anders hätte kommen können. Verwendet Verbformen im Konjunktiv II.

1 Bogdan ist zum Capoeira-Workshop gegangen. Seine Freunde haben ihn dazu überredet.
2 John hatte seine Steppschuhe vergessen. Deshalb konnte er nicht mittanzen.
3 Mein Bruder ist ein Tanzmuffel. Deshalb geht seine Freundin jetzt allein zur Line-Dance-Gruppe.
4 Maxi hat sich zum Tanzkurs angemeldet. Ihre Freundin Nele hatte ihr ein Ultimatum gestellt.

1. Wenn seine Freunde Bogdan nicht dazu überredet hätten, wäre er nicht zum Capoeira-Workshop gegangen. / Hätten seine Freunde ihn nicht …
2. …

13 Übe, irreale bildhafte Vergleiche bzw. Wünsche mit dem Konjunktiv II auszudrücken. Wähle Aufgabe a oder b.

●○○ **a** Formuliere statt der unterstrichenen Formulierungen Teilsätze mit *als ob* und dem Konjunktiv II.

1 Sina verkriecht sich bei Kritik <u>wie eine Schnecke</u>.
2 Freds Mutter behandelt ihn manchmal <u>wie ein Kleinkind</u>.
3 Tatiana behandelt ihren Bruder <u>wie einen Dienstboten</u>.
4 Vincent tanzt zu jedem Song <u>wie ein Roboter</u>.
5 Der neue Tanzlehrer behandelt uns <u>wie rohe Eier</u>.
6 Beim Tanzen fühle ich mich leicht <u>wie eine Feder</u>.
7 Nach dem Auftritt verhielten wir uns <u>wie Profis</u>.
8 Das Publikum bejubelte uns <u>wie Stars</u>.

1. Sina verkriecht sich bei Kritik, als ob sie eine Schnecke wäre.
2. ...

●●○ **b** Formuliere alle Sätze aus Aufgabe a zweimal um: A in Vergleichssätze mit *als ob* und B in Wunschsätze. Nutze bei beiden Varianten den Konjunktiv II.

1. A Sina verkriecht sich bei Kritik, als ob ...
B Ich wünschte, Sina würde sich bei Kritik nicht wie ...
2. ...

14 Warum tanzen wir? Lest, was ein Journalist schreibt.

a Untersucht, in welchen Sätzen der Journalist etwas Gesagtes wiedergibt und in welchen Sätzen nicht ganz klar ist, ob er Aussagen wiedergibt oder eigene Aussagen trifft. Erklärt, woran ihr das erkennt.

1 Getanzt werde, sagt die Neurowissenschaftlerin Julia F. Christensen, seit es Menschen gibt.
2 Tanzen würden Menschen für eine gute Ernte, nach einem Sieg oder einfach aus purer Lust am Bewegen.
3 Das menschliche Gehirn kann Rhythmen erkennen und koordiniert dann die Bewegungen des Körpers.
4 Katzen und Hunde könnten das nicht, da sei sich die Wissenschaft einig.
5 Aber warum gibt es auch tanzende Seelöwen, Schimpansen, Ratten und Papageien?
6 Dürfte man ihre Bewegungen überhaupt Tanz nennen?

b Formuliert die unklaren Sätze so um, dass die Redewiedergabe erkennbar ist.

15 Ergänze den Text von Aufgabe 14 durch Aussagen der folgenden Personen. Wähle Aufgabe a oder b.

a Gib die direkte Rede der Personen neutral als indirekte Rede wieder. Verwende den Konjunktiv I oder II und achte auf abwechslungsreiche Formulierungen.

Tipp
Es gibt mehrere Lösungen.

Besitzerin des Kakadus Snowball: „Er liebt Musik. Die ersten Takte reichen, schon hebt er die Beine im Takt und fängt an, mit dem Kopf zu nicken. Nein, dressiert haben wir ihn nicht."

US-Neurowissenschaftler: „Meine Hypothese ist, dass das Wahrnehmen von Rhythmen mit der Fähigkeit zusammenhängt, Geräusche zu imitieren. Das können Papageien. Und Snowball scheint diese Hypothese zu bestätigen."

Forscher aus Tokio: „In unserem Versuch begleiteten Ratten eine Mozartsonate mit rhythmischem Kopfnicken, aber nur, wenn das Tempo bei 120 und 140 Schlägen pro Minute lag. Das ist die typische Schrittfrequenz von Menschen und ihr Lieblingstanztempo. Ratten haben eine viel höhere Schrittfrequenz."

Tanzforscherin Carina L: „Wir wissen noch zu wenig, was beim Tanzen genetisch bedingt ist und was kulturell. Die Fähigkeit von Gehör und Motorik, zur Musik zu interagieren, scheint unter den Arten verbreiteter zu sein, als wir denken."

Wissenschaftlerin: „Tanzen gilt auch als soziales Bindemittel. Synchrones Bewegen mehrerer Menschen löst nachweislich eine Gruppenbindung aus. Bei der Armee soll das Marschieren im Gleichschritt dieses Gefühl wecken."

Die Besitzerin des Kakadus Snowball sagt, er liebe Musik. …
Ein US-Neurowissenschaftler erläutert, seine Hypothese sei, dass
das Wahrnehmen …

b Gib die direkte Rede der Personen als indirekte Rede wieder. Verdeutliche in deiner Redewiedergabe, wie du die Äußerungen hinsichtlich ihrer Glaubwürdigkeit bewertest.

16 Was haltet ihr vom Tanzen? Tanzt ihr gern und oft? Wart ihr schon einmal in einem Ballett?

a Führt Interviews mit Schülerinnen und Schülern eurer Klasse oder Schule zu ihrem Wissen übers Tanzen und ihren eigenen Tanz-Vorlieben.

b Wertet die Interviews aus und gebt die wichtigsten Aussagen in einem zusammenfassenden Text wieder.

---

15 a Wähle aus den folgenden Verben aus, um die indirekte Rede einzuleiten.
sagen / erläutern / betonen / hervorheben / erklären

Aktiv- und Passivformen

1 Wiederhole, was du über die Aktiv- und Passivformen der Verben weißt.
Lies die folgenden Sätze. Wähle Aufgabe a, b oder c.

●○○ **a** Entscheide, ob die unterstrichenen Verbformen im Aktiv, im Vorgangspassiv
oder im Zustandspassiv stehen. Begründe deine Entscheidungen.

Tipp
Prüfe immer, ob
eine Akteurin
bzw. ein Akteur
der Handlung
genannt ist.

1 Die Sportart „Roller Derby" <u>bezeichnet</u> man als Kampfsport auf
Rollschuhen.
2 Diese Sportart <u>wurde</u> in den 1930er-Jahren in den USA <u>entwickelt</u>.
3 Sie <u>ist</u> als Show mit Musik und spektakulären Prügeleien
<u>verbreitet gewesen</u>.
4 Wie beim Wrestling waren auch beim Roller Derby Rempeleien
verabredet.
5 In den 1990er-Jahren haben Fans diesen Sport nach Europa geholt.
6 Seit 2001 ist Roller Derby als Amateursportart anerkannt.
7 Gespielt werden zwei Halbzeiten mit jeweils 30 Minuten auf einer
ovalen Bahn.
8 Besonders junge Frauen sind von diesem Mix aus Musik, Punk und
Kampfsport auf Rollschuhen fasziniert.

●●○ **b** Entscheide, ob die Verbformen in den Sätzen aus Aufgabe a im Aktiv,
im Vorgangspassiv oder im Zustandspassiv stehen.
Begründe deine Entscheidung.

●●● **c** Bestimme die Verbformen in den Sätzen aus Aufgabe a:
Aktiv, Vorgangspassiv oder Zustandspassiv, Tempusform (Zeitform).
Begründe deine Entscheidung.

Von den meisten Verben kann man eine **Aktivform** und eine **Passivform** bilden. Will man betonen, wer handelt, verwendet man die Aktivform, z.B.: *Sie drehen auf Rollschuhen ihre Runden. Kaya ist zehn Runden gefahren.* Ist unwichtig oder unbekannt, wer handelt, nutzt man die Passivform. Soll die Akteurin bzw. der Akteur in Passivsätzen doch genannt werden, schließt man das mit *von* an, z.B.: *Die Meisterschaft wurde vom internationalen Sportverband organisiert.* Man unterscheidet zwei Passivformen:

- Das **Vorgangspassiv** betont den Ablauf der Handlung. Es wird mit dem **Hilfsverb *werden* + Partizip II** eines anderen Verbs gebildet, z.B.: *Alex wurde beim Skaten am Knie verletzt.*
- Das **Zustandspassiv** nennt den neuen Zustand als Ergebnis einer vorhergegangenen Handlung. Es wird mit dem **Hilfsverb *sein* + Partizip II** eines anderen Verbs gebildet, z.B.: *Jetzt ist Alex verletzt und fällt aus.*

Tempus (Zeit)	Vorgangspassiv	Zustandspassiv
Präsens	*Fiona wird am Arm verletzt.*	*Fiona ist am Arm verletzt.*
Präteritum	*Fiona wurde am Arm verletzt.*	*Fiona war am Arm verletzt.*
Perfekt	*Fiona ist am Arm verletzt worden.*	*Fiona ist am Arm verletzt gewesen.*
Plusquamperfekt	*Fiona war am Arm verletzt worden.*	*Fiona war am Arm verletzt gewesen.*
Futur I	*Fiona wird am Arm verletzt werden.*	*Fiona wird am Arm verletzt sein.*
Futur II	*Fiona wird am Arm verletzt worden sein.*	*Fiona wird am Arm verletzt gewesen sein.*

2 Drücke den Zustand mit einer Passivform aus. Wähle Aufgabe a oder b.

●○○ **a** Setze die unterstrichenen Verbformen ins Zustandspassiv Präsens. Unterstreiche in deinen Sätzen das Zustandspassiv.

1 Straßen in der Altstadt hatte man früher <u>gepflastert</u>.
Noch heute ▢ sie ▢.

2 Später sind einige Straßen <u>asphaltiert</u> worden.
Unsere Straße ▢ jetzt auch ▢.

3 Der Rollschuhverleih <u>schloss</u> um 18 Uhr. Jetzt, um 18:30 Uhr, ▢ er ▢.

4 Gestern wollte ich Skier <u>ausleihen</u>. Leider ▢ alle ▢.

1. Noch heute <u>sind</u> sie <u>gepflastert</u>.   *2. ...*

b Formuliere die folgenden Sätze in Aussagen mit Zustandspassiv um. Unterstreiche in deinen Sätzen das Zustandspassiv.

1 Asphaltierte Straßen eignen sich wunderbar zum Rollschuhfahren.
2 Straßen mit Kopfsteinpflaster eignen sich weder für Skateboards noch für Rollschuhe.
3 Skaterinnen und Skater dürfen auf Gehwegen und anderen Verkehrsflächen fahren, die man für Fußgängerinnen und Fußgänger freigegeben hat.
4 Auch an diesem Wochenende hatten sich die Startbahnen des ehemaligen Flughafens Berlin-Tempelhof wieder mit Menschen auf Rädern, Rollschuhen oder Skateboards gefüllt.
5 In London hat man das Skaten im Hydepark sonntags ab 14 Uhr und freitags ab 20 Uhr erlaubt.

1. Asphaltierte Straßen sind wunderbar geeignet ...
2. ...

3 Sage es auf andere Weise. Löse die unterstrichene Wortgruppe in einen Relativsatz mit einer Verbform im Zustandspassiv auf.

1 Roller Derby ist eine als Teamsport ausgewiesene Sportart.
2 Eine auf zwei Minuten begrenzte Spielrunde nennt man beim Roller Derby „Jam".
3 Auf dem Trikot jeder Spielerin steht ein selbst gewählter Kampfname.
4 Ein Spiel besteht aus zwei auf je 30 Minuten festgelegten Halbzeiten.
5 Die laute Musik und das punkige Outfit der Skaterinnen sind beibehaltene Elemente der ehemaligen Showsportart.

1. Roller Derby ist eine Sportart, die als Teamsport ausgewiesen ist.
2. ...

4 Bildet Sätze mit Verbformen im Passiv. Probiert beide Passivformen aus. Tauscht euch über den Bedeutungsunterschied aus.

1 bei einem Rollschuh / vier Räder / paarweise / anordnen
2 bei Inlineskatern / die Räder / in einer Reihe hintereinander / montieren
3 1863 / der Rollschuh / patentieren / in den USA
4 das Patent / vom Erfinder James L. Plimpton / anmelden
5 schon die Rollschuhe meiner Großeltern / mit einem Stopper / ausrüsten
6 Rollschuhe für Wettkämpfe / spezielle Rollen / ausstatten / meist

Tipp
Es gibt mehrere Lösungen. Auch die Tempusform kann variieren.

1. Bei einem Rollschuh sind vier Räder paarweise angeordnet.
(Zustandspassiv)
Bei einem Rollschuh werden/wurden vier Räder paarweise angeordnet.
(Vorgangspassiv)
2. ...

5 Verwende Passivformen. Wähle Aufgabe a oder b.

●○○ **a** Formuliere folgende Sätze im Aktiv in die Passivform um. Begründe, warum du auf die Nennung der Akteurin bzw. des Akteurs verzichten kannst.

1 Die strengen Regeln beim Roller Derby müssen alle Spielerinnen einhalten.
2 Beim Roller Derby sollen alle so richtig schubsen und rempeln.
3 Die Gegnerinnen soll man aber nicht verletzen.
4 Bei dieser Sportart darf niemand ohne Mundschutz auf die Bahn gehen.
5 Alle können die Sportkleidung individuell wählen.

1. Die strengen Regeln beim Roller Derby müssen eingehalten werden. (Begründung: Es versteht sich von selbst, dass die Spielerinnen sie einhalten müssen.)
2. ...

●●○ **b** Formuliere die Ansagen der Trainerin in Regeln um. Verwende die Modalverben *sollen, können, dürfen, müssen* und Passivformen.

1 Die Regeln unbedingt einhalten!
2 Die Gegnerinnen ausbremsen und aus der Bahn werfen!
3 Die Gegnerin nicht verletzen!
4 Die Anweisungen der Schiedsrichter befolgen!
5 Helm, Knie-, Ellenbogen- und Handgelenkschoner anlegen!
6 Den Mundschutz nicht vergessen!

1. Die Regeln müssen unbedingt eingehalten werden.
2. ...

Tipp
Es gibt mehrere Lösungen.

Kassandra Wedel

6 Überarbeite den folgenden Text so, dass er sich flüssiger liest. Ersetze nicht aussagekräftige Akteurinnen bzw. Akteure durch Passivformen.

1 In ihren Tanzstunden hat jemand stets den Bass laut gestellt.
2 Das Parkett vibriert, wenn man den Verstärker auf den Fußboden stellt.
3 Gehörlose können diese Vibrationen mit den Füßen erfühlen und dadurch auch tanzen.
4 Voraussetzung ist lediglich, dass man Takt und Rhythmus spürt.
5 Einige verzichten auf ihr Hörgerät, weil einige es als störend empfinden.
6 Kassandra Wedel kennen viele als Hip-Hop-Weltmeisterin.
7 Sie ist als Vierjährige durch einen Unfall gehörlos geworden und hat später Hip-Hop für sich entdeckt.
8 Seit Abschluss ihrer Tanzausbildung fragt man sie als Hip-Hop-Lehrerin für Gehörlose an.
9 Ihre Gruppe aus gehörlosen und hörenden Tänzerinnen und Tänzern bucht man sogar für internationale Auftritte.
10 Weil Kassandra Wedel die Sicht auf Gehörlosigkeit insgesamt verändert hat, hat man ihr 2024 das Bundesverdienstkreuz verliehen.

Interjektionen

 1 Wiederholt, was Interjektionen leisten, in welchen Situationen und Texten sie vorkommen und wo ihr sie verwendet.

a Lest die Äußerungen des Publikums bei einem Streetdance.

Bam, und weiter geht's!

Was für ein Move! Juhu, Beifall!

Wow, wirklich klasse!

Autsch, das tat bestimmt weh!

Geschafft, puh, hätte nicht gedacht, dass Zuschauen so anstrengend ist.

Ups, fast wäre er gestolpert.

b Bestimmt die Interjektionen in den Sprechblasen von Aufgabe a. Tauscht euch darüber aus, welche Empfindungen sie ausdrücken.

> **Interjektionen** sind eine **unveränderbare** (nicht flektierbare) **Wortart**.
> Sie geben Ausrufe oder Empfindungen wie Überraschung, Enttäuschung, Freude oder Ärger wieder und werden durch Satzzeichen abgegrenzt, z. B.:
> *Wow, was für 'n cooles Shirt! Tja, Pech gehabt! Eh, geht's noch?*
> *Oje, was ist denn hier los?*

 2 Mit Interjektionen kann man unterschiedliche Empfindungen ausdrücken.

a Benennt, was folgende Interjektionen ausdrücken.

Iiiih! / Ach! / Boah! / Mmh! / Oh, là, là! / Na ja! / Na! / Nee! / Huch!

b Verwendet die Interjektionen in kurzen Äußerungen und prüft, ob eure Einschätzung zutraf.

c Überlegt, wie diese Empfindungen in einer anderen Sprache, die ihr sprecht oder lernt, ausgedrückt werden.

3 Gestaltet die folgenden mündlichen Äußerungen lebendiger, indem ihr Interjektionen ergänzt. Probiert verschiedene aus und besprecht deren jeweilige Wirkung.

1   ! Cooler Look!
2   ! Sei doch nicht so träge!
3   , geht doch!
4   ! Das schmeckt ja vorzüglich!
5   ! Das ist ja ein ekliger Schlamm!
6   , hast du dich verletzt?
7   ! Nun komm mal runter! Ich hab doch nur was gefragt!

2 a Wählt aus den folgenden Empfindungen aus.
Angst / Enttäuschung / Ekel / Anerkennung / Überraschung / Freude

Die Wortarten im Überblick

lateinische Bezeichnung	deutsche Bezeichnung	Art der Veränderung	Beispiele
veränderbare (flektierbare) Wortarten			
Nomen/Substantiv	Hauptwort, Sachwort	deklinierbar	*(der) Tanz, (die) Musik, (das) Mikrofon, (die) Rhythmen*
Artikel (bestimmter, unbestimmter)	Geschlechtswort	deklinierbar	*der, die, das; die ein, eine, ein*
Pronomen	Fürwort	deklinierbar	
• Personalpronomen	• persönliches Fürwort		*ich, du, er/sie/es; wir, ihr, sie*
• Possessivpronomen	• besitzanzeigendes Fürwort		*mein, dein, sein/ihr; unser, euer, ihr*
• Relativpronomen	• bezügliches Fürwort		*der, die, das; welcher, welche, welches*
• Demonstrativpronomen	• hinweisendes Fürwort		*dieser, diese, dieses; diese jener, jene, jenes; jene*
• Interrogativpronomen	• Fragefürwort		*Wer? Was für ein? Welcher? Was?*
• Indefinitpronomen	• unbestimmtes Fürwort		*jeder, man, manche, etwas*
• Reflexivpronomen	• rückbezügliches Fürwort		*sich, uns, mich*
Adjektiv	Eigenschaftswort	deklinierbar, komparierbar	*wild, lässig, tanzbar*
Verb • Vollverb • Hilfsverb • Modalverb	Tätigkeitswort, Zeitwort	konjugierbar	*tanzen, lieben haben, sein dürfen, können, wollen, sollen, müssen, mögen*
unveränderbare (nicht flektierbare) Wortarten			
Präposition	Verhältniswort		*an, mit, ohne, für, zu*
Adverb	Umstandswort		*gern, dort, immer, deshalb*
Konjunktion	Bindewort		*und, oder, weil, aber*
Interjektion	Empfindungswort, Ausrufewort		*ah, ach, boah, wow*

Satzbau und Zeichensetzung

Bau des einfachen Satzes

Die Satzglieder im Überblick

1 Wiederhole, was du über Satzglieder weißt.

→ **S. 312:**
Merkwissen:
Umstellprobe

a Ermittle mithilfe der Umstellprobe die Satzglieder in folgenden Sätzen.

1 Wegen des hohen Verkehrsaufkommens konnte man heute im Stadt-
zentrum mit dem Auto nur langsam vorankommen.

2 Die Benutzung der öffentlichen Verkehrsmittel stellt deshalb für jeden
eine gute Alternative zur Lösung dieses Problems dar.

3 In der Bahn kann man sitzend oder auch stehend bis zum Aussteigen
die aktuelle Tageszeitung oder ein interessantes Buch lesen.

4 Für kürzere Wege bevorzugen manche heutzutage das Fahrrad.

→ **S. 279:**
Merkwissen:
Frageprobe

b Bestimme nun mithilfe der Frageprobe die Satzglieder und die Attribute
(Satzgliedteile). Nutze dazu den Merkkasten auf S. 198.

2 Die Stellung der Satzglieder kann variieren.

a Bilde mit den folgenden Wortgruppen mindestens zwei Sätze, indem du
jeweils ein anderes Satzglied ins Vorfeld (an die erste Satzgliedstelle
vor die finite Verbform) setzt. Schreibe die Sätze in dein Heft.

1 sich beteiligen / regelmäßig / viele Schulen / an von den Tageszeitungen
angebotenen Projekten

2 sich verbessern / nach der Schulzeit / für die Schülerinnen und Schüler /
die beruflichen Chancen / durch das Lesen einer Tageszeitung

3 punkten / mit einer guten Allgemeinbildung und Kenntnissen
über das Tagesgeschehen / junge Zeitungsleserinnen und -leser /
in Bewerbungsgesprächen

4 nutzen / verstärkt / das Fernsehen und das Internet / die Jugendlichen /
zur Information über das Tagesgeschehen

5 verwenden / das Radio / viele / zur Information / noch heute

1. Viele Schulen beteiligen sich ... /
An von den Tageszeitungen angebotenen Projekten beteiligen sich ...
2. ...

 b Untersucht und besprecht, wie sich die Wirkung des Satzes durch die unterschiedliche Vorfeldbesetzung verändert.

c Bestimme die Satzglieder und Attribute in deinen Sätzen aus Aufgabe a.
Nutze dazu den Merkkasten auf S. 198.

③ Wende dein Wissen über Satzglieder an.

a Lies den folgenden Merkkasten.

lateinische Bezeichnung	deutsche Bezeichnung	Frage	Beispiel
Subjekt	Satzgegenstand	Wer? Was?	*Die Tageszeitung*
Prädikat	Satzaussage	Was wird ausgesagt?	*liefert*
Objekt	Ergänzung		
• Dativobjekt	• im 3. Fall	Wem?	*der Leserin bzw. dem Leser*
• Akkusativobjekt	• im 4. Fall	Wen? Was?	*wichtige Informationen.*
• Präpositionalobjekt	• mit Präposition	Wofür? …	*Viele interessieren sich <u>für das aktuelle Geschehen</u>.*
• Genitivobjekt	• im 2. Fall	Wessen?	*Bei einigen erfreut sich die Zeitung immer noch <u>großer Beliebtheit</u>.*
Adverbialbestimmung	Umstandsbestimmung		*Manche Erwachsene lesen die Zeitung*
• Temporalbestimmung	• der Zeit	Wann? Seit wann? Wie lange? Wie oft?	*schon morgens*
• Lokalbestimmung	• des Ortes	Wo? Woher? Wohin?	*im Bus oder in der Bahn*
• Kausalbestimmung	• des Grundes	Warum? Wozu?	*aus Interesse*
• Modalbestimmung	• der Art und Weise	Wie?	*sehr aufmerksam.*
Attribut (Satzgliedteil)	Beifügung	Was für ein(e)?	*Ein <u>großer</u> Teil <u>der Leserschaft</u> nutzt die <u>digitalen</u> Zeitungsangebote.*

b Suche eigene Beispiele. Bilde Sätze mit möglichst vielen Satzgliedern und Attributen und bestimme sie.

c Erprobe, wie sich die Aussage und Wirkung deiner Sätze verändert, wenn du Satzglieder umstellst.

④ In welchen Medien informierst du dich? Formuliere in einigen Sätzen, welche Medien du zur Information nutzt. Erkläre, wann, wo, wie oft und warum du diese Medien zur Information nutzt.

Bau des zusammengesetzten Satzes

Die Satzreihe (die Parataxe)

1 Untersuche die folgenden Satzreihen (Parataxen).

a Lies die Satzreihen über Sarah Jägers Buch.

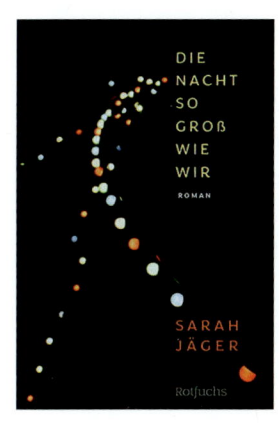

1 Das Buch „Die Nacht so groß wie wir" hat Sarah Jäger geschrieben, es ist ihr zweiter Jugendroman.

2 Dieser Roman wurde für den Jugendliteraturpreis nominiert, denn er enthält auf mitreißende Weise viele unvorhersehbare Entwicklungen.

3 Maja, Suse, Pavlow, Bo und Tolga sind befreundet, aber sie haben nicht allzu viele Gemeinsamkeiten.

4 Eine Gemeinsamkeit sind die geschiedenen oder oft abwesenden Eltern, daher sind die fünf häufig auf sich allein gestellt durch die Schulzeit gegangen.

5 Heute ist der Tag der Abschlussfeier, und die Jugendlichen stehen an einem Wendepunkt in ihrem Leben.

6 Maja, Suse, Pavlow und Tolga holen heute ihr Abschlusszeugnis ab; Bo hat die Prüfungen nicht bestanden, aber er begleitet seine Freunde.

7 Das Buch beginnt mit der Zeugnisausgabe, und man kann als Leserin bzw. Leser erste Besonderheiten der einzelnen Figuren erahnen.

8 Maja ist die Erzählerin im ersten Kapitel, sie schildert die Zeugnisausgabe aus ihrer Perspektive.

9 Von Beginn an spürt man eine große Nähe zu den Figuren, denn die am Geschehen beteiligte Erzählfigur wirkt sehr vertraut mit den anderen.

10 In den weiteren Kapiteln kommen auch andere zu Wort, somit lernt man unterschiedliche Perspektiven und Erzählweisen kennen.

11 Die einzelnen Figuren und deren Merkmale treten immer deutlicher hervor, die Spannung nimmt zu, und man fühlt mit den Beteiligten.

→ **S. 305:** Merkwissen: Satzreihe

b Untersuche, ob die Hauptsätze verbunden oder unverbunden nebeneinanderstehen. Bestimme die Wortart der Verbindungswörter.

→ **S. 288:** Merkwissen: Konjunktion

c Zwei Sätze sind mit einer entgegenstellenden Konjunktion verbunden. Suche die Sätze heraus und ersetze die Konjunktion jeweils durch eine andere sinnentsprechende Konjunktion.

d Begründe, in welchen Sätzen das Komma weggelassen werden kann.

→ **S. 209:** Das Semikolon

e Begründe, warum in Satz 6 ein Semikolon anstatt eines Kommas verwendet wurde.

●●● **f** Tausche in den Sätzen 2 und 3 jeweils die Teilsätze. Verändere dabei ggf. die Teilsätze. Entscheide, welche Variante dir besser gefällt, und begründe.

> **Zusammengesetzte Sätze** bestehen aus zwei oder mehreren Teilsätzen.
> Sind die Teilsätze Hauptsätze und damit gleichrangig bzw. nebengeordnet,
> bilden sie eine **Satzreihe** (Satzverbindung), auch **Parataxe** genannt.
> **Hauptsätze** erkennt man daran, dass die finite (gebeugte) Verbform
> an zweiter Satzgliedstelle steht. Die Hauptsätze lassen sich **unverbunden**
> aneinanderreihen oder mit einer nebenordnenden **Konjunktion** bzw. einem
> **Adverb verbinden**, z. B.:
> *Die Nacht nach der Abschlussfeier ist die letzte gemeinsam verbrachte Zeit,*
> *es soll eine ganz besondere Nacht werden.*
> *Es soll eine unvergessliche Nacht werden, doch einiges läuft aus dem Ruder.*
> Hauptsätze werden durch **Komma** voneinander getrennt, es sei denn, sie
> sind durch *und* oder *oder* verbunden, dann ist das Komma freigestellt, z. B.:
> *Morgen gehen alle auseinander(,) und sie sehen sich vielleicht nie wieder.*
> Man vermeidet Fehler, wenn man Teilsätze immer durch Komma abgrenzt.

2 Die Autorin Sarah Jäger verwendet in ihrem Buch „Die Nacht so groß wie wir" oft einfache Sätze und Satzreihen (Parataxen).

a Lest folgende Sätze aus dem ersten Kapitel, in dem die Figur Maja erzählt. Besprecht, welche Wirkung von den Sätzen ausgeht.

1 „Es beginnt mit Tolga. […] Er steht auf und guckt uns mit leicht geöffnetem Mund an, die Narbe an seiner Schläfe leuchtet rot. Von seinen Eltern kann er keine Hilfe erwarten, sie sind noch mit den Einstellungen an ihrer Digitalkamera beschäftigt."

2 „Auch an diesem Tag trägt er seine graue Kapuzenjacke, in manchen Dingen ist Tolga unheimlich konsequent."

3 „Nur bei seinen dunkelbraunen Locken hat er eine Ausnahme gemacht, sie haben heute einen Kamm gesehen."

4 „Betont langsam geht [Pavlow] den Mittelgang entlang, seine Arme schwingen vor und zurück."

5 „Er steigt die drei Stufen zur Bühne hinauf. Sein rechter Fuß steht bereits auf der Bühnenfläche, doch Pavlow friert einen Moment in der Bewegung ein, bevor er sein linkes Bein nachzieht."

6 „Eine Minute später hallt mein Name durch die Aula. Ich sehe in meinen Augenwinkeln Tolga und Bo, hinter mir spüre ich Pavlow und Suse."

b Sucht die Satzreihen heraus und untersucht sie genauer.
Nennt jeweils die Hauptsätze und ermittelt, wie sie verbunden sind.

3 Stelle dir die Situation deiner Zeugnisausgabe vor. Beschreibe mithilfe von Satzreihen (Parataxen), was du beobachten, denken oder fühlen könntest.

Noch bin ich sehr ruhig, aber einige von uns …
Die meisten sind mit ihren Eltern da, nur Noah kam allein(,) und …

Das Satzgefüge (die Hypotaxe)

→ S. 304:
Merkwissen:
Satzgefüge

1 Wiederhole, was du über Satzgefüge (Hypotaxen) weißt.

a Schreibe die folgenden Satzgefüge ab. Unterstreiche die Subjekte und die finiten Verbformen, rahme die Einleitewörter ein.

1 Gemeinsam wollen die fünf Jugendlichen bis zum nächsten Morgen tun, was sie bisher noch nie gemacht haben.

2 Und danach wird nichts mehr so sein, wie es vorher war.

3 Pavlow ist auf seinen Vater wütend, der mit seiner neuen Familie glücklich ist.

4 Er weiß, dass sein Vater nicht zu Hause ist.

5 Da er den Ort kennt, wo der Zweitschlüssel liegt, stehen alle fünf kurz darauf in dem schönen Haus des Vaters.

6 Als der Abend mit dem Trinken der teuren Spirituosen des Vaters beginnt, ahnen die Freunde noch nicht, welchen ungeahnten Verlauf er noch nehmen wird.

7 Nachdem sie das Haus verwüstet haben, steht plötzlich Pavlows Vater in der Tür.

8 Die Spannung steigt, weil niemand weiß, was jetzt geschehen wird.

1. Gemeinsam wollen die fünf Jugendlichen bis zum nächsten Morgen tun, was sie bisher noch nie gemacht haben.
2. ...

b Ermittle die Hauptsätze und die Nebensätze. Bestimme die Nebensätze nach ihrer Stellung zum übergeordneten (Teil-)Satz und nach dem Einleitewort. Nutze dazu den folgenden Merkkasten.

Einteilung der Nebensätze nach			
der Stellung zum übergeordneten (Teil-)Satz (Hs, Ns)	**der Art des Einleitewortes**	**dem Grad der Abhängigkeit vom übergeordneten (Teil-)Satz (Hs, Ns)**	**der Funktion, d. h. dem Satzgliedwert**

• Vordersatz
  Ns, Hs.
• Zwischensatz
  Hs, Ns, Hs.
• Nachsatz
  Hs, Ns.
	• Konjunktionalsatz (z. B.: *dass, weil, als, nachdem*)
	• Relativsatz (z. B.: *der, die, das; welcher, welche, welches*)
	• Fragewortsatz (z. B.: *wo, wann, wie*)
		• Nebensatz 1. Grades
		  Hs, Ns.
		• Nebensatz 2. Grades
		  Hs, Ns 1, Ns 2.
		• ...
			• Gliedsatz
			  – Subjektsatz
			  – Objektsatz
			  – Adverbialsatz
			• Gliedteilsatz
			  (Attributsatz)

c Bestimme die Nebensätze aus Aufgabe a nach dem Grad der Abhängigkeit vom übergeordneten Teilsatz. Orientiere dich am Merkkasten.

2 Ermittle die Hauptsätze und die Nebensätze in den folgenden Satzgefügen. Schreibe die Satzgefüge in dein Heft, setze dabei die fehlenden Kommas.

Achtung, Fehler!

1 Die Freunde nehmen das Auto von Pavlows Vater mit dem sie zur Abschlussfeier in die Turnhalle fahren.
2 Nachdem Bo und Maja die anderen an der Turnhalle abgesetzt haben drehen sie noch ein paar Runden um den Stadtring.
3 Da Pavlows Vater sie erwischt und das Auto an sich nimmt bleiben beide allein und ohne Auto in der Stadt zurück.
4 Die anderen feiern schon kräftig während Bo und Maja erst bei der Abschlussfeier in der Turnhalle eintreffen.
5 Der Abend erreicht seinen Höhepunkt als alle mit ihren Geheimnissen konfrontiert werden.

3 Nebensätze nennt man auch Gliedsätze bzw. Gliedteilsätze.

a Lies dazu folgenden Merkkasten.

> Der **Nebensatz** erfüllt für den Satz, von dem er abhängig ist, die **Funktion eines Satzgliedes oder Satzgliedteils** (Attribut). Man nennt ihn deshalb **Gliedsatz** oder **Gliedteilsatz** (Attributsatz).
>
> | | |
> |---|---|
> | **Subjekt-satz** | *Wer von den Eltern oft allein gelassen wird*, ist manchmal sehr wütend auf sie. (Wer ist manchmal sehr wütend auf sie?) *Dass Pavlow sehr wütend auf seinen Vater ist*, versteht sich von selbst. (Was versteht sich von selbst?) |
> | **Objekt-satz** | Pavlow weiß, *dass der Zweitschlüssel unter der Regentonne liegt*. (Was weiß Pavlow?) Wahrscheinlich hat Tolga gedacht, *dass er bei seinem Nachnamen erst als Letzter sein Zeugnis bekommt*. (Was hat Tolga gedacht?) |
> | **Adverbial-satz** | Bo bekommt kein Abschlusszeugnis, *weil er zur Nachprüfung nicht angetreten ist*. (Warum bekommt Bo kein Abschlusszeugnis? – Kausalsatz) *Als die Nacht bevorsteht*, wollen die Freunde etwas ganz Besonderes machen. (Wann wollen die Freunde etwas ganz Besonderes machen? – Temporalsatz) Pavlow will sich an seinem Vater rächen, *indem er sein Haus verwüstet*. (Wie will sich Pavlow rächen? – Modalsatz) |
> | **Attribut-satz** (Gliedteil-satz) | Die alte Waldhütte, *die sie als Kinder selbst gebaut haben*, besuchen Maja und Tolga. (Was für eine Waldhütte?) Die Freunde zertrümmern auch das Porzellan von Pavlows Vater, *das in der Vitrine steht*. (Was für Porzellan?) |

b Ermittle in den folgenden Satzgefügen die Nebensätze und bestimme ihre Funktion (ihren Satzgliedwert). Nutze dazu den Merkkasten auf S. 202.

1 Wer in seiner Freizeit gern liest, muss sich nicht unbedingt viele Bücher kaufen.

2 Man kann auch in eine Bibliothek gehen, in der man sich Bücher ausleihen kann.

3 Viele Bücher gibt es in den Bibliotheken auch als E-Books, die man online lesen kann.

4 Da es heutzutage viele Bücher auch als Hörbücher gibt, kann man nebenbei immer noch einer anderen Tätigkeit nachgehen.

5 Mit einer kostenlosen Hörprobe kann man testen, ob einem der Vorlesestil der Sprecherin oder des Sprechers zusagt.

●●● **c** Bestimme die Satzgliedfunktion der Nebensätze in Aufgabe 1 a (S. 201).

4 Nebensätze können Adverbialsätze sein.

a Schreibe die folgenden Sätze ab und setze die Kommas. Rahme die Einleitewörter der Nebensätze ein und bestimme die Art der Adverbialsätze.

Achtung, Fehler!

1 Viele kaufen ihre Bücher dort wo sie preiswert sind.

2 Seitdem es E-Books gibt lesen einige ihre Bücher lieber digital.

3 Manche finden interessante Bücher für sich indem sie die Werbung in verschiedenen Medien verfolgen.

4 Weil einige wenig Zeit zum Lesen haben greifen sie auf Hörbücher zurück.

5 Hörbücher lassen sich gut nebenbei nutzen während man zum Beispiel bastelt oder bügelt.

1. Viele kaufen ihre Bücher dort, ⬛*wo* *sie preiswert sind. (Lokalsatz)*
2. ...

●●● **b** Bilde aus den einfachen Sätzen jeweils ein Satzgefüge mit einem Adverbialsatz und bestimme die Art des Adverbialsatzes.

1 Die Stadt Brandenburg ehrt den bedeutenden Humoristen Loriot. In der Stadt wurden etwa fünfzig aus Bronze gegossene Möpse aufgestellt.

2 Theodor Fontane wurde in Neuruppin geboren. Hier begann er auch seine Wanderungen durch die Mark Brandenburg.

3 Im Jahr 1934 erschien Bertolt Brechts „Dreigroschenroman". Zu dieser Zeit lebte er bereits im Exil.

4 Ein Besuch der Stadt Weimar lohnt sich immer. Man kann hier auf den Spuren von Goethe und Schiller wandeln.

5 Lies die folgenden Sätze und bilde Satzgefüge (Hypotaxen).

Tipp
Beachte die Stellung der finiten Verbform.

a Bilde aus den einfachen Sätzen jeweils ein Satzgefüge und begründe die Kommasetzung.

1 Unter einem Hobby versteht man eine Freizeitbeschäftigung. Dieser geht man zum eigenen Vergnügen regelmäßig nach.
2 Ein beliebtes Hobby ist das Lesen. Man kann dabei wunderbar entspannen.
3 Man kann dem stressigen Alltag entfliehen. Man taucht in faszinierende Bücherwelten ein.
4 Auch heute noch lesen einige Menschen sehr gern. Die Bücher sind heute relativ einfach verfügbar.
5 Lesen als Hobby hat einen großen Vorteil. Man kann diesem Hobby an jedem Ort nachgehen.

b Vergleicht eure Satzgefüge und arbeitet Unterschiede heraus. Überlegt, ob sich die Wirkung der Sätze durch diese Unterschiede verändert.

6 Bestimme deine Nebensätze aus Aufgabe 5a. Wähle Aufgabe a oder b.

●○○ **a** Bestimme deine Nebensätze nach der Stellung zum übergeordneten Satz/Teilsatz, nach dem Einleitewort und dem Grad ihrer Abhängigkeit vom Hauptsatz. Orientiere dich am Merkkasten auf S. 201.

●●○ **b** Bestimme deine Nebensätze nach der Stellung zum übergeordneten Satz/Teilsatz, dem Einleitewort, dem Grad ihrer Abhängigkeit vom Hauptsatz und nach ihrer Funktion (dem Satzgliedwert).

7 Bestimme die Nebensätze. Wähle Aufgabe a oder b.

●○○ **a** Schreibe die folgenden Sätze ab und setze die Kommas. Unterstreiche die Nebensätze und bestimme sie nach der Stellung zum Hauptsatz, nach dem Einleitewort und dem Grad ihrer Abhängigkeit vom Hauptsatz.

Achtung, Fehler!

1 Weil man in der Schule bestimmte Bücher lesen muss entwickeln viele eine ablehnende Haltung gegenüber dem Lesen.
2 Wer dem Lesen offen begegnet findet immer wieder Zugang zu Büchern.
3 Das Lesen das für manche ein Hobby ist entführt in fremde Welten.
4 Leidenschaftliche Leserinnen und Leser wünschen sich dass sich die Autorinnen und Autoren immer wieder neue Geschichten einfallen lassen.

1. *Weil man in der Schule bestimmte Bücher lesen muss*, entwickeln viele eine ablehnende Haltung gegenüber dem Lesen.
Ns, Hs. (Vordersatz, Konjunktionalsatz, Ns 1. Grades)
2. ...

5a Wähle aus den folgenden Einleitewörtern aus.
da / das / dass / der / die / sodass / weil / sobald

●●○ **b** Schreibe die Sätze aus Aufgabe a ab und setze die Kommas. Bestimme die Nebensätze nach der Stellung zum Hauptsatz, dem Einleitewort, dem Grad ihrer Abhängigkeit vom Hauptsatz und nach ihrer Funktion (dem Satzgliedwert).

> 1. *Weil man in der Schule bestimmte Bücher lesen muss, entwickeln viele eine ablehnende Haltung gegenüber dem Lesen.*
> *Ns, Hs. (Vordersatz, Konjunktionalsatz, Ns 1. Grades, Adverbialsatz)*
> 2. ...

8 Die folgenden Sätze bestehen aus mehreren Teilsätzen.

a Schreibe sie ab und setze die Kommas.

Achtung, Fehler!

1 Weil in der Schule oft die Lehrkräfte entscheiden welche Bücher die Jugendlichen lesen müssen sind Bücher für sie ein rotes Tuch.
2 Später merken manche dass man beim Lesen wunderbar entspannen kann und sie erklären das Lesen zu einem ihrer Hobbys.
3 Viele können sich für die Geschichten die im Buch erzählt werden regelrecht begeistern weil sie so in eine andere Welt eintauchen können.
4 Wer das Lesen für sich entdeckt hat kann eine besondere Beziehung zu Büchern aufbauen die ein Leben lang hält.
5 Aber nicht nur Geschichten können Menschen begeistern auch Lyrikausgaben die oft aufwendig und kunstvoll gestaltet sind finden viele Fans.
6 Andere bevorzugen Sachbücher oder Bildbände deren Texte und Fotos ganz neue Einsichten ermöglichen die zum Beispiel Natur- und Technikinteressierte besonders ansprechen.

b Bestimmt die Nebensätze nach der Stellung zum übergeordneten Satz/Teilsatz, dem Einleitewort, dem Grad ihrer Abhängigkeit vom übergeordneten Satz/Teilsatz und nach ihrer Funktion (dem Satzgliedwert).

> 1. *Weil in der Schule oft die Lehrkräfte entscheiden, welche ...*
> *Ns 1, Ns 2, Hs.*
> *Ns 1: Vordersatz, Konjunktionalsatz, Ns 1. Grades, Adverbialsatz*
> *Ns 2: Nachsatz, Fragewortsatz, ...*

●●● **9** Bilde selbst mehrfach zusammengesetzte Sätze. Wähle dazu aus folgendem Wortmaterial aus und erprobe verschiedene Varianten.

digitale Angebote / E-Books / Vorteil / Bildmaterial / Hörbeispiele / aufwendige Arbeits- und Herstellungskosten

anbieten / anreichern / veranschaulichen / ergänzen / bereitstellen / vergüten

verfügbar / abrufbar / zugänglich

Tipp
Du musst eigene Wörter ergänzen, um sinnvolle Sätze bilden zu können.

Zeichensetzung

Die Kommasetzung im Überblick

Regel	Beispiel
Die Kommasetzung im einfachen Satz	
Ein Komma muss gesetzt werden bei: • **Aufzählungen** von Wörtern und Wortgruppen, wenn diese nicht durch *und, oder, sowie, sowohl … als auch* verbunden sind.	*Man kann zwischen <u>gedruckten Büchern, E-Books oder Hörbüchern</u> wählen.*
• **nachgestellten Erläuterungen** (auch in Form von Appositionen und Datumsangaben)	*Beim Hören eines Hörbuchs kann man nebenbei noch einer anderen Tätigkeit nachgehen, <u>z. B. joggen, einkaufen oder aufräumen.</u>* *Am Mittwoch, <u>dem 3. September,</u> erscheint das neue Buch der bekannten Autorin.*
• **Infinitivgruppen** (Infinitive mit *zu*), wenn die Infinitivgruppe erweitert ist	*Man kann sich einfach eine App auf sein Handy laden, um ein Hörbuch zu hören.* *Ein gutes Hörbuch bietet die Möglichkeit, die Wirkung eines Buches zu verstärken.* *Trotzdem lieben es viele, ein gedrucktes Buch in der Hand zu halten.*
• **Partizipgruppen**, wenn sie als nachgestellte Erläuterungen auftreten. Wenn die Partizipgruppe vorangestellt oder eingeschoben ist, kann man Komma(s) setzen.	*Ein Hörbuch, <u>professionell gesprochen,</u> kann die Stimmung der Geschichte wiedergeben.*
Die Kommasetzung im zusammengesetzten Satz	
Durch Komma abgetrennt werden: • **Nebensätze** vom Hauptsatz oder einem weiteren Nebensatz,	*Ein E-Book hat den Nachteil, dass man immer an das Aufladen des Akkus des Lesegeräts denken muss.*
• **gleichrangige Hauptsätze** einer Satzreihe (Satzverbindung), wenn sie nicht durch *und, oder, sowie* verbunden sind.	*Man kann sich leicht kostenlose E-Books herunterladen, man kann aber auch problemlos E-Books kaufen.*
Komma bei Anreden, Ausrufen, Ausdrücken einer Stellungnahme	
Durch Komma abgetrennt werden: • **Anreden,**	*<u>Hallo(,) Leon,</u> hast du schon mein neues Buch gesehen?*
• besonders hervorgehobene **Ausrufe** und **Ausdrücke einer Stellungnahme.**	*<u>Nein,</u> habe ich nicht.* *<u>Ach,</u> das kenne ich.*

Tipp
Erprobt ggf. auch ein KI-Tool. Gebt Aufträge (Prompts) zur Kommasetzung ein und prüft die Ergebnisse kritisch.

Achtung, Fehler!

1 Die folgenden Sätze enthalten jeweils eine Infinitivgruppe. Schreibe die Sätze ab, setze dabei die Kommas und unterstreiche die Infinitivgruppen.

1 Hast du schon einmal darüber nachgedacht Drehbücher zu schreiben?

2 Es gibt zahlreiche Wege um Drehbuchautorin bzw. -autor zu werden.

3 Auf alle Fälle ist es hilfreich sich in der Film- und Fernsehbranche auszukennen.

4 Man hat die Möglichkeit das Drehbuchschreiben an einer Universität zu studieren.

5 Man kann es aber auch vorziehen sich das Handwerkszeug durch Online-Kurse oder Bücher selbst beizubringen.

6 Vor dem Schreiben ist es wichtig möglichst viele Drehbücher zu lesen.

7 Das Lesen von Drehbüchern kann dabei helfen eigene Ideen zu entwickeln.

8 Allerdings ist es nicht erlaubt Ideen anderer zu stehlen oder gar ganze Drehbücher zu kopieren.

1. Hast du schon einmal darüber nachgedacht, <u>Drehbücher zu schreiben</u>?
2. ...

2 Füge den zweiten Satz jeweils als nachgestellte Erläuterung in den ersten Satz ein und setze die Kommas.

1 Hin und wieder passiert es, dass man bestimmte Buchtitel einfach nicht bekommen kann. Das sind vor allem antiquarische oder längst vergriffene Bücher.

2 Eine Buch-Suchmaschine prüft äußerst schnell alle Angebote zu dem gesuchten Buchtitel. Das geht in Sekundenschnelle.

3 Mehr als 250 Millionen Titel kann man so finden. Dazu gehören auch besonders alte und seltene Auflagen.

4 Neben klassischen Büchern kann man auch nach anderen Büchern suchen. Das sind Hörbücher, E-Books, Schulbücher und Sachbücher.

5 Jährlich erscheinen allein in Deutschland etwa 70 000 Bücher und müssen in Datenbanken erfasst werden. Davon sind mehr als 60 000 Erstauflagen.

6 Auch Bibliotheken leisten einen großen Beitrag zur systematischen Sammlung und Archivierung von Büchern. Insbesondere die Deutsche Nationalbibliothek sammelt und archiviert Bücher.

1. Hin und wieder passiert es, dass man bestimmte Buchtitel, vor allem antiquarische oder längst vergriffene Bücher, einfach nicht bekommen kann.
2. ...

Deutsche Nationalbibliothek, Leipzig

3 Übe die Kommasetzung. Wähle Aufgabe a oder b.

●○○ **a** Schreibe die folgenden Sätze ab und setze alle nötigen Kommas.
Schreibe hinter jeden Satz die Kommaregel.

1 Der Roman „Was wir dachten, was wir taten" der Debütroman
von Lea-Lina Oppermann behandelt ein sehr brisantes Thema.
2 Die Schülerinnen und Schüler hören in der Mathestunde die Lautsprecherdurchsage dass ein schwerwiegendes Sicherheitsproblem aufgetreten ist.
3 Alle sind aufgeregt verriegeln die Tür und verhalten sich äußerst leise.
4 Als die Klasse noch über den Grund der Durchsage nachdenkt bittet ein
Mädchen schluchzend um Einlass.
5 Die Klasse und der Lehrer wissen nicht ob sie die Tür öffnen sollen.
6 Ohne die Entscheidung des Lehrers abgewartet zu haben lässt ein Schüler
schließlich die Fünftklässlerin herein.
7 Das erweist sich als großer Fehler denn eine maskierte Person bedroht
das Mädchen.

1. Der Roman „Was wir dachten, was wir taten", der Debütroman
von Lea-Lina Oppermann, behandelt ein sehr brisantes Thema.
(nachgestellte Erläuterung)
2. ...

●●○ **b** Schreibe die folgenden Sätze ab und setze alle nötigen Kommas.
Schreibe hinter jeden Satz die Kommaregel.

Tipp
Erprobt ggf. auch
ein KI-Tool. Gebt
Aufträge (Prompts)
zur Kommasetzung
ein und prüft die
Ergebnisse kritisch.

1 Der Roman „Was wir dachten, was wir taten" der Debütroman
von Lea-Lina Oppermann behandelt einen Amoklauf an einer Schule
ein sehr brisantes Thema.
2 Die Schülerinnen und Schüler hören in der Mathestunde sitzend die
Lautsprecherdurchsage dass ein schwerwiegendes Sicherheitsproblem
aufgetreten ist wissen aber nicht worum es geht.
3 Alle sind aufgeregt verriegeln die Tür und verhalten sich äußerst leise
um nicht aufzufallen.
4 Als die Klasse noch über den Grund der Durchsage nachdenkt bittet
ein Mädchen schluchzend um Einlass was zu großer Verunsicherung führt.
5 Die Klasse und der Lehrer wissen nicht ob sie die Tür öffnen sollen denn
sie befürchten dass sie jemandem die Chance geben ins Zimmer
zu kommen.
6 Ohne die Entscheidung des Lehrers abgewartet zu haben lässt ein Schüler
die Fünftklässlerin herein was nicht alle Anwesenden gutheißen.
7 Das erweist sich als großer Fehler denn durch das Mädchen das von einer
maskierten Person mit der Waffe bedroht wird geraten alle in Gefahr
und die Situation spitzt sich zu.

Das Semikolon

Das **Semikolon** (der Strichpunkt) kann zwischen gleichrangigen Wortgruppen oder Sätzen stehen, wo der Punkt zu stark, das Komma zu schwach abtrennen würde, z. B.:

Man kann sich eigentlich nicht vorstellen, dass sich jemand bei dem Buch „Was wir dachten, was wir taten" langweilt; sicherlich kann man damit viele Diskussionen anregen.

Das Semikolon kann auch verwendet werden, um zusammengehörige Gruppen in Aufzählungen zu markieren, z. B.:

Lea-Lina Oppermanns Roman überzeugt viele Leserinnen und Leser, besonders durch:
– die Auswahl der Thematik, die Plausibilität und Sogwirkung der Handlung;
– die Auswahl und Gestaltung der Figuren;
– die formale und sprachliche Gestaltung.

1 Begründe die Verwendung des Semikolons in den folgenden Sätzen.

1 Es gibt Bücher, die man nicht aus der Hand legen kann; so ein Buch ist Lea-Lina Oppermanns Buch „Was wir dachten, was wir taten".

2 Eine Lautsprecherdurchsage verkündet ein schwerwiegendes Sicherheitsproblem; alle denken sofort an einen Amoklauf, was sich auch kurz darauf bestätigt.

3 Es klopft an der Tür und niemand weiß, was zu tun ist: die Tür öffnen oder nicht öffnen; den Unterricht abbrechen oder einfach weitermachen.

4 Später fragen sich alle, wie man sich hätte verhalten können: einfach ruhig bleiben, abwarten und auf Hilfe hoffen; lautstark um Hilfe rufen und Fluchtmöglichkeiten suchen; sich gemeinsam wehren, das Mädchen befreien und sich somit selbst helfen?

2 Entscheide, wo du in den Sätzen ein Komma oder ein Semikolon setzen musst bzw. solltest. Begründe deine Entscheidung.

Achtung, Fehler!

1 In einer Bibliothek kann man Bücher für Kinder Jugendliche und Erwachsene Zeitungen Zeitschriften und Lexika ausleihen das geht natürlich auch alles online.

2 Bei Büchern kann man zwischen den Gattungen Epik Lyrik und Dramatik wählen man kann außerdem zwischen Jugendroman Krimi Fantasy-Roman oder auch Tagebuch wählen.

3 Es lohnt sich in einer Bibliothek nach Lea-Lina Oppermanns Roman „Was wir dachten, was wir taten" zu suchen möglicherweise ist er sowohl als Printausgabe als auch als E-Book vorhanden.

4 Es lohnt sich auch eine Hörprobe des Hörbuchs zu besorgen bekanntermaßen beeinflussen Stimme und Lesart die Wirkung des Textes.

Die Zeichensetzung beim Zitieren

→ S. 320, 300:
Merkwissen:
Zitieren,
Quellenangabe

 1 Wiederholt, was ihr bereits über richtiges Zitieren und das Angeben von Quellen wisst.

 2 Informiere dich über Ausbildungsberufe im Verlagswesen.

a Lies den folgenden Text.

Dagmar Kraneis

Welche Berufe gibt es im Verlagswesen?

Die Buch- und Zeitschriftenbranche in Deutschland ist groß. Sie ist nicht nur für Leseratten interessant, sondern bietet viele verschiedene Betätigungsfelder in kreativen, technischen und kaufmännischen Berufen in Verlagen, Druckereien und Buchhandlungen.

5 Als Mediengestalterin bzw. -gestalter ist man für die Erstellung und Bearbeitung von gedruckten oder digitalen Medien verantworlich, z. B. von Prospekten, Katalogen, Plakaten, Zeitungen oder Zeitschriften, audio-
10 visuellen und crossmedialen Medien. Mediengestalterinnen und -gestalter programmieren auch interaktive digitale Medien und achten dabei besonders auf die Benutzungsführung (Usability) und die Einhaltung von medien-
15 rechtlichen Vorgaben, z. B. zur Barrierefreiheit und zu Qualitätsstandards. Kommunikationsdesignerinnen und -designer planen und gestalten die Werbung; das erfolgt sowohl per Hand als auch computergestützt. Sie entwerfen Pros-
20 pekte, Kataloge und Internetauftritte.
Zu den Aufgaben einer Medientechnologin bzw. eines Medientechnologen in der Druckverarbeitung gehören das Einrichten von Maschinen, das Steuern und Überwachen von Verarbeitungsanlagen wie Druck-, Schneide- und Buchbindemaschinen und das Kontrollieren von Produktions- und Vered-
25 lungsprozessen.
Die Medienkauffrau bzw. der Medienkaufmann berät Kundschaft im Marketing oder Vertrieb, entwickelt Marketingkonzepte mit und setzt diese um.
Die Buchhändlerinnen und -händler verkaufen im Buchhandel Bücher, Zeitungen, Zeitschriften und elektronische Medien. Sie planen den Einkauf,
30 präsentieren die Produkte im Laden oder im Onlineshop und pflegen den Lagerbestand. Arbeiten sie in Verlagen, sind sie oft für die Kontakte zum Buchhandel oder den Kauf und Verkauf von Lizenzen zuständig.

(Nach:
https://planet-beruf.de
[31.05.2024].)

Tipp
Achte auf die
Kennzeichnung der
Zitate und Kurzan-
gaben der Quellen.

b Wähle einen der im Text von Aufgabe a genannten Berufe aus. Lies noch
einmal im Text nach und recherchiere weitere Fakten. Stelle den Beruf
in der Klasse vor. Notiere dazu Stichpunkte und verwende auch Zitate.

Mediengestalter/-in (Fachrichtung Printmedien)
– z.B. Erarbeiten „von Prospekten, Katalogen, Plakaten, Zeitungen oder
Zeitschriften, audiovisuellen und crossmedialen Medien" (Kraneis 2025,
S.210)
– „Ausgehend von den Kundenanforderungen an das Produkt bereiten sie
zunächst Bild-, Grafik-, Text- und Videomaterial auf ..." (Steckbrief
Mediengestalter/-in 2024)
– 3 Jahre duale Ausbildung in der Medien- und Kommunikationsbranche
(vgl. Steckbrief Mediengestalter/-in 2024)
– ...

Tipp
Wenn möglich,
arbeite am
Computer.

c Wiederhole, was bei der Gestaltung eines Quellenverzeichnisses wichtig ist.
Gib die Quellen deiner direkten und indirekten Zitate exakt an.

Quellenverzeichnis:
– Kraneis, Dagmar: Welche Berufe gibt es im Verlagswesen? Muttersprache
plus 10. Sprach- und Lesebuch. Berlin: Cornelsen Verlag, 2025, S.210.
– Steckbrief Mediengestalter/-in. Online im Internet: https://planet-beruf.
de/fileadmin/assets/PDF/BKB/137683.pdf [01.11.2024].
– ...

d Ordne die Anfänge der folgenden Internetquellen A bis D den entsprechenden Fortsetzungen 1 bis 4 zu. Überprüfe die Aktualität und Korrektheit
der Internetquellen. Korrigiere sie, wenn nötig, oder schreibe eine aktuelle
Internetquelle zu den genannten Berufen auf.

A	Drucker: „So hat sich unser Beruf verändert".	**1**	Online im Internet: https://www.azubiyo.de/berufe/kaufmann-marketingkommunikation/ [01.11.2024].
B	Medientechnologe/-technologin: Ausbildung & Beruf.	**2**	Online im Internet: https://www.ihk.de/berlin/ausbildung/ausbildungsberufe-von-a-bis-z/buchhaendler-2262534 [01.11.2024].
C	Kaufmann/Kauffrau für Marketing-kommunikation: Ausbildung & Beruf.	**3**	Online im Internet: https://www.arbeitswelt-portal.de/berufe-im-wandel/artikel/drucker-so-hat-sich-unser-beruf-veraendert [01.11.2024].
D	Buchhändler/-in: Information zum Ausbildungsberuf.	**4**	Online im Internet: https://www.ausbildung.de/berufe/medientechnologe/ [01.11.2024].

3 Informiert euch über den Deutschen Jugendliteraturpreis.

a Notiert stichpunktartig wichtige Informationen einschließlich der genutzten Quellen. Notiert für das Quellenverzeichnis alle Quellenangaben auch vollständig.

Deutscher Jugendliteraturpreis
– wird verliehen seit ... (vgl. ...)
– gestiftet von ... (vgl. ...)
– ...

b Informiert euch, welche Bücher im vergangenen oder aktuellen Jahr nominiert wurden. Notiert Buchtitel, die euch interessieren, und die entsprechenden Autorinnen bzw. Autoren.

  4 Beschäftigt euch mit einem der für den Jugendliteraturpreis nominierten Bücher genauer.

a Wählt einen Jugendroman aus den aktuellen Nominierungen aus, den ihr eventuell auszeichnen würdet. Orientiert euch dazu an Cover, Klappentext und einem ersten Blick ins Buch, zum Beispiel in einer Leseprobe im Internet. Zieht ggf. auch die Jurybegründungen heran.

Tipp
Beachtet die Quellenangaben.

b Recherchiert zu diesem Buch und dessen Autorin bzw. Autor. Notiert eure Ergebnisse in Stichpunkten und begründet eure Auswahl zunächst mithilfe der gefundenen Informationen und Aussagen. Nutzt direkte Zitate für besonders Wichtiges bzw. Interessantes.

c Lest den Beginn und ggf. weitere Kapitel des Buches.

→ S. 116:
Gewusst wie:
Literarische Gespräche
führen

d Analysiert und interpretiert das Gelesene in einem literarischen Gespräch. Vergleicht eure Leseeindrücke, Analyse- und Interpretationsergebnisse mit den in Aufgabe b gefundenen Informationen und Aussagen.

e Notiert eigene Begründungen für die Auswahl oder die Ablehnung des Buches. Nutzt Zitate, um eure Begründungen zu belegen.

f Stellt eure Ergebnisse in der Klasse vor.

→ S. 298:
Merkwissen:
Präsentieren

 5 Wähle ein Buch aus, das du in der Klasse zum Lesen empfehlen möchtest. Stelle es mithilfe einer Präsentation vor. Nutze geeignete Zitate und beziehe auch das Vorlesen ausgewählter Textstellen ein.

Satz- und Textgestaltung

Die Ellipse

> Eine **Ellipse** ist ein grammatikalisch unvollständiger Satz, in dem Wörter
> oder Satzteile weggelassen wurden, den man aber trotzdem verstehen
> kann, z. B.: *Was nun?* (statt: *Was machen wir nun?*)
> *Keine Ahnung.* (statt: *Ich habe keine Ahnung.*)
> Ellipsen findet man häufig im mündlichen Sprachgebrauch.
> In Texten, zum Beispiel in literarischen Texten oder Reden, werden Ellipsen
> genutzt, um eine besondere Wirkung zu erzielen.

 1 Literarische Texte können Ellipsen enthalten.

a Lest den Beginn des Romans und sucht aus dem Text die Ellipsen heraus.
Überlegt, welche Wirkung die Autorin mit den Ellipsen erzielt.

Lea-Lina Oppermann

Was wir dachten, was wir taten

Wir werden dir erzählen, was wirklich passiert ist. An diesem Tag.
In diesen 143 Minuten.
Wir werden dir erzählen, was *wirklich* passiert ist.

Kann sein, dass es dich verändert.
5 Kann sein, es lässt dich kalt.
Kann sein, dass du schon davon gehört hast, im Fernsehen oder in den
Schlagzeilen. So viele Reporter, die darüber berichtet haben, Fotos geknipst
und mit dem Rektor gesprochen … Wenn ja, vergiss es, nichts davon ist wahr.

10 Wir werden dir erzählen, was wirklich passiert ist.
Wir waren dabei.

Mark Winter   Fiona Nikolaus   A. Filler

b Formuliert die Ellipsen zu vollständigen Sätzen aus. Begründet, warum
der Text trotz der unvollständigen Sätze verständlich ist.

2 Ellipsen sind ein typisches Merkmal der mündlichen Kommunikation.
Lies das folgende Beispiel und gib die Ellipsen als vollständige Sätze wieder.
Begründe, warum Ellipsen in der mündlichen Kommunikation bevorzugt
werden.

A Was machst du heute?   **B** Mit Leon.
B Ins Kino gehen.   **A** Was seht ihr?
A Und mit wem?   **B** Einen Fantasy-Film.

Mittel der Verknüpfung von Sätzen und Teilsätzen

→ S. 306:
Merkwissen:
Satzverknüpfung

1 Wiederhole, welche Mittel der Satzverknüpfung und Textgestaltung es gibt.

a Lies den folgenden Romanauszug und untersuche, mit welchen Mitteln die Sätze und Teilsätze verknüpft sind. Nenne mindestens vier Beispiele.

Lea-Lina Oppermann

Was wir dachten, was wir taten

Fiona

[...]

Geschlossen wie eine Gang sprangen Sylvester, Fabio und Ida-Sophie von ihren Stühlen auf. Oder war Sylvester eine Millisekunde vor Fabio und Ida auf den Beinen? Bestimmt, schließlich war er der Anführer, immer. Er blickte
5   sich um und seine Augen funkelten so blau wie nur irgendwas. *Sylvester. Mannometer.*
Fabio schlug ihm auf die Schulter, Fabio, das Kraftpaket, und trotzdem zuckte Sylvester kein bisschen zusammen, er nicht. Stattdessen lächelte er, mit halbem Mundwinkel, schaute kurz zu mir, *zu mir!, zu mir!*, und dann
10   weiter an mir vorbei zu Ida-Sophie.
Sie lächelte zurück. Strahlte, fraß ihn fast auf mit ihren riesigen weißen Zähnen, merkte er das nicht?
Es versetzte mir einen Stich, mit welcher Selbstverständlichkeit er sich an ihrem Körper vorbeischob, so dicht, dass ihre Hände sich streiften, [...].
15   So traten sie nach vorne, Sylvester, Ida-Sophie und ganz zum Schluss Fabio. Wie eine wahnsinnig schöne Gang. Und mit welcher Eleganz knallten sie Herrn Filler die Klausurbögen vor die Nase! Erst Sylvester, dann Ida-Sophie und schließlich mit einem unglaublich lauten Wumms Fabio, während Herr Filler danebenstand. Auf einmal wirkte der nicht mehr ganz so smart in
20   seinem maßgeschneiderten Sakko. Arbeitsverweigerung in seinem Unterricht! Unter anderen Umständen hätte das niemand gewagt. [...]*

Personalpronomen: er, sie, ...
Konjunktionen: oder, und, ...
...

→ S. 218:
Sprachliche
(stilistische) Mittel
im Überblick

b Der Text enthält weitere sprachliche (stilistische) Mittel. Notiere mindestens drei Beispiele und bestimme, um welche sprachlichen (stilistischen) Mittel es sich handelt.

geschlossen wie eine Gang (Alliteration)
geschlossen wie eine Gang (Vergleich)
...

 c Tauscht euch darüber aus, welche Wirkung die Autorin mit diesen Mitteln jeweils erzielt.

2 Ein wichtiges Mittel der Satzverknüpfung und Textgestaltung ist die Vorfeldbesetzung. Das Vorfeld eines Satzes (die Stelle vor der finiten Verbform) kann mit verschiedenen Satzgliedern besetzt werden.

a Untersucht, welches Satzglied in folgenden Sätzen im Vorfeld steht.

Schriftstellerinnen und Schriftsteller schreiben literarische Texte wie Romane für Kinder, Jugendliche und Erwachsene, Erzählungen, Gedichte oder Dramen. Sie müssen also viel Fantasie haben. Schriftstellerinnen und Schriftsteller recherchieren vor und während der Arbeit an einem Buch zu dem gewählten Thema. Sie können so den Handlungsorten und Figuren Authentizität[1] verleihen. Die Autorinnen und Autoren reichen den fertigen Entwurf bei einem Verlag ein. Lektorinnen und Lektoren bewerten diesen und schlagen Veränderungen vor.

[1] *die Authentizität:* die Echtheit, die Glaubwürdigkeit

b Schreibt den Text um, indem ihr in einigen Sätzen die Besetzung des Vorfelds verändert.

c Untersucht die Wirkung beider Texte. Stellt euer Ergebnis in der Klasse vor.

  3 Überarbeitet folgenden Text mithilfe verschiedener Mittel der Satz- und Textgestaltung. Vermeidet Wiederholungen und gestaltet den Text flüssiger.

Tipp
Erprobt ggf. auch ein KI-Tool. Gebt Aufträge (Prompts) zur Textüberarbeitung ein und prüft die Ergebnisse kritisch.

a Schreibt eine überarbeitete Fassung des Textes, wenn möglich am Computer. Nutzt ggf. ein spezielles Tool zum gemeinsamen Schreiben.

Schriftstellerinnen und Schriftsteller sollten gern schreiben und dafür auch Talent haben. Schriftstellerinnen und Schriftsteller müssen gut mit Worten umgehen können. Schriftstellerinnen und Schriftsteller müssen ein Gefühl für Sprache und Stil haben.
5 Eine geregelte Ausbildung für Schriftstellerinnen und Schriftsteller gibt es nicht. Schriftstellerinnen und Schriftsteller können verschiedene Studiengänge besuchen, um Hintergrundwissen zum literarischen Schreiben zu erwerben. Sie können sich das Hintergrundwissen zum literarischen Schreiben aber auch selbst beibringen.
10 Bevor Schriftstellerinnen und Schriftsteller mit dem Verfassen eines Buches beginnen, arbeiten sich die Schriftstellerinnen und Schriftsteller ein Konzept aus. In dem Konzept entscheiden sie sich für ein Thema, machen sie sich Gedanken über die Figuren, die Handlung und deren Schauplätze. Schriftstellerinnen und Schriftsteller sind freiberuflich tätig, das heißt,
15 Schriftstellerinnen und Schriftsteller müssen vom Verkauf ihrer Bücher leben. Zusätzlich können Schriftstellerinnen und Schriftsteller Geld verdienen, indem sie Vorträge halten, Seminare geben oder Lesungen durchführen. Auf den Lesungen signieren sie oftmals ihre Bücher.

→ **S. 307:**
Merkwissen: Schreibkonferenz

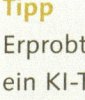 **b** Besprecht eure Texte in der Gruppe. Gebt euch gegenseitig Hinweise zum weiteren Überarbeiten. Erprobt verschiedene Möglichkeiten.

Mittel der Verdichtung und Auflockerung

1 Texte können auch mithilfe des Nominal- und Verbalstils gestaltet werden. Lies den Merkkasten und wiederhole, was du darüber weißt.

> Um einen Text zu **verdichten** und schwierige Sachverhalte kurz darzustellen, kann man den **Nominalstil** nutzen. Er wird häufig in schriftlichen Texten sowie in der Wissenschafts- und Fachsprache verwendet, zum Beispiel in Facharbeiten. Dabei werden oft Verben nominalisiert/substantiviert oder Ableitungen auf *-ung* verwendet, z. B.:
> *Das literarische Schreiben kann durch Übung in Kursen erlernt werden.*
> Als **Auflockerung** bzw. **Verbalstil** bezeichnet man die der Verdichtung (dem Nominalstil) entgegengesetzte Darstellungsweise. Sie ist vorwiegend ein Mittel der mündlichen Sprache. Dabei werden viele Verben verwendet, vor allem **finite (gebeugte) Verbformen**, z. B.:
> *Man kann in Kursen lernen und üben, literarische Texte zu schreiben.*

2 Vergleiche die Texte A und B zu einer Buchbesprechung.

a Lies die Texte und entscheide, welcher im Nominalstil und welcher im Verbalstil verfasst ist. Begründe deine Entscheidung mithilfe von Textbelegen.

Text A

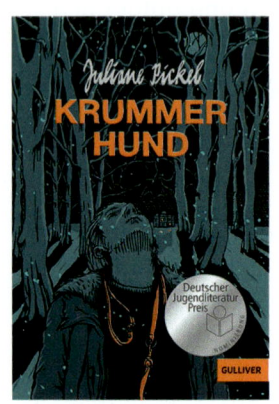

Ulf Cronenberg
Juliane Pickel „Krummer Hund"

Daniels Vater hat die Familie schon vor einiger Zeit verlassen, seitdem stürzt sich seine Mutter von einer Beziehung in die andere; nach einer Hochphase sind bisher alle Beziehungen in die Brüche gegangen, und Daniels Mutter ist dann immer am Boden zerstört. Als Daniels Hund Ozzy, eine der wenigen
5 Erinnerungen an seinen Vater, in einer Tierarzt-Praxis eingeschläfert wird, ist das für Daniel ein traumatischer Moment. Er spürt dort aber zugleich, dass seine Mutter an Dr. König, dem Tierarzt, interessiert ist. Und es dauert nicht lange, da geht dieser bei ihnen zu Hause ein und aus.
Daniel stellt sich darauf ein, dass das übliche Muster seinen Verlauf nimmt;
10 auch erwartet er, dass er wie von allen bisherigen Verehrern der Mutter altväterlich und anbiedernd behandelt wird. Doch der Doc, wie Daniel den Tierarzt nur nennt, stellt sich als gar nicht so verkehrt heraus, auch wenn Daniel es sich nicht so richtig eingestehen will.
Doch es gibt noch anderes in Daniels Leben: Mit seinem besten Freund
15 Edgar hat er eine besondere Mission: Sie beobachten Alina aus ihrer Klasse, ein bildhübsches Mädchen, das allerdings alles andere als nett ist, weil es in der Klasse andere ständig drangsaliert und mobbt. […]*

Text B

Daniels Leben wird nicht erst seit dem Tod seines Hundes Ozzy von unkontrollierbaren Wutausbrüchen bestimmt. Laut Selbsteinschätzung leidet er unter Kontrollverlust und Missgeschicken.
Nach einer Partybegegnung mit Alinas Bruder gibt es einige Zuspitzungen.
5 Alina, eine Mitschülerin, verdankt ihren Ruf nicht nur ihrer Schönheit, sondern auch dem Drangsalieren anderer. Auch Daniel gehört zu ihren Opfern, weshalb er ihr den Namen „Princess Evil" gibt. Während der Party ist Daniels Alkoholkonsum zu hoch, sodass am nächsten Morgen das Erinnern an den Nachhauseweg schwerfällt. In der Schule erfährt er vom Autounfall
10 mit Fahrerflucht in der Partynacht und dem Unfalltod von Alinas Bruder. Daniel hat nur dunkle Erinnerungen an die Heimfahrt mit dem Doc, dem neuen Freund seiner Mutter. Ihm kommt ein schrecklicher Verdacht.

b Besprecht, welcher der Texte überarbeitet werden sollte, um besser lesbar zu sein. Überarbeitet den Text.

Tipp
Erprobt ggf. auch ein KI-Tool. Gebt Aufträge (Prompts) zur Umformulierung der Sätze ein und prüft die Ergebnisse kritisch.

3 Forme die folgenden Sätze aus dem Nominalstil in den Verbalstil um.

1 Beim Lesen eines Buches denkt man nicht an dessen Entstehung.
2 Für Autorinnen und Autoren ist das Überprüfen ihres Entwurfs wichtig, z. B. auf logische Handlungsabfolge, Rechtschreibung und Grammatik.
3 Beim Überarbeiten ihrer Manuskripte nehmen sie zahlreiche Änderungen vor, oft mit professioneller Unterstützung durch Verlagsangestellte.
4 Vor der Fertigstellung des Textes vergehen mitunter mehrere Jahre.
5 Hinzu kommen viele Arbeiten zur Vorbereitung des Drucks, zum Beispiel unter Beteiligung von Layouterinnen bzw. Layoutern und Illustratorinnen bzw. Illustratoren.

1. *Wenn man ein Buch liest, …*   2. *…*

4 Forme die folgenden Sätze aus dem Verbalstil in den Nominalstil um.

1 Autorinnen und Autoren können sich ihren Arbeitstag meist frei einteilen, da sie oft zu Hause arbeiten.
2 Im Kriminalroman wird die Geschichte eines Verbrechens beschrieben, wie dieses aufgeklärt wird und welches Motiv der Täter hatte.
3 Ein Fantasy-Roman endet meist damit, dass die Hauptfigur alle Aufgaben erfolgreich meistert und das Böse abwendet.
4 Realistische Romane sind dadurch gekennzeichnet, dass die Handlungen, Figuren, Orte u. Ä. wirklich existieren könnten.
5 Trotzdem ist das, was Autorinnen und Autoren darstellen, als fiktiv zu bezeichnen, weil sie es für eine bestimmte literarische Form erfinden und gestalten.

1. *Die freie Einteilung des …*   2. *…*

Sprachliche (stilistische) Mittel im Überblick

Sprachliche (stilistische) Mittel, oft auch **rhetorische Mittel** genannt (abgeleitet von: *Rhetorik* – Redekunst), sind Mittel der wirkungsvollen Satz-, Text- und Redegestaltung, z. B.:

sprachliches (stilistisches) bzw. rhetorisches Mittel	Erläuterung	Beispiel
die **Alliteration**	Wörter mit demselben Anlaut bzw. Anfangsbuchstaben	*Lesen kann man bei <u>W</u>ind und <u>W</u>etter.*
die **Anapher**	Wiederholung von Wörtern bzw. Wendungen am Satzanfang	*<u>Man möchte</u> das Buch nicht mehr weglegen. <u>Man möchte</u> es gleich zu Ende lesen.*
die **Anrede**	direkte Anrede von Leserinnen/Lesern bzw. Zuhörerinnen/Zuhörern	*Ich denke, liebe Leserinnen und Leser, das interessiert Sie.*
die **Antithese**	Gegenüberstellung von Gegensätzlichem	*Bücher sind <u>des einen Freude</u>, <u>des andern Leid</u>.*
der **Appell**	Aufruf, Aufforderung	*Spart Papier! Lest online!*
die **Aufzählung**	gleichrangige Aneinanderreihung von Wörtern, Wortgruppen oder Teilsätzen	*In diesem Geschäft gibt es <u>Sachbücher</u>, <u>Belletristik</u>, <u>Kalender</u> und <u>Karten</u>.*
der **Ausruf**	lauter Ausdruck eines starken Gefühls	*Ach, das ist aber ein interessantes Buch!*
die **Ellipse**	grammatikalisch unvollständiger Satz	*Und wohin jetzt? In die Bibliothek.*
das **Enjambement** (der Zeilensprung)	Fortsetzung eines Satzes auf einer neuen Zeile bzw. in einem neuen Vers	*Lesen ist für mich Bildung und Vergnügen, Eintauchen in fremde Welten, Lesen ist für mich Leben.*
die **Hyperbel**	Übertreibung, emotionale Ausschmückung, Hervorhebung	*Das ist der schönste Ort der Welt.*
die **Hypotaxe** (die Unterordnung)	Satzgefüge mit einem oder mehreren untergeordneten Nebensätzen	*Die Welt, in die uns ein Buch, das wir zur Hand nehmen, entführt, kann eine realistische oder eine fantastische sein.*
die **Inversion**	unübliche Satzgliedreihenfolge	*Ein Blümlein schön am Wege stand.*
die **Ironie**	Aussage, die etwas anderes, meist Gegenteiliges meint	*Das ist ja eine ganz neue Idee!* (wenn die Idee schon älter ist)
die **Klimax**	Aufzählung mit Steigerung	*Das Buch ist <u>nicht nur spannend</u>, es ist <u>sehr spannend</u>, es ist sogar <u>außergewöhnlich spannend</u>.*

die **Metapher**	Übertragung der ursprünglichen Bedeutung eines Ausdrucks auf einen anderen Sachbereich (Grundlage: ein gemeinsames Bedeutungsmerkmal)	*Will man einen Text richtig verstehen, muss man oft zwischen den Zeilen lesen.*
der **Neologismus**	Wortneuschöpfung	*Buchtrailer, Buchblog, Autorenselfie*
der **Nominalstil** (die Verdichtung)	Verwendung von nominalisierten/ substantivierten Verben und Ableitungen auf -*ung*	*Beim Lesen kann man wunderbar entspannen. Lesen ist Entspannung.*
der **Parallelismus**	Wiederholung einer Satzkonstruktion	*Das Buch ist interessant. Die Handlung ist abwechslungsreich.*
die **Parataxe** (die Nebenordnung)	Aneinanderreihung meist kurzer Hauptsätze oder einfacher Sätze	*Ich las nie, ich las kein einziges Buch, doch dann kamst du(,) und ich entdeckte die Bücherwelt.* *Ich las nie. Ich las kein einziges Buch. Doch dann kamst du. Und ich entdeckte die Bücherwelt.*
die **Personifizierung**	Übertragung menschlicher Verhaltensweisen bzw. Eigenschaften auf Unbelebtes	*Die Handlung im Buch schreitet voran. Der Krimi raubt mir den Schlaf. Das Cover spricht mich an.*
der **Reim**	gleichklingende Wörter	*Buch – Tuch, lesen – Wesen*
die **rhetorische Frage**	eine wirkungsvolle Frage, auf die keine Antwort erwartet wird	*Wie wird es morgen sein? Kann es etwas Besseres geben?*
der **Verbalstil** (die Auflockerung)	Verwendung vieler Verben, besonders finiter Verbformen	*Wenn man liest, kann man wunderbar entspannen.*
die ***wir*-Formulierung**	Erzeugen eines Gemeinschaftsgefühls durch Formulierungen mithilfe der Pronomen *wir, uns, unser (unsere)*	*Lasst uns gemeinsam das Kulturgut Buch bewahren, wir alle, die wir den Wert des Lesens kennen.*
das **Wortspiel**	Spiel mit Klang oder Bedeutungen von Wörtern	*Der Flügelflagel gaustert durchs Wiruwaruwolz, die rote Fingur plaustert, und grausig gutzt der Golz.* (Christian Morgenstern: Gruselett) *Lirum larum Löffelstiel …* (Volkslied)

Wortbildung

Komposita (Zusammensetzungen)

Für die **Wortbildung** haben sich im Deutschen vor allem zwei Formen
bewährt. Neue Wörter (**Neologismen**, *Singular:* der Neologismus)
entstehen häufig durch:
- **Ableitung** mithilfe von Präfixen und Suffixen und
- **Zusammensetzung (Komposition):**
  Bestimmungswort + (Fugenelement +) Grundwort.

Grund- und Bestimmungswort eines **zusammengesetzten Wortes**
(das **Kompositum**, *Plural:* die Komposita) können selbst eine Zusammensetzung oder eine Ableitung sein, z. B.:
Erkältung|s|krankheit: er- + kält + -ung + -s- + krank + -heit.
Manchmal muss ein **Fugenelement** wie -e-, -(e)s-, -(e)n- oder -er- einge-
fügt werden, z. B.:
das Herz + der Wunsch → der Herzenswunsch,
das Bild + der Rahmen → der Bilderrahmen.
Mithilfe der **Zerlegeprobe** lassen sich Wörter in ihre Bauteile zerlegen.
Dadurch kann man Klarheit über die Schreibung der Wörter bekommen.

1 Die folgenden Komposita (zusammengesetzten Wörter) gehören
zu verschiedenen Wortarten.

→ S. 287:
Merkwissen:
Kompositum

a Wiederhole, welche Funktionen Grundwörter in Komposita erfüllen.

b Schreibe die folgenden Komposita ab, zerlege sie in ihre Bestandteile und
bestimme diese. Ermittle die Wortart der Komposita. Ergänze zu den Nomen/
Substantiven den bestimmten Artikel.

bärenstark / Braunbär / Eiskugel / Eiswasser / eiskalt / Fingernagel /
Nagelschere / nagelneu / fangfrisch / Fischfang / windstill / Windrad /
überholen / Übergang / Schoßhündchen / hundemüde

bär|en|stark: Nomen + Fugenelement + Adjektiv (Kompositum: Adjektiv)
...

2 Die folgenden Komposita haben mehr als zwei Bestandteile. Schreibe die
Komposita mit Artikel auf, zerlege sie in ihre Bestandteile und bestimme
diese.

1	Hochzeitsausstatter	**5**	Fischspezialitätenladen
2	Schmuckwarengeschäft	**6**	Sportschuhfachgeschäft
3	Lebensmittelverkaufsstelle	**7**	Landwirtschaftswochenmarkt
4	Gemischtwarenhändlerin	**8**	Ladenöffnungszeiten

Tipp
Du kannst die Wörter mehrfach verwenden und verschiedene Wortarten bilden.

3 Bilde möglichst viele Komposita.

a Bilde möglichst viele Komposita aus den folgenden Nomen und Verben. Schreibe sie in der richtigen Groß- und Kleinschreibung auf. Ergänze bei Nomen den bestimmten Artikel.

Teil / Werk / Preis / Eis / Erfolg / Heim / Kopf / Anstieg / Sieg / Zapfen

finden / nehmen / geben / laufen / rechnen / fahren

b Bilde möglichst viele Komposita aus den folgenden Nomen und Adjektiven. Schreibe diese in der richtigen Groß- und Kleinschreibung auf. Ergänze bei Nomen den bestimmten Artikel.

Bahn / Flasche / Rahmen / Bau / Milch / Plan / Hals / Glas / Fenster / Straße / Schmerzen / Zahn / Eis

klar / weiß / hoch / bunt / glatt

4 Bilde zu den folgenden Wörtern Komposita. Verwende sie sowohl als Grundwort als auch als Bestimmungswort. Beachte die Groß- und Kleinschreibung.

1 weiß   **4** Pflanze
2 Farbe   **5** blau
3 rund   **6** scharf

1. der Weiß̲kohl, das Weiß̲brot, ...;
   schnee̲weiß̲, ...
2. ...

5 Untersuche folgende Komposita.

a Zerlege die Komposita in ihre Bestandteile.

1 die Fußballschuhe, die Winterschuhe
2 das Jugendbuch, das Sachbuch
3 der Schlafzimmerschrank, der Bücherschrank
4 die Ledertasche, die Einkaufstasche
5 der Apfelbaum, der Straßenbaum
6 der Dachgarten, der Gemüsegarten

b Erkläre jeweils, wie das Bestimmungswort die Bedeutung des Grundwortes konkretisiert.

1. die Fußballschuhe: Schuhe, die beim Spielen von Fußball getragen werden (Funktion)
   der Fußball: Ball, zum Spielen mit dem Fuß (Funktion)
   die Winterschuhe: Schuhe, die im Winter getragen werden (Funktion)
2. ...

Tipp
Schlage die Artikel
nach, falls du
unsicher bist.

6 Auch aus Fremdwörtern kann man Komposita bilden. Bilde mit den
Wörtern 1 bis 10 und dem jeweils passenden Wort A bis J Komposita.
Schreibe die Komposita mit ihren Artikeln auf.

1	COMPUTER	**A**	BALL
2	INTERNET	**B**	SELLER
3	SHOPPING	**C**	DRINK
4	COUNT	**D**	JEANS
5	AIR	**E**	BLOG
6	FOOT	**F**	FOOD
7	SOFT	**G**	DISPLAY
8	BLUE	**H**	BAG
9	BEST	**I**	CENTER
10	FAST	**J**	DOWN

1. das Computerdisplay
2. ...

Tipp
Solche Komposita
solltest du
vermeiden.

7 Manche Komposita sind aufgrund ihrer Länge schwer verständlich.
Erkläre, was die folgenden Komposita bedeuten.

1 die Nummernschilddruckmaschine
2 der Feuerwehrrettungshubschraubernotlandeplatz
3 der Roggenvollkornbrotmehlzulieferer
4 der Schifffahrtskapitänsmützenhersteller

1. die Nummernschilddruckmaschine: eine Maschine, die ...
2. ...

 8 Bildet Wortketten, indem das Grundwort des vorherigen Kompositums
das Bestimmungswort des folgenden Kompositums wird.

die Turn<u>hose</u>, der Hosen<u>knopf</u>, das <u>Knopf</u>loch, ...
der Badestrand, die Strandmuschel, ...
das Türschloss, ...

Ableitungen

> **Ableitungen** entstehen durch Anfügen von **Präfixen** (Vorsilben) oder **Suffixen** (Nachsilben) an einen **Wortstamm**. Der Wortstamm entspricht meist der Grundform (Nennform), unter der die Wörter im Wörterbuch aufgeführt werden, z. B.: *Mann, Hose, Kleid; jung, schön, groß.*
> Bei Verben wird von der Grundform (dem Infinitiv) die Endung *-(e)n* abgestrichen, z. B.: *such-en, renn-en, seh-en; sammel-n, ärger-n, schummel-n.*
> **Typische Ableitungspräfixe und -suffixe** sind:
> - Präfixe: *be-, er-, ent-, ver-, zer-, un-, miss-,*
> - Suffixe:
>   - Nomen/Substantive: *-ung, -heit, -keit, -nis, -ion, -ik, -ine,*
>   - Adjektive: *-lich, -ig, -isch, -sam, -bar, -haft, -iv,*
>   - Verb: *-ieren,* z. B.:
>   *der Ärger → ärgern, verärgern, das Ärgernis, ärgerlich, die Verärgerung.*

1 Bilde zu den Wörtern mit Präfixen und Suffixen möglichst viele abgeleitete Adjektive, Verben und Nomen/Substantive. Ergänze bei Nomen den Artikel.

wohnen / stehen / nutzen / frei / schnell / neu

wohnen: bewohnen, wohnlich, die Wohnung, ...
stehen: ...

Tipp
Bei *ent-* fällt das bisherige Präfix weg.

→ **S. 267:** Merkwissen: Antonym

2 Bilde zu den Wörtern Antonyme mit den Präfixen *un-, miss-, ent-*.

1	brauchbar	**5**	verständlich	**9**	glücklich
2	jmdm. trauen	**6**	Erfolg	**10**	Warnung
3	verstehen	**7**	behaglich	**11**	belasten
4	vereisen	**8**	glücken	**12**	gesund

 3 Sucht zu den Erklärungen das jeweilige Fremdwort mit den Suffixen *-ion, -ine* und *-ik*.

1	ein Fenstervorhang	die ▢ a r d ▢ ▢ ▢
2	die Vererbungslehre	die G e n ▢ ▢ ▢ ▢
3	eine große Anlage für Sportveranstaltungen	das ▢ ▢ a d i ▢ ▢
4	ein Fett zum Braten	die M a r g ▢ ▢ ▢ ▢ ▢
5	die Lehre vom Schall	die A k ▢ ▢ ▢ ▢ ▢
6	ein Gerät zur Arbeitserleichterung	die M ▢ s c h ▢ ▢ ▢
7	die Teilung in der Mathematik	die ▢ ▢ v i s ▢ ▢ ▢
8	eine Staatsform	die ▢ ▢ p u b ▢ ▢ ▢
9	eine Südfrucht	die ▢ a n d ▢ ▢ ▢ ▢ ▢
10	eine falsche Wahrnehmung	die ▢ l l u s ▢ ▢ ▢

1 Wähle geeignete Präfixe und Suffixe aus.
be- / ent- / er- / ver- / -bar / -ig / -lich / -haft / -nis / -heit / -keit / -ung

4 Überprüfe mithilfe der Wortbildung, welches der beiden Wörter jeweils richtig geschrieben ist. Schreibe es in dein Heft und kennzeichne seine Bestandteile.

Achtung, Fehler!

1 verregnet / veregnet
2 Misstimmung / Missstimmung
3 vereinfachen / verreinfachen
4 enttäuschen / entäuschen
5 veraten / verraten
6 entdecken / entecken
7 verechnen / verrechnen
8 enttarnen / entarnen

1. *ver-regnet*
2. *...*

5 Schreibe die Wortpaare mit Suffixen in der richtigen Groß- und Kleinschreibung in dein Heft. Kennzeichne jeweils das Suffix, das die Wortart angibt.

1 REPARIEREN / REPARIERBAR
2 FREUNDSCHAFT / FREUNDSCHAFTLICH
3 EINIG / EINIGUNG
4 SPARSAM / SPARSAMKEIT
5 SORTIEREN / SORTIERUNG
6 BRAUCHBAR / BRAUCHBARKEIT
7 GESELLSCHAFT / GESELLSCHAFTLICH
8 FARBIG / FARBIGKEIT
9 BILDHAFT / BILDHAFTIGKEIT
10 ABHÄNGIG / ABHÄNGIGKEIT

1. *reparieren* / *repario̲rbar*
2. *...*

6 Ableitung oder Kompositum?

a Entscheide, ob es sich bei den einzelnen Wörtern jeweils um ein Kompositum oder um eine Ableitung handelt, und begründe.

1 NACHTBAR / NUTZBAR / DANKBAR / EISBAR
2 GESELLSCHAFT / STIEFELSCHAFT / MANNSCHAFT / LEDERSCHAFT
3 EINZELHAFT / FABELHAFT / SCHMERZHAFT / UNTERSUCHUNGSHAFT

b Schreibe die Wörter in der richtigen Groß- und Kleinschreibung in dein Heft. Ergänze bei Nomen den bestimmten Artikel.

1. *die Nachtbar (Kompositum: die Nacht, die Bar)*
   nutzbar (...)
   ...

Wortbedeutung

Fachwörter

Bezeichnungen für bestimmte Gegenstände, Tätigkeiten usw. in Berufen, Wissenschaften, Unterrichtsfächern und speziellen Lebensbereichen (Interessen, Hobbys) werden als **Fachsprache** bzw. **Fachwortschatz** zusammengefasst.

Fachwörter bezeichnen einen Sachverhalt kurz, genau und eindeutig. Sie sind Ausdruck für das Spezialwissen bestimmter Gruppen von Menschen. Da Bezeichnungen häufig aus anderen Ländern übernommen wurden und ein fachlicher Austausch oft international stattfindet, enthält der Fachwortschatz meist zahlreiche **Fremdwörter**, z.B. aus dem Lateinischen, Griechischen, Englischen, Französischen.

Manche Fachwörter werden auch in der Alltagskommunikation verwendet, wobei sich Schreibungen durch Sprachwandel ändern können. Bei einigen ist dann zwischen fachsprachlicher und alltagssprachlicher Verwendung zu unterscheiden, z.B.: *Orthographie – Orthografie, biographisch – biografisch, codieren – kodieren, potentiell – potenziell.*

Wissen und Kompetenz von Menschen werden u.a. danach eingeschätzt, inwieweit sie Fachwörter im Fachgebiet und im Alltag richtig gebrauchen.

1 Die folgenden Fachwörter werden in der Alltagskommunikation verwendet.

a Ordne die Fachwörter 1 bis 9 den Bedeutungen A bis I zu.

1 die Medienkompetenz	**A** wechselseitiges Handeln zwischen Menschen oder Maschinen
2 die Teilhabe	**B** die sich abzeichnende Entwicklung
3 die Interaktion	**C** das nach einem bestimmten System geordnete Verzeichnis
4 das Fazit	**D** die Beteiligung an einer Sache
5 die Gestik	**E** das zusammenfassend festgestellte Ergebnis
6 die Tendenz	**F** das drahtlose lokale Netzwerk
7 das WLAN	**G** die Text- und Bildgestaltung einer Seite
8 der Katalog	**H** die Fähigkeit einer Person, Medien sinnvoll zu nutzen
9 das Layout	**I** die Bewegungen der Arme, Hände und des Kopfes zur Unterstützung der Lautsprache

b   Begründe anhand einiger Beispiele aus Aufgabe a, warum es sinnvoll ist, Fachwörter auch in der Alltagskommunikation zu verwenden.

→ S. 309:
Merkwissen: Synonym

c   Suche zu den folgenden Fachwörtern ein deutsches Synonym und entscheide, welche Variante du für deine Kommunikation bevorzugst.

Tipp
Nutze ggf. ein Nachschlagewerk.

1   der Produzent   4   die Perspektive
2   die Devise   5   die Lektüre
3   die Geographie   6   die Differenzierung

 2   Diese Fachwörter solltet ihr kennen.

a   Übertragt die Tabelle in eure Hefte und ordnet die Fachwörter richtig zu.

die Ironie / der (auch: das) Embryo / die Primzahl / die Alliteration / die Kathete / die Vene / der Vers / das Parallelogramm / die Erzählzeit / die Pubertät / der Paarreim / die Fauna / der Strahl / die Ballade / die Differenz / die Dezimalzahl / das Chlorophyll / die Strecke / die Figurenkonstellation / das Alphatier / die Flora

Deutsch	Mathematik	Biologie
die Ironie	…	…
…		

b   Klärt die Bedeutung der Fachwörter. Schlagt ggf. in einem Wörterbuch oder Fachbuch, z. B. in euren Schulbüchern, nach.

 3   Viele Fachwörter haben einen gemeinsamen Wortbestandteil, zum Beispiel -bio- oder -graph(ie)/-graf(ie).

a   Recherchiert die Bedeutung dieser Bestandteile.

b   Manchmal unterscheidet sich die Fachwortschreibung von der Alltagsschreibung. Lest folgende Beispiele. Überlegt und begründet, warum es hier Schreibvarianten gibt.

1   die Geographie / die Geografie
2   die Graphologie / die Grafologie
3   die Phonetik / die Fonetik
4   die Lactose / die Laktose
5   die Photosynthese / die Fotosynthese
6   das Calcium / das Kalzium

c   Bildet möglichst viele Fachwörter mit den Bestandteilen -bio und -graph(ie) und klärt ihre Bedeutung.

bio-: das Biotop, …
-graph(ie): die Geographie, …

4 Auch in der Arbeitswelt trifft man auf viele Fachwörter.

a Lies die folgenden Texte.

Text A

Dachdecker/-in –
Was macht man in diesem Beruf?

Dachdecker/-innen stellen Holzkonstruktionen für
Dachstühle her und decken und bekleiden Dach- und
Wandflächen mit Dachplatten, -ziegeln, -steinen,
Schindeln oder anderen Deckwerkstoffen. Sie führen
5 Abdichtungen an Dach- und Wandflächen, Balkonen
und Terrassen sowie an Bauwerken durch, stellen
Unterkonstruktionen für Außenwandbekleidungen her,
montieren diese und gestalten Gebäudeaußenwände mit vorgehängten
Fassadenbekleidungen. Auch bauen sie Blitzschutzanlagen, Schneefang-
10 systeme, Dachrinnen, Fallrohre, Dachflächenfenster oder Lichtkuppeln ein
und installieren Solarthermie- und Fotovoltaikanlagen einschließlich elektri-
scher Komponenten und Anschlüsse auf Dächern und an Fassaden.
[…] Auch Dachbegrünungen sowie Wartung und Instandhaltung von Dach-
und Wandflächen und ihren Komponenten können zu den Aufgaben der
15 Dachdecker/-innen gehören. […]*

Text B

Kauffrau/Kaufmann für Büromanagement –
Was macht man in diesem Beruf?

Kaufleute für Büromanagement führen organisatorische und kaufmännisch-
verwaltende Tätigkeiten aus. Sie erledigen z. B. den Schriftverkehr, entwerfen
Präsentationen, beschaffen Büromaterial, planen und überwachen Termine,
bereiten Sitzungen vor und organisieren Dienstreisen. Auch unterstützen sie
5 die Personaleinsatzplanung und kaufen externe Dienstleistungen ein. Zudem
betreuen sie Kunden, wirken an der Auftragsabwicklung mit, schreiben Rechnungen und überwachen Zahlungseingänge. Im öffentlichen Dienst unterstützen sie Bürger/-innen z. B. bei der Antragstellung, klären Anliegen und
Zuständigkeiten und wirken an der Aufstellung des Haushalts- oder Wirt-
10 schaftsplanes mit. […]*

b Wähle einen der beiden Texte aus und suche zehn Fachwörter heraus.
Notiere sie geordnet nach dir bekannten und nicht bekannten Wörtern.

 c Recherchiere die Bedeutung der dir nicht bekannten Fachwörter.

→ **S. 80:** Informa-
tionen zu Beru-
fen einholen **d** Recherchiere und lies weitere Berufsbeschreibungen. Suche jeweils
Fachwörter heraus und schlage deren Bedeutung nach.

5 Kennt ihr schon folgende Trendsportarten?

 a Lest die beiden folgenden Texte.

Padel Tennis

Die Mischung aus Tennis und Squash ist *der* neue Trend:
Padel Tennis! Hier wird als Doppel, also mit vier Personen, auf
einem 10 mal 20 Meter messenden Spielfeld mit Glaswänden
und Drahtzaun gespielt. Für Aufschlag, Ballwechsel und
5 Zählweise gelten die bekannten Regeln vom Tennis, allerdings
werden die Wände mit in das Spiel einbezogen und geben
dem Ball eine neue Richtung. Dadurch bekommt das Spiel eine
gewisse Würze und lange Ballwechsel garantieren anhaltenden
Spielspaß. Mit kurzen Schlägern aus Kunststoff oder Kohlefaser
10 wird der Spielball übers Netz ins gegnerische Feld geschlagen, darf anschließend die Wände berühren und wird zurückgeschlagen. Die Trendsportart […]
Padel Tennis ist ein schnell und einfach zu erlernendes Racket-Spiel für
draußen und drinnen, an dem nicht nur Fans von Tennis und Squash ihre
Freude haben.*

Barre Workout

Das Barre Workout ist ein vom Ballett inspiriertes Ganzkörper-
Workout, das sich aus verschiedenen Fitness- und Ballettübun-
gen zusammensetzt. Kombiniert werden z. B. Pilates- und Yoga-
elemente sowie professionelles Stretching. Eine besondere Rolle
5 spielt aber das klassische Ballett. Wie im Namen angedeutet
stehen Ballettbarren bzw. Ballettstangen im Mittelpunkt, um
wie eine Primaballerina oder ein Primoballerino trainieren zu
können. Genau definierte Positionen für Arme und Füße und
ganz spezielle Bewegungen fordern und fördern die kontrol-
10 lierte Aktivierung einzelner Muskelgruppen.
Ausgeführt wird das Workout zum Rhythmus moderner Musik, was die
Trainingseinheiten auch zur konditionellen Herausforderung macht, denn
verschiedene Körperpartien werden nicht nur ausdauernd, sondern meist
auch bei hohem Tempo beansprucht.
15 Immer mehr Fitnessstudios sind inzwischen für Barre Workouts ausgestattet,
man kann sich aber auch zu Hause oder in der Natur behelfen, indem man
z. B. Zäune, Stangen, Stühle oder andere Alltagsgegenstände als Barren
nutzt. Anregungen und geeignete Übungen findet man im Internet.

 b Notiert aus jedem Text mindestens fünf Fachwörter und erklärt sie euch
gegenseitig. Nutzt bei Unklarheiten das Internet.

 c Recherchiert im Internet eine weitere Trendsportart. Notiert euch einige
Stichpunkte (mit Quellenangaben) und stellt diese Sportart in der Klasse vor.

Lea-Lina Oppermann

Was wir dachten, was wir taten (Auszüge)

„Es ist ein schwerwiegendes Sicherheitsproblem aufgetreten.
Bitte bewahren Sie Ruhe.
Begeben Sie sich sofort in einen geschlossenen Fachraum und warten Sie auf weitere Anweisungen."

Mark

5   Als es plötzlich im Lautsprecher knackte, war ich schon kurz davor, alles hinzuschmeißen.
Die Durchsage war meine Rettung. Während alle andern die Decke anstierten, nutzte ich die Gelegenheit, um vom Knallermann die dritte Aufgabe abzuschreiben. Knallermann, das ist Sylvester (Mädchenschwarm
10 und Mathecrack – Knallermann macht's möglich).
Aus den Augenwinkeln sah ich, wie Herr Filler in meine Richtung spähte.
Ein spitzschnabliger Habicht, bereit, sich auf mich zu stürzen.
Scheiße, dachte ich, und dabei hatte ich mir so viel Mühe mit der Platzwahl gegeben. Bei Klausuren muss man sich günstig positionieren, am besten
15 ganz hinten in der Ecke bei dem Eingang. Schnell tat ich so, als wäre ich in meine eigenen Rechnungen vertieft.
„Mark!"
Ich zuckte zusammen. Er hatte mich erwischt. Sechs, aus, Ende.
„Mark Winter! Schließt du mal bitte die Tür ab?"
20 Jetzt erst blickte ich von meinem völlig sinnlosen Gekritzel auf. „Was?"

„Du schließt sofort die verdammte Tür ab!"
Ich war mir nicht sicher, ob mein mathegeplagtes Hirn mir nicht einen
25 Streich gespielt hatte. Konnte das wirklich Herr Filler gesagt haben?
Statt den Lautsprecher starrten jetzt alle mich an.
„Mach endlich die Tür zu, du
30 Depp!", rief Sylvester.
„Beeilung!", kommandierte Herr Filler.
Ich stand auf. Ging die zwei Schritte zur Tür. Drehte den Verschluss zwei-
35 mal rum.
„So okay?"
Herr Filler nickte schwer atmend.
„Mehr können wir im Augenblick nicht tun."

Fiona

40 Herr Filler war für mich immer nur der smarte Mathelehrer. Der Mann in Jeans und dunkelblauem Sakko, der sich im Unterricht nie hinsetzte und auch nicht hin und her schlenderte. Herr Filler stand einfach, und zwar mit beiden Beinen fest auf dem Boden. Wie ein Filmstar, der einen Soldaten spielen soll.

45 [...] Das war Herr Filler. Nie wäre ich auf den Gedanken gekommen, er könnte auch nur eine Sekunde lang nicht Herr der Lage sein. Herr Filler und Angst, das war unmöglich!

Aber ich saß in der ersten Reihe. Und ich kann dir schwören, der hatte so was von Bammel.

50 „Herr Filler? Ist das der Amokalarm?", fragte Ida-Sophie.

[...]

„Na ja, kein Grund, gleich den Teufel an die Wand zu malen." Herr Filler versuchte, selbstsicher zu klingen, so wie sonst. „Ein Sicherheitsproblem, das kann alles Mögliche sein." Er strich sich über sein Sakko, als wollte er die

55 Angst wegschnippen wie einen Fussel. Strich über Schultern, die keine Polsterung nötig hatten. Herr Filler würde nicht zulassen, dass uns etwas passierte, das wusste ich.

[...]

„Herr Filler!" Mark meldete sich, der Idiot aus der letzten Reihe. „Heißt das,

60 wir müssen die Klausur nicht zu Ende schreiben?"

Ich lachte, laut und schrill. Wie absurd war das denn?

„Ruhe!" Da war sie wieder. Herrn Fillers Autorität. Er stemmte die Hände in die Hüften und fokussierte uns einen nach dem anderen. „Freunde, wahrscheinlich ist das hier kein echter Amokalarm. Wir warten gemeinsam auf

65 weitere Anweisungen, bis dahin seid ihr einfach ruhig und arbeitet weiter."

Allgemeines Aufstöhnen.

[...]

Hinter mir sprang jemand geräuschvoll vom Stuhl auf, Turnschuhe quietschten über den frisch geputzten Plastikboden.

70 Ich drehte mich um.

Mark.

Ohne ein Wort bahnte er sich den Weg durch die einzelnen Tische nach vorne, die Matheklausur unterm Arm. [...]

Mir fiel auf, dass dies das erste Mal war, dass ich ihn aus seiner Ecke heraus-

75 kommen sah. Normalerweise hockte er bloß mit verschränkten Armen da, gebeugt, als interessiere er sich mehr für seine Schnürsenkel als für uns. Mark stehend und Herr Filler sitzend – das war neu. Drei schrecklich spannungsgeladene Sekunden lang starrten sich die beiden einfach an, lange,

80 unerträglich lange,

dann holte Mark aus und klatschte Herrn Filler die Blätter auf den Tisch.

Ich erschrak fast so sehr wie Greta. Das hier war eine andere Nummer als ein vermasselter Vokabeltest, es war *unsere letzte Klausur vor den Ferien* und, wie Herr Filler mehrfach betont hatte, die wichtigste.

85 „Mark, willst du es nicht zumindest noch mal versuchen?" Herrn Fillers Kiefer verhärtete sich. „Noch hast du genug Zeit …"

Doch der schüttelte nur den Kopf. „Nö. Falls hier wirklich ein Irrer mit 'ner Knarre rumläuft, will ich die letzten Minuten meines Lebens nicht mit Mathe verbringen." Ein Grinsen huschte über sein Gesicht, stolz vielleicht oder ein-
90 fach verrückt. Er steckte die Hände in die Taschen und setzte sich zurück auf seinen Platz.

In diesem Moment verstand ich die Relativitätstheorie (wenn auch nicht ganz so wie Einstein).

In der Schule ist alles relativ wichtig. Wichtig also in Relation zu anderen
95 Sachen. Wichtiger, als zu Hause auf dem Sofa rumhängen. Unwichtig, wenn es um Leben oder Tod geht. Wer weiß, vielleicht saßen wir nur da rum und lösten Gleichungen, weil uns gerade nichts Besseres einfiel.

Jetzt, wo ich so drüber nachdenke, kann ich das erklären. Damals dachte ich nur: *Irgendwie hat er recht, diese dämliche Klausur ist jetzt doch völlig egal.*
100 „Diese dämliche Klausur ist jetzt doch völlig egal!", rief Fabio zwei Reihen hinter mir, anscheinend hatte sich die Relativitätstheorie nicht nur mir offen-bart.

[…]

Unglaublich, wie schnell sich alles ändern kann, dachte ich, während ich mich
105 streckte, um meine Blätter zu denen der anderen segeln zu lassen. Ja, genau das tat ich, auch wenn ich ein flaues Gefühl dabei hatte: Ich ließ sie Herrn Filler vor die Nase gleiten, genau wie Sylvester, genau wie Mark. Viereinhalb eng bekritzelte Seiten, bedeutungslos mit einem Schlag. *Wow.* Ich hatte nicht einmal dafür aufstehen müssen.

110 „Fiona! Wenigstens du könntest versuchen, die Arbeit abzuschließen." Herr Filler klang jetzt fast flehend. „Das ist doch einfach nur Trotz, wir sind hier nicht mehr in der fünften Klasse …"

Ich schaltete auf Durchzug. Was er sagte, war plötzlich albern. Es war irrelevant. […]*

Herr Filler

115   […] „Erst mal warten wir auf weitere Anweisungen." Ich zwang mich dazu, mich nicht von der Aufregung der Schüler anstecken zu lassen. Vorbildfunktion. „Ich bin sicher, man wird uns bald genauer informieren, so lange bewahren wir bitte Ruhe." […]

Denn natürlich gaben sich die Schüler damit nicht zufrieden. Warten, das
120   können Jugendliche nicht besonders gut. Schon gar nicht auf weitere Anweisungen. Noch schlaffer als sonst hingen sie auf ihren Stühlen, blass und unsicher, als würden sie von ihrer eigenen Coolness zu Boden gezogen. […]

„Ruhe im Karton!" Ich zwang mich zur Konzentration. Vielleicht war irgendwo in der Schule ein Problem aufgetreten – nun gut, das lag außer-
125   halb meines Handlungsbereiches, daran konnte ich nichts ändern. Später würde man mich informieren. Bis dahin musste ich, so gut es ging, die Stellung halten.

Was ich brauchte, war ein Plan.

[…]

130   Ich beschloss, es ganz wie die Monarchen im 19. Jahrhundert zu machen: die Meute durch kleinere Zugeständnisse ruhigstellen.

„Na schön, ich seh ja ein, dass es unter diesen Umständen etwas viel verlangt ist, noch zu Ende zu schreiben. Gebt die Blätter ab, ich werte das Ganze als Test, und nächste Woche wird wiederholt. In Ordnung?"

135   Das wirkte. Sylvester klopfte anerkennend auf die Tischplatte, Fabio grinste. Aline befreite sich aus Lucas Umarmung und entblößte eine Reihe äußerst gerader Zähne.

„Danke, Herr Filler! Sie sind voll nett!"

Noch vor einem Jahr wäre ich rot angelaufen vor Stolz, heute nickte ich
140   nur knapp. […]*

1   Stelle Vermutungen an, wie sich die Situation weiter entwickeln könnte.

2   Lies die Textauszüge noch einmal und untersuche, was im Einzelnen geschieht.

3   Untersuche, wie die erzählenden Figuren die Situation empfinden. Arbeite Unterschiede in der Erzählweise von Mark, Fiona und Herrn Filler heraus und überlege, was man daraus über den Charakter der Figuren ableiten kann.

4   Lies noch einmal im Text nach, was man außerdem über die einzelnen Figuren erfährt und was offenbleibt. Wähle geeignete Textstellen aus und deute (interpretiere) sie.

 5   Wenn du wissen möchtest, wie die Sache ausgeht und was die Beteiligten dachten und taten, besorge dir das Buch und lies es.

Juliane Pickel

Krummer Hund (Auszug)

Daniel ist 15 und er hält sich für einen krummen Hund. Er hat keine Kontrolle über sein Leben, ihm passieren Dinge einfach, dann rastet er aus und schlägt zu. Der Vater hat die Familie verlassen, die Mutter hat mit sich selbst und ihren Liebhabern zu tun. Ihr neuester Freund, den Daniel nur Doc nennt, ist ausgerechnet der Tierarzt, der Daniels Hund Ozzy eingeschläfert hat. Dennoch beginnt Daniel, ihn zu mögen, bis ein Unfall passiert, der alles verändert, unter anderem das Verhältnis zu seinem besten Freund Edgar und zu Alina, einer Mitschülerin, unter der nicht nur der Ich-Erzähler zu leiden hat.

Princess Evil

Ich treffe Edgar vor der Schule. Er fragt mich nicht, wie es mir geht, weil Edgar keine Fragen stellt, auf die er die Antwort schon kennt. […]
Die erste Stunde ist Mathe. Mathe ist die treueste Seele, die es gibt. Bei Mathe weiß man immer, woran man ist. Ich mag Dinge, von denen ich weiß,
5 dass sie morgen noch genau so sein werden wie heute. Zahlen sind solche Dinge. Sie sind unbestechlich. Wer sie auch benutzt, sie bleiben immer sie selbst. Man kann mit ihnen Sachen berechnen, die unberechenbar sind. Mein Vater ist zum Beispiel genau seit eintausendsechshundertsiebenunddreißig Tagen weg, morgen seit eintausendsechshundertachtunddreißig. Seit er
10 gegangen ist, gab es dreizehn Männer im Leben meiner Mutter. Im Durchschnitt sind sie zwei Monate und siebzehn Tage geblieben. Ihr Durchschnittsalter war fünfunddreißig. Der Anteil an Schwachsinn, den sie geredet haben, lag bei mindestens neunzig Prozent.
Meine Mutter braucht im Schnitt acht Wochen, um über einen von ihnen
15 wegzukommen.

Frau Köpke liebt Zahlen genauso sehr wie ich. Ich höre ihr gerne zu, wenn sie mit glühenden Wangen über Funktionen und Sinuskurven plaudert. Heute kann ich mich trotzdem nicht konzentrieren, weil ich mich frage, ob Ozzy sich in seinem Grab nicht eigentlich ziemlich alleine fühlt und ob er vielleicht

20 Hunger hat, also sehe ich mir *die Prinzessin* an. Sie hat wie immer diesen Gesichtsausdruck, als hätte sie alles, was da vorne erzählt wird, schon mal gehört. Sie heißt eigentlich Alina. Alina von Wildern. Edgar und ich nennen sie aber nur *Prinzessin, Princess Evil* oder auch manchmal einfach *Evil.* Natürlich wegen ihres Namens und weil sie tatsächlich adlig aussieht mit ihrem

25 Puppengesicht und ihren hochgezogenen Augenbrauen. Und weil ihre Eltern das größte Haus in der Gegend haben, eine Art Schloss mit riesigen Säulen und einem Park mit See davor – *Residence Evil.* Und weil bei ihr da, wo andere ihr Herz haben, nur ein großes dunkles Loch ist.

Sie macht anderen gerne klar, dass sie hässlicher sind als sie. Oder ärmer.

30 Oder dümmer. Sie macht es nie direkt. Es sind ihre Blicke, wenn jemand an der Tafel steht. Oder kleine Bemerkungen und Fragen, die ganz harmlos wirken, aber direkt auf die Zwölf gehen. Vor den Sommerferien hat sie Jenny Bluhm gefragt, wo sie Urlaub machen würde. Jennys Vater sitzt im Knast, weil er sich an eine 13-Jährige rangemacht hat oder so, ihre Mutter muss

35 jetzt drei Jobs machen und Jenny und ihre Geschwister alleine durchfüttern. Jeder weiß, dass sie nirgendwohin in den Urlaub fahren. Niemand fragt sie danach. Aber Princess Evil wollte es genau wissen, vor der ganzen Klasse. Jenny hat versucht, das Thema zu wechseln, aber sie hat weitergebohrt, ob sie wieder nach Malle fliegen würden, und ganz scheinheilig gefragt:

40 „Schickt ihr deinem Vater dann eigentlich eine Postkarte?" Jenny hat angefangen zu heulen und ist weggerannt. Sie ist eine Woche nicht mehr in die Schule gekommen.

Princess Evil kann jemandem in die Fresse hauen, ohne einen Finger krumm zu machen. […]

45 Sie macht solche Sachen einfach nur zum Spaß. Und niemand kommt gegen den sadistischen Scheiß an. Nicht mal die Lehrer.

Ich meine, ich baue auch Scheiße. Aber das ist irgendwie anders. […]

Alle haben Angst, dass sie Evils nächstes Opfer sind, ich meine, wirklich alle – wahrscheinlich sogar der Typ, der in den Schultoiletten die Handtücher

50 auffüllt.

Edgar und ich hassen sie dafür. Und zwar richtig. Wir hassen sie sozusagen mit Konzept. Sie ist unser Projekt. Jemanden zu hassen klingt jetzt vielleicht erst mal nicht nach einem richtigen Projekt, aber Edgar und ich machen das nicht so nebenbei, sondern wir nehmen das richtig ernst. Wir beobachten sie

55 schon seit einer ganzen Weile. Sammeln Informationen über sie. Wir werden ihre Schwachstelle finden, und dann werden wir dafür sorgen, dass sie dafür bezahlt, was sie mit anderen macht. Irgendwann.

Angefangen hat es, als wir gesehen haben, wie sie aus dem Büro von Mr. Archer kam, unserem Englischlehrer. Sie hatte es verdächtig eilig […].

60 Seitdem spionieren wir ihr hinterher, und Edgar hat angefangen, sie zu zeichnen und heimlich Fotos von ihr zu machen. Wir waren ziemlich aufgeregt,
was gefunden zu haben, das an Princess Evil verdächtig ist – alle denken ja
immer, dass es nichts an ihr gibt, das nicht perfekt ist.
Ich weiß noch nicht genau, wo das alles hinführen wird. Was wir mit ihr
65 machen, wenn wir alles zusammenhaben. Aber sie wird auf jeden Fall
irgendwann für ihren sadistischen Scheiß bezahlen.
Ich sehe zu ihr rüber und betrachte ihr Profil, als sie plötzlich den Kopf dreht
und mich ansieht. Vor Schreck sehe ich nicht weg. Sie sieht mich nie an. Sie
weiß gar nicht, dass ich existiere. Oder vielleicht doch. Jetzt hebt sie jeden-
70 falls ihre Hand, dreht mir den Handrücken zu, macht eine Faust und streckt
sie mir entgegen. Dann klappt sie ganz langsam ihren Mittelfinger hoch.*

1 Wie stellt ihr euch den *Ich*-Erzähler Daniel vor? Besprecht eure ersten
Eindrücke von der Figur.

2 Untersuche den Textauszug genauer und ermittle, was man über Daniel
erfährt und was offenbleibt. Notiere Fragen, die bei dir aufkommen.

3 Wie stellt ihr euch Alina vor? Begründet eure Annahmen mithilfe von
Textstellen.

→ **S. 218:**
Sprachliche
(stilistische) Mittel
im Überblick

4 Untersuche, mit welchen sprachlichen (stilistischen) Mitteln es der Autorin
gelingt, wirkungsvoll zu erzählen und Daniels Gefühle zu verdeutlichen.

5 Wenn du wissen möchtest, wie es mit Daniel und Princess Evil weitergeht,
besorge dir das Buch und lies es.

1 Lies die folgenden Sätze. Schreibe für jedes Satzglied bzw. Satzgliedteil ein Beispiel heraus. Achte darauf, dass deine Beispiele unterschiedliche Formen (Wort, Wortgruppe, Teilsatz) haben.

1 Auf dem Skateplatz der bolivianischen Stadt Cochabamba treffen sich immer zahlreiche Sportbegeisterte.

2 Wenn diese fünf jungen Skateboarderinnen anrollen, sehen alle sofort mucksmäuschenstill zu.

3 Ihre Sprünge und Drehungen beherrschen sie einwandfrei.

4 Deshalb gönnen sie sich die Provokation, in der traditionellen Tracht indigener Frauen zu skaten, weil in Bolivien viele die Landfrauen verachten.

5 Die Frauen tragen weite Röcke, Blusen, Hüte und geflochtene Zöpfe.

Subjekt: …   Adverbialbestimmung: …
Prädikat: …   Attribut: …
Objekt: …

2 Schreibe die folgenden Sätze ab und setze die fehlenden Kommas.

Achtung, Fehler!

1 Nachfahren von Menschen die eine bestimmte Region als Erste bewohnt haben nennt man Indigene.

2 Die meisten indigenen Völker Südamerikas leben in Bolivien wo sie 60 % der Bevölkerung stellen.

3 Viele gehören zu den Volksgruppen Quechua bzw. Aymara aber es gibt auch noch weitere Völker.

3 Schreibe aus den folgenden Sätzen die Nebensätze heraus, rahme die Einleitewörter ein und unterstreiche die finiten Verbformen. Bestimme die Nebensätze nach ihrer Stellung, nach der Art ihres Einleitewortes, dem Grad ihrer Abhängigkeit vom Hauptsatz und nach ihrem Satzgliedwert.

1 Die Skaterinnen, die sich „Imilla Skate" nennen, haben sich landesweit vernetzt, weil sie Frauen und Mädchen für diesen großartigen Sport gewinnen möchten.

2 Dass sie in indigener Tracht der Cholitas skateboarden, gibt ihrem kulturellen Erbe ein modernes Image.

4 Notiere aus den Sätzen der Aufgabe 3 je ein Beispiel für die folgenden Wortarten. Ergänze bei Nomen/Substantiven die Artikel.

Nomen/Substantiv: …   Pronomen: …
Verb: …   Präposition: …
Adjektiv: …   Konjunktion: …

5 Bestimme die Art der Redewiedergabe (direkte oder indirekte Rede) in den folgenden Sätzen. Notiere die Satznummer, die Art der Redewiedergabe und die Modusform der unterstrichenen Verben: Indikativ, Imperativ, Konjunktiv I und II.

1 „Hey, Cholitas, <u>zeigt</u> mal, was ihr könnt", rufen einige Skater anerkennend.

2 *Cholita* <u>sei</u> ein Schimpfwort gewesen, sagt eine der Skaterinnen.

3 Damit <u>hätte</u> man sich über die indigenen Mädchen und Frauen vom Hochland lustig gemacht, über ihre Art, sich zu kleiden und zu sprechen.

4 Ihre Großmutter und ihre Tanten <u>seien</u> Quechuas.

5 Stolz <u>würden</u> sie ihre langen Zöpfe zur farbenfrohen Tracht tragen.

6 Daisy ergänzt: „Anfangs <u>wollten</u> wir Skaterinnen im Outfit der Cholitas nur provozieren."

7 Jetzt <u>wäre</u> das zu ihrem Markenzeichen und dem anderer indigener Sportlerinnen geworden.

Tipp
Es gibt verschiedene Möglichkeiten.

6 Gib folgende Sätze, die die Skaterinnen im Gespräch äußern, in indirekter Rede wieder und schreibe sie auf.

1 „Zur ländlichen Tracht gehören lange Zöpfe, Strohhut, Bluse und Rock."

2 „Wir mussten üben, im voluminösen Rock zu skaten."

3 „Unsere größte Herausforderung war es aber, den Hut bei den Sprüngen nicht zu verlieren."

7 Ermittle in folgenden Sätzen die Verbformen im Aktiv, Vorgangspassiv bzw. Zustandspassiv und schreibe je ein Beispiel auf.

1 Die Cholitas wurden früher nicht ernst genommen.

2 Ihnen war zum Beispiel das Nutzen öffentlicher Verkehrsmittel und das Besteigen der Berggipfel verboten.

3 In den Bergen durften sie nur Hilfsarbeiten als Köchin oder Gepäckträgerin ausführen.

4 Dagegen haben sich die *Cholitas escaladoras*, die kletternden Cholitas, gewehrt.

5 Ein Dokumentarfilm über sie ist preisgekrönt worden.

8 Suche je drei Beispiele für Ableitungen und Zusammensetzungen (Komposita) aus den Sätzen der Aufgabe 1 heraus. Notiere für jede genannte Wortart ein Beispiel. Ergänze bei Nomen die Artikel.

Ableitungen	Zusammensetzungen (Komposita)
Nomen: …	Nomen: …
Verb: …	Verb: …
Adjektiv: …	Adjektiv: …

→ **S. 323:**
Lösung zum Test

Fehlerschwerpunkte erkennen – Fehler vermeiden

Über Rechtschreibung nachdenken – Rechtschreibwissen anwenden

1 Wozu braucht man noch Rechtschreibung?

a Lies den folgenden Text aus einer Anfrage an ein Internetforum.

Achtung, Fehler!

> New Tab   +   − ☐ ✕
>
> Soll meine Freundin bescheidwissen das ich viele Tätoos mag? Ich bin ein Junge der voll auf tätowieren steht so mit Farbe und super coolen Comic Motiven und so. Keiner sonst außer mir weiß das. Würdet ihr sagen wen ich eine Freundin habe das sie das wissen soll das ich mich tätowieren will oder nicht?

b Was hältst du von dieser Rechtschreibung? Begründe deine Meinung.

c Lies die folgenden Meinungen zur Rechtschreibung in der Anfrage aus Aufgabe a. Überlege, wem du zustimmst, und begründe deine Auffassung.

> **schlauerFuchs**
> Jeder sollte schreiben können, wie er will. Man kann doch alles lesen und verstehen. Wozu also komplizierte Regeln lernen?

> **Besserwisser76**
> Ich bin schon fürs Richtigschreiben, auch wenn's manchmal nervt, denn man will doch wissen, ob *Anna zu Hause ist* oder *Anna zu Hause isst*.

> **guteFrageTine**
> Macht doch alles die Technik! Wer tippt denn heute noch? Also, Leute, lernt vor allem, richtig zu lesen, damit ihr Fehler erkennt.

d Schreibe die Anfrage aus Aufgabe a in der richtigen Schreibung am Computer. Achte auf schnelles und korrektes Tippen und kontrolliere die Kommasetzung.

Tipp
Erprobe ein KI-Tool und prüfe die vorgenommenen Korrekturen kritisch.

e Prüfe die Markierungen und Korrekturen des Rechtschreibprogramms. Entscheide, welche Änderungen richtig bzw. noch nötig sind. Nutze ggf. ein gedrucktes oder digitales Nachschlagewerk.

f Erprobt ein Spracheingabe-Programm eures Computers. Diktiert den Text aus Aufgabe a. Kontrolliert alle Schreibungen sowie die Kommasetzung und korrigiert gegebenenfalls.

> Die **deutsche Orthografie** (Rechtschreibung) dient vor allem dem schnellen und genauen Erfassen von Bedeutungen beim Lesen. Die Groß- und Klein-schreibung, wiederkehrende und gut erkennbare Wortbestandteile sowie die Zeichensetzung erleichtern das Erfassen von Wörtern, Wortgruppen und ganzen Sätzen. Rechtschreibfehler verzögern oder unterbrechen den Lese- und Verstehensprozess, sie erschweren oder verhindern die Bedeutungsent-nahme, etwa bei unklaren Wortstrukturen, gleichlautenden oder ähnlichen Wörtern oder bei fehlerhaften Fremdwortschreibungen, z.B.:
> *geen (statt gehen), das Lied – das Lid, mehr – das Meer, ihr fasstet – ihr fastet, das *Gefehrt (statt das Gefährt), das *Niwo (statt das Niveau).

* kennzeichnet fehlerhafte Schreibungen

 2 Begründet folgende Schreibungen.

a Lest die Sätze zuerst laut. Begründet anschließend die Schreibungen der unterstrichenen Wörter mithilfe eures Rechtschreibwissens.

1 Sie ist heute für das Mahlen verantwortlich. – Sie ist heute für das Malen verantwortlich.
2 Du hast Langeweile. – Du hasst Langeweile.
3 Wer weiß etwas über diese Hütte? – Wer weiß etwas über diese Hüte?
4 Wir lasen einfach alle in Ruhe. – Wir lassen einfach alle in Ruhe.
5 Ich kannte diese Kante und stolperte trotzdem.
6 Kannst du die Seen sehen? Bei genauem Sehen erkannte man tatsächlich die Seen.
7 Wir wissen, dass wir die Wiesen gießen müssen. Für das Gießen der Wiesen brauchen wir viel Wasser.
8 Achte auf die Verkehrsinsel, umfahre sie aufmerksam und fahre keine Schilder um.

b Sucht zu jedem der unterstrichenen Wörter aus Aufgabe a möglichst viele stammverwandte Wörter und schreibt sie auf.

1. mahlen: (das) Mahlen, ...
*   malen: (das) Malen, ...*
2. haben: (du) hast, (die) Habgier, ...
*   hassen: (du) hasst, ...*

c Verwendet die Wörter der Wortfamilien in kurzen Sätzen.

Du hast einfach nie genug, deine Habgier ist ziemlich unangenehm. ...
Sie hasst kaltes Wasser. ...

2a Beachte, dass das *h* im Wortstamm geschrieben, aber nicht gesprochen wird.

Fehlerschwerpunkte erkennen – Fehler korrigieren

1 Kommafehler gehören zu den häufigsten Fehlern in Sätzen und Texten. Kommas können den Sinn des Satzes aber verändern.

a Untersuche, wie sich der Sinn der folgenden Nachricht verändert, wenn man ein Komma setzt.

Wir essen gleich Opa.

b Schreibe die Sätze ab und setze die fehlenden Kommas.

Achtung, Fehler!

1 Der Lehrer sagt René sei frech.
2 Er rät seiner Freundin nicht immer alles zu erzählen.
3 Er hofft täglich eine Nachricht von ihr zu bekommen.
4 Karl heiratet bald Marina.
5 Peter versprach seinem Vater einen Brief zu schreiben.
6 Er will sie nicht.

● ● ● c Kennst du weitere Sätze, die durch die Kommasetzung ihren Sinn verändern? Schreibe sie auf und stelle sie in der Klasse vor.

Rechtschreib-hilfe: Wörter und Regeln nachschlagen

 2 Auch manche Wörter sind besonders fehleranfällig.

a Sucht im folgenden Text fünfzehn Rechtschreibfehler. Wählt mindestens zehn Fehler aus und schreibt die entsprechenden Wörter richtig auf.

Achtung, Fehler!

Funkchip gegen Schuleschwänzen

Die Eltern in einer Brasilianischen Kleinstadt wissen sehr genau, ob ihre Kinder die Schule schwänzen. In die hoch modernen T-Shirts der Schüle-rinnen und Schüler sind nämlich digitale Chips eingenäht, mit denen der Aufenthalt geortet werden kann. Die Stadt hat sehr viel Geld für das Design
5 und für die herstellung der „intellegenten" T-Shirts investiert. Sie vertragen sogar problemlos das waschen und bügeln. Außerdem verfügen die T-Shirts über ein raffiniertes Sicherheitssystem. Deshalb sind sie ziehmlich sicher gegen Manipullationen. Die elektronischen Wächter senden ein Signal an einen Computer, sobald das Kind den Schuleingang pasiert hat. Die Eltern
10 werden dann über eine Nachricht informiert. Solte das Kind einige Minuten nach Unterrichtsbeginn noch immer nicht in der Schule sein, erhalten sie eine weitere Nachricht. Die meisten Eltern sind sehr überascht und schähmen sich, wenn sie hören, wie oft ihr Kind nicht im Unterricht war. Sie bringen es stets zur Schule, sehen aber nicht, ob es tatsächlich hinein gegangen ist.
15 Wenn jemand mehrfach den Unterricht geschwänzt hat, müssen die Eltern der Schulbehörde den Grund mitteilen, sonst müssen sie eine Strafe zahlen. Inzwischen gibt es Anfragen aus anderen Städten, aus den vereinigten Staaten von Amerika und einigen Europäischen Ländern.

b Ordnet die korrigierten Fehler aus dem Text in Aufgabe a richtig zu.

langer oder kurzer Stammvokal (Dehnung oder Dopplung): …
geografische Namen: …
Fremdwörter: …
Groß- und Kleinschreibung: …
Getrennt- und Zusammenschreibung: …

> **So kannst du fehlergefährdete Wörter üben und einprägen**
> 1. das Wort richtig aufschreiben und mögliche Fehlerstellen markieren,
>   z. B.: *Ingenieur*
> 2. das Wort laut lesen und in Silben sprechen (Robotersprache),
>   z. B.: *Me-da-il-le*
> 3. verwandte Wörter suchen und aufschreiben, z. B.: *Medaillon*
> 4. Wortgruppen bilden und aufschreiben, z. B.: *viele Goldmedaillen*
>   *erringen*
> 5. Merkhilfen suchen wie Eselsbrücken, z. B.: *„Gar nicht" wird gar nicht*
>   *zusammengeschrieben.*

Rechtschreibhilfe:
Wörter einprägen

3 Fremdwörter besitzen oft eine ungewöhnliche Schreibung.
Präge dir die Schreibung häufig vorkommender Fremdwörter ein.

a Übe das Wort *Ingenieur* mithilfe folgender Aufgaben.

1 Lies das Wort laut und deutlich.
2 Schreibe das Wort nach Sprechsilben gegliedert auf.
3 Bilde die weibliche Form und schreibe sie auf.

b Bilde aus den folgenden Wörtern Zusammensetzungen oder Wortgruppen
mit *Ingenieur*.

Bau / Maschinenbau / Chemie / Diplom / Elektrotechnik / Anlagenbau /
Gartenbau / Bergbau / Forst / Wissenschaft / Akademie / Büro

 c Übe das Wort *Interesse* mithilfe folgender Aufgaben.

1 Dieses Wort besteht aus *inter* (lat. *zwischen*) und *esse* (lat. *sein*).
   Schlage die verschiedenen Möglichkeiten der Silbentrennung nach.
2 Schreibe das Adjektiv zu *Interesse* auf und bilde damit drei Wortgruppen.
3 Bilde das Verb und schreibe deine besonderen Interessen auf.
4 Bilde Zusammensetzungen mit diesem Wort.

 d Übe das Wort *Apparat* mithilfe folgender Aufgaben.

1 Sprich dieses Wort laut und deutlich und schreibe es mehrfach auf.
   Schreibe es sowohl handschriftlich als auch an einer Tastatur.
2 Notiere, welche Apparate du kennst.
3 Recherchiere und notiere Herkunft und Bedeutung des Wortes.

Rechtschreibhilfe:
Bedeutungs-
probe

4 Übe die Wörter *wider – wieder* mithilfe folgender Aufgaben.

a Schreibe die folgenden Wortgruppen richtig auf. Überlege, was das zu ergänzende Wort bedeutet. Schlage die Schreibung im Zweifelsfall nach.

  1 das Buch wi▉dergeben
  2 der Versuchung wi▉derstehen
  3 die Geldbörse wi▉derbekommen
  4 jemanden wi▉dererkennen
  5 die Regeln wi▉derholen
  6 jemandem heftig wi▉dersprechen
  7 ein wi▉derlicher Geruch
  8 hin und wi▉der in die Stadt fahren
  9 am Treffen wi▉derwillig teilnehmen
  10 einen Gruß erwi▉dern
  11 eine Stimmung wi▉derspiegeln
  12 das Für und Wi▉der

b Verwende die Wortgruppen aus Aufgabe a in kurzen Sätzen. Schreibe sie auf und unterstreiche *wider* und *wieder*.

  1. Du kannst mir das Buch bei Gelegenheit <u>wiedergeben</u>.
  2. ...

 c Bilde eigene Wortgruppen und Sätze mit *wider* und *wieder* und schreibe sie auf.

Rechtschreibhilfe:
Bedeutungsprobe

5 Denke darüber nach, wie sich folgende Rechtschreibprobleme lösen lassen.

a Lies den Text und erkläre die Gründe für die Verwechslung.

  Eine Frau buchte telefonisch einen Flug nach Porto (Portugal). Da sie undeutlich sprach, verstand die Angestellte des Reisebüros Bordeaux (Frankreich).
  Am Flughafen war letzten▉lich die Ent▉äuschung der Frau groß, als die
5 Fehlbuchung en▉deckt wurde. Daraufhin en▉schloss sie sich, das Ticket nicht zu bezahlen. Doch das Gericht en▉schied anders, als sie es hoffte. En▉setzt musste sie zur Kenntnis nehmen, dass sie den Flug dennoch bezahlen muss. Kundinnen und Kunden sind dafür verantwortlich, dass sie richtig verstanden werden, und müssen alle Daten gründlich prüfen, bevor
10 sie eine Buchung en▉gültig abschließen.

b Schreibe die zu ergänzenden Wörter ab und setze die fehlenden Buchstaben ein.

c Formuliere für die Schreibung von *end-* oder *ent-* eine entsprechende Regel und schreibe sie auf.

4a Achte auf die Bedeutung.
  wider: gegen / *wieder:* noch einmal; zurück

Rechtschreibhilfen:
Verwandtschafts-
probe, Zerlegeprobe

6 Auch das Erkennen von Wortart, Wortform und Wortbildung hilft,
Rechtschreibfehler zu vermeiden.

a Bilde den Superlativ der folgenden Wörter und verwende die Superlative
in Wortgruppen oder kurzen Sätzen. Schreibe sie auf.

1 gelungen	**4** anstrengend	**7** gefährdet
2 hervorragend	**5** verwegen	**8** hinreißend
3 begeistert	**6** aufregend	**9** erfahren

1. am gelungensten: Am gelungensten waren ...
2. ...

b Schreibe folgende Verben in der 2. Person Singular auf.

1 halten	**5** beherrschen	**9** wischen
2 braten	**6** täuschen	**10** rutschen
3 raten	**7** naschen	**11** klatschen
4 überraschen	**8** duschen	**12** auftischen

1. halten – du hältst   *2. ...*

c Schreibe die Verbformen ab und setze *ieh* oder *ie* in die Lücken ein.
Ergänze den Infinitiv.

1 sie br█t	**7** er ger█t
2 sie verl█ß	**8** sie verz█
3 er bew█s	**9** sie h█lt an
4 du st█lst	**10** ich verl█
5 er verr█t	**11** es gesch█t
6 sie bef█lt	**12** er verh█lt sich

1. es geschieht – geschehen   *2. ...*

→ **S. 223:**
Ableitungen

d Bilde mit den Präfixen *be-, ent-, er-, ver-, zer-* und den folgenden
Nomen/Substantiven und Adjektiven mindestens ein abgeleitetes Verb.
Schreibe die Verben in dein Heft.

1 der Staub	**10** das Gitter
2 frei	**11** der Schluss
3 der Druck	**12** heiter
4 die Flamme	**13** arm
5 die Grenze	**14** der Bau
6 das Gold	**15** der Wirt
7 süß	**16** das Glas
8 die Jagd	**17** die Arbeit
9 klein	**18** der Fall

1. der Staub – verstauben, entstauben, bestäuben, zerstäuben
2. frei – ...

e   Hier fehlt ein Buchstabe: *d* oder *t*. Schreibe die Wörter richtig auf.

1   hoffen⬛lich   **8**   jugen⬛lich
2   gelegen⬛lich   **9**   wissen⬛lich
3   unen⬛lich   **10** eigen⬛lich
4   versehen⬛lich   **11** verantwor⬛lich
5   wesen⬛lich   **12** morgen⬛lich
6   aben⬛lich   **13** frie⬛lich
7   wöchen⬛lich   **14** weihnach⬛lich

Tipp
Erprobe zusätzlich
auch ein KI-Tool.
Prüfe und ver-
gleiche die Texte
kritisch.

f   Schreibe einen kurzen Entschuldigungstext, indem du möglichst viele
der Wörter aus Aufgabe e verwendest.

Liebe/Lieber ...,
es tut mir unendlich leid, dass ich ...

g   Entscheide, welche Adjektivendung jeweils geschrieben werden muss:
-ig, *-lich* oder *-isch*? Schreibe die Wörter korrekt auf und lies sie
anschließend laut. Achte auf die richtige Aussprache.

1   verantwort⬛   **7**   künstler⬛   **13** erheb⬛
2   art⬛   **8**   künst⬛   **14** gelegent⬛
3   artist⬛   **9**   günst⬛   **15** vergeb⬛
4   maler⬛   **10** erträg⬛   **16** hochwert⬛
5   händ⬛   **11** täg⬛   **17** güt⬛
6   hand⬛   **12** zehntäg⬛   **18** güt⬛

h   Verwende die Adjektive aus Aufgabe g in kurzen Sätzen.

1.   Unsere Klasse ist für das Sommerfest verantwortlich.
2.   ...

i   Bilde aus den folgenden Nomen und Verben Adjektive.
Verwende dazu typische Suffixe.

1   die Logik   **8**   die Schrift   **15** der Punkt
2   der Saft   **9**   die Gefahr   **16** der Spott
3   ordnen   **10** der Fehler   **17** waschen
4   der Schrecken   **11** das Kind   **18** die Sorge
5   das Leben   **12** die Sicht   **19** der Trotz
6   das Wunder   **13** die Mühe   **20** planen
7   die Kraft   **14** essen   **21** das Rätsel

1.   die Logik – logisch
2.   der Saft – ...

6g   Beachte, dass *-ig* am Wortende [-ich] und im Wortinneren [-ig-] gesprochen wird,
z. B.: *richtig* (gesprochen: [-ich]) – *richtige* (gesprochen: [-ig-]).
Deshalb hilft die Verlängerungsprobe bei der Schreibentscheidung.

6i   Wähle aus den typischen Adjektivsuffixen aus.
-ig / -lich / -isch / -sam / -haft / -bar

Textverarbeitungsprogramme nutzen – Wörter und Regeln nachschlagen

1 Im folgenden Text hat das verwendete Textverarbeitungsprogramm neun Wörter markiert, darunter sogar ein Wort, das richtig geschrieben wurde.

a Schreibe die als fehlerhaft markierten Wörter richtig auf.

Achtung, Fehler!

Das Auswendiglernen und das stillsitzen, dass war in deutschen Schulen viele Jahrhunderte die Regel. Wer sich nicht unterordnete, wurde in den Karzer gesperrt, eine Art Schuleigene Gefängniszelle. Oder man bekam den Rohrstock zu spüren. In der Regel gab es damit Schläge auf die Hände oder
5 auf das Gesäß. Der Rohrstock wurde aus Weiden Ruten oder Birkenruten gefertigt. Später kam Rattan in mode, gefertigt aus einer Palmenart aus

Malaysia. Das Matrial war im allgemeinen recht biegsam, elastisch und fest. Jeder Schlag war mit großen Schmerzen verbunden. Neben dem schlagen mit dem
10 Rohrstock gehörte auch das hauen auf den Kopf oder Ohrfeigen zu den sogenannten Pädagogischen Massnahmen. Aber mehr und mehr wurden an den Schulen körperliche züchtigungen in Frage gestellt. So schafften die DDR bereits 1949 und die Bundesrepublick 1973
15 offiziell das prügeln ab.

Albert Anker:
Die Dorfschule
(1896)

 b Korrigiert sechs weitere Rechtschreibfehler, die das Textverarbeitungsprogramm nicht markiert hat.

 c Erprobt ein Angebot künstlicher Intelligenz (KI). Wählt dazu ein geeignetes Programm im Internet. Gebt einen Prompt (eine Aufforderung) und den von euch abgetippten Text ein. Kontrolliert anschließend und korrigiert, wenn nötig.

d Tauscht euch in der Klasse über eure Erfahrungen mit den genutzten digitalen Korrekturprogrammen aus.

Rechtschreibhilfe: Regeln anwenden

2 Übe die Schreibung von *das* und *dass*.

a Schlage in einem gedruckten oder digitalen Wörterbuch die Regeln für die Schreibung von *das* und *dass* nach und fasse diese mit eigenen Worten zusammen.

b Wende die Regeln an. Bestimme jeweils die Wortart von *das* und *dass* in folgenden Sätzen.

1 Das Buch, das ich las, war so spannend, dass ich die Zeit vergaß.
2 Dass du das andere Buch bevorzugst, das weiß ich, allerdings kann ich dir das hier wirklich empfehlen.

c Setze *das* und *dass* richtig in die Lücken ein.

1 Ich fühlte mich so schlecht, ▨ ich zum Arzt gehen musste.
2 Nach der Untersuchung stand fest, ▨ ich eine Angina hatte.
3 ▨ ich deswegen das Bett hüten sollte, ▨ gefiel mir gar nicht.
4 Eigentlich wollte ich nämlich mit Noah zu einem Konzert, für ▨ wir schon länger Karten hatten.
5 ▨ ▨ aber nun nicht möglich war, wurde mir schnell klar.
6 Ich schrieb Noah deshalb gleich, ▨ er seinen Bruder mitnehmen könne.
7 Er wollte aber lieber ▨ Mädchen fragen, ▨ er jeden Morgen im Schulbus traf.
8 Zuerst konnte er gar nicht glauben, ▨ sie tatsächlich zusagte.
9 ▨ Konzert wurde für beide ein schönes Erlebnis, ▨ sie nicht so schnell vergessen werden.

d Begründe deine Entscheidung mithilfe der Regeln für die Schreibung von *das* und *dass*.

Tipp
Zu einigen Wörtern gibt es zwei Artikel.

3 Ermittle das Geschlecht und die Pluralform der folgenden Wörter mithilfe von gedruckten oder digitalen Nachschlagewerken.

1	Blog	8	Praxis	15	Aquädukt
2	Medaillon	9	Joghurt	16	Kajak
3	Pizza	10	Radiergummi	17	Pesto
4	Espresso	11	Gully	18	Ketchup
5	Butter	12	Gulasch	19	Eidotter
6	Quiz	13	Laptop	20	Biskuit
7	Paprika	14	Browser	21	Gelee

1. das/der Blog, die Blogs
2. ...

Rechtschreibhilfe: Wörter nachschlagen

4 Schlage folgende Fremdwörter in einem gedruckten oder digitalen Wörterbuch nach.

a Schreibe die Fremdwörter in dein Heft und ergänze mindestens ein weiteres Wort der Wortfamilie. Schreibe bei Nomen/Substantiven auch den Artikel und die Pluralform auf.

1	dilettantisch	5	adäquat	9	homogen
2	Cappuccino	6	synthetisch	10	Lethargie
3	boykottieren	7	obligatorisch	11	orthodox
4	Provider	8	Akkumulator	12	Rhetorik

1. dilettantisch, der Dilettant, die Dilettanten, die Dilettantin, ...
2. ...

4a Ergänze zum Beispiel Nomen (im Singular und/oder Plural), Adjektive oder Verben.

b Ermittle die genaue Bedeutung der Fremdwörter. Nutze dazu verschiedene gedruckte und digitale Nachschlagewerke, vergleiche die Angaben zur Bedeutung und notiere das Wichtigste.

1. dilettantisch: (a) laienhaft, nicht fachgerecht, unprofessionell, …
(b) mangelhaft, schlecht, …
2. …

c Verwende die Fremdwörter in kurzen Sätzen.

1. Die Arbeit wurde leider dilettantisch ausgeführt und wies viele Mängel auf.

d Ermittle mithilfe von gedruckten und digitalen Nachschlagewerken die Herkunft der Fremdwörter und überlege, welche ursprünglichen Bedeutungsmerkmale in unseren heutigen Fremdwörtern erhalten geblieben sind. Erläutere das anhand von Beispielen.

→ S. 225:
Fachwörter

5 Ermittle die genaue Bedeutung folgender Fremd- und Fachwörter.

a Lies die Tipps zum Pflanzen- und Tierschutz. Schlage in einem gedruckten oder digitalen Wörterbuch alle Wörter nach, deren Bedeutung du nicht ganz genau erklären kannst.

Zehn Tipps zum Schutz von Flora und Fauna

1 Artendiversität sicherstellen.
2 Resistente Pflanzen auswählen.
3 Kompatibilität der Pflanzen beachten.
4 Dem Boden Regenerationszeit geben.
5 Insektizide vermeiden.
6 Pflanzen durch Vliese und Netze vor diversen Fressfeinden schützen.
7 Antiparasitär wirkende Öle (Leinöl, Rapsöl) gegen Sternorrhyncha einsetzen.
8 Pilzsporen und Schadinsekten durch professionelles Jäten reduzieren.
9 Bakterielle Infektionen und Mykosen durch Ausschneiden bekämpfen.
10 Gartenwerkzeuge mit hochprozentigem Ethanol reinigen.

b Schreibe aus den Tipps in Aufgabe a zehn Fremd- bzw. Fachwörter heraus und ergänze jeweils mindestens ein abgeleitetes Adjektiv, Nomen/Substantiv oder Verb. Achte auf die korrekte Schreibung.

1. (die) Diversität: divers
2. …

c Verwende die Adjektive aus Aufgabe b in kurzen Sätzen.

1. Wir haben diverse Kräuter angepflanzt.
2. …

Groß- und Kleinschreibung

Grundregeln

1 Gestalte ein Merkblatt mit den wichtigsten Regeln der Groß- und Klein-schreibung im Deutschen. Lies folgende Aussagen und fasse die Regeln übersichtlich zusammen. Ergänze jeweils die Beispiele in der richtigen Schreibweise.

1 Nomen/Substantive schreibt man groß/klein, z.B.: *FRIEDEN, FREUNDE.*

2 Alle anderen Wortarten wie Verben, Adjektive, Präpositionen, Pronomen schreibt man groß/klein, z.B.: *LAUFEN, GUT, UNTER, MICH.*

3 Satzanfänge im Deutschen schreibt man groß/klein, z.B.: *UNSERE Katze schnurrt beim Streicheln. MAGST du lieber Katzen oder Hunde?*

4 Die Bezeichnungen von Tageszeiten nach Wörtern wie *gestern, heute, morgen* schreibt man groß/klein, z.B.: *Ich komme MORGEN ABEND.*

5 Nomen/Substantive mit Suffixen (Nachsilben) wie *-ung, -heit, -keit, -schaft, -tum, -nis* schreibt man groß/klein, z.B.: *Stehen auf dem ZEUGNIS EIGENSCHAFTEN wie FREUNDLICHKEIT und KLUGHEIT, dann sind die Chancen für eine AUSBILDUNG gut.*

6 Durch Begleitwörter wie Artikel (*der, die, das*), Pronomen (*mein, dein, unser, viel, nichts*), Adjektive (*groß, schlau, rot*), Präpositionen (*mit, auf, an*) entstehende Nominalisierungen/Substantivierungen (Kerne nomina-ler Wortgruppen) schreibt man groß/klein, z.B.: *das lange LAUFEN, jemandem das DU anbieten, viel INTERESSANTES und NEUES erfahren, mit deinem lauten SCHREIEN und RUFEN nerven, das FÜR und WIDER bedenken, im HIER und HEUTE leben.*

7 Die Superlative von Adjektiven mit *am* schreibt man groß/klein, wenn man mit *wie* fragen kann, z.B.: *Er kam mit dem Rad am SCHNELLSTEN voran. Am SCHWERSTEN fiel ihm die Bergetappe.*

8 Nominalisierte Adjektive schreibt man groß/klein, wenn Wörter wie *alles, etwas, nichts, viel, wenig* vorangehen, z.B.: *alles GUTE, viel SCHÖNES, etwas INTERESSANTES, nichts WICHTIGES.*

9 Feste Wendungen schreibt man groß/klein, z.B.: *im ALLGEMEINEN, im GROSSEN und GANZEN, im WESENTLICHEN, im DUNKELN tappen.*

10 Die Höflichkeitsanrede schreibt man groß/klein, z.B.: *Haben SIE vielen Dank für IHRE Einladung.*

11 Eigennamen schreibt man groß/klein, z.B.: *MARIA, STILLER OZEAN, GRÜNES GEWÖLBE, AM ALTEN MARKT.*

Großschreibung	Kleinschreibung
– Nomen/Substantive, z.B.: (der) Frieden, (die) Schule, …	– …
– …	

Tipp
Schreibe ggf.
am Computer
und kontrolliere
gründlich.

Achtung, Fehler!

2 Schreibe den folgenden Text in richtiger Rechtschreibung auf. Begründe die Schreibung der unterstrichenen Wörter. Nutze ggf. ein Wörterbuch.

wusstest du, dass man bei gezieltem <u>suchen</u> manch <u>wertvolles</u> finden kann, etwa spezielle mineralien und gesteine? im <u>allgemeinen</u> sind steine ja nichts <u>besonderes</u>. wer aber das sammeln von steinen als hobby hat und sich ein wenig auskennt, entdeckt nicht nur deren vielfalt am wegesrand, sondern
5 macht sich auch an auserwählten orten ans <u>spalten</u> und <u>hämmern</u>, um außergewöhnliche funde freizulegen. im gebirge empfiehlt sich die zeit nach der schnee- und eisschmelze. durch gefrieren und tauen von wasser werden steine nämlich regelrecht gesprengt und dann ausgespült. sie landen so in flüssen oder bleiben nach dem <u>austrocknen</u> der schmelzwasser ganz einfach
10 im tal liegen. auch beim suchen am meer sollte man aufs wetter achten. bernstein liegt meist unterhalb der meeresoberfläche von sandschichten bedeckt. erst durch wetterbedingtes <u>aufwirbeln</u> des bodens wird das fossile harz freigelegt und an land gespült. natürlich könnte <u>keschern</u> helfen, um die goldig schimmernden schätze zu finden. aber ein systematisches durch-
15 suchen von sand, schlick und algen ist eher etwas für profis, die bernstein beispielsweise für das herstellen von schmuckstücken brauchen. übrigens kann das lesen von fachliteratur und gesteinskarten helfen, um sich über besondere <u>vorkommen</u> in bestimmten regionen zu informieren, vielleicht sogar ganz in der nähe. das erhöht die erfolgschancen. aber achtung,
20 das <u>betreten</u> von steinbrüchen oder tagebauen ist aus sicherheitsgründen untersagt. mitunter gibt es jedoch exkursionen unter fachlicher begleitung, weshalb sich das recherchieren nach solchen angeboten lohnen kann.

3 Eine Nominalisierung/Substantivierung lässt sich zu einer nominalen Wortgruppe erweitern.

→ **S. 275:**
Merkwissen:
Erweiterungsprobe

a Wiederhole, wie du durch die Erweiterungsprobe eine Nominalisierung erkennen kannst.

b Entscheide über Groß- oder Kleinschreibung. Schreibe die nominalen Wortgruppen in der richtigen Schreibung auf und unterstreiche die Nominalisierungen.

1 Heute ist nichts besonderes/Besonderes passiert.
2 Er ist ein guter bekannter/Bekannter meiner Eltern.
3 Beim gestrigen Gespräch kam nichts brauchbares/Brauchbares heraus.
4 Sie hat viel interessantes/Interessantes zu erzählen.
5 Sie hat beim häufigen reisen/Reisen viel aufregendes/Aufregendes erlebt.
6 Hast du dir gestern etwas schönes/Schönes gekauft?
7 Dort drüben steht der neue/Neue.
8 Das kleine Bistro bietet leckere Speisen zum mitnehmen/Mitnehmen an.

1. nichts <u>Besonderes</u>   *2. ...*

4 Groß- oder Kleinschreibung?

a Lies den folgenden Merkkasten.

> Wurde **nach** einem **Adjektiv** oder **Partizip** ein **Nomen eingespart**, weil es im Satz oder unmittelbar vorher bzw. nachher noch einmal genannt wird, schreibt man klein, z. B.:
> *Der* <u>grüne</u> *ist mein Pullover. – Der grüne (Pullover) ist mein Pullover.*
> *Der* <u>unterstrichene</u> *ist dein Beispielsatz. – Der unterstrichene (Beispielsatz) ist dein Beispielsatz.*

 b Lest die folgenden Sätze und begründet die Schreibung der unterstrichenen Adjektive mithilfe des Merkkastens.

1 Ich mag alle Blumen, besonders aber die <u>unscheinbaren</u>.
2 Unsere Gruppe war die <u>schnellste</u> von allen.
3 Der <u>bunte</u> ist mein Regenschirm.
4 Seine Fotos waren die <u>schönsten</u>.
5 Das Programm war das <u>lustigste</u> seit Bestehen des Kabaretts.
6 Von allen Läufern war mein Bruder wieder einmal der <u>langsamste</u>.
7 Ihr Entwurf war der <u>gelungenste</u>, ihre Idee die <u>interessanteste</u>.
8 Dieser Raum war der <u>größte</u> und <u>hellste</u>.
9 Die <u>längste</u> und <u>anstrengendste</u> war die letzte Etappe.
10 Die <u>unerwarteten</u> sind die schönsten Siege.

Rechtschreibhilfe: Regeln anwenden

c Entscheide über die richtige Schreibung der Adjektive und Partizipien. Orientiere dich am Merkkasten.

1 Seine gezeichneten Bilder waren schon immer die SCHÖNSTEN.
2 Die hier beschriebenen Tricks sind die SCHWIERIGSTEN, die ich kenne.
3 Ihm schmecken von den Gummibärchen die ROTEN immer am besten.
4 Es ist unser bestes Produkt, es ist auch das BELIEBTESTE und NACHHALTIGSTE, das wir bisher hergestellt haben.
5 Mir gefallen die T-Shirts gut, am besten das HELLBLAUE und das GESTREIFTE.
6 Es war ein schöner Tag am See, so schnell würden sie das ERLEBTE nicht vergessen.
7 Im Roman gefiel mir das VORGETÄUSCHTE im Handeln der Hauptfigur nicht.
8 Der Text war lang und das GELESENE nicht leicht zu behalten. Zum Glück brauchten wir uns nur auf das MARKIERTE zu konzentrieren.
9 Ursache vieler Arbeitsausfälle sind grippale Infekte, im Herbst und Winter ist sie die HÄUFIGSTE.
10 Aber auch Muskel- und Knochenbeschwerden sorgen oft für Krankschreibungen, am HÄUFIGSTEN sind Rückenschmerzen.

Die Schreibung von Eigennamen

1 Eigenname oder nicht?

a Übertragt die Tabelle in eure Hefte und ordnet die Wortgruppen richtig ein. Achtet auf die Groß- und Kleinschreibung. Nutzt ggf. Nachschlagewerke.

Achtung, Fehler!

1 das rote kreuz / das rote tuch
2 der weiße hase / das weiße haus (in Washington)
3 der schiefe turm (in Pisa) / die schiefe mauer
4 der stille nachbar / der stille ozean
5 der deutsche bundestag / die deutsche briefmarke
6 der chinesische tee / die chinesische mauer
7 die kleinen antillen (Inseln in der Karibik) / die kleinen teile
8 der indische ozean / die indische baumwolle
9 der große wagen (sternbild) / der große wagen

Eigenname	kein Eigenname
das Rote Kreuz	das rote Tuch
...	...

b Verwende die Wortgruppen aus Aufgabe a in Sätzen.

2 Der folgende Text ist kleingeschrieben. Schreibe die Eigennamen in der richtigen Groß- und Kleinschreibung heraus. Begründe deine Entscheidung.

Achtung, Fehler!

wusstest du, dass es in deutschland sehr viele sehenswürdigkeiten gibt? jedem wird wohl das brandenburger tor in berlin und auch der berliner fernsehturm ein begriff sein. auch das schloss neuschwanstein im bayerischen allgäu ist bekannt. aber kennst du auch die burg eltz in rheinland-pfalz?
5 sie ist eine höhenburg aus dem 12. jahrhundert und öffentlich begehbar. das schweriner schloss gilt als eines der schönsten in mecklenburg-vorpommern. ist man in thüringen unterwegs, sollte man sich die wartburg nicht entgehen lassen. brandenburgs landeshauptstadt potsdam hat u. a. das weltberühmte schloss sanssouci zu bieten. in sachsen ist wohl der dresdner
10 zwinger die bekannteste sehenswürdigkeit, wobei auch die frauenkirche und das stadtpalais sowie die semperoper sehenswert sind. fährst du ein wenig durch die sächsische schweiz, dann kannst du dir neben den atemberaubenden felsformationen auch die festung königstein ansehen. und
15 wenn dir dann ein wenig nach kultur ist, dann genieße doch einfach eine vorstellung auf der felsenbühne rathen.

Deutschland (Länderbezeichnung)

...

Festung Königstein

Getrennt- und Zusammenschreibung

Grundregeln

Bei der **Getrennt- und Zusammenschreibung** helfen häufig die **Betonungs-** und die **Bedeutungsprobe:**

- Werden **beide Bestandteile betont**, schreibt man **getrennt**, z. B.: *aufeinander achten, frei sprechen* (ohne Vorlage), *miteinander auskommen.*
- Liegt die **Betonung auf dem ersten Bestandteil**, schreibt man **zusammen**, z. B.: *a̱bfahren, hi̱ngehen, na̱chkommen, hina̱usgehen.*
- Wird die Verbindung **in übertragener Bedeutung** verwendet, schreibt man **zusammen**. Auch hier liegt die **Betonung auf dem ersten Bestand-teil**, z. B.: *fre̱isprechen* (von Schuld), *ri̱chtigstellen* (berichtigen, korrigieren).

Rechtschreibhilfe: Betonungs- und Bedeutungsprobe

1 Wende die Regeln der Getrennt- und Zusammenschreibung an.

a Lies folgende Sätze und begründe die Getrennt- bzw. Zusammenschreibung der unterstrichenen Wörter.

   1 Wenn wir in Gruppen arbeiten, müssen wir <u>aufeinander achten</u>.
   2 Dazu wollen wir Regeln <u>festlegen</u> und diesen konsequent <u>nachkommen</u>.
   3 Bei Missverständnissen ist es gut, Sachverhalte <u>richtigzustellen</u>.
   4 Für Teamarbeit ist es wichtig, die Tische und Stühle <u>richtig zu stellen</u>.

 b Bilde Verbindungen aus folgenden Wörtern und verwende sie in Wortgruppen. Schreibe die Wortgruppen auf und begründe die Getrennt- bzw. Zusammenschreibung. Prüfe mit einem gedruckten oder digitalen Wörterbuch.

1	voran / kommen	**6**	vorbei / laufen
2	herab / fallen	**7**	fest / nehmen (den Betrüger)
3	schief / gehen (ein Vorhaben)	**8**	schwer / fallen (bei Glatteis)
4	miteinander / reden	**9**	gut / schreiben (einen Betrag)
5	leicht / fallen (die Übung)	**10**	groß / schreiben (Eigennamen)

   1. in Englisch gut vorankommen (Betonung auf ...)
   2. ...

Tipp
Achte bei den Infinitivgruppen auf die Komma-setzung.

c Bilde mit den Verbindungen aus Aufgabe b Sätze im Perfekt und Sätze mit Infinitivgruppen. Schreibe die Sätze auf und unterstreiche die Wort-verbindungen.

   1. Wir sind in Englisch <u>vorangekommen</u>. Wir versuchen, in Englisch <u>voranzukommen</u>.
   2. ...

d Untersuche die Schreibung der Verbindungen aus Aufgabe c in Bezug auf die Getrennt- und Zusammenschreibung und leite daraus eine Regel ab.

2 Übertrage die folgende Tabelle in dein Heft und ordne die Beispiele richtig ein. Achte auf Getrennt- oder Zusammenschreibung.

1 Die Entscheidung wird mir leicht / fallen.
Bei Glatteis kann man leicht / fallen.

2 Der Artikel über das Rauchen in der Zeitschrift ist gut / geschrieben.
Die Bank hat mir den Fehlbetrag gut / geschrieben.

3 Ich kann verstehen, dass du dieses Buch gern / haben willst.
Es ist doch schön, wenn Menschen sich gern / haben.

4 Die Höflichkeitsform *Sie* muss man groß / schreiben.
Auf Plakaten solltest du groß / schreiben.

5 Persönliche Anredepronomen kann man klein / schreiben.
Auf einer Geburtstagskarte muss man oft klein / schreiben.

direkte Bedeutung	übertragene Bedeutung
bei Glatteis leicht fallen	Entscheidung wird leichtfallen
…	…

3 Wiederhole einige wichtige Regeln der Getrennt- und Zusammenschreibung mithilfe des Merkkastens und präge sie dir ein.

> **Getrennt** schreibt man meist:
> - Verb + Verb, z. B.: *schwimmen lernen, einkaufen gehen,*
> - Nomen/Substantiv + Verb, z. B.: *Rad fahren, Auto fahren, Fußball spielen,*
> - Fügungen mit *sein*, z. B.: *da sein, fertig sein, hier sein, vorüber sein.*
>
> **Zusammen** schreibt man:
> - Adjektiv + Adjektiv, z. B.: *feuchtwarm, bitterböse, superschnell, dunkelblau,*
> - Verbindungen mit *irgend-*, z. B.: *irgendein, irgendwas, irgendwie,*
> - folgende Verbindungen aus Nomen/Substantiv + Verb: *bergsteigen (berggestiegen, bergzusteigen), eislaufen, heimfahren, irreführen, leidtun, kopfrechnen, kopfstehen, preisgeben, standhalten, stattfinden, teilnehmen.*
> (Diese Wörter sollte man sich besonders einprägen!)

4 Getrennt oder zusammen? Schreibe die Sätze richtig auf.

1 Im Urlaub möchte er SKI / LAUFEN und nicht EIS / LAUFEN.

2 Auf dem Dorf kann man gut FAHRRAD / FAHREN, muss aber manchmal auch AUTO / FAHREN, zum Beispiel wenn man in die nächste Stadt will.

3 Sie muss dringend LESEN / LERNEN, um in die zweite Klasse VERSETZT / ZU / WERDEN.

4 Sollen wir TANZEN / GEHEN oder lieber nur MUSIK / HÖREN und IRGEND / ETWAS Schönes kochen?

5 Als er den neuen Horrorfilm sah, hat er ANGST / BEKOMMEN.

Die Schreibung von Straßennamen

1 Wiederhole die Regeln der Schreibung von Straßennamen mithilfe des Merkkastens.

> **Zusammengeschrieben** werden **Straßennamen**, wenn sie folgende Bestandteile als Bestimmungswort haben:
> - einteilige Personennamen, z. B.: *Goethestraße, Moritzgasse, Kleistallee*,
> - ungebeugte Adjektive, z. B.: *Grüngasse, Hochstraße, Rundweg*,
> - Nomen/Substantive, z. B.: *Seestraße, Strandpromenade, Buchenallee*.
>
> **Getrennt geschrieben** werden Straßennamen, wenn sie folgende Bestandteile enthalten:
> - gebeugte Adjektive, z. B.: *Lange Straße, Breite Gasse, Im Hohen Weg*,
> - geografische Eigennamen auf *-er* oder *-isch*, z. B.: *Erfurter Straße, Potsdamer Platz, Grimmaische Allee*,
> - eine Präposition (+ Artikel), z. B.: *Am Berg, Unter den Linden*,
> - Ergänzungen im Genitiv, z. B.: *Platz des Friedens, Allee der Kosmonauten*.
>
> Mit **Bindestrich** geschrieben werden Straßennamen, wenn sie mehrgliedrige Personennamen als Bestimmungswort haben, z. B.: *Robert-Schumann-Straße, Lise-Meitner-Gasse, Albert-Einstein-Allee*.

2 Wende die Regeln aus dem Merkkasten an.

a Übertrage die Tabelle in dein Heft und ordne die korrekt geschriebenen Beispiele aus folgender Karte ein.

Zusammenschreibung	Getrenntschreibung	mit Bindestrich
Kirchbergweg	...	...

b Ergänze die Tabelle aus Aufgabe a durch jeweils mindestens drei geeignete Straßennamen deines Ortes bzw. einer nahen Stadt. Nutze ggf. einen Orts- oder Stadtplan.

Tipp
Bei der Verwendung von Großbuchstaben kann *SS* für *ß* stehen.

Achtung, Fehler!

c Ordne folgende Straßennamen in der richtigen Schreibung in die Tabelle von Aufgabe a ein.

1	LUDWIGVANBEETHOVENALLEE	**10**	PLATZDEREINHEIT
2	BERTOLTBRECHTSTRASSE	**11**	FRIEDENSWEG
3	KAPUZINERGASSE	**12**	ANDERBRÜCKE
4	AMSTADTBAD	**13**	AMALTENBUCHENHAIN
5	ALBERTEINSTEINSTRASSE	**14**	AMNAUENERTOR
6	MERSEBURGERALLEE	**15**	BAHNHOFSTRASSE
7	BACHSTRASSE	**16**	KRÄMERBRÜCKE
8	CARLMARIAVONWEBERPLATZ	**17**	MITTELWEG
9	NEUERWEG	**18**	IMMÜHLENGRUND

3 Die Anschriften der folgenden Betriebe enthalten Fehler.

a Trage die korrigierten Straßennamen in die richtigen Spalten der Tabelle aus Aufgabe 2 a ein.

Achtung, Fehler!

1. Tischlerei Mädler, Heinrich Heinestr. 12
2. Friseurgenossenschaft Bastei, Dresdenerstr. 1
3. Thüringer Fleischwaren, Berg Straße 99
4. Getränkehandel Weinreich, An-der-Försterei 6
5. Forstverwaltung Ost, Wald-Weg 33
6. Augenoptiker Krüger, Kurzegasse 10
7. Bäckerei Martens, Carl Maria von Weber Allee 19
8. Stadtverwaltung Mitte, Magdeburger-Straße 88
9. Computerdienst Schnabel, Nauenertor 66
10. Transport & Logistik, Im Gewerbe Gebiet 7 a
11. Bürgeramt Nord, Platz der friedlichen Revolution 1 c
12. Klinikum am Ring, am Süd-Ring 13–15
13. Botanischer Garten, Gärten–Der–Welt 4
14. Parkhotel „Grünland", Zur grünen Aue 2–4
15. SV Bergheim, alte Dorf-Straße 5

 b Recherchiere die Adressen dich interessierender Ausbildungsbetriebe und schreibe sie korrekt auf.

Kita „Spatzenhausen"   ...
Musterstr. 15
01069 Dresden

c Gestalte den Beginn eines offiziellen Briefes mit korrekten Adressen, Orts- und Datumsangaben.

4 Seltsame Straßennamen?

a Lies den Text über Straßennamen in Deutschland.

Wusstest du, dass es Straßennamen noch gar nicht so lange gibt? Erst im Mittelalter mit der Entstehung der Städte bildeten sich auch die Bezeichnungen für die Straßen und Wege heraus. So ist es nicht verwunderlich, dass solche Namen wie Breitegasse, Ritter-Straße und Schloss-Allee sehr häufig

5 vorkommen. Auch die Kirch-Straße oder Kirch-Gasse findet man in vielen Orten. Rückschlüsse auf die damals angesiedelten Handwerker kann man mithilfe der Schuster-Gasse, der Fleischer-Gasse, des Schmiede-Weges oder auch der Krämer Brücke ziehen. Pflanzen sind ebenfalls beliebte Bestandteile von Straßennamen. So gibt es in vielen Orten die Linden-Allee,

10 die Akazien Gasse oder den Blumen Weg.

Später wurden Straßen und Wege dann auch nach bekannten Persönlichkeiten benannt. In Deutschland findet man so die Brüder Grimm Straße, die Johann Wolfgang von Goethe Allee, den Schiller

15 Weg oder die Peter und Paul Gasse.

Aber auch Märchenfiguren werden verwendet, so in der Hänsel Straße, dem Rumpelstilzchen Weg oder der Frau Holle Straße.

Am kreativsten waren aber die Namengeber der

20 BischöflichGeistlicherRatJosefZinnbauerStraße in Dingolfing. Das ist übrigens der längste Straßenname in Deutschland.

b Berichtigt die falschen Schreibungen der Straßennamen und ordnet sie richtig in die Tabelle der Aufgabe 2 a (S. 254) ein.

c Kennst du weitere ausgefallene Straßennamen? Ergänze sie in der richtigen Schreibung in der Tabelle aus Aufgabe 2 a (S. 254).

5 Recherchiere im Internet, wie in Deutschland Straßen oder Plätze zu ihrem Namen kommen.

a Beantworte die folgenden Fragen.

1 Wer darf Namen für Straßen und Plätze vorschlagen?
2 Wer entscheidet über die Vorschläge?
3 Welche Kriterien müssen bei einer Namensvergabe berücksichtigt werden?

b Überlegt euch selbst mögliche Namen für Straßen oder Plätze, die ihr für eure Wohn- oder Schulumgebung vorschlagen könntet, und schreibt sie korrekt auf. Beachtet jeweils die Kriterien für Namensvergaben und begründet eure Vorschläge.

Fremdwörter

1 Die richtige Verwendung von Fremdwörtern ist auch im Alltag wichtig.

a Erkläre, weshalb sich diese Person ganz schön blamiert hat.

Eine Äußerung in einem Fernsehinterview: „Vom Gefühl her hatte ich eigentlich ein gutes Feeling."

→ S. 279:
Merkwissen:
Fremdwort

b Wiederhole, welche Wörter als Fremdwörter bezeichnet werden.

2 Kennst du die Bedeutungen?

a Schlage die Bedeutungen der Fremdwörter in einem gedruckten oder digitalen Wörterbuch nach.

1 Akkusativ	6 obligatorisch	11 effizient
2 verifizieren	7 polarisieren	12 Expertise
3 subtil	8 extrovertiert	13 Fundament
4 pragmatisch	9 narzisstisch	14 Klimax
5 Portfolio	10 Authentizität	15 selektiv

b Ermittle bei den Nomen/Substantiven das Genus (Geschlecht).

→ S. 225:
Fachwörter

3 Auch im Fachwortschatz der Unterrichtsfächer werden viele Fremdwörter verwendet.

a Übertrage die Tabelle in dein Heft und ordne die Wörter ein.
Ergänze, wenn nötig, Buchstaben in den Lücken.

1 Skel■ett	15 Mi■kroskop
2 Akku■sativ	16 Imperati■v
3 Para■le■logramm	17 dividi■ren
4 ad■ieren	18 Jaz■orchester
5 Rhyt■mik	19 Syn■tax
6 Ba■kterien	20 Musica■l
7 Sinfoni■	21 Prä■position
8 Kat■et■e	22 Ort■ografie
9 Geniti■v	23 Membra■n
10 Evo■lution	24 Radiu■s
11 Ko■njunktiv	25 Q■otient
12 Hy■perbel	26 arit■metisch
13 Pro■zent	27 Stro■phe
14 Multipli■kation	28 Sy■nony■me

Biologie	Deutsch	Mathematik	Musik
Skelett	...	...	...

b Wähle mindestens zehn Wörter aus Aufgabe a aus, schlage sie in einem Wörterbuch nach und schreibe sie mit ihrer Bedeutung auf.

1. das Skelett: das Knochengerüst
...

> **Fremdwörter** sind Wörter, die aus einer fremden Sprache übernommen wurden und sich in Lautung, Schreibung und Flexion unserer Sprache (noch) nicht oder nur zum Teil angepasst haben. Sie sind häufig an typischen **Präfixen** und **Suffixen** zu erkennen.
> Die **Präfixe** werden dem Wortstamm vorangestellt. Häufig ändert sich dann die Bedeutung des Wortes. Man kann das Wort viel schneller verstehen, wenn man die Bedeutung der Präfixe kennt, z. B.:
> *anti-: gegen-* (*antibakteriell* – gegen Bakterien),
> *prä-: vor-* (*Präferenz* – Vorzug, Vorrang).

4 Übe Fremdwörter mit Präfixen.

a Wähle die passenden Präfixe. Schreibe die entstandenen Wörter untereinander in dein Heft und ergänze bei Nomen/Substantiven die Artikel.

ad-   ana-   dia-   ex-   para-/par-   bio-   nano-

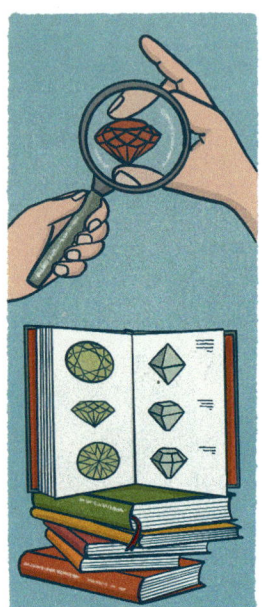

1	▢ jektiv	15	▢ klusiv
2	▢ dition	16	▢ periment
3	▢ resse	17	▢ plosion
4	▢ apter	18	▢ pedition
5	▢ log	19	▢ bel
6	▢ lyse	20	▢ odie
7	▢ pher	21	▢ graf
8	▢ tomie	22	▢ llel
9	▢ gonale	23	▢ enthese
10	▢ gnose	24	▢ logie
11	▢ mant	25	▢ grafie
12	▢ akt	26	▢ technologie
13	▢ amen	27	▢ meter
14	▢ emplar	28	▢ sekunde

1. das Adjektiv
2. ...

b Schreibe die Bedeutung der Wörter auf. Schlage ggf. nach, wenn du die Bedeutung des Wortes nicht oder nicht genau kennst.

1. das Adjektiv: das Eigenschaftswort
2. ...

> Auch typische **Suffixe** sind häufig Bestandteile von **Fremdwörtern**.
> Häufige Fremdwortsuffixe sind *-ik, -ion, -ist, -istisch, -aille, -eur, -ing*, z.B.:
> *inform-* + *-at-* + *-ion* → *die Information*,
> *train-* + *-ing* → *das Training*.

5 Übe Fremdwörter mit häufigen Suffixen.

→ S. 223:
Ableitungen

a Übertrage die Tabelle in dein Heft. Bilde aus den folgenden Wortbauteilen Fremdwörter mithilfe der aufgeführten Suffixe und schreibe sie in die richtige Spalte. Ergänze bei Nomen die Artikel und die Pluralformen.

| -ik | -(at)ion | -istisch | -iv | -ieren |

| -eur | -age | -al | -abel |

1 phys-	**6** alternat-	**11** phänomen-
2 instinkt-	**7** funktion-	**12** mass-
3 report-	**8** blam-	**13** pessim-
4 install-	**9** komfort-	**14** präsent-
5 aggress-	**10** republ-	**15** mont-

Nomen/Substantive	Verben	Adjektive
die Phys<u>ik</u> (kein Plural) …	…	…

b Unterstreiche in allen Fremdwörtern die Suffixe.

c Schreibe die Bedeutung der Fremdwörter auf. Verwende ein gedrucktes oder digitales Wörterbuch, wenn du die Bedeutung nicht oder nicht genau kennst.

6 Oft erkennt man Fremdwörter an besonderen Buchstabenverbindungen.

Tipp
Wenn du unsicher bist, nutze immer ein Nachschlage-werk.

a Schreibe die folgenden Wörter auf. Ergänze die fehlenden Buchstaben oder Buchstabenverbindungen in den Lücken und unterstreiche mögliche Fehler-stellen.

1 der R▮yt▮mus	**6** die Ort▮odoxie	**11** das Interv▮▮▮
2 die S▮mpath▮	**7** die Ka▮astrop▮e	**12** die Ingen▮▮▮rin
3 die Empat▮ie	**8** der Be▮mer	**13** das Niv▮▮▮
4 die Eup▮or▮	**9** das Komite▮	**14** die Blama▮e
5 die Aut▮entizit▮t	**10** die Kom▮is▮ion	

6a Wähle aus den folgenden typischen Buchstabenkombinationen aus.
Englisch: *ea / eau / igh / ity / oo / ou / y*
Französisch: *age / aill(e) / é / eau / ieu / oi / ou*
Lateinisch, Griechisch: *ph / rh / th / y*

b Notiere zu den Beispielen 1 bis 7 aus Aufgabe a jeweils die Adjektive.

c Notiere zu den Beispielen 8 bis 14 aus Aufgabe a jeweils die Pluralformen mit Artikel.

 7 Ergänzt die Fremdwörter zu folgenden Erklärungen.
Verwendet fünf Beispiele in sinnvollen Sätzen.

1	der luftleere Raum	das Va■■■m
2	abstreiten, leugnen	n■g■■ren
3	eine Partei, die nicht Teil der Regierung ist	die O■■o■■tion
4	eine kleine, unbedeutende Sache	die Ba■■■■■le
5	ein Zeitabschnitt, der sich wiederholt	die S■■■on
6	die Redekunst	die R■■■■rik
7	die Aufgeschlossenheit, Duldsamkeit	die T■l■■■nz
8	gewohnheitsmäßig, ständig	not■■■sch
9	die gesetzgebende Gewalt	die Legisla■■ve
10	entgegengesetzt	kontro■■■s
11	zu etwas schicken, an jemanden abgeben	ad■■■■■■ren
13	uneinheitlich	het■■■gen
14	wirksam, wirtschaftlich	ef■■■■■nt
15	die Rückmeldung	das F■■■■■ck
16	belohnen, würdigen	hon■■■■■en

> Als **Anglizismen** (*Singular:* Anglizismus) bezeichnet man Wörter, Wortformen und Formulierungen, die aus dem Englischen ins Deutsche (und andere Sprachen) übernommen wurden. Ein allzu häufiger und unnötiger Gebrauch im Deutschen wird oft kritisch gesehen, z. B.:
> *Ticket* (statt *Fahrkarte*), *Service-Point* (statt *Auskunft, Information*), *outsourcen* (statt *auslagern*).

 8 In manchen Bereichen werden besonders häufig Anglizismen verwendet.

a Lest den folgenden Text und besprecht, wie er auf euch wirkt.

In vielen Bereichen, z. B. in Business, Mode, Sport und Musik ist es durchaus klug, up to date zu sein. Das heißt nicht nur, wichtige News zu kennen, sondern auch, sich neuen Challenges zu stellen. Dabei muss man keineswegs jedem Hype folgen und jedem neuen Cover auf den Leim gehen, sondern kann selbstbewusst über eigene Favorits entscheiden. Ein Check zeigt nicht selten, dass längst Bekanntes nur mit scheinbar hipperen Labels versehen wurde, man denke z. B. an Bezeichnungen wie *Pitch Event, Hoodie, Badminton* oder *Dancefloor*.

b Überarbeitet den Text. Entscheidet, welche Stellen ihr anders formulieren wollt. Ergänzt ggf. eigene Beispiele.

Sprachwissen und Sprachbewusstsein

Prüfungsaufgaben zu Sprachwissen und Sprachbewusstsein können **Sprachwissen** abfragen, zur **Anwendung bzw. Bildung sprachlicher Formen** auffordern und/oder nach der **Wirkung sprachlicher Mittel** im Text fragen.

Tipp
Achte auf die Verbformen (Operatoren) im Imperativ und weitere Schlüsselwörter.

→ **S. 336:**
Operatoren im Überblick (Auswahl)

1 Untersuche, was folgende Prüfungsaufgaben von dir verlangen.

1 Notieren Sie, in welchem Tempus der Text überwiegend verfasst ist, und schreiben Sie ein Beispiel heraus. Nennen Sie zwei weitere im Text verwendete Tempusformen und ergänzen Sie je ein Beispiel.

2 Erklären Sie die Bedeutung der Redewendung „etwas genauer unter die Lupe nehmen" (Z. 60–61).

3 Im Text steht: „Die Gendarmen dürften herzlich gelacht haben" (Z. 14). Begründen Sie, warum hier der Konjunktiv verwendet wurde.

4 Geben Sie die Aussage in indirekter Rede wieder. Verwenden Sie den Konjunktiv I.

5 Schreiben Sie die Steigerungsformen zum Adjektiv *spät* auf. Verwenden Sie die Form für den Superlativ in einem kurzen Satz.

6 Der erste Satz des Textes beginnt mit einer Inversion (Veränderung des üblichen Satzbaus). Notieren Sie einen möglichen Grund für die Verwendung dieses Stilmittels.

7 Im Text finden sich einige Rechtschreibfehler bei Nominalisierungen/Substantivierungen. Korrigieren Sie die Wörter.

8 Begründen Sie die Kommasetzung in den folgenden Sätzen. Notieren Sie jeweils die Kommaregel.

9 Unterstreichen Sie die Fremdwörter im Text. Erklären Sie deren Bedeutung mit eigenen Worten.

10 Begründen Sie, weshalb in Zeile 5 nach dem Doppelpunkt die Großschreibung erforderlich ist.

2 Lies die Schrittfolge. Überlege, ob dir das vorgeschlagene Vorgehen liegt. Wenn nicht, schlage Änderungen vor.

So kannst du Prüfungsaufgaben zum Sprachwissen bearbeiten
1. Löse zuerst diejenigen Aufgaben, die dir leichtfallen.
2. Beachte, wo und wie du deine Lösungen festhalten sollst. Achte auf sorgfältiges und übersichtliches Arbeiten und eine gut lesbare Schrift.
3. Löse alle Aufgaben, die du zunächst ausgelassen hattest. Achte auf die Zeit und arbeite konzentriert und zügig.
4. Prüfe alle Lösungen noch einmal und korrigiere ggf. Fehler.
5. Schreibe unübersichtliche, schlecht lesbare Lösungen ggf. noch einmal sauber und ordentlich auf.

1 Bist du sicher bei der Schreibung dieser Wörter und Wortgruppen?

a Prüfe die Schreibung der folgenden Wörter und Wortgruppen.
Korrigiere die 21 Fehler.

Achtung, Fehler!

1	allmälich	11	experimentieren	21	paralel
2	Apperat	12	illustrieren	22	reperieren
3	Blammage	13	insgesammt	23	Scanner
4	Beamer	14	Integration	24	seid einer Stunde
5	ein bischen	15	Jeans	25	zusehens
6	endgültig	16	Jurnalist	26	Medailon
7	endscheidend	17	Karikatur	27	morgen nachmittag
8	detailiert	18	Komitee	28	versehendlich
9	engagiert	19	Kommision	29	seit pünktlich
10	Kaos	20	Korektur	30	im großen und ganzen

b Bilde von den Beispielen 3, 4, 11, 12, 14 und 22 das entsprechende Verb
oder Nomen/Substantiv. Ergänze bei Nomen den Artikel.

 2 Nutze ein Textverarbeitungsprogramm zum Schreiben und Korrigieren.

a Schreibe den Text am Computer in der richtigen Groß- und Kleinschreibung.

die geschichte des telefons

für uns ist es heute selbstverständlich, dass wir zum smartphone greifen und
damit nicht nur telefonieren, sondern auch nachrichten und mails lesen und
schreiben oder auch mal schnell etwas bestellen können. aber wie begann
die geschichte des telefons?

5 schon 15 jahre bevor alexander graham bell sein patent für die
elektronische übertragung von sprache anmeldete, hatte der
physiklehrer philipp reis erstmals einen apparat vorgestellt, der
die sprache mithilfe von elektrischem strom übertragen konnte.
allerdings unterlag diese übertragung noch großen schwankun-
10 gen, sodass philipp reis die weiterentwicklung auf eis gelegt
hatte. demzufolge gilt alexander graham bell als der erfinder
des telefons. der erste satz, der übertragen wurde, lautete:
„das pferd frisst keinen gurkensalat."
danach ging die entwicklung rasend schnell. schon 1926
15 können reisende der 1. klasse auf der strecke hamburg–berlin
aus dem zug heraus mobil telefonieren.
1992 startet in der bundesrepublik das erste digitale mobilfunknetz,
allerdings sind die ersten handys sehr teuer.
aber schon im Jahr 2002 gibt es mit über einer milliarde handys weltweit
20 mehr mobiltelefone als festnetzanschlüsse. im jahr 2021 lag die zahl bei
ca. 5,3 milliarden und sie steigt weiter.

b Prüfe deinen Text auf Rechtschreibfehler. Korrigiere ggf. die vom Programm markierten Wörter. Schreibe die korrigierten Wörter unter den Text und markiere jeweils die Fehlerquelle.

c Prüfe, ob dein Text weitere Fehler enthält, und korrigiere sie ebenfalls. Schreibe die korrigierten Wörter unter den Text und markiere jeweils die Fehlerquelle.

3 Schreibe die Sätze in der richtigen Getrennt- und Zusammenschreibung auf.

1 Sie will Eis / laufen, er lieber Eis / essen.
2 Hier darfst du nicht Rad / fahren, denn es ist abgesperrt.
3 Wir werden diese Entwicklung durch / laufen müssen, wenn wir zum Ziel kommen wollen.
4 Irgend / wie wurde es innerhalb von wenigen Tagen hier bitter / kalt.

4 Schreibe die folgenden Straßen- und Eigennamen richtig auf.

Achtung, Fehler!

1 friedrichschillerstraße
2 gelberweg
3 goetheallee
4 anderstadtmauer
5 ottovonguerickeuniversität
6 alexanderplatz
7 statistischesbundesamt
8 atlantischerozean
9 alexanderdergroße
10 rainermariarilkepromenade
11 süddeutschezeitung
12 kapdergutenhoffnung

5 Schreibe häufig vorkommende Fremdwörter korrekt auf.

a Schreibe folgende Fremdwörter in der richtigen Schreibung auf. Ergänze jeweils die fehlenden Buchstaben.

1 großer, stolzer Sieg: der Triump▮
2 Abbildung, Bebilderung: die Il▮ustration
3 verwirren, verunsichern: ir▮itieren
4 abwehrend, verteidigend, zurückhaltend: defensi▮
5 angenehm, freundlich, liebenswert: s▮mpat▮isch
6 gleichmäßige Tonfolge in Musik oder Sprache: der R▮yt▮mus
7 Unglück, Unfall, Verhängnis, Untergang: die Katastrop▮e
8 Wunschvorstellung, Traumbild, Fantasiebild: die Il▮usion

b Verwende jedes Fremdwort aus Aufgabe a in einem kurzen Satz.

c Bilde zu den Fremdwörtern aus Aufgabe a verschiedene Wortarten.

1 Bilde und notiere die Verben zu den Beispielen 1 und 2.
2 Bilde und notiere die Nomen zu den Beispielen 3, 4 und 5.
3 Bilde und notiere die Adjektive zu den Beispielen 6, 7 und 8.

→ **S. 325:**
Lösung zum Test

Infinitiv	Präsens	Präteritum	Perfekt
abgeben	du gibst ab	sie gab ab	sie hat abgegeben
abschließen	du schließt ab	er schloss ab	er hat abgeschlossen
anhalten	du hältst an	sie hielt an	sie hat angehalten
befehlen	du befiehlst	er befahl	er hat befohlen
beginnen	du beginnst	sie begann	sie hat begonnen
bieten	du bietest	er bot	er hat geboten
bitten	du bittest	sie bat	sie hat gebeten
bleiben	du bleibst	sie blieb	sie ist geblieben
brechen	du brichst	sie brach	sie hat gebrochen
brennen	du brennst	es brannte	es hat gebrannt
dürfen	du darfst	er durfte	er hat gedurft
einfallen	es fällt ein	es fiel ein	es ist eingefallen
einladen	du lädst ein	sie lud ein	sie hat eingeladen
erschrecken	du erschrickst	er erschrak	er ist erschrocken
essen	du isst	er aß	er hat gegessen
fahren	du fährst	sie fuhr	sie ist gefahren
fallen	du fällst	er fiel	er ist gefallen
fangen	du fängst	sie fing	sie hat gefangen
fliehen	du fliehst	er floh	er ist geflohen
fließen	es fließt	es floss	es ist geflossen
frieren	du frierst	er fror	er hat gefroren
gehen	du gehst	sie ging	sie ist gegangen
gelingen	es gelingt	es gelang	es ist gelungen
genießen	du genießt	sie genoss	sie hat genossen
geschehen	es geschieht	es geschah	es ist geschehen
greifen	du greifst	sie griff	sie hat gegriffen
haben	du hast	er hatte	er hat gehabt
heben	du hebst	er hob	er hat gehoben
heißen	du heißt	sie hieß	sie hat geheißen
helfen	du hilfst	er half	er hat geholfen
kennen	du kennst	sie kannte	sie hat gekannt
kommen	du kommst	sie kam	sie ist gekommen
können	du kannst	er konnte	er hat gekonnt
lassen	du lässt	sie ließ	sie hat gelassen
laufen	du läufst	er lief	er ist gelaufen
lesen	du liest	er las	er hat gelesen

Infinitiv	Präsens	Präteritum	Perfekt
liegen	du liegst	er lag	er hat gelegen
mitbringen	du bringst mit	er brachte mit	er hat mitgebracht
mögen	du magst	sie mochte	sie hat gemocht
nehmen	du nimmst	er nahm	er hat genommen
raten	du rätst	sie riet	sie hat geraten
riechen	du riechst	er roch	er hat gerochen
rufen	du rufst	er rief	er hat gerufen
scheinen	du scheinst	sie schien	sie hat geschienen
schieben	du schiebst	sie schob	sie hat geschoben
schlafen	du schläfst	er schlief	er hat geschlafen
schleichen	du schleichst	er schlich	er ist geschlichen
schneiden	du schneidest	er schnitt	er hat geschnitten
schreien	du schreist	er schrie	er hat geschrien
schwimmen	du schwimmst	er schwamm	er ist geschwommen
sehen	du siehst	sie sah	sie hat gesehen
sein	du bist	er war	er ist gewesen
singen	du singst	er sang	er hat gesungen
sitzen	du sitzt	sie saß	sie hat gesessen
sprechen	du sprichst	sie sprach	sie hat gesprochen
stehen	du stehst	er stand	er hat gestanden
steigen	du steigst	sie stieg	sie ist gestiegen
stoßen	du stößt	er stieß	er hat gestoßen
streiten	du streitest	sie stritt	sie hat gestritten
treffen	du triffst	sie traf	sie hat getroffen
treten	du trittst	sie trat	sie hat getreten
tun	du tust	sie tat	sie hat getan
verbieten	du verbietest	er verbot	er hat verboten
vergessen	du vergisst	sie vergaß	sie hat vergessen
verlieren	du verlierst	er verlor	er hat verloren
verzeihen	du verzeihst	sie verzieh	sie hat verziehen
vorschlagen	du schlägst vor	er schlug vor	er hat vorgeschlagen
wachsen	du wächst	er wuchs	er ist gewachsen
werden	du wirst	sie wurde	sie ist geworden
wissen	du weißt	sie wusste	sie hat gewusst
wollen	du willst	sie wollte	sie hat gewollt
ziehen	du ziehst	er zog	er hat gezogen

die **Abkürzung** (*Plural:* die Abkürzungen) → S.92	Abkürzungen finden v.a. in der geschriebenen Sprache Verwendung, um schneller und platzsparender zu schreiben. Man unterscheidet: • **Abkürzungen mit einem Punkt**, z.B.: *z.B.* (zum Beispiel), *Dr.* (Doktor), • **Abkürzungen ohne Punkt**, z.B.: *m* (Meter), *Zn* (Zink), *NO* (Nordost), • **Kurzwörter**, z.B.: *Foto* (Fotografie), *Rad* (Fahrrad). Sonderformen sind: • **Buchstabenwörter** ohne Punkt: Buchstaben werden einzeln oder zusammenhängend gesprochen, z.B.: *Lkw* (gesprochen: el-ka-we, Lastkraftwagen), *PLZ* (Postleitzahl), • **Silbenwörter** aus den Anfangssilben zusammengesetzter Wörter, z.B.: *Kripo* (<u>Kri</u>minal<u>po</u>lizei), *Buga* (<u>Bu</u>ndes<u>ga</u>rtenschau). Für die **Kommunikation im Internet** gibt es vielfältige Kürzungsvarianten unterschiedlicher Form und Bedeutung, z.B.: *CU* (see you – tschüss), *ez, izi* (easy – einfach), *GLG, glg, glG* (ganz liebe Grüße).
die **Ableitung** (*Plural:* die Ableitungen) → S.220, 223	Die Ableitung ist eine Möglichkeit der **Wortbildung**: Mithilfe von **Suffixen** und/oder **Präfixen** entstehen aus vorhandenen Wörtern neue mit etwas veränderter Bedeutung. Typische Suffixe für **Nomen/Substantive** sind *-heit, -keit, -ung, -schaft, -nis, -tum*, z.B.: *die Mensch<u>heit</u>, die Heiz<u>ung</u>*. Typische Suffixe für **Adjektive** sind *-ig, -lich, -isch, -sam, -bar, -haft*, z.B.: *schwier<u>ig</u>, gemüt<u>lich</u>*. Durch das Anfügen von Präfixen wie *be-, er-, ent-, miss-, ver-, zer-* verändern **Verben** ihre Bedeutung, z.B.: *achten – <u>miss</u>achten, <u>be</u>achten, <u>ver</u>achten*. Ableitungen entstehen außerdem durch **Änderung des Wortstamms**, z.B.: *fl<u>ie</u>gen* → *der Fl<u>u</u>g*; *b<u>i</u>nden* → *das B<u>a</u>nd, der B<u>u</u>nd, b<u>ü</u>ndig*.
das **Adjektiv** (*Plural:* die Adjektive) → S.196	Das Adjektiv ist eine **veränderbare** (flektierbare) **Wortart**, die **Eigenschaften** und **Merkmale** von Lebewesen, Gegenständen, Tätigkeiten und Vorgängen bezeichnet. Adjektive können im Satz Nomen/Substantive oder Verben näher bestimmen. Sie lassen sich **deklinieren** (beugen). Als **Begleitwort von Nomen** passen sie sich in **Genus** (grammatischem Geschlecht), **Numerus** (Zahl) und **Kasus** (Fall) dem Nomen an, z.B.: *der <u>wilde</u> Hund – ein <u>wilder</u> Hund*. Adjektive lassen sich meist **steigern** (komparieren, die Komparation). Es gibt drei Steigerungsstufen: • den Positiv (die Grundstufe), z.B.: *der <u>schnelle</u> Läufer*, • den Komparativ (die Mehrstufe), z.B.: *der <u>schnellere</u> Läufer*, • den Superlativ (die Meiststufe), z.B.: *der <u>schnellste</u> Läufer*. Mithilfe von Adjektiven kann man **Vergleiche** ausdrücken: • Bei **Gleichheit** verwendet man den **Positiv** (die Grundstufe) **+ wie**, z.B.: *Ich bin <u>genauso groß wie</u> du*. • Bei **Ungleichheit** verwendet man den **Komparativ** (die Mehrstufe) **+ als**, z.B.: *Ich bin <u>größer als</u> du*.

das **Adverb** (*Plural:* die Adverbien) → S. 196	Das Adverb ist eine **unveränderbare** (nicht flektierbare) **Wortart**, die angibt, wann, wo, wie und warum etwas geschieht. Meist bestimmen Adverbien ein Verb näher, z. B.: • **Adverbien der Zeit**: *Wir treffen uns morgen.* (Wann?) *Er trainiert selten.* (Wie oft?) • **Adverbien des Ortes**: *Ich warte oben.* (Wo?) *Wir liefen bergauf.* (Wohin?) *Sie kam heraus.* (Woher?) • **Adverbien des Grundes**: *Die Halle war geschlossen. Deshalb fiel das Training aus.* (Warum?) • **Adverbien der Art und Weise**: *Er trainiert allein.* (Wie?) **Präpositionaladverbien** werden aus Adverbien und Präpositionen gebildet, z. B.: *wo / da / hier + bei / durch / für / mit / von / zu → dabei, wodurch, hierfür, damit, wovon, hierzu.* Beginnt die Präposition mit einem Vokal, wird bei *wo* und *da* ein Fugen-*r* eingefügt, z. B.: *wo / da + an / aus / auf / in → daran, woraus, darauf, worin.* Mit Präpositionaladverbien kann man **Wiederholungen vermeiden** oder **Fragesätze einleiten**, z. B.: *Nachmittags gehe ich zum Training. Nach dem Training gehe ich zu Tom. → Danach gehe ich zu Tom.*
die **Adverbialbestimmung** (*Plural:* die Adverbialbestimmungen) → S. 198	Die Adverbialbestimmung (Umstandsbestimmung) ist ein **Satzglied**, das das Prädikat näher bestimmt und angibt, wo, wann, warum und wie etwas geschieht oder jemand etwas tut. Adverbialbestimmungen können in Form eines **Wortes**, einer **Wortgruppe** oder eines **Teilsatzes** auftreten. Man unterscheidet: • **Lokalbestimmung** (Adverbialbestimmung des Ortes), Fragen: Wo? Woher? Wohin?, z. B.: *Ich bin zu Hause.* • **Temporalbestimmung** (Adverbialbestimmung der Zeit), Fragen: Wann? Wie lange? Bis wann? Seit wann? Wie oft?, z. B.: *Ich bin morgen da.* • **Kausalbestimmung** (Adverbialbestimmung des Grundes), Fragen: Warum? Weshalb? Aus welchem Grund?, z. B.: *Weil die Miete zu hoch war, zogen wir um.* • **Modalbestimmung** (Adverbialbestimmung der Art und Weise), Fragen: Wie? Auf welche Art und Weise?, z. B.: *Mit Interesse sah ich den Film.*
das **Anredepronomen** (*Plural:* die Anredepronomen)	Die **persönlichen Anredepronomen** *du/dein, ihr/euer* können in Briefen und E-Mails klein- oder großgeschrieben werden. Die **höflichen Anredepronomen** *Sie* und *Ihr* und alle ihre Formen (z. B.: *Ihnen, Ihre*) werden immer **großgeschrieben**.
das **Antonym** (*Plural:* die Antonyme)	Antonyme sind **Wörter mit gegensätzlicher Bedeutung**. Sie haben teils gemeinsame, vor allem aber gegensätzliche Bedeutungsmerkmale, z. B.: *hell* (Lichtmenge: viel Licht) – *dunkel* (Lichtmenge: wenig Licht).

das **Argumentieren**, die **Argumentation** (*Plural:* die Argumentationen) → S. 20, 22	Das Argumentieren ist eine **Diskussionsstrategie**, bei der man sich mündlich oder schriftlich **mit einer Aussage oder Behauptung ausein-andersetzt**. In einer Argumentation führt man eine Reihe von **Argumenten** (Begründungen + Beispiele) an, durch die eine Aussage oder Behauptung gestützt oder widerlegt wird. Es gibt verschiedene **Arten von Argumenten**: • **Faktenargumente**: stützen sich auf (eigene) Erfahrungen, statistische Erhebungen oder wissenschaftliche Erkenntnisse, • **Autoritätsargumente**: stützen sich auf Aussagen von Fachleuten, • **normative Argumente**: stützen sich auf gesellschaftlich anerkannte Normen, Werte und Regeln. Nutzt man Fakten oder beruft sich auf eine Autorität, muss man indirekt oder direkt **zitieren** und die **Quelle** angeben.
der **Artikel** (*Plural:* die Artikel) → S. 196	Der Artikel ist eine **veränderbare** (flektierbare) **Wortart**. Artikel können als **Begleitwort** bei Nomen/Substantiven stehen. Den **unbestimmten Artikel** (*ein, eine, ein*) verwendet man, um Lebewesen, Gegenstände o. Ä. neu ins Gespräch oder in den Text einzuführen, z. B.: *Am Waldrand steht ein Haus.* Den **bestimmten Artikel** (*der, die, das*) verwendet man für Lebewesen, Gegenstände o. Ä., die schon bekannt oder bereits eingeführt sind, z. B.: *Es ist das Haus der Försterei.* **Artikel** lassen sich **deklinieren** (beugen) und passen sich dem Nomen in **Genus** (grammatischem Geschlecht), **Numerus** (Zahl) und **Kasus** (Fall) an, z. B.: *das Haus sehen, in dem Haus wohnen, die Häuser besichtigen.*
das **Attribut** (*Plural:* die Attribute) → S. 198	Das Attribut (Beifügung) ist ein Teil eines Satzglieds und wird deshalb **Satzgliedteil** genannt. Attribute bestimmen ein Nomen/Substantiv näher. Sie können vor oder hinter dem Bezugsnomen stehen. Attribute treten als **Wort**, **Wortgruppe** oder **Teilsatz** auf und lassen sich mit *Was für ein (eine, ein)?* oder *Welcher (Welche, Welches)?* erfragen. Bei der **Umstellprobe** können Attribute nicht allein umgestellt werden. Sie bleiben immer bei dem Nomen, zu dem sie gehören, z. B.: *Man hat eine vergoldete Maske des Pharaos entdeckt.* *Eine vergoldete Maske des Pharaos hat man entdeckt.*
die **Aufzählung** (*Plural:* die Aufzählungen) → S. 206, 218	Manche Sätze enthalten Aufzählungen in Form von **Wörtern** oder **Wortgruppen**. Die Glieder einer Aufzählung werden durch **Komma** voneinander getrennt, wenn sie nicht mit den aufzählenden Konjunktionen *und, oder, sowie, sowohl … als auch …, weder … noch …* verbunden sind, z. B.: *Karli spielt Gitarre, singt und schreibt selbst Lieder.* Ein **Komma** muss man jedoch immer bei entgegenstellenden Konjunktionen setzen wie *aber, doch, jedoch, nicht nur …, sondern auch …,* z. B.: *Karli spielt nicht nur Gitarre, sondern singt auch.* Werden **Teilsätze** aufgezählt, ist es freigestellt, ob man vor *und* oder *oder* ein Komma setzt, z. B.: *Karli spielt Gitarre(,) und gut singen kann er auch.*

die **Ballade** (*Plural:* die Balladen)	Eine Ballade (Erzählgedicht) ist ein mehrstrophiges, meist gereimtes Gedicht, das die **Merkmale von Epik** (Geschichten), **Lyrik** (Gedichten) und **Dramatik** (Dramen) in sich vereint: • Es wird eine spannende Geschichte erzählt, meist mit einem dramatischen Handlungsverlauf. • Oft gibt es wörtliche Rede. • Der Aufbau ähnelt einem Gedicht (Strophen, Verse, Reime).
das **Berichten**, der **Bericht** (*Plural:* die Berichte)	Beim Berichten informiert man möglichst **knapp**, **sachlich** und **in der richtigen Reihenfolge** über ein Ereignis. Die Auswahl der Informationen und die Gestaltung eines Berichts hängen davon ab, worüber man für wen und warum berichtet. Die meisten Berichte enthalten Antworten auf die **W-Fragen**: Was geschah? Wann? Wo? Warum? Wer war beteiligt? Welche Folgen ergaben sich? **Schriftliche Berichte** werden meist im **Präteritum** verfasst. Für alle Ereignisse, die vor einer anderen Handlung passiert sind, wird das **Plusquamperfekt** (Vorvergangenheit) gewählt. In **mündlichen Berichten** kann man das **Präteritum** oder das **Perfekt** verwenden. Für allgemeingültige Aussagen oder Aussagen, die in die Gegenwart reichen, kann man das **Präsens** verwenden. Berichte, in denen es unwichtig ist, wer handelt, werden in **unpersönlicher Ausdrucksweise** verfasst, z. B.: *Man hat ein großes Fest gefeiert.* (*man*-Form) *Ein großes Fest wurde gefeiert.* (Verbform im Passiv)
das **Beschreiben**, die **Beschreibung** (*Plural:* die Beschreibungen)	Beim Beschreiben informiert man andere über etwas, das sie erkennen oder sich genau vorstellen sollen. Man unterscheidet zum Beispiel Personen-, Figuren-, Tier-, Pflanzen-, Vorgangs- und Wegbeschreibungen. Welche **Merkmale** oder **Handlungen** für die Beschreibung besonders wichtig sind, hängt davon ab, was man für wen und warum man beschreibt. **Allgemeine Merkmale** sind Merkmale, die Gegenstände oder Lebewesen einer Art gemeinsam haben. **Besondere Merkmale** treffen nur auf einzelne Gegenstände oder Lebewesen zu (Größe, Farbe, Besonderheiten), die dadurch unterscheidbar werden. **Handlungen** oder **Vorgänge** bestehen oft aus Handlungsschritten und **Teilhandlungen** bzw. -vorgängen. Immer sind genaue Angaben in einer sinnvollen **Reihenfolge** wichtig. Beschreibungen werden meist im **Präsens** verfasst. Manchmal kann man entscheiden, ob man **persönlich** (*du*-Form) oder **unpersönlich** (*man*-Form oder Verbform im Passiv) formuliert, z. B.: *Gib das Salz dazu. Du gibst das Salz dazu.* *Man gibt das Salz dazu. Das Salz wird dazugegeben.*

die **Bewerbung** (*Plural:* die Bewerbungen) → S. 87, 88, 89, 90	Zu den **Bewerbungsunterlagen** gehören: • ein **Bewerbungsschreiben**, das wie ein offizieller Brief gestaltet sein sollte und Folgendes enthält: Bewerbungssatz, Vorstellung der eigenen Person, Gründe für die Bewerbung, Bitte um ein persönliches Gespräch, persönliche bzw. digitale Unterschrift. • ein **tabellarischer Lebenslauf**, der in kurzer und übersichtlicher Form alle wichtigen persönlichen Angaben und Informationen enthält: Name, Adresse, Telefonnummer, E-Mail-Adresse, Geburtsdatum, Schulbildung, Kenntnisse und Interessen. Ein Passfoto sowie Angaben zu Eltern und Geschwistern sind freiwillig. Ob man weitere Unterlagen, zum Beispiel Zeugniskopien, einreichen soll, muss erfragt werden. In vielen Textverarbeitungsprogrammen und im Internet gibt es **Vorlagen** für Bewerbungsschreiben und Lebensläufe. Man muss sie gründlich **prüfen**, bevor man sie nutzt. Einige Firmen bitten um eine **Bewerbung per E-Mail**. Dabei gelten die gleichen Richtlinien wie bei einem Brief. Viele Firmen bitten um das Ausfüllen eines **Online-Bewerbungsformulars**. Die Formulare sollten mit größter Sorgfalt und den Anforderungen entsprechend ausgefüllt werden.
das **Brainstorming** (*Plural:* die Brainstormings)	Das Brainstorming (*engl.* brain – Gehirn, storm – Sturm) ist eine **Methode zur Ideenfindung**. Man geht von einem Bild, einem Wort, einer Frage oder einem Problem aus und notiert ungeordnet erste Gedanken, Gefühle oder Erlebnisse. Danach sortiert man die Gedanken und wählt aus, welche brauchbar sind und welche gestrichen oder ergänzt werden könnten.
die **Buchvorstellung** (*Plural:* die Buchvorstellungen)	Durch eine Buchvorstellung kann man Bücher zum Lesen empfehlen. Dabei sollten folgende Informationen enthalten sein: • Autorin bzw. Autor und Titel des Buches, • wichtige Personen oder Figuren, Informationen zum Inhalt des Buches, • Vorlesen besonders interessanter Textstellen, • Zusammenfassung, warum man das Buch empfiehlt. Man sollte möglichst das **Cover** (den Einband) des Buches zeigen, oft ist auch der **Klappentext** (Text auf der Rückseite des Buches oder im Inneren des Schutzumschlages) oder ein **Inhaltsverzeichnis** hilfreich. Eine Buchvorstellung kann mithilfe verschiedener Medien und Anschauungsmaterialien als **Präsentation** gestaltet werden.
der **Cluster** (*Plural:* die Cluster)	Ein Cluster (*engl.* cluster – Haufen, Schwarm, Anhäufung) ist eine **Methode zum Sammeln von Ideen**. Man schreibt einen zentralen Begriff zu einem Thema in die Mitte und ordnet ringsherum weitere Begriffe zum Thema an. Danach verdeutlicht man die Beziehungen zwischen den Begriffen durch Verbindungslinien, sodass ein Netz entsteht.

der (*auch:* das) **Comic** (*Plural:* die Comics)	Der Comic (*engl.* comic strips – komische Streifen) ist eine spezielle Bildgeschichte. Einfach gehaltene **Bilder (Panels)** mit **Sprech- und Gedankenblasen (Balloons)** erzählen eine Geschichte. Durch spezielle Gestaltungsmittel werden Lautstärke, Gefühle, Stimmungen, Langsamkeit oder Schnelligkeit ausgedrückt, zum Beispiel durch **Rahmen, Schrift, Symbole, Geräuschwörter (Onpos)** oder **Bewegungslinien (Speedlines)**.
die **Deklination** (*Plural:* die Deklinationen)	Die Deklination ist die **Beugung** von Nomen/Substantiven, Artikeln, Adjektiven und Pronomen.
der **Dialekt**, die **Mundart** (*Plural*: die Dialekte, die Mundarten)	Dialekte (Mundarten) sind die ältesten Erscheinungsformen (**Sprachvarianten** oder Sprachvarietäten) unserer Sprache. Sie entstanden im 8. Jahrhundert. Heute leben sie nur noch in Resten fort (Wörter, Formen, Laute bzw. Lautkombinationen). Sie werden in einzelnen Regionen unterschiedlich gebraucht: v. a. mündlich, auf dem Land, von älteren Menschen, im Kreis der Familie, unter Freunden und Bekannten und in bestimmten Gesprächssituationen. In Deutschland werden drei **Dialektregionen** bzw. Großdialekte unterschieden: • **Niederdeutsch** (auch: **Plattdeutsch**), z. B.: Mecklenburgisch-Pommersch, Niedersächsisch, • **Mitteldeutsch**, z. B.: Sächsisch (Obersächsisch), Thüringisch, Hessisch, • **Oberdeutsch**, z. B.: Bairisch, Alemannisch. Für die Dialektregionen sind jeweils bestimmte Wörter, Laute (geschrieben: Buchstaben) und Formen typisch, z. B.: *Husche* (kurzer Regen, Sachsen), *Hütes* (Kartoffelklöße, Thüringen), *een* (ein, Berlin), *dag* (Tag, Mecklenburg-Vorpommern).
die **direkte (wörtliche) Rede** (*keine Pluralform*)	In direkter (wörtlicher) Rede gibt man wörtlich wieder, was jemand gesagt hat. In schriftlichen Texten kennzeichnet man den Beginn und das Ende der direkten Rede mit **Anführungszeichen**. Oft steht vor, zwischen oder nach der direkten Rede ein **Begleitsatz**. Der Begleitsatz **vor der direkten Rede** wird mit einem Doppelpunkt abgeschlossen, z. B.: *Tina fragt:* „*Worum geht es denn?*" Steht der Begleitsatz **zwischen oder nach der direkten Rede**, wird er immer durch **Kommas** abgegrenzt. **Ausrufezeichen** und **Fragezeichen**, die zur direkten Rede gehören, stehen innerhalb der Anführungszeichen, **Punkte** stehen am Ende des Ganzsatzes, z. B.: „*Nenn mir doch*", *bittet Tina*, „*noch andere Buchtitel von ihm!*" „*Kennst du noch weitere Bücher?*", *fragt Tina.* „*Da muss ich erst überlegen*", *antwortet Tom.*

das **Diskutieren**, die **Diskussion** (*Plural:* die Diskussionen) → S. 19	Beim Diskutieren setzt man sich **mit Meinungen anderer auseinander** und versucht, Probleme zu lösen bzw. sich zu einigen. Meist müssen in Diskussionen sowohl **Sachfragen** als auch **Problemfragen** geklärt werden. • **Sachfragen** können als **Ergänzungsfrage** in Form einer *W*-Frage formuliert sein oder als **Entscheidungsfrage**, die man mit Ja oder Nein beantwortet, z. B.: *Wie lange dürfen Schülerinnen/Schüler ab 15 Jahren arbeiten? Muss man mindestens 15 Jahre alt sein, um arbeiten zu dürfen?* • **Problemfragen** sind meist als **Entscheidungsfrage** formuliert, deren Beantwortung mit Ja oder Nein das Abwägen verschiedener Argumente (Begründungen + Beispiele) voraussetzt, z. B.: *Sind Jugendliche der doppelten Belastung (Schule, Job) gewachsen?* **Vor** einer Diskussion sollte man sich **Informationen** beschaffen bzw. eine **Meinung** zum Thema bilden und Argumente sammeln, die man in Form eines **Diskussionsbeitrags** vorstellen möchte. **Während** einer Diskussion sollte man auf andere eingehen, zum Beispiel durch **Paraphrasieren**. Das heißt, man wiederholt das von anderen Gesagte mit eigenen Worten und schließt daran an. Oft ist es nötig, einen **Kompromiss** zu finden, d. h., alle rücken ein wenig von ihrem Standpunkt ab, um sich zu einigen bzw. das Problem zu lösen. Bei Diskussionen im größeren Rahmen kann es hilfreich sein, verschiedene **Rollen** zu verteilen. Eine **Diskussionsleiterin** bzw. ein **Diskussionsleiter** übernimmt die **Moderation**, d. h., sie oder er eröffnet die Diskussion, lenkt das Gespräch und fasst die Ergebnisse möglichst neutral zusammen. Sinnvoll ist es auch, vor der Diskussion eine **Tagesordnung** (den Ablauf) festzulegen und zu bestimmen, wer ein **Protokoll** schreibt. **Nach** der Diskussion sollte man diese **auswerten**, zum Beispiel besprechen, wie die Gesprächsregeln eingehalten wurden. Eine **Podiumsdiskussion** ist eine Diskussionsrunde zu einem bestimmten Thema. Dabei diskutieren Expertinnen und Experten vor einem Publikum über ein Thema. Geleitet wird die Diskussion von einer Moderatorin bzw. einem Moderator.
das **Drama**, der **dramatische Text** (*Plural:* die Dramen, die dramatischen Texte) → S. 150, 152, 153, 156, 169, 171	Ein Drama ist ein **literarischer Text** der **Gattung Dramatik**, der für die Aufführung auf einer Bühne verfasst ist (ein Bühnenstück). Oft werden in Dramen **Konflikte** und deren Lösung behandelt. Der **dramatische Text** ist in **Aufzüge** (oder **Akte**) eingeteilt, die wiederum aus **Szenen** bestehen. Er besteht im **Haupttext** aus wörtlicher Rede, d. h. aus **Monologen** (Selbstgesprächen) und **Dialogen** (Zwiegesprächen) von Figuren. Meist gibt es im **Nebentext Regieanweisungen**, die Hinweise zur Aufführung geben, zum Beispiel zur Gestaltung der Bühne oder zur Sprechweise der Figuren.

Um **Dramenszenen** zu **erschließen**, untersucht man u.a. die **Figuren** genau. Dazu kann man sich am Nebentext und am Haupttext (der **Figurenrede**) orientieren, besonders an **beschreibenden Aussagen** der Figuren. Oft muss man auch **eigene Vorstellungen entwickeln**. Am besten gelingt das **im Gespräch mit anderen**.

der **Eigenname** (*Plural:* die Eigennamen) → S. 254	Eigennamen sind Wörter und Wortgruppen, die zum Beispiel Personen, Orte, Veranstaltungen, Organisationen und Institutionen als einmalig bezeichnen. Eigennamen werden **immer großgeschrieben**. Wenn Adjektive, Partizipien oder Numeralien (Zahlwörter) Teil eines Eigennamens sind, werden sie ebenfalls großgeschrieben, z. B.: *Emilia, Dirk Neumann, Bahnhofstraße, Platz der Vereinten Nationen, Potsdam, Sachsen-Anhalt, Europa, Deutsches Rotes Kreuz, die Olympischen Spiele, Friedrich der Zweite.* Bis zum 12. Jahrhundert hatten die Menschen nur einen Namen, einen **Vornamen**, den sogenannten Rufnamen. **Familiennamen** entstanden erst, als die Ansiedlungen größer wurden und man zur Unterscheidung der Menschen einen Beinamen brauchte, z. B. aus Berufen (*Becker*), Herkunfts- und Wohnorten (*Hesse, Bachmann*), bestimmten Eigenschaften (*Lange*) oder Rufnamen (*Konrad*). Familiennamen werden noch heute von den Eltern an die Kinder vererbt. In Formularen und offiziellen Papieren sind meist Vor- und Familiennamen anzugeben, z. B.: *Jan Lewandowski* oder *Lewandowski, Jan.*
die **Ellipse** (*Plural:* die Ellipsen) → S. 213, 218	Eine Ellipse ist ein **grammatikalisch unvollständiger Satz**, in dem Wörter oder Satzteile weggelassen wurden, den man aber trotzdem verstehen kann, z. B.: *Was nun?* (statt: *Was machen wir nun?*) *Keine Ahnung.* (statt: *Ich habe keine Ahnung.*) Ellipsen findet man häufig im mündlichen Sprachgebrauch. In Texten, zum Beispiel in literarischen Texten oder Reden, werden Ellipsen als sprachliches (stilistisches) Mittel genutzt, um eine besondere Wirkung zu erzielen.
die **Entscheidungsfrage** (*Plural:* die Entscheidungsfragen)	Entscheidungsfragen kann man mit Ja oder Nein beantworten. Die finite Verbform steht am Anfang der Frage, z. B.: *Kommst du mit ins Kino?*
die **Entschuldigung** (*Plural:* die Entschuldigungen)	Manchmal muss man sich entschuldigen und um Verständnis, Nachsicht oder Verzeihung bitten. Es ist dabei wichtig, die jeweilige Situation und die Gesprächspartnerin bzw. den Gesprächspartner zu beachten. Man sollte sagen, wofür man sich entschuldigt, dass es einem leidtut, einen möglichen Grund nennen und evtl. eine Wiedergutmachung anbieten, z. B.: *Bitte entschuldige meine Verspätung, ich habe leider den Bus verpasst.* Eine Entschuldigung sollte man möglichst **annehmen**, z. B.: *Du hast das ja nicht mit Absicht gemacht. Das ist schon in Ordnung.*

die **Epik**, der **epische Text** (*Plural*: die epischen Texte) → S.110	Ein epischer Text ist ein **erzählender literarischer Text** der **Gattung Epik**. Zur Epik gehören zum Beispiel literarische Erzählungen, Kurzgeschichten, Fabeln oder Romane. Um epische Texte zu **erschließen**, untersucht man zum Beispiel die **Handlungsgestaltung**, die **Figuren** und besondere **erzählerische Mittel** wie die Erzählperspektive, die Zeitgestaltung, die sprachlichen (stilistischen) Mittel. Oft muss man auch **eigene Vorstellungen entwickeln**. Am besten gelingt das **im Gespräch mit anderen**.
die **Epoche** (*Plural*: die Epochen)	Die Geschichte der Menschheit, der Kunst oder der Literatur lässt sich in Epochen (*griech.*: Zeitabschnitte) gliedern. Prägend für eine Epoche sind bestimmte gesellschaftliche, historische oder politische Entwicklungen. Diese beeinflussten das Leben und Denken der Menschen. Die Einteilung der Literatur in **Literaturepochen** kann hilfreich bei der Orientierung in der Literaturgeschichte sein. Literarische Texte einer Literaturepoche behandeln ähnliche Themen oder spiegeln Stimmungen und Konflikte der Zeit wider. Gemeinsamkeiten lassen sich auch in der Sprachverwendung und in bevorzugten Gattungen finden.
das **Erbwort** (*Plural*: die Erbwörter)	Als Erbwörter bezeichnet man die **ältesten Wörter einer Sprache**. Sie geben Hinweise auf die Abstammung einer Sprache. Die deutsche Sprache gehört zur Gruppe der **germanischen Sprachen** wie auch das Englische, Friesische, Niederländische, Dänische, Isländische und Norwegische. Die ältesten Erbwörter des Deutschen entstanden vor ungefähr 5 000 Jahren und geben Auskunft über das Leben der germanischen Stämme. Sie können sich deshalb innerhalb der Gruppe der germanischen Sprachen ähneln, z. B.: *die Mutter – mother* (engl.) – *moeder* (niederl.) – *mor* (norweg., dän.).
die **Ergänzungsfrage** (*Plural*: die Ergänzungsfragen)	Auf Ergänzungsfragen muss man ausführlicher antworten. Am Anfang der Frage steht ein **Fragewort** und die finite Verbform steht an zweiter Satzgliedstelle, z. B.: *Wann gehen wir morgen ins Kino?*
das **Erörtern**, die **Erörterung** (*Plural*: die Erörterungen) → S.20, 22, 23, 24, 26, 28, 30	Beim Erörtern setzt man sich schriftlich mit einem **Problem** oder einer **Frage** auseinander, die in einem Text (**textbezogene** oder **textgebundene Erörterung**) oder als Behauptung bzw. Aussage (These), als Situationsbeschreibung oder als Forderung formuliert ist (**textunabhängige** oder **freie Erörterung**). Eine Erörterung ist ein umfangreicherer **zusammenhängender Text**, in dem man **Meinungen** bzw. **Standpunkte** zu einem Problem oder einer Frage formuliert und diese durch mehrere **Argumente** (Begründungen + Beispiele) begründet. Eine sinnvolle **Gliederung** und eine genaue **Sprache** sind wichtig. Es gibt zwei **Hauptformen** der Erörterung: • In der **linearen (steigernden) Erörterung** entscheidet man sich für einen Standpunkt und führt Argumente dafür an, wobei das wichtigste am Anfang oder am Schluss steht.

	• Bei der **kontroversen (dialektischen) Erörterung** wägt man verschiedene **Argumente für (pro)** und **gegen (kontra)** einen **Standpunkt** zu einem Problem bzw. einer Frage ab. Man kann die Argumente im **Block** (zuerst alle Pro-, dann alle Kontra-Argumente oder umgekehrt) oder im **Wechsel** anordnen.
die **Ersatzprobe** (*Plural:* die Ersatzproben)	Die Ersatzprobe ist eine sprachliche **Probe**, bei der man Wörter durch andere Wörter ersetzt. Dadurch kann man zum Beispiel den **Kasus** (Fall) dieser Wörter **ermitteln**, z. B.: *Die Mutter sucht sie.* (Nominativ oder Akkusativ?) → *Die Mutter sucht ihn.* (Akkusativ) Die Ersatzprobe hilft außerdem, über die **Schreibung von *das* oder *dass*** zu entscheiden: • Kann *da*▨ durch *dieses* oder *welches* ersetzt werden, ist es der Artikel oder das Relativpronomen *das*, z. B.: *Da*▨ *(dieses) Mädchen, da*▨ *(welches) rudert, heißt Fine.* → *das* • Ergibt der Satz bei dieser Probe keinen Sinn, so handelt es sich um die Konjunktion *dass*, z. B.: *Fine weiß, da*▨ *(~~welches~~) sie Kraft braucht.* → *dass*
die **Erweiterungsprobe** (*Plural:* die Erweiterungsproben)	Die Erweiterungsprobe ist eine sprachliche **Probe** zur Ermittlung der **Groß- und Kleinschreibung**. Sie hilft, Nomen/Substantive und nominalisierte/substantivierte Verben und Adjektive zu erkennen, denn sie stehen immer am Ende einer **nominalen Wortgruppe**. Erweitert man die nominale Wortgruppe durch Adjektive, so ist das Wort, das am weitesten rechts steht, das Nomen oder die Nominalisierung und wird großgeschrieben, z. B.: *beim Schwimmen* *das Blau* *beim schnellen Schwimmen* *das helle Blau* *beim schnellen, ausdauernden Schwimmen* *das helle, leuchtende Blau*
das **Erzählen,** die **Erzählung** (*Plural:* die Erzählungen) → S. 110	Beim Erzählen stellt man möglichst **unterhaltsam**, **anschaulich** und **wirkungsvoll** etwas Erlebtes oder Erfundenes dar. **Realistische Erzählungen** erzählen von Ereignissen, Figuren und Dingen, die es in der Wirklichkeit gibt oder geben könnte. **Phantastische Erzählungen** erzählen von phantastischen Wesen und Welten, d. h. von unwirklichen und zauberhaften Ereignissen, Figuren oder Dingen. **Literarische Erzählungen**, z. B. Kurzgeschichten, Fabeln, Romane, gehören zur **Gattung Epik**. Erzählungen sollten so gestaltet sein, dass andere sich die Personen oder Figuren und die Handlung gut vorstellen können. Dazu kann man spezielle **erzählerische Mittel** verwenden, z. B. der Zeit- und Figurengestaltung und der sprachlichen (stilistischen) Gestaltung.

das **erzählerische Mittel** (*Plural:* die erzählerischen Mittel) → S. 110	Beim **mündlichen Erzählen** sollte man neben dem anschaulichen Formulieren besonders auch auf Mimik, Gestik und Betonung achten. Beim **schriftlichen Erzählen** kommt es darauf an, alles mithilfe von Wörtern und Sätzen so darzustellen, dass Leserinnen und Leser es sich gut vorstellen können. Beim schriftlichen Erzählen von vergangenen Ereignissen wird meist die Zeitform **Präteritum** verwendet. Um vorher Geschehenes darzustellen, braucht man manchmal die Zeitform **Plusquamperfekt**. Will man das Geschehen besonders wirkungsvoll gestalten, kann man im **Präsens** formulieren. Um eine Erzählung zu erschließen, untersucht man zum Beispiel die **Handlung**, die **Figuren** und die **Zeitgestaltung**. • Das sichtbare Geschehen ist die **äußere Handlung**. Erzählt wird, wie Figuren handeln und sprechen. • Die **innere Handlung** umfasst die Gedanken und Gefühle der Figuren. • Die **Zeitgestaltung** umfasst die Mittel: – **Zeitdehnung**: die Erzählzeit ist länger als die erzählte Zeit, z. B. durch ausführliche Gedanken-, Gefühls-, Orts-, Zeitbeschreibungen, – **Zeitraffung**: die Erzählzeit ist kürzer als die erzählte Zeit, z. B. durch verkürzte Wiedergabe des Geschehens oder Zeitsprünge, – **Vorausdeutung**: kommende Ereignisse werden angedeutet, – **Rückblende**: vergangene Ereignisse werden aufgegriffen. **Sprachliche (stilistische) Mittel** des anschaulichen Erzählens sind z. B.: • treffende Verben, z. B.: *schreien, fluchen, stottern, zittern,* • anschauliche Adjektive und Nomen/Substantive, z. B.: *raue See, steife Brise, eiskaltes Wasser, altes Segelboot,* • Vergleiche, z. B.: *kalt wie Eis, heiß wie Feuer, dunkel wie die Nacht,* • wörtliche Rede, z. B.: *Jan rief: „Lucy, ich schwimme zurück zum Hafen."* • innerer Monolog (Selbstgespräch), z. B.: *Ich fragte mich, was ich tun sollte. Werde ich es schaffen, an Land zu kommen?* • wirkungsvolle Satzgestaltung, z. B. Frage- und Ausrufesätze, variable Satzgliedstellung, anschauliche Adverbialbestimmungen.
der **Erzählkern** (*Plural:* die Erzählkerne)	Erzählkerne helfen bei der **Planung und Gestaltung einer Erzählung**. Sie geben Ort, Zeit und Personen oder Figuren sowie wichtige Handlungsschritte vor, zu denen man sich eine passende Geschichte ausdenken kann.
die **Erzählperspektive** (*Plural:* die Erzählperspektiven) → S. 111	Man kann ein Geschehen aus verschiedenen Erzählperspektiven (**Erzählstimmen**) erzählen, zum Beispiel aus der **Perspektive verschiedener Figuren**. Dazu muss man entscheiden, **wer** erzählen soll und **in welcher Form** erzählt wird. Eine *Ich-Erzählerin* oder ein *Ich-Erzähler* ist am Geschehen beteiligt, erzählt aus ihrer bzw. seiner Sicht und gibt eigene Gedanken und Gefühle wieder. Eine *Sie-Erzählerin* oder ein *Er-Erzähler* ist nicht am Geschehen beteiligt und beobachtet alles von außen.

	Eine **auktoriale Erzählerin** / ein **auktorialer Erzähler** ist allwissend, d. h., sie bzw. er kennt die Vorgeschichte, den Handlungsverlauf, die Gedanken und Gefühle der Figuren und kommentiert bzw. bewertet das Geschehen u. Ä. (auch allwissendes/**auktoriales Erzählen** genannt).
der **Erzählplan** (*Plural:* die Erzählpläne)	Ein Erzählplan hilft bei der **Planung und Gestaltung einer Erzählung**. Dazu stellt man sich folgende Fragen: • **Worüber** bzw. **was** soll erzählt werden? • Welche **Handlungsschritte** sind wichtig? • Wo (**Orte**) und wann (**Zeiten**) geschieht etwas? • Welche **Personen** oder **Figuren** spielen eine Rolle? • Welche **Dialoge** sollen eingebaut werden? • Welche **Einleitung** macht neugierig? • Welcher **Schluss** rundet die Geschichte ab?
das **Exzerpieren**, das **Exzerpt** (*Plural:* die Exzerpte)	Das Exzerpieren ist eine **Methode der Texterschließung** und der Informationssammlung. Der Text wird unter einer **bestimmten Fragestellung** gelesen und wichtige Informationen bzw. Aussagen zur Frage werden stichpunktartig schriftlich festgehalten. Besonders wichtige oder schwierige Passagen können als wörtliche Zitate in das Exzerpt übernommen werden.
die **Fabel** (*Plural:* die Fabeln)	Die Fabel (*lat.* fabula – Erzählung) ist ein kurzer erzählender, manchmal auch gereimter Text. Zu ihren **Merkmalen** zählen: • Tiere denken, handeln und sprechen wie Menschen. • Den Tieren sind bestimmte menschliche Eigenschaften zugeordnet. • Fabeln enthalten eine Lehre (zentrale Aussage), die aus dem Text erschlossen werden kann und manchmal auch am Anfang oder Schluss formuliert ist.
die **Facharbeit** (*Plural:* die Facharbeiten)	Eine Facharbeit ist eine zusammenhängende Arbeit zu einem bestimmten **Thema**, in der man unter Beweis stellt, dass man sich mit dem Thema selbstständig auseinandersetzen kann. Das **Verfassen** einer Facharbeit ist aufwendig und man sollte seine Vorgehensweise langfristig planen: • Informationen zum Thema beschaffen, • das gesammelte Material auswerten, • die Ergebnisse in schriftlicher Form geordnet zusammenstellen, • den Text entwerfen und mehrfach überarbeiten, • die Endfassung erstellen. Eine Facharbeit muss übersichtlich **gegliedert** sein: • Deckblatt, • Inhaltsverzeichnis, • Text, • Anhang (Quellenverzeichnis, Selbstständigkeitserklärung).

	Die **Gliederung** muss evtl. ebenfalls mehrfach überarbeitet und ange-passt werden. In der Endfassung kann man sie dann als **Inhaltsverzeichnis** nutzen. Zu empfehlen ist eine Dezimalnummerierung, z.B.:

1 …   2 …
1.1 …   2.1 …
1.2 …   2.2 …

Der **Umfang** einer Facharbeit (ohne Anhang) beträgt in der Regel 8–10 einseitig bedruckte und nummerierte Seiten. Der linke Rand beträgt 4 cm, die übrigen jeweils mindestens 2 cm. Man nutzt eine gut lesbare Schriftart (Times New Roman, Arial oder Calibri, Schriftgrad 12, Zeilen-abstand 1,5 Zeilen). Gegebenenfalls muss man spezielle Vorgaben und Anforderungen aus dem Fachunterricht beachten. Dazu sollte man sich vorher genau informieren.

die **Fachsprache** (*Plural:* die Fachsprachen) → S.225	Fachsprache benötigt man, um das **Spezialwissen eines bestimmten Bereiches**, z.B. bestimmte Gegenstände oder Tätigkeiten, kurz, genau und eindeutig **auszudrücken**, z.B.: *das Mikroskop, mikroskopieren* (Biologie), *die Diagnostik, diagnostizieren* (Medizin), *das Allegro* (Musik), *der Volleyball* (Sport). Fachsprache wird zum Beispiel in Berufsfeldern, Wissenschaften, Unterrichtsfächern und speziellen Lebensbereichen (Interessen und Hobbys wie Sport) verwendet. Da Bezeichnungen häufig aus anderen Ländern übernommen wurden und ein fachlicher Austausch oft international stattfindet, enthält der Fachwortschatz meist zahlreiche **Fremdwörter**, z.B. aus dem Lateinischen, Griechischen, Englischen, Französischen. Bei einigen Fremdwörtern ist zwischen fachsprachlicher und alltagssprachlicher Schreibung zu unterscheiden, z.B.: *Orthographie – Orthografie, biographisch – biografisch, codieren – kodieren, potentiell – potenziell.*
das **Feedback** (*Plural:* die Feedbacks)	Im Anschluss an Diskussionen, Präsentationen o.Ä. kann man einander ein Feedback (eine **Rückmeldung**) geben. Man formuliert dazu freundlich und motivierend nach der **Sandwich-Methode**: • *Lobe etwas Gutes, Positives,* • sage, was verbessert werden kann, • schließe mit etwas Positivem. Man beschreibt seine Wahrnehmungen und formuliert **konkrete Verbesserungsvorschläge**, z.B.: *Ich habe bemerkt, dass du auf unsere Äußerungen nicht eingegangen bist. Du solltest versuchen, Meinungen aufzugreifen und darauf zu reagieren.* Auf das Feedback **reagiert** man, indem man es annimmt und sich be-dankt, ggf. auch **Rückfragen** stellt.
der **feste Vergleich** (*Plural:* die festen Ver-gleiche)	Feste Vergleiche sind bildhafte Wortgruppen mit dem Vergleichswort *wie*, z.B.: *kämpfen* <u>wie</u> *ein Löwe, hart* <u>wie</u> *eine Nuss.*

der **Film** (*Plural:* die Filme)	Ein Film ist ein **audiovisuelles** (hör- und sehbares) **Medium**. Die **Literaturverfilmung** ist eine spezielle Gattung der Filmkunst, in der **literarische Vorlagen**, z.B. Märchen, Erzählungen, Romane oder Dramen, in das Medium „Film" überführt sind. Dabei finden Umarbeitungen und Anpassungen an das Medium statt, weshalb man auch von einer **Adaption** (Anpassung) spricht. Grundlage einer Literaturverfilmung ist ein von Drehbuchautorinnen und -autoren verfasstes **Drehbuch**, in dem die Figurenrede und verschiedene Handlungsanweisungen festgehalten sind. An einer **Filmproduktion** sind verschiedene Berufsgruppen beteiligt, zum Beispiel Schauspielerinnen und Schauspieler, Kameraleute, Masken- und Kostümbildnerinnen und -bildner, Licht- und Tontechnikerinnen und -techniker. Unter Leitung einer **Regisseurin** oder eines **Regisseurs** arbeiten alle daran, das **Drehbuch** mithilfe verschiedener **filmischer Mittel** umzusetzen. Die wichtigsten filmischen Mittel sind: • die **Kameraeinstellung**, z.B.: *Totale, Halbtotale, Detailaufnahme,* • die **Kameraperspektive**, z.B.: *Froschperspektive, Vogelperspektive,* • das **Filmlicht**, z.B.: *die Lichtqualität (Farbton, Farbsättigung), der Lichtcharakter (weiches bis hartes Licht), die Lichtquantität (Helligkeit), die Lichtquelle (natürliches oder künstliches Licht),* • der **Soundtrack**, z.B.: *Musikstücke, neue Kompositionen, Geräusche.*
die **Frageprobe** (*Plural:* die Frageproben)	Die Frageprobe ist eine sprachliche **Probe** zur **Ermittlung von Kasus** (Fällen), **Satzgliedern** und **Satzgliedteilen**, z.B.: *dem Jungen* helfen – Wem helfen? (Dativ), *die Katze* fangen – Wen/Was fangen? (Akkusativ). *Sie essen den leckeren Kuchen nachmittags im Garten.* – Wer/Was isst den leckeren Kuchen …? (Subjekt) – *sie* – Wen/Was essen sie …? (Objekt) – *den leckeren Kuchen* – Wann essen sie …? (Temporalbestimmung) – *nachmittags* – Was für einen Kuchen …? – *leckeren* (Attribut) usw.
das **Fremdwort** (*Plural:* die Fremdwörter) → S. 258, 259, 260	Fremdwörter nennt man **Wörter**, die vor allem durch den Austausch in Wirtschaft, Wissenschaft und Kultur **aus anderen Sprachen** ins Deutsche kamen, sich aber in **Aussprache**, **Schreibung** und **Betonung nicht** oder nur zum Teil dem Deutschen **angepasst** haben, z.B.: *downloaden* (engl.), *das Baguette* (franz.), *die Pasta* (ital.), *die Datsche* (russ.), *der Kaffee* (arab.), *die Gitarre* (span.). Fremdwörter enthalten häufig typische Wortbauteile wie die **Suffixe** *-ieren, -ie, -ik, -iv, -(t)ion, -ität*, z.B.: *demonstrieren, die Diplomatie, die Republik, aktiv, die Ration, die Solidarität.* Die **Präfixe** *prä-, anti-, pro-, inter-* und *trans-* sind typische Wortbauteile griechischer und lateinischer Fremdwörter, z.B.: *der Präsident, das Pronomen, antifaschistisch, international, der Transport.*

Die meisten **englischen Fremdwörter** werden an die deutsche Sprache angepasst oder auch **eingedeutscht**. Dies geschieht mithilfe von Artikeln (*der, die, das* + Großschreibung der Nomen/Substantive), Präfixen (*ge-*), Suffixen (*-ier-*) und Endungen (*-en, -er, -s, -et, -t*), z. B.: *shop – der Shop, die Shops, shoppen.*
Bei manchen Fremdwörtern ist zwischen fachsprachlicher und alltagssprachlicher Schreibung zu unterscheiden, z. B.: *codieren – kodieren, Handicap – Handikap, biographisch – biografisch.*

die **Gattung** (*Plural:* die Gattungen)	Eine Gattung ist eine Gruppe (Klasse) von literarischen Texten mit bestimmten typischen Merkmalen. Es werden drei große literarische Gattungen unterschieden: **Epik**, **Lyrik** und **Dramatik**.
das **Genus** (*Plural:* die Genera)	Das Genus bezeichnet das **grammatische Geschlecht** eines Nomens/Substantivs oder eines Adjektivs: **maskulin**, **feminin** oder **neutrum**, z. B.: *der neue Mantel, die alte Jacke, das karierte Hemd.*
das **gestaltende Erschließen** (*keine Pluralform*)	Eine Möglichkeit, das Verständnis eines literarischen Textes zu erweitern und ihn zu interpretieren, ist die **produktive** (schreibende) oder **handlungsorientierte** (gestaltende) **Auseinandersetzung** mit dem Text. **Formen** des gestaltenden Erschließens sind z. B.: • das Weiterschreiben, Umschreiben oder Ergänzen von Texten und Textteilen (z. B. Perspektivwechsel, Änderung der Textsorte, innerer Monolog, Tagebucheintrag, neues Kapitel, Regieanweisungen), • das Verfassen eines bezugnehmenden Textes (z. B. Paralleltext, Gegen- oder Antworttext, Brief oder E-Mail, Steckbrief, Rollenkarte), • das bildnerische oder szenische Darstellen (z. B. Illustration, Rollenspiel, Standbild).
die **grammatische Probe** (*Plural:* die grammatischen Proben)	Grammatische Proben sind **Verfahren zur Bestimmung** von Wortarten und Satzgliedern (Frageprobe, Umstellprobe, Weglassprobe) sowie zur Ermittlung von Teilsätzen (Umformungs-, Auflöseprobe). Sie sind auch **Entscheidungshilfen** für die **Rechtschreibung** und **Kommasetzung** (Artikelprobe, Ersatzprobe, Erweiterungsprobe, Verlängerungsprobe, Verwandtschaftsprobe, Zerlegeprobe).
die **Graphic Novel** (*Plural:* die Graphic Novels)	Die Graphic Novel ist ein **gezeichneter Roman** bzw. eine **längere Geschichte**. Eine umfangreichere abgeschlossene Handlung wird vor allem mithilfe verschieden gestalteter Bilder erzählt, die meist auch unterschiedlich gestaltete Textteile enthalten.
der **Hauptsatz** (*Plural:* die Hauptsätze) → S. 200, 206	Ein Hauptsatz ist ein Teil eines zusammengesetzten Satzes. Hauptsätze erkennt man daran, dass die **finite** (gebeugte) **Verbform** an **zweiter Satzgliedstelle** steht, z. B.: *Das Publikum klatscht begeistert, weil der Clown Späße macht.* *Der Clown macht Späße(,) und das Publikum klatscht begeistert.* *Er macht Späße, die Kinder lachen(,) und das Publikum klatscht.*

das **Hörbuch** (*Plural:* die Hörbücher)	Ein Hörbuch ist eine Tonaufzeichnung einer **Text-** oder **Buchlesung**. Der **Lesevortrag** kann gestaltet werden durch: • sprecherische Mittel, z. B. Betonung, Sprechtempo, Pausen, Lautstärke, Stimmlage, • auditive (hörbare) Mittel, z. B. Musik, Geräusche, • akustische (klangliche) Mittel, z. B. das Variieren von Tonhöhen, Schallerzeugung.
das **Hörspiel** (*Plural:* die Hörspiele)	Ein Hörspiel ist ein spezielles, für Hörmedien produziertes Stück, in dem ein **szenisch gestalteter Text** von mehreren Sprecherinnen und Sprechern (Rollenspielerinnen bzw. -spielern) vorgetragen wird. **Originalhörspiele** werden von vornherein als Hörspieltexte verfasst. Als **Hörspieladaptionen** bezeichnet man Hörspiele, die aus anderen Texten oder aus Filmen hervorgegangen sind. Der **Hörspieltext** besteht aus Dialogen, Monologen und Regieanweisungen und gibt Auskunft über den Handlungsort, die Zeit, den Einsatz von Musik und Geräuschen. Besonders gestaltet werden Hörspiele durch einen **Soundtrack** (z. B. Musik, typische Umgebungs- und Handlungsgeräusche) sowie durch **akustische (klangliche) Mittel** (z. B. Variieren von Tonhöhen, Schallerzeugung).
das **Homonym** (*Plural:* die Homonyme)	Wörter, die **gleich** (bzw. fast gleich) **geschrieben und ausgesprochen** werden, aber eine **unterschiedliche Bedeutung** haben, heißen Homonyme (gleichnamige Wörter), z. B.: *die Bremse* (am Fahrzeug) – *die Bremse* (Insekt). Als Homonyme werden auch (fast) gleich geschriebene oder gesprochene Wörter verstanden, die zu verschiedenen Wortarten gehören, z. B.: *(der) Morgen* – *morgen*.
der **Hypertext** (*Plural:* die Hypertexte)	Ein Hypertext (verknüpfter Text) ist ein Text, der durch **Hyperlinks** (Verknüpfungen) netzartig mit anderen Texten oder Textteilen verbunden ist. Hypertexte kann man am besten am Computer erstellen und lesen.

die **indirekte (nicht wörtliche) Rede** (*keine Pluralform*)
→ S. 183, 186
	Rede kann direkt (wörtlich) oder indirekt (nicht wörtlich, sinngemäß) wiedergegeben werden. Indirekte (nicht wörtliche) Rede lässt sich mit verschiedenen sprachlichen Möglichkeiten gestalten und **bewerten**:
	• **neutral, glaubwürdig:**
	  – Indikativ / Konjunktiv I, z. B.:
	    Roy sagt, er <u>hat</u> / <u>habe</u> nichts davon gewusst.
	  – redeeinleitende Verben, z. B.:
	    Er <u>versicherte</u> / <u>erklärte</u> / <u>gestand</u>, nichts davon gewusst zu haben.
	  – Adverbien / Adverbialbestimmungen, z. B.:
	    Er hat <u>zweifellos</u> / <u>ganz sicher</u> / <u>offenbar</u> / <u>wohl</u> nichts davon gewusst.
	  – Modalverben, z. B.:
	    Er <u>kann</u> nichts davon gewusst haben.

	• **distanziert, zweifelhaft, unglaubwürdig**: – Konjunktiv II / *würde*-Form, z. B.: *Roy sagt, er <u>hätte</u> nichts davon gewusst.* – redeeinleitende Verben, z. B.: *Er <u>behauptete</u> / <u>gab an</u> / <u>prahlte</u>, nichts davon gewusst zu haben.* – Adverbien / Adverbialbestimmungen, z. B.: *Er hat <u>angeblich</u> / <u>vermutlich</u> / <u>wahrscheinlich</u> nichts davon gewusst.* – Modalverben, z. B.: *Er <u>will</u> / <u>soll</u> nichts davon gewusst haben.*
die **Infinitivgruppe** (*Plural:* die Infinitivgruppen) → S. 206	Bei Infinitivgruppen (erweiterten Infinitiven mit *zu*) muss ein **Komma** gesetzt werden, z. B.: *Ich gehe ins Konzert, um die Band live zu hören.* *Ich hatte schon lange vor, in dieses Konzert zu gehen.* *Ich machte den Vorschlag, ins Konzert zu gehen.* *Ich liebe es, zur Musik zu tanzen.* Besonders achten muss man bei Infinitivgruppen auf **Verben**, die **mit *zu* zusammengesetzt** sind (*zusehen, zustimmen, zustellen, zutreffen*), z. B.: *Es war schon immer mein Wunsch, einem Flugzeug bei der Landung zu<u>zu</u>sehen.* *Wir sollten ihn dazu bringen, unserem Vorschlag zu<u>zu</u>stimmen.* Das Komma bei nicht erweitertem Infinitiv mit *zu* ist freigestellt, z. B.: *Ich liebe es(,) zu tanzen.* Man kann Fehler vermeiden, indem man beim Infinitiv mit *zu* immer ein Komma setzt.
Informationen suchen	Informationen kann man in verschiedenen Quellen suchen: • Ein **Lexikon** (*Plural:* Lexika) ist ein alphabetisch geordnetes Nachschlagewerk, in dem Begriffe aus verschiedenen Wissensgebieten erklärt werden. Lexika gibt es in Buchform und in elektronischer Form. • Auch **Wörterbücher** (z. B. Rechtschreib-, Bedeutungs-, Synonym- und Fremdwörterbücher) gehören zu den Lexika, da in ihnen die Bedeutung von Wörtern erklärt wird. • **Sachbücher** vermitteln in allgemein verständlicher Sprache Wissen zu verschiedenen Themen. Zur Orientierung kann man das **Inhaltsverzeichnis**, den **Klappentext** (auf der Rückseite oder dem Schutzumschlag gedruckte Inhaltsangabe) und das **Register** (alphabetisch geordnetes Stichwortverzeichnis am Ende) nutzen. • **Zeitschriften** erscheinen **regelmäßig** (z. B. einmal pro Woche oder Monat) und richten sich an bestimmte Leserinnen und Leser. Das **Titelbild** und das **Inhaltsverzeichnis** ermöglichen, sich einen Überblick über die Leitthemen und den Inhalt zu verschaffen.

	• **Suchmaschinen** und KI-Tools erleichtern die Suche nach bestimmten Informationen im **Internet**. Man gibt einen oder mehrere **Suchbegriffe** (Schlüsselwörter) oder eine Aufforderung (einen Prompt) in das Such-feld ein, z. B.: *Hund, Dackel, kleiner Hund, Dackel kaufen, Wie viel kostet ein Dackel? Definiere Dackel.* Zur **Beurteilung der Suchergebnisse** sollte man die Autorin bzw. den Autor, die Herkunft der Webseite, ihre Aktualität und den Inhalt einbeziehen. • Auch **Umfragen** und **Interviews** sind Methoden der Informations-gewinnung. Entnimmt man einer Quelle Informationen und Textstellen, muss man die **Quellenangabe** exakt notieren.
die **Inhaltsangabe** (*Plural:* die Inhalts-angaben)	In einer Inhaltsangabe gibt man möglichst sachlich und knapp den wesentlichen Inhalt eines Textes, Films, Theaterstücks o. Ä. wieder. Dabei muss man berücksichtigen, **für wen** und **warum** die Inhaltsangabe verfasst wird. Eine Inhaltsangabe enthält folgende **Bestandteile**: • **Einleitung**: Angaben zu Autorin bzw. Autor, Textsorte, Titel, Thema und Quelle des Textes, • **Hauptteil**: Hauptinformationen sowie wichtige Einzelinformationen (z. B. Nennen der Figuren, der Handlungsorte und -zeiten, des zentralen Themas oder Problems, der wichtigsten Handlungsschritte u. Ä.), • **Schluss**: Besonderheiten des Textes und Überleitung zum eigenen Thema bzw. Anliegen. Beim Schreiben einer **Inhaltsangabe** muss man folgende **sprachliche Besonderheiten** beachten: • den Inhalt überwiegend mit eigenen Worten zusammenfassen, • knapp und sachlich formulieren, • auf genaue Wortwahl achten und Wiederholungen vermeiden, • direkte Rede in indirekte Rede umwandeln, • im Präsens oder Perfekt (Vorzeitigkeit) schreiben.
die **Interjektion** (*Plural:* die Interjektionen) → S. 195, 196	Interjektionen sind eine **unveränderbare** (nicht flektierbare) **Wortart**. Sie geben **Ausrufe** oder **Empfindungen** wie Überraschung, Enttäuschung, Freude oder Ärger wieder und werden durch Satzzeichen abgegrenzt, z. B.: *Wow, was für 'n cooles Shirt!* *Tja, Pech gehabt!* *Eh, geht's noch?* *Oje, was ist denn hier los?*

das **Interpretieren**, die **Interpretation** (*Plural:* die Interpretationen) → S. 112, 115, 118, 136, 139, 142, 153, 156, 169, 171	Das Ziel einer Interpretation ist es, mögliche Aussagen eines **literarischen Textes** herauszuarbeiten, d. h., den Text zu **deuten** (interpretieren). Diese Deutungen müssen durch Textstellen (Zitate) belegt werden. Eine gründliche **Analyse** des Textes ist die Voraussetzung für das Verfassen einer Interpretation. Eine Textinterpretation schreibt man im Präsens. Sie sollte folgende **Bestandteile** aufweisen: **Einleitung:** • Name der Autorin bzw. des Autors, evtl. biografische Daten, • Textsorte, Titel, Thema sowie erster Eindruck vom Text, **Hauptteil:** • kurze Inhaltsangabe, • Interpretationshypothese(n) zum Gesamttext: zusammenfassende Annahme(n) bzw. Deutung(en) zu zentralen Botschaften bzw. Aussagen, • Begründung der Interpretationshypothese(n) durch: Darstellung und Deutung z. B. von Besonderheiten der Handlungs-, Orts-, Zeit- und Figurengestaltung, Darstellung und Deutung besonderer sprachlicher (stilistischer) Mittel und deren Wirkung, **Schluss:** • eigene Meinung zu dem im Text Dargestellten, • Bezug zum eigenen Leben.
das **Interview** (*Plural:* die Interviews)	Beim **Interview** (*engl.* inter – gegenseitig, view – Sicht, Sichtweise) steht entweder die bzw. der Befragte als Person im Mittelpunkt oder ihre bzw. seine Meinung soll dargestellt werden, um eine Sachfrage zu klären und andere zu informieren. Fragen und Antworten werden wörtlich wiedergegeben. Am besten eignen sich **offene Fragen (Ergänzungsfragen)**, da man sie ausführlich beantworten muss. **Geschlossene Fragen (Entscheidungsfragen)**, die nur mit Ja oder Nein beantwortet werden müssen, sind für Interviews weniger geeignet.
die **Ironie** (*keine Pluralform*) → S. 62, 218	Ironie ist ein **sprachliches (stilistisches) Mittel** zur Bezeichnung von Aussagen, die etwas anderes, meist Gegenteiliges meinen. Ironie erkennt man am Tonfall oder am offensichtlichen Widerspruch zur Realität, z. B.: *Heute ist ja tolles Wetter!* (wenn schlechtes Wetter ist)
die **journalistische Textsorte** (*Plural:* die journalistischen Textsorten)	Medien, insbesondere Zeitungen und Zeitschriften, enthalten journalistische Textsorten. Zu den **informierenden journalistischen Texten** zählen: • Die **Meldung**: eine Kurznachricht, die sachlich das Nötigste über ein Ereignis mitteilt. • Die **Nachricht**: eine kurze, sachliche Mitteilung über eine allgemein interessierende und nachprüfbare Tatsache. In der Regel steht das Wichtigste am Anfang. Kurz und knapp werden Informationen zu *W*-Fragen mitgeteilt, meist im Präteritum formuliert. • Der **Bericht** ist länger als eine Nachricht und kann zusätzlich noch Hintergrundinformationen und Zusammenhänge darstellen.

Zu den **wertenden journalistischen Textsorten** zählt unter anderem:

- Der **Kommentar**: eine gründlich recherchierte, namentlich gekennzeichnete, meist umfangreichere Meinungsäußerung einer Autorin bzw. eines Autors zu einem aktuellen Thema. Oft bezieht der Kommentar sich auf einen Bericht in derselben Zeitung oder auf eine Online-Veröffentlichung. Kommentare sollen dazu anregen, die persönliche Haltung zu einem Thema zu entwickeln oder zu hinterfragen.

Besonders viele und sehr unterschiedliche Kommentare zu verschiedenen Themen finden sich im **Internet**, sowohl als **journalistische Textsorte** als auch als **kürzere Meinungsäußerung** verschiedener Leserinnen und Leser, oft aufeinander Bezug nehmend.

die **Jugendsprache** (*Plural:* die Jugendsprachen)	Jugendsprache ist eine spezielle **Ausdrucksweise von Jugendlichen** zur Kommunikation untereinander, abhängig von der jeweiligen Gruppe, der Situation und dem Thema. Jugendsprache ist also eine zusammenfassende Bezeichnung für verschiedene **Gruppensprachen** Jugendlicher. **Merkmale** sind bewusst erfundene, originelle und auffällige Wörter und Wendungen, die zunächst vor allem durch Jugendliche verbreitet werden, z. B.: *lost, wild; yolo; Lassma ins Kino gehn.* Viele der Wörter und Wendungen sind kurzlebig und regional begrenzt. Manche verschwinden völlig, andere werden in die Umgangssprache übernommen. Eine vor allem in großen Städten verbreitete Form der Jugendsprache ist das sogenannte **Kiezdeutsch**. Kiezdeutsch wird besonders in Stadtteilen (Kiezen) mit einem hohen Anteil an Menschen mit Migrationshintergrund und hauptsächlich von Jugendlichen gesprochen. Kiezdeutsch ist Teil eines sprachlichen Repertoires, das gezielt in bestimmten Alltagssituationen von Jugendlichen mit und ohne Migrationshintergrund eingesetzt wird.
das **Kabarett** (*keine Pluralform*) → S. 62	Kabarett ist eine **Kleinkunstform**, in der darstellende, lyrische und musikalische Elemente mit kritischem Ansatz zu unterschiedlichen Themen dargeboten werden. Dazu bedient sich das Kabarett meist humoristischer, ironischer und satirischer Elemente. Häufig behandelt das Kabarett gesellschaftlich bedeutsame und politische Themen.
die **Kalendergeschichte** (*Plural:* die Kalendergeschichten)	Kalendergeschichten sind **kurze Erzählungen**, die seit dem 16. Jahrhundert für Kalender geschrieben wurden. Erzählt wird meist von besonderen, merkwürdigen oder lustigen Ereignissen, die Leserinnen und Leser unterhalten, aber auch zum Nachdenken anregen und mitunter belehren sollen. Später erschienen solche Geschichten auch in Zeitungen und in Buchform. Bekannte deutsche Autoren von Kalendergeschichten sind zum Beispiel Johann Peter Hebel, Erwin Strittmatter und Bertolt Brecht.

der **Kasus** (*Plural:* die Kasus)	Als Kasus bezeichnet man den **Fall** eines deklinierbaren Wortes (Nomen/Substantiv, Artikel, Adjektiv, Pronomen). Im Deutschen gibt es vier Fälle: **Nominativ** (Wer? Was?): *der grüne Baum, mein kleines Kind* **Genitiv** (Wessen?): *des grünen Baumes, meines kleinen Kindes* **Dativ** (Wem?): *dem grünen Baum, meinem kleinen Kind* **Akkusativ** (Wen? Was?): *den grünen Baum, mein kleines Kind*
die **Kommunikation** (*keine Pluralform*) → S. 10, 12, 14	Es gibt verschiedene Arten zu kommunizieren: • Die **verbale Kommunikation** umfasst die gesprochene und geschriebene Sprache, z. B. Gespräche, Diskussionen, Textnachrichten, E-Mails. • Die **paraverbale Kommunikation** umfasst, *wie* etwas gesagt wird, also Stimme, Tonfall, Geschwindigkeit, Sprechtempo oder Lautstärke. • Als **nonverbale Kommunikation** bezeichnet man das Kommunizieren ohne Worte, also mit Mimik, Gestik, Körperhaltung, aber auch mit Kleidung oder Aussehen. **Mündliche** und **schriftliche Kommunikation** unterscheiden sich durch: • das verwendete Medium (gesprochene Sprache als Laute/Schallwellen – geschriebene Sprache als Schriftzeichen), • die Sprachtätigkeiten (Sprechen, Hören – Schreiben, Lesen), • die Verwendung bestimmter sprachlicher Mittel (sprachliche Mittel der Mündlichkeit bzw. Schriftlichkeit). **Mündliche** und **schriftliche Sprache** kommen in verschiedenen Kommunikationssituationen und Textsorten unterschiedlich häufig vor. **Mündliche Kommunikationssituationen** sind durch die jeweiligen Bedingungen geprägt, zum Beispiel durch die Zeit, den Ort, das Thema (den Inhalt), die beteiligten Personen, den offiziellen oder privaten Rahmen und die Funktion bzw. den Zweck des Gesprächs. **Informelle Gespräche** erfolgen ungeplant, z. B. in der Familie, im Freundeskreis oder unter Bekannten. Sie ergeben sich aus der Situation und zufälligen Begegnungen. **Formelle Gespräche** wie Prüfungen, Vorstellungsgespräche oder Mediationen haben immer einen organisatorischen (formalen) Rahmen sowie einen bestimmten Anlass und werden zielgerichtet geführt. Oft handelt es sich dabei um **asymmetrische** (komplementäre bzw. ergänzende) **Kommunikation**, d. h., die Gesprächspartnerinnen und -partner sind nicht gleichberechtigt, sondern befinden sich in einer Rangordnung (Autorität und untergeordnete Person). Die Autoritäten führen und bestimmen das Gespräch. Sind die Gesprächspartnerinnen bzw. -partner annähernd gleichberechtigt, haben sie in etwa die gleichen Redeanteile und beeinflussen das Gespräch gleichermaßen, spricht man von **symmetrischer Kommunikation**.

Besonders wichtig für das Gelingen eines Gesprächs ist die Berücksichtigung der beiden folgenden Ebenen:

- **Sachebene**: Was ist der Inhalt des Gesprächs? Um welche Sache bzw. welches Thema geht es?
- **Beziehungsebene**: Wer ist am Gespräch beteiligt? In welchem Verhältnis stehen die Beteiligten zueinander? Wie verhalten sich Sprechende und Zuhörende?

In der **mündlichen Sprache** treten oft folgende Unterschiede zur schriftlichen Sprache auf:

- aufgelockerter Satzbau: kurze oder unvollständige Sätze, z. B.: *Weiß nicht. Ich auch nicht.*
- Gesprächswörter, z. B.: *äh, ne,*
- Reaktionsformeln, z. B.: *Na und? Niemals! Echt? Wirklich?*

das **Kommunikations-modell** (*Plural:* die Kommunikationsmodelle) → S. 11, 12	In der Sprach- und Kommunikationswissenschaft wurden verschiedene Modelle zur Beschreibung von Kommunikationssituationen entwickelt. Das **Sender-Empfänger-Modell** von Paul Watzlawick sagt, wenn Personen miteinander kommunizieren, werden sie sowohl zum Sender als auch zum Empfänger. Dabei möchte der Sender neben der Sachinformation (Inhaltsaspekt) auch beispielsweise Gefühle oder Wünsche (Beziehungsaspekt) übermitteln. Die Mitteilung wird vom Sender in Form von Sprache, Gestik, Mimik, Intonation codiert (verschlüsselt) und an den Empfänger übermittelt. Dieser muss die Signale decodieren (entschlüsseln). Je nachdem, wie die Mitteilung interpretiert wird, sendet der Empfänger eine Reaktion an den Sender zurück. Laut **Kommunikationsmodell von Schulz von Thun** hat in Gesprächen jede Äußerung vier Bestandteile. Die Äußerung des Senders (der Sprecherin bzw. des Sprechers) enthält: • einen Sachinhalt (Worüber wird informiert? Was ist die Sachinformation?), z. B.: *Beifahrerin zum Fahrer: „Die Ampel ist grün."* • eine Selbstkundgabe (Was gibt der Sender über sich preis? Gefühle, Laune, Charakterzüge), z. B.: *Ich habe es eilig und bin ungeduldig.* • einen Appell (Was soll der Empfänger tun?), z. B.: *Fahr bitte schnell los!* • einen Beziehungshinweis (Was hält der Sender vom Empfänger? In welcher Beziehung stehen sie zueinander?), z. B.: *Du behinderst mein Fortkommen und deshalb kann ich dich darauf hinweisen.*
das **Kompositum** (*Plural:* die Komposita) → S. 220	Ein Kompositum (eine Zusammensetzung) entsteht durch **Komposition**, eine Möglichkeit der Wortbildung. Komposita bestehen aus einem **Bestimmungswort** und einem **Grundwort**. Die Wortart des Grundwortes entscheidet über die Wortart der Zusammensetzung und damit über die Groß- oder Kleinschreibung sowie über ihr grammatisches Geschlecht. Manchmal muss eins der **Fugenelemente** -e-, -(e)s-, -(e)n-, -er- die beiden Wörter verbinden, z. B.: *das Bad|e|tuch, die Tag|es|zeit, leben|s|lang, der Schwan|en|teich, der Bühne|n|techniker, die Licht|er|kette.*

die **Konjugation** (*Plural:* die Konjugationen)	Die Konjugation ist die **Beugung** von Verben, z. B.: *ich lese, du liest, er/sie/es liest; wir lesen, ihr lest, sie lesen.*
die **Konjunktion** (*Plural:* die Konjunktionen) → S. 196	Konjunktionen (Bindewörter) gehören zu den **unveränderbaren** (nicht flektierbaren) **Wortarten**. Sie verbinden Wörter, Wortgruppen und Teilsätze miteinander, z. B.: *Lanh, Simon und Tom gingen gemeinsam an den Start.* *Er siegte über 100 Meter sowie in der Staffel über 400 Meter.* *Seit sie sich fürs Rudern entschieden hat, sitzt sie fast jeden Tag im Boot.* Nach ihrer **Bedeutung** unterscheidet man: • **aufzählende** Konjunktionen, z. B.: *und, oder, wie, sowohl ... als auch ..., weder ... noch ..., entweder ... oder ...,* • **entgegenstellende** Konjunktionen, z. B.: *aber, jedoch, doch.* Nach ihrer **Funktion** unterscheidet man: • **nebenordnende** Konjunktionen, die gleichrangige Wörter, Wortgruppen und Teilsätze miteinander verbinden, z. B.: *Bild und Ton. Bild oder Ton. Er filmt, aber sie textet. Er filmt(,) und sie textet(,) und wir spielen die Instrumente.* • **unterordnende** Konjunktionen, die einen Nebensatz einleiten, z. B.: *Er hofft, dass er den Preis gewinnt. Als er den Preis gewann, war er 17.* Die Schreibung der **Konjunktion *dass*** muss man sich besonders einprägen. Sie wird oft mit dem Relativpronomen *das* verwechselt, denn beide Wörter leiten einen Nebensatz ein. Die **Ersatzprobe** hilft, sie zu unterscheiden.
das **Konspektieren**, der **Konspekt** (*Plural:* die Konspekte)	Das Konspektieren ist eine **Methode der Texterschließung** und eine mögliche Form, **Textinformationen schriftlich festzuhalten**. Das Anfertigen eines Konspekts hilft besonders bei schwierigen Texten, eine Zusammenfassung und damit eine **Übersicht über den Inhalt** zu erhalten. Der Konspekt folgt der inhaltlichen Gliederung (dem Gedankengang der Autorin bzw. des Autors) oder der Argumentation des Textes. Stärker als beim Exzerpt geht es beim Konspekt um die Wiedergabe der Struktur eines Gesamttextes.
das **kreative Schreiben** (*keine Pluralform*)	Beim kreativen Schreiben schreibt man aus sich selbst heraus, um Gedanken, Gefühle, Wünsche, Träume oder Hoffnungen festzuhalten oder um sich gestaltend mit ihnen auseinanderzusetzen, zum Beispiel in Form eines Tagebucheintrags, Gedichts oder einer Erzählung. Anlässe können anregende Bilder, Texte oder Musik sein, aber auch besondere Situationen, Erlebnisse oder Erinnerungen.

die **Kriminalgeschichte** (*Plural:* die Kriminalgeschichten)	In Kriminalgeschichten (Krimi: *Abkürzung für* Kriminalgeschichte oder Kriminalfilm) wird von Verbrechen und deren Aufklärung erzählt. Eine Sonderform der Kriminalliteratur ist die **Detektivgeschichte**, wo weniger die Tat als vielmehr deren Aufdeckung (*engl.* to detect – aufdecken) durch hartnäckige Ermittlerinnen oder Ermittler im Mittelpunkt steht, zum Beispiel durch den klug kombinierenden Detektiv Sherlock Holmes oder die gut beobachtende Detektivin Miss Marple.
die **Kurzgeschichte** (*Plural:* die Kurzgeschichten)	Kurzgeschichten (in Anlehnung an die amerikanischen *Short Stories*) sind kurze, prägnante Erzählungen mit folgenden typischen **Merkmalen**: • erzählt werden einzelne alltägliche Ereignisse, • wenige Figuren, • oft unvermittelter Beginn, • meist offenes Ende, mitunter überraschend, • begrenzte Handlungszeit (wenige Stunden oder Tage), • begrenzte Handlungsorte (oft nur einer), • knappe, alltägliche Sprache, • häufig anschauliche Wortwahl und Metaphern.
das **Lehnwort** (*Plural:* die Lehnwörter)	**Wörter**, die **aus anderen Sprachen** übernommen (entlehnt/entliehen) wurden, heißen Lehnwörter. Sie haben sich im Laufe der Zeit in **Aussprache**, **Schreibung** und **Deklination** (Beugung) der deutschen Sprache **angepasst**, sodass man ihre eigentliche Herkunft oft gar nicht mehr erkennt, z. B.: *Portal* (*von lateinisch* porta), *Fenster* (*von lateinisch* fenestra).
der **Leserbrief** (*Plural:* die Leserbriefe)	Ein Leserbrief enthält eine **schriftliche Stellungnahme** zu einem Artikel in einer Zeitung, Zeitschrift oder im Internet. Ein Leserbrief besteht aus: • **Einleitung**: Hier wird geschrieben, auf welchen Artikel man sich bezieht. • **Hauptteil**: Die eigene **Meinung** und **Argumente** (Begründungen + Beispiele) dafür werden kurz dargelegt. Dabei bezieht man sich auch auf den Artikel. • **Schluss**: Der eigene **Standpunkt** wird kurz zusammengefasst.
das **Lesetagebuch** (*Plural:* die Lesetagebücher)	In einem Lesetagebuch kann man seine Erfahrungen mit dem Lesen ganzer Bücher festhalten und sich so mit ihnen auseinandersetzen. Es kann individuell oder gemeinsam mit anderen geführt werden. Neben dem **Deckblatt** sollte man verschiedene **Seiten kreativ gestalten** und schrittweise ergänzen. Man kann zum Beispiel **Figurenseiten** zu wichtigen Figuren anlegen und **Kapitelseiten** zu ausgewählten Kapiteln.

Literarische Figuren charakterisieren → S. 152	Literarische Figuren werden charakterisiert, damit andere sich eine Vorstellung von ihnen machen können oder um sich mit der Figur auseinanderzusetzen. Um das Aussehen einer Figur zu beschreiben, benennt man ihre **äußeren Merkmale** (Gesamterscheinung, Einzelheiten, Besonderheiten) möglichst genau. Um eine Figur zu charakterisieren, stellt man neben der Beschreibung ihre Lebensumstände, Gedanken, Gefühle, Verhaltensweisen, ihr Verhältnis zu anderen u. Ä. dar. Diese **inneren Merkmale** machen den Charakter der Figur deutlich. Am besten gelingt das Charakterisieren, wenn man sich **im Gespräch mit anderen** austauscht. Man sollte versuchen, sich in die Figuren hineinzuversetzen. Dazu kann man Gedanken, Gefühle und Stimmungen auf besondere Weise ausdrücken, zum Beispiel mithilfe passender Musik oder Farben. Eine gute Möglichkeit ist es, den Text laut zu lesen und auszuprobieren, wie die Figuren sprechen könnten.
das **literarische Gespräch** (*Plural*: die literarischen Gespräche) → S. 116, 152	Das **Sprechen über Literatur** in einem literarischen Gespräch kann ebenfalls dabei helfen, **Texte** zu **analysieren** (erschließen) und zu **interpretieren** (deuten). Man tauscht sich mit anderen darüber aus, welche Gedanken und Gefühle, aber auch welche Fragen und Irritationen beim Lesen oder Hören von Texten und Textstellen entstehen. Das trägt dazu bei, mögliche Deutungen (Interpretationen) zu erkennen, zu überdenken, ggf. zu verändern oder zu erweitern. Ein literarisches Gespräch kann zum Beispiel folgenden **Ablauf** haben: • Einstieg, • erste Textbegegnung (Lesen bzw. Hören), • Blitzlichtrunde (spontane Äußerungen zum Text), • offenes Gespräch (genaues Lesen bzw. Hören, Austausch über Deutungen), • Schlussrunde (Einsichten, offene Fragen), • Reflexion (Ergebnisse, Gesprächsverlauf).
literarische Texte erschließen	Beim Erschließen (**Analysieren**) literarischer Texte muss man ihren **Inhalt** und ihre **Form** untersuchen, um daraus Aussagen und mögliche **Deutungen (Interpretationen)** abzuleiten. Dazu betrachtet man: • die **Handlung** (zentrales Thema bzw. zu lösendes Problem, Handlungsorte, Handlungszeiten), • die **Figuren** (äußere Merkmale wie Gesamterscheinung, Einzelheiten, Besonderheiten; innere Merkmale wie Gedanken, Gefühle, Verhaltensweisen), • die **Gestaltungsmittel** (Erzählperspektive; Zeitgestaltung wie Rückblende, Vorausdeutung, Zeitraffung, Zeitdehnung; sprachliche/stilistische Mittel wie bildhafte Vergleiche und Bezeichnungen, Metaphern, abwechslungsreiche und genaue Bezeichnungen, Personifizierungen).

die **Lügengeschichte** (*Plural:* die Lügengeschichten)	Lügengeschichten sind **Erzählungen**, die eine Reihe von Lügen enthalten. Dabei übertreibt die *Ich*-Erzählerin oder der *Ich*-Erzähler im Laufe der Geschichte immer stärker. Die Lügen einer Lügengeschichte sind eindeutig zu erkennen, sie sollen unterhaltend wirken. Ein berühmter Erzähler deutscher Lügengeschichten ist der Baron Münchhausen.
die **Lyrik**, der **lyrische Text** (*Plural:* die lyrischen Texte) → S. 136, 139, 142	Ein lyrischer Text ist ein formal und sprachlich besonders gestalteter **literarischer Text** der **Gattung Lyrik**, meist in Form eines **Gedichts**. Gedichte zeichnen sich durch eine besondere Gestaltung von Inhalt, Sprache und Form aus. In einer **Gedichtanalyse** muss man deshalb den **Inhalt** und die **Form** des Textes untersuchen. Folgende Fragen können dabei helfen: • Worum geht es inhaltlich? Was ist das Thema? • Welche Stimmung geht von dem Gedicht aus? • Wer ist das lyrische *Ich* (die lyrische Sprecherin / der lyrische Sprecher)? • In welcher Stimmung ist das lyrische *Ich*? • Wie ist das Gedicht formal und sprachlich gestaltet? • Was ist über die Entstehungszeit und die Biografie der Dichterin bzw. des Dichters bekannt? • Beeinflusst das Wissen über Entstehungszeit und Biografie die Interpretation des Gedichts? Wenn ja, wie? Hinsichtlich der **Form** und **Sprache** untersucht man: • Verse und Strophen, z. B.: Anzahl, Gestaltung bzw. Form, Zeilensprünge (Enjambements), • Reime, z. B.: Paarreim (a a b b), Kreuzreim (a b a b), umarmender Reim (a b b a), • sprachliche Bilder, anschauliche Ausdrücke, z. B.: *leuchtende Augen*, • Metaphern und Personifizierungen, z. B.: *ein Blätterdach, der Himmel weint*, • Vergleiche, z. B.: *hell wie das Licht*, • Besonderheiten in Satzbau und Zeichensetzung, z. B. Inversion: *Im Herbst die Blätter bunt fallen.*
das **Märchen** (*Plural:* die Märchen)	In Märchen wird von Wunderbarem und Wundersamem in einer Fantasiewelt erzählt. Viele Märchen wurden mündlich überliefert, dadurch entstanden oft Varianten. Märchen sind an den folgenden **Merkmalen** zu erkennen: • Ort und Zeit der Handlung sind nicht genau angegeben. • Eine Heldin oder ein Held muss schwierige Aufgaben meistern. • Es gibt Zauberei und Fantasiewesen. • Meist siegt das Gute über das Böse. • Beginn und Ende sind gleich oder ähnlich. • Sprüche wiederholen sich oft. • Oft gibt es Gegensatzpaare oder magische Zahlen.

die **Medien** (*Singular:* das Medium)	Medien sind Mittel zur Verständigung, Information, Präsentation, Wissensgewinnung, Unterhaltung und Entspannung, z. B. Buch, Zeitung, Zeitschrift, Hörfunk, Film und Fernsehen, Computer. Man unterscheidet **Printmedien** (Druckmedien, zum Lesen) und **audiovisuelle Medien** (zum Hören und Sehen). Ein **Medienverbund** ist ein Angebot aus mehreren zueinander in Bezug stehenden Einzelmedien, z. B. Buch, Hörbuch, Hörspiel, Film, Anschauungs-, Lern- und Spielmaterialien. Ein Medienverbund entsteht oft ausgehend von einem **Start-** oder **Leitmedium** (z. B. einem Buch). **Fernseh- und Rundfunkanstalten** gehören zu den ältesten und bekanntesten Medienanbietern: • **Öffentlich-rechtliche Sender** haben den gesetzlichen Auftrag, Menschen täglich mit Information, Bildung, Beratung und Unterhaltung zu versorgen. Um dies unabhängig tun zu können, werden sie über den Rundfunkbeitrag finanziert. • **Private (kommerzielle) Sender**, die es seit der Einführung des Kabelfernsehens 1984 gibt, finanzieren sich durch private Gelder und Werbung. Sie streben nach möglichst hohen Einschaltquoten, da sich die Werbeeinnahmen danach richten. • Außerdem gibt es sogenannte **unabhängige (alternative) Medienangebote**, die zum Beispiel als unabhängige Nachrichtendienste versuchen, frei von finanziellen und politischen Einflüssen zu berichten. Viele Medienangebote sind heute digitalisiert (**digitale Medien**) und über das Internet abrufbar, z. B. aus Mediatheken. Über das **Streaming** (das Abspielen von Daten über das Internet) kann man Angebote von Fernseh- und Rundfunksendern oder von Streamingportalen nutzen. Fernseh- und Rundfunksendungen werden in unterschiedliche **Formate** eingeteilt, zum Beispiel **Informations-** und **Unterhaltungsformate**, die sich wiederum beispielsweise in Nachrichten, Familiensendungen, Dokumentationen, Rateshows, Magazine und Krimiserien aufteilen lassen.
das **mehrdeutige Wort** (*Plural:* die mehrdeutigen Wörter)	In der deutschen Sprache sind viele Wörter mehrdeutig, d. h., sie haben zwei oder mehrere Bedeutungen. Diese haben – im Unterschied zu Homonymen – **gemeinsame Bedeutungsmerkmale**. Welche der Bedeutungen gemeint ist, wird erst aus dem Verwendungszusammenhang klar, z. B.: *der Hahn* (Tier) – *der Hahn* (Wasserhahn).
die **Metapher** (*Plural:* die Metaphern) → S. 219	Eine Metapher ist ein Wort oder ein Ausdruck mit einer **übertragenen, bildhaften Bedeutung**. Sie entsteht durch Übertragung eines Wortes mit seiner ursprünglichen Bedeutung auf einen anderen Sachbereich. Grundlage dafür ist ein gemeinsames Merkmal der Ähnlichkeit in beiden Bedeutungen, z. B.: *der Fuß des Menschen* → *am Fuß des Berges* (ursprüngliche Bedeutung) (übertragene Bedeutung) Durch Metaphern wird die Ausdrucksweise eines Textes bildhaft und anschaulich.

die **Mindmap** (*Plural:* die Mindmaps)	Eine Mindmap (*engl.* mind – Gedanken, Gedächtnis, map – Landkarte) dient der **übersichtlichen Sammlung** und logischen **Strukturierung** von Informationen oder Gedanken und Ideen zu einem Thema. Man kann diese **Methode** deshalb gut zur **Planung** und **Gliederung** nutzen. Ausgehend von einem zentralen Begriff in der Mitte werden weiterführende Informationen bzw. Gedanken und Ideen ringsherum angeordnet. Linien (z. B. Haupt- und Nebenäste) verdeutlichen Beziehungen, z. B. zwischen Ober- und Unterbegriff oder Ganzem und Teil.
das **Mitschreiben** (*keine Pluralform*)	Das Mitschreiben dient dem schriftlichen Festhalten von Gehörtem. Dabei muss man • genau und konzentriert zuhören, • Wesentliches von Unwesentlichem unterscheiden, • Aussagen schnell und genau zusammenfassen. Um schnell mitschreiben zu können, sollte man **Stichpunkte** notieren, (z. B.: *Jobbörsen s. Internet*) und **Abkürzungen** oder **Zeichen** bzw. Symbole nutzen (z. B.: *u., ca., usw., bzw., +, ?, ▶, →*). Abschließend kann man **Wichtiges** verschiedenfarbig **markieren** und ggf. alles noch einmal ordnen und übersichtlich festhalten.
Mitteilungen verfassen	Mitteilungen verfasst man für andere, um sie zum Beispiel zu informieren, um etwas zu bitten, etwas zu fragen oder sich zu entschuldigen, abzusagen, Anträge zu stellen, sich zu bewerben oder zu beschweren bzw. etwas zu reklamieren. Man muss beachten, **an wen** die Mitteilung gerichtet ist, **aus welchem Anlass** man schreibt und **welches Ziel** man verfolgt. **Private Briefe** und **E-Mails** sind persönliche Mitteilungen einer Privatperson an eine andere, zum Beispiel Einladungen, Trostbriefe, Liebesbriefe, Urlaubsgrüße und Geburtstagskarten. **Offizielle Briefe** und **E-Mails** sollten kurz, aber höflich formuliert und übersichtlich gestaltet sein. Briefe sollten eine bestimmte **Form** haben und Folgendes enthalten: • Name und Adresse der **Absenderin** bzw. des **Absenders** (oben links) • Name und Adresse der **Empfängerin** oder des **Empfängers** (im Adressfeld darunter) • **Datum** (am rechten Rand darunter) • Anlass des Briefes (in der **Betreffzeile**), z. B.: *Bitte um Reparatur* • **Anrede**, z. B.: *Sehr geehrte Frau Schiller, …* oder *Sehr geehrte Damen und Herren, …* • **Brieftext** (nach Komma und Leerzeile klein weitergeschrieben), gegliedert in **Einleitung**, **Hauptteil** und **Schluss** • **Grußformel** und **persönliche Unterschrift**, z. B.: *Mit freundlichen Grüßen* *(Unterschrift)*

	In persönlichen **Kurznachrichten** und **E-Mails** kann man manchmal **Emoticons** (*engl.* emotion – Gefühl, icon – Bild, Zeichen) oder **Emojis** (z. B. Smileys) nutzen, um Stimmungen auszudrücken. Emoticons bestehen aus Schriftzeichen, z. B.: :-) *Ich bin glücklich.* :-(*Ich bin traurig.* Oft werden in Kurznachrichten und E-Mails auch **Abkürzungen** aus Wortanfängen verwendet, z. B.: *FG – freches Grinsen, LG – Liebe Grüße.*
das **Nacherzählen,** die **Nacherzählung** (*Plural:* die Nach- erzählungen)	Beim Nacherzählen wird die **Handlung** einer Erzählung (Geschichte) in der gleichen Reihenfolge wie im Originaltext **wiedergegeben.** Nacherzählt wird hauptsächlich mit eigenen Worten, **wörtliche Rede** kann aber erhalten bleiben. Wichtige oder typische Wörter und Wendungen kann man ebenfalls wörtlich übernehmen, z. B.: *Es war einmal …* Vor dem Nacherzählen sollte man die Geschichte mehrmals gründlich lesen oder hören und sich **Stichpunkte** zur Handlung notieren.
die **nachgestellte Erläuterung** (*Plural:* die nachgestell- ten Erläuterungen) → S. 206	Mit nachgestellten Erläuterungen werden Bezugswörter, meist Nomen/ Substantive, näher erklärt. Es gibt: • **Appositionen,** d. h. nachgestellte Erläuterungen im gleichen Fall wie das Beziehungswort, z. B.: *Den Zutritt zum Tatort, dem Keller, versperrte die Polizei.* • nachgestellte Erläuterungen, die durch besondere Wörter wie *und zwar, nämlich, besonders, also, unter anderem (u. a.), zum Beispiel (z. B.), vor allem (v. a.), das heißt (d. h.)* eingeleitet werden, z. B.: *Spuren am Tatort, und zwar seine Fingerabdrücke, überführten den Täter.* • **Datumsangaben,** die auf einen Wochentag folgen. Sie stehen im gleichen Fall wie der Wochentag, auf den sie sich beziehen, z. B.: *Der Mann wird seit Montag, dem 1. Oktober, vermisst.* Nachgestellte Erläuterungen werden durch **Kommas** abgegrenzt.
der **Nebensatz** (*Plural:* die Nebensätze) → S. 201, 202, 206	Ein Nebensatz ist ein Teilsatz eines zusammengesetzten Satzes. Nebensätze erkennt man daran, dass am Satzanfang meist ein **Einleitewort** steht und **am Satzende** die **finite** (gebeugte) **Verbform.** Nebensätze werden immer durch **Komma** abgegrenzt, z. B.: *Das Publikum klatscht, weil der Clown Späße macht.* Ein Nebensatz erfüllt für den Satz, von dem er abhängig ist, die **Funktion eines Satzgliedes oder Satzgliedteils** (Attribut). Man nennt ihn deshalb **Gliedsatz** oder **Gliedteilsatz** (Attributsatz). Nebensätze (Ns) kann man bestimmen nach: • ihrer Stellung zum übergeordneten Satz/Teilsatz, • der Art des Einleitewords, (z. B.: Relativsatz, Konjunktionalsatz), • dem Grad ihrer Abhängigkeit vom Hauptsatz, (z. B.: Ns 1. Grades, Ns 2. Grades), • ihrer Funktion (dem Satzgliedwert, z. B.: Objektsatz, Attributsatz).

das **Nomen/Substantiv** (*Plural:* die Nomen/ Substantive) → S. 196	Das Nomen/Substantiv ist eine **veränderbare** (flektierbare) **Wortart**, die Lebewesen, Gegenstände, Orte, Zeitangaben, Ereignisse und Gefühle bezeichnet. Nomen haben ein **Genus** (grammatisches Geschlecht), das man am Artikel erkennen kann (maskulin: *der*, feminin: *die*, neutrum: *das*). Jedes Nomen tritt in einem bestimmten **Numerus** (einer Zahl) auf: Singular (Einzahl) oder Plural (Mehrzahl). Nomen werden **dekliniert**: Sie stehen dann in einem bestimmten **Kasus** (Fall), den man mithilfe der **Frageprobe** erfragen kann: Nominativ, Genitiv, Dativ, Akkusativ. Nomen schreibt man immer **mit großem Anfangsbuchstaben**, z. B.: *der Gärtner, die Wiese, das Gefühl.* Nomen können **Begleitwörter** bei sich haben: • den bestimmten oder unbestimmten Artikel, z. B.: *der Beruf, eine Maske,* • ein Pronomen, z. B.: *seine Frisur,* • eine Präposition, z. B.: *zu Beginn,* • ein Zahlwort, z. B.: *in zwei Rollen, in allen Filmen,* • ein Adjektiv, z. B.: *bei hellem Licht.* Das Begleitwort markiert oft den Numerus (die Zahl), den Kasus (Fall) und das Genus (grammatische Geschlecht) des Nomens. Nomen stehen immer am Ende einer **nominalen Wortgruppe**. Deshalb hilft zur Ermittlung von Nomen die **Erweiterungsprobe**.
die **Nominalisierung/ Substantivierung** (*Plural:* die Nominalisie- rungen/Substantivierun- gen)	Jedes Wort kann im Deutschen **als Nomen/Substantiv gebraucht**, also nominalisiert/substantiviert, werden. Es wird dann **mit großem Anfangsbuchstaben** geschrieben und **dekliniert** (gebeugt) wie ein Nomen. Es kann von einem Artikel, einem Pronomen, einer Präposition, einem Zahlwort oder einem Adjektiv **begleitet** werden. Eine Nominalisierung steht immer am Ende einer **nominalen Wortgruppe**. Deshalb hilft die **Erweiterungsprobe**, sie zu erkennen, z. B.: *beim Sprechen* *beim lauten Sprechen* *beim lauten und deutlichen Sprechen*
der **Nominalstil** (*keine Pluralform*) → S. 216, 219	Um einen Text zu **verdichten** und schwierige Sachverhalte kurz darzu- stellen, kann man den Nominalstil nutzen. Er wird häufig in schriftlichen Texten sowie in der Wissenschafts- und Fachsprache verwendet, zum Beispiel in Facharbeiten. Dabei werden oft **Verben nominalisiert/ substantiviert** oder **Ableitungen auf -*ung*** verwendet, z. B.: *Die Beschäftigung von Leiharbeiterinnen zum Vermeiden von Produktions- ausfällen ist problematisch.* Den Nominalstil verwendet man auch, wenn man Sätze in Stichpunkte umwandelt, z. B.: *Mandela wurde zu lebenslänglicher Haft verurteilt.* → *Verurteilung zu lebenslänglicher Haft*

das **Numerale** (*Plural:* die Numeralien)	Numeralien sind **Zahlwörter**, die eine Menge oder eine Anzahl angeben. Man unterscheidet zwei Arten: • **bestimmte Numeralien**, z.B.: *eins, zwei, hundert, erster, zweiter, eine Billion, ein Dutzend*, • **unbestimmte Numeralien**, z.B.: *einige, wenige, Tausende, alle, mehrmals.* Numeralien gehören zu **unterschiedlichen Wortarten**, z.B.: Nomen: *Das Fußballspiel verfolgten Millionen Zuschauer am Fernseher.* Adjektiv: *Die Mannschaft belegte den ersten Platz.* Adverb: *Er trat dreimal zum Wettkampf an.*
der **Numerus** (*Plural:* die Numeri)	Der Numerus bezeichnet die **Zahl** eines Nomens/Substantivs, Artikels, Adjektivs oder Pronomens. Es gibt eine Form für den **Singular** (Einzahl) und eine andere Form für den **Plural** (Mehrzahl), z.B.: *der schöne Tag – die schönen Tage,* *die wichtige Entscheidung – die wichtigen Entscheidungen,* *das beste Ergebnis – die besten Ergebnisse.*
das **Objekt** (*Plural:* die Objekte) → S.198	Das Objekt ist ein **Satzglied**, welches das Prädikat ergänzt. Der Fall des Objektes ist vom Verb abhängig. Zur Bestimmung des Falls kann man die **Frageprobe** nutzen. Man unterscheidet: • **Dativobjekte** (Frage: Wem?), z.B.: *Sie begegnet einer Freundin. Er schreibt einem Freund.* • **Akkusativobjekte** (Frage: Wen? Was?), z.B.: *Er liest ein Buch. Wir besuchen ihn.* • **Genitivobjekte** (Frage: Wessen?), z.B.: *Er rühmt sich seiner Klugheit. Wir besinnen uns eines Besseren.* • **Präpositionalobjekte** (der Fall wird von einer Präposition bestimmt), z.B.: *Er kümmert sich um ihren Sohn. Sie setzt sich für den Umweltschutz ein.* (Fragen: Um wen? Worum? Wofür? Für was? – Präpositionalobjekt im Akkusativ)
die **Parabel** (*Plural:* die Parabeln)	Eine Parabel ist eine **kurze lehrhafte Erzählung**, die moralische und ethische Fragen aufwirft. Das vordergründig dargestellte Geschehen ist ein Gleichnis (eine vergleichende, meist bildhafte Darstellung) mit einer übertragenen, symbolischen Bedeutung (vgl. z.B. die „Ringparabel" in Lessings Drama „Nathan der Weise").
die **Partizipgruppe** (*Plural:* die Partizipgruppen) → S.206	Partizipgruppen sind sprachliche Konstruktionen, in deren Kern ein Partizip enthalten ist, z.B.: *Die Polizei nutzt Phantombilder, gezeichnet am Computer.* (Partizip II) *Die Polizei verwendet Phantombilder, Gesichtsmuster nutzend.* (Partizip I) **Nachgestellte Partizipgruppen** müssen durch **Komma** abgegrenzt werden.

	Vorangestellte und **eingeschlossene Partizipgruppen** können durch Komma abgetrennt werden, z. B.: *Gesichtsteile zusammenfügend(,) erstellt Frau T. Phantombilder.* *Frau T. erstellt(,) Gesichtsteile zusammenfügend(,) Phantombilder.* Man kann Fehler vermeiden, indem man Partizipgruppen immer durch Komma abgrenzt.
die **Personifizierung** (*Plural:* die Personifizierungen) → S. 219	Die Personifizierung ist ein Mittel der anschaulichen und wirkungsvollen Gestaltung literarischer Texte. Durch Personifizierung werden **unbelebten Dingen menschliche Eigenschaften und Handlungen** zugeschrieben, z. B.: *die Sonne lacht, der Wind bläst, der schweigende Wald.*
das **Prädikat** (*Plural:* die Prädikate) → S. 198	Das Prädikat ist ein **Satzglied**, das etwas über das Subjekt aussagt (**Satzaussage**). Man kann es mit der Frage *Was wird ausgesagt?* erfragen. **Subjekt** und **Prädikat** sind die Hauptbestandteile eines Satzes. Sie bilden den **Satzkern** und stimmen in Person und Zahl überein. Besteht das Prädikat nur aus der finiten (gebeugten) Verbform, dann nennt man es **einteiliges Prädikat**. Ein **mehrteiliges Prädikat** besteht aus der finiten (gebeugten) Verbform und anderen, infiniten (ungebeugten) Verbformen (Infinitiv, Partizip II) oder weiteren Wörtern. Das mehrteilige Prädikat kann andere Satzglieder einrahmen. Es bildet dann einen **prädikativen Rahmen**, z. B.: *Wir haben den Rucksack gepackt.*
der **Praktikumsbericht** (*Plural:* die Praktikumsberichte)	In einem Praktikumsbericht dokumentiert man Ziele, Aufgaben, Verlauf und Ergebnisse eines Praktikums. In einem **Tagesbericht** werden der **Ablauf** und die **Ergebnisse** eines Arbeitstages dokumentiert. Man berichtet genau, sachlich und chronologisch (in der richtigen zeitlichen Abfolge) sowie unter Verwendung von **Fachwortschatz**. Der Tagesbericht kann kurz und übersichtlich als Tabelle oder ausführlich als zusammenhängender Text gestaltet sein. In einem **Abschlussbericht** werden die wichtigsten Erkenntnisse und Erfahrungen aus dem gesamten Praktikum zusammengefasst.
die **Präposition** (*Plural:* die Präpositionen) → S. 196	Die Präposition ist eine **unveränderbare** (nicht flektierbare) **Wortart**, die **räumliche, zeitliche oder andere Beziehungen** zwischen Wörtern und Wortgruppen ausdrückt, z. B.: *in, vor, unter, über, hinter, seit, für, mit.* Präpositionen stehen meist **vor dem Nomen/Substantiv** und seinen Begleitwörtern. Sie ändern ihre Form nicht, aber sie **fordern** einen bestimmten **Kasus** (Fall), den man sich einprägen muss. In der Umgangssprache werden Präpositionen und Artikel oft zusammengezogen, z. B.: *am (an dem), beim (bei dem).* Die Präpositionen *an, auf, hinter, in, neben, über, unter, zwischen, vor* nennt man **Wechselpräpositionen**, weil sie entweder den Dativ oder den Akkusativ fordern. Den Fall bestimmt dann allein das Verb, z. B.: *Lilly setzt sich in den bequemen Kinosessel.* (Wohin? Akkusativ) *Jurek und Paul sitzen im (in dem) Parkett.* (Wo? Dativ)

das **Präsentieren**, die **Präsentation** (*Plural:* die Präsentationen)	Das **Halten eines** durch Anschauungsmaterial gestalteten **Vortrags** nennt man Präsentation. In einem Vortrag informiert man andere über ein bestimmtes Thema. Zur **Vorbereitung** einer Präsentation muss man Informationen sammeln und ordnen und übersichtliche Stichpunkte notieren. Zur **Veranschaulichung** nutzt man z. B. Übersichten, Karten, Diagramme, Fotos oder Videos, die mithilfe von **Medien**, z. B. Tafel, Bilder, Poster, Computer und Beamer, präsentiert werden. Man kann seinen Vortrag auch durch eine PowerPoint-Präsentation unterstützen. Eine Präsentation sollte einer **Gliederung** folgen: • **Einleitung**: das Thema oder die Frage nennen, das Interesse der Zuhörenden wecken, die Gliederung der Präsentation vorstellen, • **Hauptteil**: Informationen zum Thema oder zur Frage geordnet vortragen, dabei unterschiedliche Medien zur Veranschaulichung nutzen, • **Schluss**: Wesentliches noch einmal knapp zusammenfassen, zum Handeln auffordern, eine Fragerunde anschließen, den Zuhörenden für ihr Interesse danken und um Fragen bitten. Beim Präsentieren achtet man auf freies, langsames und deutliches Sprechen und hält Blickkontakt zum Publikum. Außerdem ist die **Körpersprache** wichtig, zum Beispiel die **Mimik** und die **Gestik**. Das Vortragen und Präsentieren sollte man vorher üben.
das **Pronomen** (*Plural:* die Pronomen) → S. 196	Das Pronomen ist eine **veränderbare** (flektierbare) **Wortart**, die Nomen/Substantive **ersetzen** oder **begleiten** kann. Pronomen werden wie Nomen **dekliniert** (gebeugt), also dem Bezugsnomen in **Genus** (grammatischem Geschlecht), **Numerus** (Zahl) und **Kasus** (Fall) angepasst, z. B.: *neben* <u>*mir*</u>, <u>*meines*</u> *Vaters, zu* <u>*diesem*</u> *Haus; Can heißt ein Skater,* <u>*den*</u> *ich gut kenne.* *Can heißt der Skater, von* <u>*dem*</u> *ich viel lerne.* **Personalpronomen** (persönliche Fürwörter: *er, sie, es; wir, ihr, sie*) können Nomen ersetzen, um Wiederholungen zu vermeiden. Die Personalpronomen treten dann als **Stellvertreter der Nomen** auf und erfüllen deren Aufgaben im Satz, z. B.: *Mein Hund ist ein Dackel.* <u>*Er*</u> *heißt Bello.* Die **persönlichen Anredepronomen** (*du/dein, ihr/euer*) können in Briefen und E-Mails klein- oder großgeschrieben werden. Die **höflichen Anredepronomen** (*Sie, Ihr*) und alle ihre Formen (z. B.: *Ihnen, Ihre*) werden immer **großgeschrieben**. **Possessivpronomen** (besitzanzeigende Fürwörter) können Nomen **begleiten**, z. B.: <u>*mein*</u> *Hund,* <u>*unsere*</u> *Katze.* Sie zeigen den Besitz an. Zu jedem Personalpronomen gehört ein Possessivpronomen, z. B.: *ich – mein, du – dein, wir – unser.*

Demonstrativpronomen (hinweisende Fürwörter: *dieser, diese, dieses, diese; jener, jene, jenes, jene; der, die, das, die*) weisen auf etwas hin, das vorher genannt wurde. Sie können als **Begleitwort oder Stellvertreter** genutzt werden, z. B.:

Ich bevorzuge <u>*dieses*</u> *Blau. Ich nehme lieber* <u>*das*</u>.

Relativpronomen (bezügliche Fürwörter: *der, die, das, die; welcher, welche, welches, welche*) leiten Nebensätze ein, die ein Nomen im Hauptsatz näher erklären. Solche Nebensätze nennt man **Relativsätze**, z. B.:

Ein Skater, <u>*der*</u> *auf dem Fußweg fährt, muss Rücksicht nehmen.*

Reflexivpronomen (rückbezügliche Fürwörter) treten zusammen mit reflexiven Verben auf (*sich treffen, sich freuen, sich bedanken, …*).
Sie beziehen sich auf das Subjekt des Satzes, z. B.:

Er hat <u>*sich*</u> *beim Skaten verletzt.* (sich verletzen)

<u>*Wir*</u> *haben* <u>*uns*</u> *gesonnt.* (sich sonnen)

Zu jedem Personalpronomen gehört ein Reflexivpronomen, z. B.:

ich – mich – mir, du – dich – dir, wir – uns – uns.

Indefinitpronomen (unbestimmte Fürwörter: *jeder, man, etwas*) zeigen etwas Unbestimmtes an, z. B.:

<u>*Irgendjemand*</u> *hat die Tür geöffnet.*

<u>*Niemand*</u> *weiß etwas Genaues.*

Interrogativpronomen (Fragefürwörter: *Was? Wer? Welcher, welche, welches? Was für ein? Was für eine?*) erfragen Personen und Sachen, Eigenschaften sowie die Auswahl aus einer Menge, z. B.:

<u>*Wen*</u> *behandelt er?* <u>*Was für eine*</u> *Verletzung hat sie?* <u>*Welchem*</u> *Kind gehört das?*

das **Protokoll** (*Plural:* die Protokolle)	Ein Protokoll ist eine besondere Form des **Berichts**, mit dem man andere kurz, sachlich und genau informiert oder etwas dokumentiert. Im **Verlaufsprotokoll** werden der Ablauf und die Ergebnisse einer Veranstaltung, einer Diskussion oder eines Experiments festgehalten. Ein **Versuchsprotokoll** ist eine besondere Form des Verlaufsprotokolls. Im **Ergebnisprotokoll** werden nur Ergebnisse bzw. Beschlüsse notiert. Es sollte folgende Angaben enthalten: • Datum, Zeit, Ort, • Teilnehmerinnen und Teilnehmer der Beratung, • die TOPs (Tagesordnungspunkte), • die Ergebnisse der Beratung oder Diskussion, • Aufgaben und Verantwortliche, • Datum und Unterschrift der Diskussionsleitung und der bzw. des Protokollierenden.

die **Quellenangabe** (*Plural:* die Quellenangaben)	Entnimmt man Büchern, Zeitschriften oder anderen Quellen Informationen und Textstellen, muss man die Quellenangabe exakt notieren. Die Quellenangabe für **Bücher** sollte folgende Informationen enthalten: <ul><li>Autorin bzw. Autor,</li><li>Titel,</li><li>ggf. Übersetzerin oder Übersetzer,</li><li>Ort, Verlag, Erscheinungsjahr,</li><li>Seitenzahl, woher die Information stammt, z. B.: *Steinfeld, Thomas: Italien – Porträt eines fremden Landes.* *Berlin: Rowohlt Berlin Verlag, 2020, S. 22.*</li></ul> Die Quellenangabe für **Artikel aus Zeitschriften** sollte folgende Informationen enthalten: <ul><li>Autorin bzw. Autor des Artikels (wenn möglich),</li><li>Titel des Artikels,</li><li>Titel, Nummer und Jahr der Zeitschrift,</li><li>Seitenzahl, z. B.: *Take off: Zahlen, bitte! Aus: GEO Special Nr. 5/2018: Rom, Florenz, Mailand, S. 12–13.*</li></ul> Eine Quellenangabe für **Texte aus dem Internet** sollte folgende Informationen enthalten: <ul><li>Autorin bzw. Autor (wenn möglich),</li><li>Titel und Untertitel des Beitrags,</li><li>„Online im Internet" sowie die Internetadresse,</li><li>das Abrufdatum in eckigen Klammern, z. B.: *Delvaux de Fenffe, Gregor: Mittelalter: Hanse. Online im Internet: https://www.planet-wissen.de/geschichte/mittelalter/hanse/index.html [07.11.2024].*</li></ul>
die **Rede** (*Plural:* die Reden) → S. 54, 57, 59	Eine Rede kann zu verschiedenen Anlässen unterschiedliche **Funktionen** erfüllen. Meist richtet sie sich an ein bestimmtes Publikum, z. B. um auf etwas aufmerksam zu machen, einen Standpunkt darzustellen, andere zu überzeugen, zum Handeln anzuregen oder sich zu bedanken. Man unterscheidet z. B. zwischen Dankes-, Eröffnungs-, Abschlussreden, politischen Reden u. Ä. Immer kommt es darauf an, das Interesse des Publikums zu wecken und dessen Aufmerksamkeit zu erhalten. Deshalb muss eine Rede inhaltlich und sprachlich genau durchdacht und ansprechend gestaltet sein. Eine Rede sollte folgende **Bestandteile** enthalten: <ul><li>**Einleitung**: Begrüßung, Einführung ins Thema, Interesse wecken,</li><li>**Hauptteil**: Ausführungen zum Thema in Abhängigkeit vom Anlass der Rede,</li><li>**Schluss**: Zusammenfassung des Gesagten, Formulieren einer Schlussfolgerung oder eines Appells.</li></ul>

	Zur **Rhetorik** (Redekunst) gehört auch, auf bestimmte **Sprech- und Vortragsweisen** zurückzugreifen, z. B. durch:
	• **Betonung** von bestimmten Wörtern und Formulierungen zur Hervorhebung eines Sachverhaltes,
	• Abwechslung in **Sprechtempo** und **Tonfall** zur Erzeugung eines wirkungsvollen und interessanten Rhythmus,
	• Anpassung der **Lautstärke** zur Betonung von wichtigen Aspekten,
	• bewussten Einsatz von **Pausen** zur Erzeugung von Spannung und Aufmerksamkeit beim Publikum.
	Beim **Vortragen** sollte man möglichst frei und deutlich sprechen, Blickkontakt zum Publikum halten, aufrecht stehen sowie Gestik und Mimik angemessen einsetzen.
die **Redewendung** (*Plural:* die Redewendungen)	Redewendungen (Wortgruppen) sind **feste sprachliche Wendungen**, mit denen sich etwas besonders anschaulich und einprägsam ausdrücken lässt. Ihre Bedeutung ist oft nicht aus den Einzelwörtern erklärbar, z. B.: *auf die Nase fallen, sich den Kopf zerbrechen.*
der **Reim** (*Plural:* die Reime) → S. 219	Reime entstehen durch **Reimwörter**. Reimwörter klingen vom letzten betonten Vokal (oder Diphthong/Zwielaut) an ähnlich, z. B.: *sehen – gehen, kleine – keine, Enden – wenden.* Oft sind Reime in **Gedichten** enthalten, wodurch ein bestimmter Klang und Rhythmus entsteht. Reime stehen oft am **Ende einer Verszeile** und ergeben ein **Reimschema**. Dieses kann man durch Buchstaben verdeutlichen, z. B.:
	• **Paarreim**: zwei direkt aufeinanderfolgende Verse reimen sich (a a b b),
	• **Kreuzreim**: jeweils ein Vers reimt sich mit dem übernächsten (a b a b),
	• **umarmender Reim**: ein Paarreim wird von einem anderen umschlossen (a b b a).
der **Sachtext** (*Plural:* die Sachtexte) → S. 38, 42, 44, 45, 46, 47	Sachtexte können unterschiedliche Funktionen haben. Die meisten Sachtexte wollen **informieren**, sie können aber auch **wertenden** oder **appellierenden** (auffordernden) **Charakter** haben, weil die Autorin bzw. der Autor einen Standpunkt zum Sachverhalt mitteilen oder die Meinung der Leserinnen und Leser beeinflussen und ggf. eine Handlung bei ihnen auslösen möchte. Werden Sachtexte zur eigenen **Meinungsbildung** herangezogen, muss man den **Standpunkt** der Autorin bzw. des Autors zum Thema **erfassen**. Dieser kann folgendermaßen zum Ausdruck gebracht werden:
	• **direkte Formulierungen**: durch konkrete Aussagen, z. B.:
	Einfach wird das nicht. Gut/Schlecht wäre, wenn …
	Meiner Meinung nach … Ich finde/meine/denke, …
	• **indirekte Formulierungen**: durch wertende Adjektive, Verben oder Nomen bzw. durch unpersönliche wertende Wendungen, z. B.:
	Da kann man sich nur wundern! Das kann doch nicht wahr sein!

Damit man dem Gedankengang gut folgen kann, werden im Text **verstehensfördernde Mittel** genutzt:

- **Äußere Mittel** sind z. B.:
  – Überschriften und Zwischenüberschriften,
  – Absätze,
  – Nummerierungen und Aufzählungszeichen.
- **Inhaltliche Mittel** sind:
  – Einleitung neuer Gedanken oder Themen durch Einleitesätze, z. B.:
  Das Thema, um das es hier geht, lautet …
  Zuerst soll erläutert werden, … Eine weitere Frage ist , …
  – Einschübe und nachträgliche Erläuterungen, z. B. Appositionen:
  Diesen Hinweis, diesen wirklich guten Rat, sollte man beachten.
  – Bezüge zu anderen Textaussagen, z. B.:
  In Bezug auf oben gestellte Fragen … Anders als zuvor betont …
  Wie weiter unten ausgeführt …
  – sprachliche Mittel zur Herstellung logischer Zusammenhänge, z. B.:
  zum einen – zum anderen, daraus folgt, außerdem,
  – sprachliche Mittel zur Erhöhung der Wirksamkeit einer Äußerung,
  z. B.: *insbesondere, hervorzuheben ist, betont wird.*

Um komplexe Themen angemessen und möglichst anschaulich darzustellen, eignen sich besonders sogenannte **diskontinuierliche Texte**.
Im Unterschied zu **kontinuierlichen Texten** (Fließtexten) enthalten diskontinuierliche Texte neben Fließtexten weitere **Textbausteine**, z. B.:

- Daten in Form von Stichpunkten,
- Angaben in Form von Diagrammen oder Tabellen,
- Begriffserklärungen in Form von Glossar oder Fußnoten,
- Fakten oder Hintergrundinformationen in Kästen oder Fußnoten,
- Zusatzinformationen in Form von Verweisen oder Links,
- Meinungsäußerungen in Form von grafisch abgehobenen Kurzinterviews,
- hervorgehobene Zitate,
- Bilder, Abbildungen, Schaubilder oder Grafiken.

Sachtexte hören	Um beim Hören längerer Sachtexte den Inhalt **vollständig erfassen** zu können oder **bestimmte Informationen** zu **entnehmen**, sollte man:

- zuerst die Überschrift und das Thema des Textes erfassen,
- überlegen, was man zu dem Thema bereits weiß,
- überlegen, was man erfahren möchte,
- Schlüsselwörter oder Fragen notieren,
- den Text mehrfach hören, einmal im Ganzen, danach abschnittsweise,
- gezielt **mitschreiben**,
- sprachliche Hinweise zur Textfunktion und Absicht der Autorin bzw. des Autors beachten.

Sachtexte lesen → S. 38, 42, 44, 47	Je nach Leseabsicht (Leseinteresse) oder Leseaufgabe müssen geeignete **Lesestrategien** ausgewählt werden, z. B. zum: • überfliegenden (orientierenden) Lesen, • vollständigen Erschließen oder • Lesen unter bestimmten Fragestellungen bzw. Aspekten. Um einen Sachtext richtig und **vollständig zu verstehen**, hilft die **5-Gang-Lesemethode**: 1. den Text überfliegen (orientierendes Lesen), 2. Fragen an den Text stellen, 3. den Text gründlich lesen, 4. das Wichtigste des Textes erfassen, 5. den Text noch einmal lesen. **Vor dem Lesen** sollte man Vermutungen über den Textinhalt anstellen und dazu **Orientierungshilfen** nutzen, z. B.: • aus der Überschrift auf den Textinhalt schließen, • sich durch überfliegendes Lesen einen Überblick verschaffen, • Schlüsselwörter zu bestimmten Fragen oder Themen notieren. **Während des Lesens** kann man wichtige Textstellen mit Markierungen und Randnotizen versehen. Um den **Aufbau** und den **Gedankengang** eines Sachtextes zu erfassen, sollte man sich an **Textabschnitten** orientieren, ggf. selbst Abschnitte bilden und **Teilüberschriften** formulieren. Beim **Erschließen unbekannter Wörter** hilft oft der **Kontext** (der Textzusammenhang), andernfalls muss man das Wort nachschlagen. **Grafiken** und **Diagramme** stellen Informationen übersichtlich und anschaulich dar. Zur Auswertung einer Grafik oder eines Diagramms muss man die enthaltenen Angaben in einen Text umformulieren. Manchmal ist es wichtig, **Informationen eines Sachtextes** übersichtlich **zusammenfassend festzuhalten**, zum Beispiel durch die Beantwortung von *W*-Fragen oder indem man sie mithilfe von Linien, Pfeilen, Rahmen u. Ä. grafisch darstellt.
die **Sage** (*Plural:* die Sagen)	Die Sage ist eine von Generation zu Generation weitererzählte Geschichte. **Ortssagen** enthalten einen **wahren historischen Kern**. Sie sind eng mit Orten, Personen, geschichtlichen Ereignissen, landschaftlichen Besonderheiten, Gebäuden und Naturerscheinungen verbunden. **Götter-** und **Heldensagen** erzählen vom Anfang der Welt, von Göttern, Helden und deren Taten. Oft geht es darin um Sieg und Niederlage, um Kampf und Bewährung und um abenteuerliche Reisen.
die **Satire** (*keine Pluralform*) → S. 62	Satire ist eine **Kunstrichtung** (Spottdichtung, Spottlied, Karikatur, Film), in der durch überspitzte Darstellung (Übertreibung, Ironie, Verfremdung, Verzerrung, Spott) Missstände oder menschliche Schwächen humorvoll-bissig kritisiert werden, zum Beispiel in Werken von Ephraim Kishon, Loriot oder Horst Evers.

die **Satzart** (*Plural:* die Satzarten)	Die Satzart und der Satzbau sind abhängig von der Aussageabsicht der Schreibenden oder Sprechenden: • Um etwas mitzuteilen, bildet man einen **Aussagesatz**, z.B.: *Wir gehen heute früh los.* Die finite Verbform steht an zweiter Satzgliedstelle. (Satzschlusszeichen: Punkt) • Um etwas zu erfahren, bildet man einen **Fragesatz**, z.B.: *Geht ihr heute auch früh los? Wann geht ihr heute los?* Die finite Verbform steht an erster Satzgliedstelle bzw. hinter dem Fragewort. (Satzschlusszeichen: Fragezeichen) • Um jemanden zum Handeln aufzufordern, bildet man einen **Aufforderungssatz**, z.B.: *Geht doch heute mal früh los!* Die finite Verbform steht an erster Satzgliedstelle. (Satzschlusszeichen: Ausrufezeichen oder Punkt) Mündlich macht man die Aussageabsicht mit der **Satzmelodie** deutlich.
der **Satzbauplan** (*Plural:* die Satzbaupläne)	In einem Satzbauplan verdeutlicht man die Abfolge von **Satzgliedern oder Teilsätzen** eines Satzes. Zur übersichtlichen Darstellung kann man folgende Abkürzungen verwenden: S (**S**ubjekt), P (**P**rädikat), DO (**D**ativ**o**bjekt), AO (**A**kkusativ**o**bjekt), PO (**P**räpositional**o**bjekt), GO (**G**enitiv**o**bjekt), Hs (**H**aupt**s**atz), Ns (**N**eben**s**atz), z.B.: *Das Publikum bejubelt die Artisten.* S P AO *Das Publikum bejubelt die Artisten, die den Beifall genießen.* Hs , Ns.
das **Satzgefüge** (*Plural:* die Satzgefüge) → S. 201, 202	Als Satzgefüge bezeichnet man einen zusammengesetzten Satz, der als **Hypotaxe (Unterordnung)** aus mindestens einem **Hauptsatz** (Hs) und einem **Nebensatz** (Ns) besteht. **Hauptsätze** erkennt man daran, dass die finite (gebeugte) Verbform an zweiter Satzgliedstelle steht. **Nebensätze** erkennt man daran, dass am Satzanfang meist ein **Einleitewort** steht und an letzter Satzgliedstelle die finite (gebeugte) Verbform, z.B.: *Das Publikum klatscht , weil der Clown Späße macht.* Hs , Ns. *Dort , wo die Bühne steht, spielen sonst Kinder.* Hs (Teil 1), Ns, Hs (Teil 2).

Nebensätze werden vom Hauptsatz immer durch **Komma** abgegrenzt. **Eingeschobene Nebensätze** werden von Kommas eingeschlossen. Nebensätze kann man nach ihrem **Einleitewort** unterscheiden:

- **Konjunktionalsätze**, eingeleitet durch eine unterordnende Konjunktion (*weil, dass, als, nachdem, seit, bevor, wenn, obwohl*), z.B.: *Das Publikum klatscht, weil der Clown Späße macht.*
- **Relativsätze**, eingeleitet durch ein Relativpronomen (*der, die, das; welcher, welche, welches*), z.B.: *Der Clown, der Späße macht, bekommt viel Applaus.*
- **Fragewortsätze**, eingeleitet durch ein Fragewort (*wo, wie, was, warum*), z.B.: *Dort, wo die Bühne steht, spielen sonst Kinder.*

Der Nebensatz erfüllt für den Satz, von dem er abhängig ist, die **Funktion eines Satzgliedes oder Satzgliedteils** (Attribut).

das **Satzglied** (*Plural:* die Satzglieder) → S.198	Sätze bestehen aus Wörtern und Wortgruppen, manchmal auch aus Teilsätzen, die Satzglieder bilden. Satzglieder sind: **Subjekt**, **Prädikat**, **Objekt** und **Adverbialbestimmung**. Sie haben im Satz jeweils bestimmte Aufgaben. Im einfachen Satz kann man die Anzahl der Satzglieder mithilfe der **Umstellprobe** ermitteln: Zu einem Satzglied gehören jeweils die Wörter, die sich nur zusammenhängend umstellen lassen, z.B.: *Mein großer Bruder | wartet | am Morgen | auf den Bus.* Das **Attribut** ist ein **Satzgliedteil**, da es mit seinem Bezugsnomen ein Satzglied bildet und nur zusammen mit diesem umgestellt werden kann: *Mein großer Bruder | wartet | am Morgen | auf den Bus.* *Am Morgen | wartet | mein großer Bruder | auf den Bus.*
die **Satzreihe** (*Plural:* die Satzreihen) → S.200	Eine Satzreihe (Satzverbindung) als **Parataxe (Nebenordnung)** ist eine Verbindung von **zwei oder mehreren Hauptsätzen**. Hauptsätze erkennt man daran, dass die finite (gebeugte) Verbform an zweiter Satzgliedstelle steht. Hauptsätze können unverbunden nebeneinanderstehen oder durch **nebenordnende Konjunktionen** oder **Adverbien** miteinander verbunden sein. Hauptsätze werden in der Regel durch **Komma** voneinander **getrennt**. Nur wenn Hauptsätze durch die Konjunktionen *und, oder, sowie, beziehungsweise (bzw.)* verbunden sind, ist die Kommasetzung freigestellt, z.B.: *Caracas ist die Hauptstadt Venezuelas, Perus Hauptstadt heißt Lima.* *Caracas ist die Hauptstadt Venezuelas(,) und Perus Hauptstadt heißt Lima.* Um Fehler zu vermeiden, kann man zwischen Hauptsätzen immer ein Komma setzen.

die **Satzverknüpfung** (*Plural:* die Satzverknüpfungen)	Um die Sätze eines Textes inhaltlich miteinander zu verbinden, häufige Wortwiederholungen zu vermeiden und den Text flüssig zu gestalten, kann man Sätze verknüpfen. Inhaltliche Zusammenhänge und verschiedene Wirkungen entstehen durch:
	• die **Satzgliedstellung**. Die Verknüpfungsmittel stellt man ins **Vorfeld** des Satzes, also an die erste Satzgliedstelle vor die finite Verbform, z. B.: *Paula ist Polizeifotografin. Sie wird deshalb an jeden Tatort gerufen. / Deshalb wird sie an jeden Tatort gerufen.*
	• spezielle **sprachliche Mittel** wie:
	    – Pronomen, z. B.: *Täterinnen bzw. Täter hinterlassen Spuren. <u>Die</u> fotografiert Paula Z.*
	    – Adverbien, z. B.: <u>*Dort*</u> *sichern Kriminaltechnikerinnen und -techniker die Spuren.* <u>*Deshalb*</u> *…*
	    – Konjunktionen, Relativpronomen, Fragewörter, z. B.: *und, aber, dass, weil; der, die, das; welcher, welche, welches; wie, wer, warum*
	    – bedeutungsähnliche Wörter (Synonyme), z. B.: *die Frau mit der Kamera – die Fotografin – die Polizeifotografin*
	• die **Verknüpfung** von inhaltlich miteinander verbundenen **Teilsätzen** zu
	    – **Satzreihen (Parataxen)** mit nebenordnenden Konjunktionen oder Adverbien, z. B.: *Am Tatort arbeiten Kriminaltechnikerinnen und -techniker(,)* <u>*und*</u> *Paula Z. fotografiert mögliche Spuren. Der Tathergang muss rekonstruiert werden,* <u>*daher*</u> *markieren Kriminaltechnikerinnen und -techniker den Umriss des Opfers.*
	    – **Satzgefügen (Hypotaxen)** mit Relativpronomen, Fragewörtern oder unterordnenden Konjunktionen, z. B.: *Kriminaltechnikerinnen und -techniker markieren am Tatort den Umriss des Opfers,* <u>*den*</u> *Paula Z. fotografiert,* <u>*weil*</u> *der Tathergang rekonstruiert werden muss.*

die **Schelmengeschichte** (*Plural:* die Schelmengeschichten)	Eine Schelmengeschichte ist eine **kurze**, meist **scherzhafte Erzählung**, in der ein Schelm oder ein Narr andere überlistet. Oft spielt ein Schwächerer (ein Schelm, ein Armer) einem Stärkeren (einem Reichen, Gelehrten oder Herrscher) einen Streich. Zunächst wurden die Geschichten mündlich weitererzählt, später dann aufgeschrieben. Die Autoren der Geschichten sind meist unbekannt. Berühmte Helden deutscher Schelmengeschichten sind Till Eulenspiegel oder die Schildbürger.
das **Schildern**, die **Schilderung** (*Plural:* die Schilderungen) → S. 119, 123	Beim **Wiedergeben von Eindrücken** (Schildern) stellt man die Wahrnehmungen, Gedanken, Gefühle und Einstellungen von Personen oder Figuren ausführlich und anschaulich dar. Das Schildern von Sinneswahrnehmungen (beim Hören, Sehen, Riechen, Schmecken, Tasten) trägt dazu bei, eine Erzählung oder Beschreibung zu beleben, z. B.: *Der Wind pfiff mir um die Ohren. Mir wurde schwarz vor Augen. Meine Hände fühlten sich taub an. Es roch nach Fisch und Tang.*

das **Schlüsselwort** (*Plural:* die Schlüsselwörter)	Schlüsselwörter sind **wichtige Wörter** zu einer Frage oder zu einem Thema. Sie antworten meist auf *W*-Fragen, z. B.: *Wer? Was? Wann? Wo? Warum? Wie?*
die **Schreibkonferenz** (*Plural:* die Schreibkonferenzen)	In einer Schreibkonferenz werden **Texte gemeinsam überarbeitet.** Dabei überlegt und berät man in Gruppen, welche Stärken und Schwächen ein Text hat, und unterbreitet Verbesserungsvorschläge.
die **Schreibwerkstatt** (*Plural:* die Schreibwerkstätten)	In einer Schreibwerkstatt steht das gemeinsame Schreiben im Mittelpunkt. Wie in einer Werkstatt wird **gemeinsam an Texten gearbeitet.** Die einzelnen Arbeitsschritte des Schreibprozesses (Methoden) sind das Werkzeug und die Sprache ist das Material.
das **Semikolon** (*Plural:* die Semikolons *oder* die Semikola) → S. 209	Das Semikolon (der Strichpunkt) kann zwischen gleichrangigen Wortgruppen oder Sätzen stehen, wo der Punkt zu stark, das Komma zu schwach abtrennen würde, z. B.: *Man kann sich eigentlich nicht vorstellen, dass sich jemand bei dem Buch „Was wir dachten, was wir taten" langweilt; sicherlich kann man damit viele Diskussionen anregen.* Das Semikolon kann auch verwendet werden, um zusammengehörige Gruppen in Aufzählungen zu markieren, z. B.: *Lea-Lina Oppermanns Roman überzeugt viele Leserinnen und Leser, besonders durch:* *– die Auswahl der Thematik, die Plausibilität und Sogwirkung der Handlung;* *– die Auswahl und Gestaltung der Figuren;* *– die formale und sprachliche Gestaltung.*
der **Sketch** (*Plural:* die Sketche) → S. 60	Ein Sketch (*engl.* sketch – Skizze) ist eine Art **dramaturgisch-szenische Umsetzung eines Witzes** oder lustigen Ereignisses mit einer auffälligen Schlusspointe, zum Beispiel in einem Rollenspiel auf einer Bühne oder als Filmclip.
die **Sprachentwicklung** (*keine Pluralform*)	Sprache entwickelt und verändert sich im Sprachgebrauch und durch verschiedene Einflüsse (**Sprachwandel**). Folgende Etappen der Entwicklung und des Wandels lassen sich erkennen: • Vorläufer des Deutschen: **Germanisch** – Dialekte von germanischen Stämmen (ca. 500 v. Chr. bis zum 7./8. Jahrhundert n. Chr.), • **Althochdeutsch** (ca. 750 – ca. 1050) – mitteldeutsche und oberdeutsche (süddeutsche) Dialekte (Mundarten), die vor allem gesprochen wurden und nur in wenigen Texten (Handschriften) erhalten sind; offizielle Texte wurden überwiegend in Latein verfasst, • **Mittelhochdeutsch** (ca. 1050 – ca. 1350) – ehemals althochdeutsche Dialekte (Mundarten) wurden vor allem mündlich gebraucht, aber auch viele Texte in Handschriften überliefert; offizielle Texte wurden immer noch überwiegend in der lateinischen Sprache verfasst.

- **Frühneuhochdeutsch** (ca. 1350 – ca. 1650) – es entstand eine allgemein verständliche Schriftsprache, immer mehr schriftliche Texte wurden in Dialekt verfasst, sie sind bis heute in Handschriften und Drucken erhalten; in vielen offiziellen Texten wurde immer noch die lateinische Sprache verwendet, doch ihr Einfluss ging allmählich zurück. Aus dem Frühneuhochdeutschen entwickelte sich im 18. und 19. Jahrhundert eine gesamtdeutsche Nationalsprache.

Auch in der Gegenwart entwickeln und verändern sich unsere Sprachen. Besonders auffällig sind Veränderungen im Wortschatz, im Deutschen zum Beispiel durch:
- **regionale Varianten**, z. B.: *das Brötchen – die Semmel – die Schrippe*,
- **Kurzwörter** (Abkürzungen, die auch verkürzt gesprochen werden), z. B.: *die Lok* (für *die Lokomotive*), *die Kita* (für *die Kindertagesstätte*),
- **Fremdwörter**, z. B.: *der Computer, die Konferenz, das Meeting.*

das **sprachliche (stilistische) Mittel** (*Plural:* die sprachlichen/ stilistischen Mittel) → S. 218	Um Texte wirkungsvoller zu gestalten, kann man zum Beispiel folgende **sprachliche (stilistische) Mittel** verwenden:

- **Metapher**: Übertragung eines Wortes oder Ausdrucks mit seiner ursprünglichen Bedeutung auf einen anderen Sachbereich; Grundlage ist ein gemeinsames Merkmal der Ähnlichkeit in beiden Bedeutungen, z. B.: *Wüstenschiff* (Kamel), *Nussschale* (kleines Boot), *Mutter Natur*
- **Personifizierung**: Übertragung typisch menschlicher Verhaltensweisen und Eigenschaften auf unbelebte Gegenstände und Erscheinungen, z. B.: *Der Tag verabschiedet sich. Die Sonne lacht.*
- **Redewendungen** und **feste Vergleiche**: feste sprachliche Wendungen mit anschaulicher, einprägsamer Aussage, z. B.: *auf die Nase fallen, sich den Kopf zerbrechen, hart wie eine Nuss*
- **Sprichwörter**: Wiedergabe von Erfahrungen, Beobachtungen, Einsichten in Form eines anschaulichen und einprägsamen Satzes, z. B.: *Es ist noch kein Meister vom Himmel gefallen.*
- **Anapher**: Wiederholung eines Satzanfangs, z. B.: *Endlich ist Frühling, endlich ist der Winter vorbei!*
- **Parallelismus**: Wiederholung einer Satzkonstruktion, z. B.: *Ich wollte viel erleben. Ich wollte viel unternehmen.*
- **Ellipse**: Satz, in dem Wörter oder Satzteile weggelassen wurden, den man aber trotzdem verstehen kann, z. B.: *Was nun?* (statt: *Was machen wir nun?*), *Hilfe!* (statt: *Ich brauche Hilfe!*)
- **Enjambement**: Zeilensprung, Fortsetzung eines Satzes auf neuer Zeile bzw. in neuem Vers, z. B.:
  Lasst uns kämpfen für Menschlichkeit,
  für Gerechtigkeit und
  Frieden!

das **Sprichwort** (*Plural:* die Sprichwörter)	Sprichwörter (in Form eines Satzes) geben Erfahrungen, Beobachtungen und Einsichten anschaulich und einprägsam wieder, z. B.: *Es ist noch kein Meister vom Himmel gefallen.* *Morgenstund hat Gold im Mund.* Aufgrund unterschiedlicher Erfahrungen der Menschen sind manche Sprichwörter nicht allgemeingültig. Manchmal stehen sie sogar im Widerspruch zu anderen Sprichwörtern, z. B.: *Das Glück muss man erobern. – Erwarte das Glück schlafend.* *Viele Köche verderben den Brei. – Viele Hände, schnelles Ende.*
die **Standardsprache** (*keine Pluralform*)	Standardsprache ist eine der Erscheinungsformen (**Sprachvarianten** oder Sprachvarietäten) unserer Sprache. Sie wird in vielen schriftlichen Texten, z. B. in Literatur, Zeitungsartikeln, Fachtexten, amtlichen Mitteilungen, aber auch in bestimmten Sprechsituationen, z. B. in Vorträgen und Nachrichten, verwendet. Dazu gehören Wörter, die in allen Regionen des deutschen Sprachgebiets bekannt sind, ein geregelter Satzbau, die Schreibung nach Regeln (Rechtschreibung) und die Aussprache nach bestimmten Normen.
das **Subjekt** (*Plural:* die Subjekte) → S. 198	Das Subjekt ist ein **Satzglied**, über das etwas ausgesagt wird. Man nennt es auch den **Satzgegenstand**. Das Subjekt lässt sich mit *Wer?* oder *Was?* erfragen. Es steht immer im **Nominativ** und stimmt in Person und Zahl mit dem Prädikat überein, z. B.: *Im Sommer <u>fahren</u> <u>wir</u> oft an den See. <u>Der See</u> <u>liegt</u> nahe am Wald.*
das **Synonym** (*Plural:* die Synonyme)	Wörter einer Wortart, die eine **gleiche oder ähnliche Bedeutung** haben, nennt man Synonyme. Sie bilden ein **Wortfeld**, mit dessen Hilfe man einen Text abwechslungsreich und genau gestalten sowie Wortwiederholungen vermeiden kann. Meist weisen Synonyme auch Bedeutungsunterschiede auf, z. B.: *sagen, reden, sprechen, rufen, meinen;* *Haus, Gebäude, Bau, Hütte, Bungalow, Villa, Schloss.*
die **Textbeschreibung** (*Plural:* die Textbeschreibungen) → S. 45, 46, 47	In einer Textbeschreibung werden **Ergebnisse der Analyse** eines Textes zusammenhängend dargestellt. Eine Textbeschreibung gibt Auskunft über den Inhalt und die Besonderheiten (Form, Sprache) eines Textes. Die jeweils getroffenen Aussagen zum Text belegt man mit **Zitaten**. Das heißt, jeder Textbeschreibung muss eine genaue Untersuchung des Textes vorangehen. Eine Textbeschreibung eines **Sachtextes** sollte folgende **Bestandteile** aufweisen: **Einleitung:** • Titel, Autorin bzw. Autor, ggf. Herausgeberin bzw. Herausgeber, Thema des Textes, Quelle,

Hauptteil:

- Aussagen zum Aufbau des Textes, z. B.: äußerlich erkennbare Gliederung (Textbestandteile, Funktion und Anordnung),
- Aussagen zum Inhalt des Textes, z. B.: Thema, Standpunkt der Autorin bzw. des Autors, Hauptaussage, Thesen, Argumente, Aussagen zur Wirkungsabsicht, zum Adressatenbezug, zur Textfunktion, Aussagen zu sprachlichen Besonderheiten,

Schluss:

- Bewertung von Inhalt und Darstellungsweise des Textes (zum Beispiel hinsichtlich seiner Schlüssigkeit, Sorgfalt und Verständlichkeit), ggf. eigene Meinung zu dem im Text Dargestellten.

Eine Textbeschreibung zu einem **literarischen Text** sollte folgende **Bestandteile** aufweisen:

Einleitung:

- Name der Autorin bzw. des Autors, Textsorte (z. B. Kurzgeschichte, Erzählung, Roman),
- Titel und Thema,

Hauptteil:

- Inhaltsangabe,
- Aufbau des Textes,
- Besonderheiten der Handlungsgestaltung,
- Erzählperspektive,
- wichtige Figuren und deren Merkmale,
- sprachliche (stilistische) Besonderheiten,
- Besonderheiten der Zeitgestaltung,
- Wirkung weiterer Gestaltungsmittel,

Schluss:

- eigene Meinungen (Gedanken, Gefühle), eventuell Leseempfehlung,
- weitere Auskünfte zur Autorin bzw. zum Autor und ggf. auch zur Entstehungsgeschichte des Textes.

Texte überarbeiten	Beim Überarbeiten von Texten sollte man folgende Schritte gehen: 1. die **Schreibaufgabe** und das **Schreibanliegen** durchdenken, 2. gründlich lesen und den **Inhalt** überarbeiten, 3. gründlich lesen und die **Wortwahl** überprüfen, 4. gründlich lesen und die **Satzgestaltung** kontrollieren, 5. gründlich lesen und die **Rechtschreibung** korrigieren.
Texte verfassen	Beim Verfassen von Texten sollte man folgende Schritte gehen: 1. die **Schreibaufgabe** und das **Schreibanliegen** durchdenken, 2. den Text **planen**, eine **Gliederung** entwerfen und Textteile schreiben, 3. einen **Textentwurf** schreiben, 4. den Textentwurf **überarbeiten**, 5. die **Endfassung** schreiben.

Textinhalte vergleichen	Um sich einen Sachverhalt umfassend zu erschließen und die Richtigkeit der Aussagen zu überprüfen, muss man oft mehrere Sachtexte zum Thema lesen. Beim Vergleichen der Textinhalte arbeitet man am besten mit einer Tabelle. So kann man dabei vorgehen: • die Texte nacheinander lesen und Teilthemen notieren, • zu den Teilthemen Wichtiges in Stichpunkten aufschreiben, • die Aussagen zu den Teilthemen miteinander vergleichen.
Textinhalte zusammenfassend festhalten	Oft ist es nötig, den Inhalt eines Textes zusammenfassend festzuhalten. Dabei hilft die möglichst kurze und genaue **Beantwortung folgender Fragen**: • Welches Thema wird im Text behandelt? • Welche Teilthemen sind erkennbar? • Welche Hauptinformation liefert der Text? • Welche wesentlichen Einzelinformationen werden dazu geliefert? Man kann Inhalte eines Textes auch zusammenfassen, indem man sie **grafisch darstellt**. Dabei werden sprachliche und bildliche Elemente verwendet, um Informationen, Aussagen und Zusammenhänge zu zeigen, zum Beispiel mithilfe von Pfeilen, Linien, Rahmen u. Ä. auf Zetteln, Postern, Flipcharts oder am Computer. Man kann zur Veranschaulichung von Zahlen und Fakten auch verschiedene **Diagramme** nutzen.
die **Think-Pair-Share-Methode** (*keine Pluralform*)	Die Think-Pair-Share-Methode ist eine **kooperative Lernmethode**. Zuerst notieren alle für sich ihre Gedanken (*think*), danach tauscht man sich zu zweit bzw. in einer Kleingruppe aus (*pair*), zuletzt teilt man seine Erkenntnisse mit der Klasse oder einer größeren Gruppe (*share*).
die **Umfrage** (*Plural:* die Umfragen)	Die Umfrage ist eine Methode, um **anonym** Informationen über Meinungen, Einstellungen, Wissen und Verhalten von Menschen zu erhalten, zum Beispiel zum Zweck der Marktforschung, Wahlforschung oder Bildungsforschung. Umfragen können mündlich oder schriftlich mithilfe eines **Fragebogens** durchgeführt werden. Sie sollten sich gut auswerten lassen. Zur Veranschaulichung der Ergebnisse eignen sich zum Beispiel Diagramme, Schaubilder oder Tabellen. **Inhalt** und **Form** eines Fragebogens muss man genau durchdenken. Folgendes ist zu beachten: • das Thema, die Befragenden und die Zielsetzung des Fragebogens nennen, • eine kurze Anleitung zum Ausfüllen und Hinweise zur Abgabe aufnehmen, • die Fragen eindeutig und möglichst einfach, konkret und kurz formulieren, • möglichst keine Fremdwörter oder unbekannten Fachbegriffe verwenden, • neutral formulieren und keine Antworten vorwegnehmen.

Grundsätzlich unterscheidet man:
- **offene Fragen (Ergänzungsfragen)**, bei denen keine Antwortmöglichkeiten vorgegeben werden, z. B.: *Welchen Vorteil siehst du in der Nutzung von …?,*
- **geschlossene Fragen (Entscheidungsfragen)**, bei denen nur mit Ja oder Nein geantwortet werden kann, z. B.: *Siehst du in der Nutzung von … einen Vorteil?,*
- **Multiple-Choice-Fragen**, bei denen mehrere Antworten zur Auswahl stehen.

Der Fragebogen sollte **ansprechend gestaltet** sein:
- nur gut lesbare Schriftarten und -größen verwenden,
- ausschließlich Bilder und Grafiken einsetzen, die zum Thema passen,
- die Fragen übersichtlich anordnen,
- ausreichend Platz zum Schreiben oder Ankreuzen geben.

die **Umgangssprache** (*keine Pluralform*)	Umgangssprache ist eine der Erscheinungsformen (**Sprachvarianten** oder Sprachvarietäten) unserer Sprache. Sie wird in vielen Alltagssituationen, z. B. in der Familie oder mit Freunden, vor allem mündlich gebraucht, sie kann aber auch im privaten Schriftverkehr oder in der Literatur (Figurenrede) vorkommen. Zur Umgangssprache zählen bestimmte Wörter und Wendungen oder unvollständige, ggf. auch grammatisch fehlerhafte Sätze, z. B.: *kriegen (bekommen)*, *checken (verstehen)*, *eine große Klappe haben; Die? Nie gesehen! Kenne ich nicht, weil ich bin neu hier.* Die Verwendung umgangssprachlicher Mittel hängt immer von der Situation und den beteiligten Personen ab.
die **Umstellprobe** (*Plural:* die Umstellproben)	Die Umstellprobe ist eine sprachliche **Probe** zur Ermittlung der **Anzahl der Satzglieder eines einfachen Satzes**. Man prüft, welche Wörter und Wortgruppen sich nur zusammenhängend ins Vorfeld, d. h. vor die finite (gebeugte) Verbform, stellen lassen. Im Aussagesatz steht die **finite Verbform** immer an der **zweiten Satzgliedstelle**. An der ersten Satzgliedstelle, also vor der finiten Verbform, kann immer nur ein Satzglied (Wort oder Wortgruppe) stehen. Alle weiteren folgen nach der finiten Verbform, z. B.: *Wir | gehen | heute | ins Schwimmbad.* *Heute | gehen | wir | ins Schwimmbad.* *Ins Schwimmbad | gehen | wir | heute.*
das **Verb** (*Plural:* die Verben) → S. 182, 183, 186, 192, 196	Das Verb ist eine **veränderbare** (flektierbare) **Wortart**, die **Tätigkeiten** (was jemand tut), **Vorgänge** (was geschieht) und **Zustände** (was ist) bezeichnet. Nach ihrem Gebrauch unterscheidet man **Vollverben** und **Hilfsverben**. Alle Verben können als Vollverben gebraucht werden, z. B.: *Ich renne. Wir schlafen. Er hat Zeit. Das Kind wird drei.* Bei der Bildung zusammengesetzter Zeitformen werden *haben, sein* und *werden* als Hilfsverben verwendet, z. B.: *ich bin gerannt, du hast gesungen, er wird Spanisch lernen.*

Verben haben eine Grundform, den **Infinitiv**, und bilden weitere **infinite** (ungebeugte) **Verbformen**: das Partizip I und das Partizip II.

Das **Partizip I** bezeichnet Handlungen und Zustände, die gleichzeitig zu den Handlungen des übergeordneten Satzes ablaufen. Es wird vom Wortstamm des Verbs mithilfe der Endung *-(e)nd* gebildet, z. B.: *spielen – spielend*.

Das **Partizip II** wird bei der Bildung zusammengesetzter Zeitformen benötigt. Es wird vom Wortstamm des Verbs mithilfe des Präfixes *ge-* und der Suffixe *-en* oder *-t* gebildet, z. B.: *gelesen, gespielt*. Von Verben mit Präfixen (*be-, er-, ge-, ver-, zer-, ent-, miss-*) wird das Partizip II ohne *ge-* gebildet, z. B.: *erlebt, vergessen*. Die **Partizipien I und II** kann man auch wie Adjektive verwenden, z. B.: *spielende Kinder, gespielte Freude*.

Die Veränderung der Verbformen heißt **Konjugation** (Beugung, Verb: konjugieren). Dabei werden **finite** (gebeugte) **Verbformen** gebildet, d. h. Formen für die 1., 2. und 3. Person im Singular und im Plural, z. B.: *ich spiele, ihr spielt*.

Verben bilden **Tempusformen** (Zeitformen). Diese bezeichnen, ob die Tätigkeiten, Vorgänge und Zustände schon vergangen und abgeschlossen sind, noch andauern bzw. immer gelten oder aber erst in der Zukunft stattfinden werden. Präsens und Präteritum sind **einfache Tempusformen**, sie bestehen nur aus der finiten Verbform. Perfekt, Plusquamperfekt und Futur sind **zusammengesetzte Tempusformen**, sie bestehen aus mindestens zwei Verbformen. Die Tempusformen können auch signalisieren, ob zwei Handlungen bzw. Vorgänge zur gleichen Zeit (**Gleichzeitigkeit**) oder nacheinander (**Vorzeitigkeit, Nachzeitigkeit**) stattfinden.

Bei der Bildung und Schreibung der Formen eines Verbs hilft die Orientierung an den drei **Leitformen** (**Stammformen**): Infinitiv – Präteritum (1./3. Person Singular) – Partizip II, z. B.: *laufen – lief – gelaufen*.

Anhand der Leit- bzw. Stammformen lassen sich starke und schwache Verben unterscheiden. Bei **schwachen Verben** ändert sich der Stammvokal nicht, das Präteritum hat eine Endung *-t* und das Partizip II endet auf *-t*, z. B.: *reden – redete – geredet*. Bei **starken Verben** ändert sich der Stammvokal, das Präteritum ist endungslos und das Partizip II endet auf *-en*, z. B.: *lesen – las – gelesen*.

Im Deutschen gibt es noch ca. 200 starke, sehr alte Verben. Alle neuen werden schwach gebildet, z. B.: *zoomen – zoomte – gezoomt*.

Eine besondere Gruppe von Verben sind die **Modalverben**. Sie drücken aus, wie man eine Tätigkeit oder einen Vorgang meint:

wollen (Absicht), z. B.: *Ich will gehen.*

sollen (Aufforderung), z. B.: *Ich soll gehen.*

dürfen (Erlaubnis), z. B.: *Ich darf gehen.*

können (Fähigkeit oder Möglichkeit), z. B.: *Ich kann gehen.*

müssen (Notwendigkeit), z. B.: *Ich muss gehen.*

mögen (Wunsch), z. B.: *Ich möchte gehen.*

Modalverben werden in der Regel mit einem Vollverb im Infinitiv verwendet und bilden im Präsens und Präteritum die finite Verbform, z. B.:
Ihr müsst pünktlich losfahren. (Präsens)
Du wolltest gestern zu mir kommen. (Präteritum)
Im Perfekt und Plusquamperfekt treten Modal- und Vollverb im Infinitiv auf, z. B.:
Ihr habt pünktlich losfahren sollen. (Perfekt)
Du hattest gestern zu mir kommen wollen. (Plusquamperfekt)
Als Vollverb gebraucht, bildet das Modalverb im Perfekt und im Plusquamperfekt das Partizip II, z. B.:
Sie will diesen Beruf. → *Sie hat diesen Beruf gewollt.* (Perfekt)
Von den meisten Verben kann man eine Aktivform und eine Passivform bilden. Will man ausdrücklich betonen, wer handelt, verwendet man die **Aktivform** (Verbform im Aktiv), z. B.: *Die Bürgermeisterin ehrt den Sieger.* Ist unwichtig oder unbekannt, wer handelt, verwendet man die **Passivform** (Verbform im Passiv).
Man unterscheidet zwei Passivformen:
- Das **Vorgangspassiv** betont den Ablauf der Handlung. Es wird mit dem Hilfsverb *werden* + Partizip II eines anderen Verbs gebildet, z. B.: *Alex wurde beim Skaten am Knie verletzt.*
- Das **Zustandspassiv** nennt den neuen Zustand als Ergebnis einer vorhergegangenen Handlung. Es wird mit dem Hilfsverb *sein* + Partizip II eines anderen Verbs gebildet, z. B.: *Jetzt ist Alex verletzt und fällt aus.*

Verben bilden **Modusformen** (Formen der Aussageweise):
- Verbformen im **Indikativ** (Wirklichkeitsform) verwendet man, um Tatsachen und direkte (wörtliche) Rede wiederzugeben, z. B.: *Wir kommen zu Besuch. „Ihr seid zu spät!"*
- Verbformen im **Konjunktiv I** verwendet man, um indirekte (nicht wörtliche) Rede wiederzugeben. Dabei muss man oft die Pronomen, Orts- und Zeitangaben umformulieren, z. B.: *„Ihr seid zu spät!"* – *Er rief, sie seien zu spät.*
- Sind bei der Wiedergabe indirekter Rede die Formen im Indikativ und Konjunktiv I gleich, kann man auf den **Konjunktiv II** oder die Form von *würde* + Infinitiv ausweichen, z. B.:
„Ich lese gern." – *Ich erwähnte, ich lese gern.* (formengleich) →
Ich erwähnte, ich läse gern. / *…, ich würde gern lesen.*
- Mit Verbformen im **Konjunktiv II** (Möglichkeitsform) lassen sich Wünsche, Vorstellungen, Ratschläge oder Empfehlungen sowie irreale Vorgänge ausdrücken, z. B.: *Ich wäre gern Konditor. Dann könnte ich Tortenrezepte ausprobieren. Konditor wäre ich geworden, wenn ich die Prüfung bestanden hätte.*
- Die **Imperativformen** von Verben drücken eine Aufforderung, einen Befehl, eine Bitte oder eine Warnung aus, z. B.: *Passt auf!*

der **Verbalstil** (*keine Pluralform*) → S. 216, 219	Als Verbalstil bzw. **Auflockerung** bezeichnet man die der Verdichtung (dem Nominalstil) entgegengesetzte Darstellungsweise. Sie ist vorwiegend ein Mittel der mündlichen Sprache. Dabei werden viele Verben verwendet, vor allem finite Verbformen, z. B.: *Zu Beginn fand die Begrüßung und Vorstellung der Gäste statt.* → *Es <u>begann</u> damit, dass die Gäste <u>begrüßt</u> und <u>vorgestellt wurden</u>.*

die **Verlängerungsprobe**
(*Plural:* die Verlänge-
rungsproben)
	Die Verlängerungsprobe ist eine sprachliche **Probe**, um die **richtige Schreibweise und Aussprache von Wörtern** zu finden. Man verlängert die Wörter, indem man zum Beispiel Pluralformen von Nomen/Substantiven, Infinitive von Verben oder Steigerungsformen von Adjektiven bildet, um:
	• die Schreibung am Stammende zu ermitteln, z. B.:
	  das Ba ■ – die Bäder, gi ■ – geben, mil ■ – milder,
	• die Kürze bzw. Länge eines Stammvokals zu erkennen, z. B.:
	  der Hut – die Hüte, das Bett – die Betten,
	• Silben mit *h* zu verdeutlichen, z. B.:
	  der Stu ■ l – die Stüh-le, die Wa ■ l – wäh-len, der Schu ■ – die Schu-he.

die **Verwandtschafts-** **probe** (*Plural:* die Verwandt- schaftsproben)	Die Verwandtschaftsprobe ist eine sprachliche **Probe**, um die **richtige Schreibweise von Wörtern** zu finden, zum Beispiel bei Wörtern mit langem Stammvokal oder schwierigen Buchstabenverbindungen. Man sucht nach einem stammverwandten Wort aus der **Wortfamilie**, das Hinweise auf die Schreibung gibt, z. B.: *mahlen – Mehl – Mühle; malen – Maler – Malstift;* *Band – Bänder – binden; die St ■ rke – stark – die Stärke;* *das L ■ ben – (kein verwandtes Wort mit a) – das Leben.* Es gilt: Wörter einer Wortfamilie werden immer gleich oder ähnlich geschrieben.
das **Vorlesen** (*keine Pluralform*)	Das laute und gestaltende Vorlesen ist eine gute Möglichkeit, **Texte** zu **erschließen** und zugleich die eigenen **Lesefähigkeiten** zu **trainieren**. Wenn man erprobt, wie ein Text gelesen werden könnte, versteht man die Inhalte (zum Beispiel die Stimmungen, Gedanken und Gefühle von Figuren oder das Anliegen der Verfasserin bzw. des Verfassers) immer besser und wird zugleich auch immer sicherer im Lesen. Man sollte fehlerfrei und deutlich, betont und in passendem Tempo vorlesen sowie auf Mimik und Gestik achten. Zur Vorbereitung kann man **Lesehilfen** in den Text eintragen, z. B.: • Satzzeichen hervorheben, z. B.: . ? ! • schwierige und wichtige Wörter unterstreichen, z. B.: <u>Lulatsch</u> • Sinneinheiten kennzeichnen, z. B.: / • Pausenzeichen setzen, z. B.: // • Stimmführung anzeigen, z. B.: ↑ (Stimme heben) ↓ (Stimme senken)

das **Vorstellungs-gespräch** (*Plural:* die Vorstellungs-gespräche) → S. 88, 89, 90	Hat man mit einer Bewerbung überzeugt, wird man ggf. zu einem Vorstellungsgespräch eingeladen, in dem Arbeitgeberinnen bzw. Arbeitgeber einen Eindruck von der **Persönlichkeit**, den **Fähigkeiten** und der **Eignung** der Bewerberinnen/Bewerber für die Ausbildung gewinnen wollen. Deshalb sollte man sich gut darauf **vorbereiten** und zum Beispiel Auskunft geben können über: • eigene Interessen und den Berufswunsch, • den Betrieb, seine Produkte und Besonderheiten, • den Ausbildungsberuf. Außerdem sollte man überlegen, welche Fragen man selbst stellen möchte, zum Beispiel zu Arbeitszeitregelungen, zu Anforderungen, zur Berufsschule oder zum Ablauf der Ausbildung. Zur **Vorbereitung** ist es außerdem wichtig: • sich zu informieren, wo das Gespräch stattfindet und wie man termingerecht hingelangt, • angemessene Kleidung auszuwählen, • für ein gepflegtes Erscheinungsbild zu sorgen (saubere Fingernägel, geputzte Schuhe u. Ä.). Das Vorstellungsgespräch folgt häufig folgendem **Aufbau**: • Begrüßung, • Interview, • Gesprächsabschluss. Meist erfährt man am Ende, wann über die Entscheidung des Unternehmens informiert wird. Gelegentlich bekommt man eine Rückmeldung über das Gesprächsverhalten. Es empfiehlt sich, zu Hause eine Gesprächsnotiz anzufertigen, um die Übersicht zu behalten und aus den Hinweisen zu lernen.
die **Weglassprobe** (*Plural:* die Weglass-proben)	Die Weglassprobe ist eine sprachliche **Probe**, um zu ermitteln, ob ein Satzglied oder Satzgliedteil weggelassen werden kann, ohne dass der Sinn des Satzes verloren geht, z. B.: *Die (eifrigen) Ermittlerinnen und Ermittler suchen nach Spuren (der Kriminellen).* (Attribut)
die **Werbung** (*keine Pluralform*)	Werbung beeinflusst Menschen gezielt und möchte zum Kauf anregen (z. B. Markenturnschuhe), um neue Kunden werben (z. B. Stromversorger), auf Sachverhalte aufmerksam machen (z. B. in der Politik) oder zu einem bestimmten Verhalten aufrufen (z. B. Umweltorganisationen). Werbung löst Neugierde aus, spricht Gefühle an, enthält Versprechen und Appelle, die zum Handeln anregen sollen. Werbung muss immer, auch im Internet, als solche gekennzeichnet sein. Werbung ist nach der **AIDA-Formel** aufgebaut. Sie soll: • **Aufmerksamkeit** erregen, **A**ttention • **Interesse** wachrufen, **I**nterest • den **Wunsch** nach dem Produkt wecken, **D**esire • das **Handeln**, z. B. den Kauf, auslösen. **A**ction

	Werbung muss in **einfacher**, aber **einprägsamer Sprache** verfasst sein. Dazu werden oft folgende **sprachliche Mittel genutzt**: Übertreibungen, Aufzählungen, Alliterationen (gleiche Anfangsbuchstaben), Reime, Wortspiele, ungewöhnlicher Satzbau, Abweichungen von der Grammatik, z. B.: *Nimm eins, nimm zwei, nimm drei, nimm einfach alle!* *Fertig? Auf die Plätze, LOSsparen!*
der **Witz** (*Plural:* die Witze) → S. 60	Ein Witz ist eine humorvolle **epische Kurzform**. Meist enthält er eine überraschende Lösung oder Wendung (Pointe), die u. a. durch die Mehrdeutigkeit eines Wortes, einer Situation oder durch Übertreibung entsteht. **Humor** bezeichnet die Fähigkeit eines Menschen, auf alltägliche Widrigkeiten, Missgeschicke und Schwierigkeiten des Lebens und der Welt mit fröhlicher Gelassenheit zu reagieren.
die **Wortart** (*Plural:* die Wortarten) → S. 196	Wortarten lassen sich an ihrer **Bedeutung** erkennen. Sie bezeichnen zum Beispiel Gegenstände und Personen oder Tätigkeiten und Vorgänge oder Eigenschaften und Merkmale. Außerdem kann man sie an ihren **grammatischen Besonderheiten** erkennen. Wortarten können veränderbar (flektierbar) oder unveränderbar (nicht flektierbar) sein. **Veränderbare (flektierbare) Wortarten** kann man • deklinieren (Nomen/Substantive, Artikel, Adjektive, Pronomen), z. B.: *des Theaters, meiner neuen Freundin,* • konjugieren (Verben), z. B.: *sie liest, ihr lauft,* • komparieren (Adjektive), z. B.: *hell – heller – am hellsten.* **Unveränderbare (nicht flektierbare) Wortarten** (Adverbien, Konjunktionen, Präpositionen, Interjektionen) verändern ihre Form im Satz nicht, z. B.: *Ich werde immer helfen. Mir wird immer geholfen.* (Adverb)
die **Wortbildung** (*keine Pluralform*) → S. 220	Die Wortbildung bezeichnet die Art und Weise, wie neue Wörter in einer Sprache entstehen. Im Deutschen haben sich dafür zwei Formen bewährt: • die **Ableitung** mithilfe von Präfixen und Suffixen, z. B.: *behindern, verhindern, hinderlich, (das) Hindernis,* • die **Zusammensetzung** (Bestimmungswort + Grundwort), z. B.: *das Garten|haus, die Haus|tür, schnee|weiß, an|streichen, weiter|lesen.* Grund- und Bestimmungswort können selbst eine Zusammensetzung oder eine Ableitung sein, z. B.: *Erkältung|s|krankheit: er- + kält + -ung + -s- + krank + -heit.* Mithilfe der **Zerlegeprobe** lassen sich Wörter in ihre Bauteile zerlegen. Dadurch kann man Klarheit über die Schreibung der Wörter bekommen.

das **Wörterbuch** (*Plural:* die Wörterbücher)	Es gibt verschiedene Wörterbücher, z. B. Bedeutungswörterbücher, Synonymwörterbücher, Fremdwörterbücher, Fachwörterbücher, Rechtschreibwörterbücher. In einem **Rechtschreibwörterbuch** findet man Informationen über die **Schreibung** und **Bedeutung** eines Wortes und meist auch über die **Silbentrennung**, die **Aussprache**, die **Betonung**, die **Herkunft** und die **grammatischen Besonderheiten**. Im **Wörterverzeichnis** stehen die **Stichwörter** in **alphabetischer Reihenfolge**. Hervorgehobene **Großbuchstaben am Seitenrand** und **Seitenleitwörter** helfen bei der Orientierung. Seitenleitwörter geben jeweils das erste und das letzte Wort einer Doppelseite an. Beim **Nachschlagen** geht man vom ersten Buchstaben des gesuchten Wortes aus und beachtet danach den zweiten, den dritten und die folgenden Buchstaben, die ebenfalls alphabetisch geordnet werden, z. B.: *Aal, Abart, Abbau, abbeißen, abbestellen, …* Viele Rechtschreibwörterbücher enthalten auch eine Übersicht der gültigen **Rechtschreibregelungen**. Im Internet gibt es **Online-Wörterbücher**, die ähnliche Informationen und oft auch Hörbeispiele für die Aussprache anbieten.
die **Wortfamilie** (*Plural:* die Wortfamilien)	Wörter, die aufgrund ihrer Herkunft miteinander **verwandt** sind, bilden eine Wortfamilie. Sie entstehen durch **Ableitung** und **Zusammensetzung**. Das heißt, alle Wörter, die von einem **gemeinsamen Wortstamm** abgeleitet oder mit ihm zusammengesetzt sind, gehören zu einer Wortfamilie, z. B.: *Gras, grasen, grast, Grashalme, grasgrün*.
das **Wortfeld** (*Plural:* die Wortfelder)	Wörter, die eine **gleiche oder ähnliche Bedeutung** haben (**Synonyme**), bilden ein Wortfeld. Mithilfe von Wortfeldern kann man sich genauer ausdrücken, z. B.: *gehen, laufen, schleichen, humpeln, staksen, …* Bedeutungsgleiche oder -ähnliche Wörter eines Wortfeldes lassen sich in **Oberbegriffe** mit allgemeiner Bedeutung und **Unterbegriffe** mit spezieller Bedeutung einteilen, z. B.: *Wortart* (Oberbegriff) – *Nomen, Verb, Adjektiv, …* (Unterbegriffe), *Insekt* (Oberbegriff) – *Mücke, Fliege, Käfer, Zikade, …* (Unterbegriffe)

die **Wortschatzerweiterung**
(*Plural:* die Wortschatzerweiterungen)
	Unser Wortschatz erweitert sich ständig, vor allem durch:
	• **Übernahme** von Wörtern aus anderen Sprachen, z. B.:
	  shoppen, der/das Event,
	• **Nominalisierung/Substantivierung** von Wörtern, z. B.:
	  das Filmen, beim Filmen, das Neue,
	• **Wortbildung** mithilfe von **Zusammensetzung** und/oder **Ableitung**,
	  z. B.: *das Hörbuch, verwertbar, die Wiederverwertung*.

der **Wortstamm** (*Plural:* die Wortstämme) → S. 223	Der Wortstamm entspricht meist der **Nennform**, in der die Wörter im Wörterbuch aufgeführt werden, z. B.: *Hose, Kleid; jung, groß.* Bei Verben wird vom Infinitiv (Nennform) die Endung *-(e)n* abgestrichen, um den Wortstamm zu ermitteln, z. B.: *such-en, renn-en; sammel-n, ärger-n.* Wortstämme werden in stammverwandten Wörtern **gleich oder ähnlich geschrieben**, deshalb kann man für die Schreibentscheidung die **Verwandtschaftsprobe** heranziehen und sich an Wörtern aus der **Wortfamilie** orientieren.
die **Worttrennung** (*Plural:* die Worttrennungen)	Man kann mehrsilbige Wörter **am Zeilenende** nach bestimmten Regeln trennen. Meist trennt man dann **nach Sprechsilben**, z. B.: *be-ra-ten, groß-ar-tig, die Um-lei-tung.* Die wichtigsten **Regeln** der Worttrennung am Zeilenende sind: • Mehrsilbige einfache Wörter trennt man nach Sprechsilben bzw. Schreibsilben, z. B.: *die Kin-der, die Fei-er, tan-zen, das Was-ser, tren-nen.* • Einzelne Vokale am Wortanfang oder -ende trennt man nicht ab, z. B.: *der Abend, die Treue.* • Die Buchstabenverbindungen *ch, ck, sch, ph, th* werden nicht getrennt, z. B.: *la-chen, der Zu-cker, die Wä-sche, die Stro-phe, Goe-the.* • Zusammengesetzte Wörter und Ableitungen mit Präfixen trennt man zwischen den einzelnen Wortbausteinen, z. B.: *der Fuß|ball – der Fuß-ball, be|suchen – be-su-chen.*
die **Zeitangabe** (*Plural:* die Zeitangaben)	Für Angaben von **Tageszeiten** gelten folgende Groß- und Kleinschreibungsregeln: **Großschreibung**: • nach Artikeln und Präpositionen (+ Artikel), z. B.: *der Abend, zum (zu dem) Mittag, gegen Abend,* • nach Adverbien (*gestern, heute*), z. B.: *vorgestern Abend, gestern Morgen.* **Kleinschreibung**: • wenn es sich um Adverbien handelt, z. B.: *heute, früh, gestern, abends, dienstags.* **Zusammensetzungen** aus **Wochentag** und **Tageszeit** schreibt man groß, wenn das Grundwort ein Nomen/Substantiv ist, z. B.: *der Montag + der Abend* → *der Montagabend,* *der Mittwoch + der Morgen* → *der Mittwochmorgen.* **Zusammensetzungen** aus **Wochentag** und **Tageszeit** schreibt man klein, wenn das Grundwort ein Adverb ist (und auf *-s* endet), z. B.: *dienstagabends,* auch: *dienstags abends.*

die **Zerlegeprobe** (*Plural:* die Zerlegeproben) → S. 220	Die Zerlegeprobe ist eine sprachliche **Probe**. Sie hilft, die **Bausteine von Wörtern** sowie die Kürze oder **Länge des Stammvokals** zu ermitteln und damit Klarheit über die Schreibung zu erhalten. Bei dieser Probe zerlegt man die Wörter in ihre **Bausteine** (Präfix, Wortstamm, Suffix, Bestandteile eines Kompositums), z. B.: *der Bild|er|rahmen, die Ent-scheid-ung.* Man kann die Wörter auch in **Silben** zerlegen. Endet die erste Silbe des Wortstamms auf einen **Konsonanten** (Mitlaut), dann wird der Stammvokal in der Regel kurz gesprochen, z. B.: *der Schal-ter, trop-fen, bin-den.* Steht dagegen ein **Vokal** (Selbstlaut) am Ende der ersten Silbe, dann wird der Stammvokal immer lang gesprochen, z. B.: *die Scha-le, he-ben.* Einsilbige Wörter muss man **verlängern (Verlängerungsprobe)**, um die Kürze oder Länge des Stammvokals erkennen zu können, z. B.: *das Rad – die Rä-der, das Feld – die Fel-der, bunt – bun-te.*
das **Zitieren**, das **Zitat** (*Plural:* die Zitate) → S. 24, 46, 112, 136, 153	Ein Zitat ist die **wörtliche Wiedergabe einer Textstelle** in einem anderen Text. Das Zitat sollte mit einem **einleitenden Satz** in den Text eingebunden werden. **Direkte (wörtliche) Zitate** müssen buchstabengetreu übernommen und in **Anführungszeichen** gesetzt werden. Auslassungen kennzeichnet man durch eckige Klammern mit drei Punkten, z. B.: *„Forensik oder Kriminaltechnik bezeichnet den Einsatz wissenschaftlicher Methoden zur Aufklärung von Verbrechen. Dabei kommen diverse Fachgebiete […] zum Einsatz" (Cooper, 2018, S. 6).* **Indirekte (nicht wörtliche) Zitate** sind die sinngemäße Wiedergabe von Gedanken anderer. Indirekte Zitate werden durch die Verwendung des Konjunktivs I oder durch entsprechende Begleitsätze gekennzeichnet, z. B.: *Christian Nürnberger schreibt in seinem Buch, er wolle mit seinen Geschichten keine Heldenverehrung betreiben, sondern es gehe darum zu zeigen, dass der Mut der kleinen Leute nicht vergeblich ist (vgl. Nürnberger, 2023, S. 11).* Um Herkunft und Wortlaut eines **direkten Zitats** überprüfbar zu machen, muss man die **Quelle** angeben. Dazu gibt es verschiedene Möglichkeiten: • als **Kurzangabe** innerhalb von Sätzen und Texten und Verweis ins Quellenverzeichnis, wo die ausführliche Quellenangabe zu finden ist, z. B.: *Nürnberger schreibt: „Mut ist etwas Sonderbares" (Nürnberger, 2023, S. 7).* • **in Klammern** hinter einem Zitat, v. a. bei einzeln gesetzten Zitaten, z. B.: *„Mut ist etwas Sonderbares" (Nürnberger, Christian: Mutige Menschen – für Frieden, Freiheit und Menschenrechte. Stuttgart: Gabriel Verlag, 2023, S. 7).* • als **Fußnote** am Ende der Seite bzw. eines Textes, z. B.: *„Mut ist etwas Sonderbares."*[1] [1] *Nürnberger, Christian: Mutige Menschen – für Frieden, Freiheit und Menschenrechte. Stuttgart: Gabriel Verlag, 2023, S. 7.*

Auch bei **indirekten (sinngemäßen) Zitaten** muss eine Quelle angegeben werden. Um deutlich zu machen, dass nur sinngemäß übernommen wurde, steht vor der Quellenangabe *vgl.* (vergleiche), z. B.:
Christian Nürnberger schreibt in seinem Buch, dass er mit seinen Geschichten keine Heldenverehrung betreiben will (vgl. Nürnberger, 2023, S. 11).
Am Ende eines Textes, für den man Quellen genutzt hat, muss ein **Quellenverzeichnis** (Literaturverzeichnis) stehen, in dem alle verwendeten Quellen in alphabetischer Reihenfolge vollständig aufgeführt sind.

der **zusammengesetzte Satz** (*Plural:* die zusammengesetzten Sätze) → S. 200, 201, 202	Aus inhaltlich eng zusammengehörenden Sätzen lassen sich zusammengesetzte Sätze bilden. Die **Teilsätze** des zusammengesetzten Satzes verbindet man meist mit einer **Konjunktion** (einem Bindewort) wie *weil, aber, denn, dass, nachdem, wenn, als, seitdem* und markiert die Bindestelle mit einem **Komma**, z. B.: *Die Kinder wachsen im Zirkus auf, weil ihr Vater der Zirkusbesitzer ist.* *Sie gehen zur Schule, aber der Unterricht findet im Zirkus statt.* Man unterscheidet **Satzreihen** (**Parataxen** aus Hauptsatz, Hauptsatz) und **Satzgefüge** (**Hypotaxen** aus Hauptsatz, Nebensatz). Die Teilsätze werden in der Regel durch **Komma** voneinander **getrennt**. Sind drei oder mehrere Haupt- und Nebensätze miteinander verbunden, spricht man von **mehrfach zusammengesetzten Sätzen**, z. B.: *Die Kinder wachsen im Zirkus auf, weil ihr Vater der Zirkusbesitzer ist, und sie gehen dort auch zur Schule, denn der Unterricht, für den extra Lehrerinnen und Lehrer engagiert werden, findet im Zirkus statt.* Mehrfach zusammengesetzte Sätze werden vorwiegend in schriftlichen Texten verwendet.
das **zusammengesetzte Verb** (*Plural:* die zusammengesetzten Verben)	Die meisten zusammengesetzten Verben sind **unfest zusammengesetzt**, z. B.: *mitspielen: Er spielte im Film mit.* *ansagen: Sie sagt den Sänger an.* Bei einigen Zusammensetzungen mit *unter-, durch-, wieder-, über-, um-* entscheiden **Bedeutung** und **Betonung**, ob das Verb fest oder unfest zusammengesetzt ist. Bei der **Betonungsprobe** gilt: • **Grundwort betont** → fest zusammengesetzt, z. B.: *wiederholen: er wiederholt die Ansage (er sagt es noch einmal),* *umfahren: sie umfährt das Hindernis (sie fährt daran vorbei),* • **Bestimmungswort betont** → unfest zusammengesetzt, z. B.: *wiederholen: er holt den Film wieder (er holt ihn zurück),* *umfahren: sie fährt das Hindernis um (sie fährt dagegen, es fällt um).*

Texte erschließen (→ S. 48–49)

1 mögliche Lösung:

Im Text wird die Organisation „Amnesty International" vorgestellt, die den Friedensnobelpreis bekommen hat und auch in Deutschland tätig ist.

2 richtige Aussagen: 1, 3

falsche Aussagen: 2, 4

3 2 Amnesty ist unabhängig von Regierungen, Parteien, Ideologien, Wirtschaftsinteressen und Religionen.

4 Amnesty erhielt den Friedensnobelpreis 1977.

4 mögliche Lösung:

1 Amnesty International setzt sich für Menschenrechte ein.

2 Die Organisation erhielt den Friedensnobelpreis für ihren Einsatz gegen Gewalt, Folter und Terrorismus und für die Verteidigung der Menschenwürde und der Menschenrechte.

3 Amnesty International in Deutschland wurde 1961 unter anderem von der Journalistin Carola Stern und dem Journalisten Gerd Ruge gegründet.

5 mögliche Lösung:

– informieren: Nennung vieler Fakten über die Organisation (gesamter Text)

– werten: eigene Einschätzung: „Zusammen setzen wir alle Mut, Kraft und Fantasie ein, um eine Welt zu schaffen, in der die Menschenrechte für alle gelten." (Z. 17–18);

Wertung aus der Begründung für die Verleihung des Friedensnobelpreises: „Amnesty zeichne sich durch eine klare Haltung aus: […] und Menschenrechte." (Z. 21–24)

– appellieren: Appell, die Arbeit zu unterstützen: „Amnesty bietet allen, die […] und Petitionsunterschriften zu sammeln." (Z. 30–36)

6 mögliche Lösung:

1 Die grafische Darstellung gibt Auskunft über die Einnahmen und Ausgaben von Amnesty International in der Zeit von 2014 bis 2022 und ihr Verhältnis zueinander.

2 Es sind Einnahmen und Ausgaben (in Millionen Euro) von Amnesty International in den Jahren 2014 bis 2022 dargestellt.

3 Die generelle Aussage der Grafik ist, dass sich die Organisation „Amnesty International" aus ihren Einnahmen finanziert. In nur wenigen Jahren, z. B. 2016 bis 2019, übersteigen die Ausgaben die Einnahmen, während in allen anderen Jahren weniger Geld ausgegeben als eingenommen wurde.

Sprache gebrauchen – Sprache untersuchen (→ S.236–237)

① Subjekt: zahlreiche Sportbegeisterte (Wortgruppe), diese fünf jungen Skateboarderinnen (Wortgruppe), alle (Wort), sie (Wort), sie (Wort), viele (Wort), die Frauen (Wortgruppe)
Prädikat: treffen sich (Wortgruppe), anrollen (Wort), sehen … zu (Wortgruppe), beherrschen (Wort), gönnen … sich (Wortgruppe), verachten (Wort), tragen (Wort)
Objekt: ihre Sprünge und Drehungen (Wortgruppe), die Provokation (Wortgruppe), die Landfrauen (Wortgruppe), weite Röcke, Blusen, Hüte und geflochtene Zöpfe (Wortgruppe)
Adverbialbestimmung: auf dem Skateplatz der bolivianischen Stadt Cochabamba (Lokalbestimmung, Wortgruppe), immer (Temporalbestimmung, Wort), sofort (Temporalbestimmung, Wort), mucksmäuschenstill (Modalbestimmung, Wort), einwandfrei (Modalbestimmung, Wort), deshalb (Kausalbestimmung, Wort); … weil in Bolivien viele die Landfrauen verachten (Kausalbestimmung, Teilsatz; Lokalbestimmung im Ns: in Bolivien, Wortgruppe)
Attribut (Attribut im Attribut): Skateplatz der bolivianischen Stadt Cochabamba, zahlreiche Sportbegeisterte, diese fünf jungen Skateboarderinnen, ihre Sprünge; die Provokation, in der traditionellen Tracht indigener Frauen zu skaten

② **1** Nachfahren von Menschen, die eine bestimmte Region als Erste bewohnt haben, nennt man Indigene.
2 Die meisten indigenen Völker Südamerikas leben in Bolivien, wo sie 60 % der Bevölkerung stellen.
3 Viele gehören zu den Volksgruppen Quechua bzw. Aymara, aber es gibt auch noch weitere Völker.

③ (Nebensatz, Einleitewort, finite Verbform)
1 Die Skaterinnen, die sich „Imilla Skate" nennen, haben sich landesweit vernetzt, weil sie Frauen und Mädchen für diesen großartigen Sport gewinnen möchten.
Nebensatz 1: Zwischensatz, Relativsatz, Nebensatz 1. Grades, Attributsatz
Nebensatz 2: Nachsatz, Konjunktionalsatz, Nebensatz 1. Grades, Kausalsatz
2 Dass sie in indigener Tracht der Cholitas skateboarden, gibt ihrem kulturellen Erbe ein modernes Image.
Nebensatz: Vordersatz, Konjunktionalsatz, Nebensatz 1. Grades, Subjektsatz

4 Nomen/Substantiv: die Skaterinnen, die Frauen, die Mädchen, der Sport, die Tracht, die Cholitas, das Erbe, das Image

Verb: sich nennen, haben sich vernetzt, gewinnen möchten, skateboarden, gibt

Adjektiv: landesweit, großartigen, indigener, kulturellen, modernes

Pronomen: die (Relativpronomen), sich (Reflexivpronomen), sie (Personalpronomen), diesen (Demonstrativpronomen), ihrem (Possessivpronomen)

Präposition: für, in

Konjunktion: weil, und, dass

5 1 direkte Rede, Imperativ
2 indirekte Rede, Konjunktiv I
3 indirekte Rede, Konjunktiv II
4 indirekte Rede, Konjunktiv I
5 indirekte Rede, *würde*-Ersatzform
6 direkte Rede, Indikativ
7 indirekte Rede, Konjunktiv II

6 1 Sie sagten, zur ländlichen Tracht gehörten lange Zöpfe, Strohhut, Bluse und Rock. (Konjunktiv II, da Indikativ und Konjunktiv I formengleich) / Sie sagten, zur ländlichen Tracht würden lange Zöpfe, Strohhut, Bluse und Rock gehören. Sie erklärten, dass zur ländlichen Tracht lange Zöpfe, Strohhut, Bluse und Rock gehören.
2 Sie sagten, sie hätten üben müssen, im voluminösen Rock zu skaten. / Sie betonten, dass sie üben mussten, im voluminösen Rock zu skaten.
3 Sie sagten, ihre größte Herausforderung sei / wäre es aber gewesen, den Hut bei den Sprüngen nicht zu verlieren. / Sie sagten, dass es ihre größte Herausforderung war, den Hut bei den Sprüngen nicht zu verlieren.

7 Aktiv: **3** In den Bergen durften sie nur Hilfsarbeiten als Köchin oder Gepäckträgerin ausführen. **4** Dagegen haben sich die *Cholitas escaladoras*, die kletternden Cholitas, gewehrt.

Vorgangspassiv: **1** Die Cholitas wurden früher nicht ernst genommen. **5** Ein Dokumentarfilm über sie ist preisgekrönt worden.

Zustandspassiv: **2** Ihnen war zum Beispiel das Nutzen öffentlicher Verkehrsmittel und das Besteigen der Berggipfel verboten.

8 Ableitungen:
Nomen/Substantiv: Drehungen, Kleidung, Provokation
Verb: beherrschen, skaten, verachten
Adjektiv: bolivianischen, traditionellen
Zusammensetzungen:
Nomen/Substantiv: Skateplatz, Sportbegeisterte, Skateboarderinnen, Landfrauen
Verb: anrollen
Adjektiv: zahlreiche, mucksmäuschenstill, einwandfrei

Richtig schreiben   (→ S. 262–263)

1

a   1 allmählich   13 insgesamt   25 zusehends
    2 Apparat   16 Journalist   26 Medaillon
    3 Blamage   19 Kommission   27 morgen Nachmittag
    5 ein bisschen   20 Korrektur   28 versehentlich
    7 entscheidend   21 parallel   29 seid pünktlich
    8 detailliert   22 reparieren   30 im Großen und Ganzen
    10 Chaos   24 seit einer Stunde

b   3 blamieren   12 die Illustration
    4 beamen   14 integrieren
    11 das Experiment   22 die Reparatur

2 a bis c

Die Geschichte des Telefons

Für uns ist es heut selbstverständlich, dass wir zum Smartphone greifen und damit nicht nur telefonieren, sondern auch Nachrichten und Mails lesen und schreiben oder auch mal schnell etwas bestellen können. Aber wie begann die Geschichte des Telefons?

Schon 15 Jahre bevor Alexander Graham Bell sein Patent für die elektronische Übertragung von Sprache anmeldete, hatte der Physiklehrer Philipp Reis erstmals einen Apparat vorgestellt, der die Sprache mithilfe von elektrischem Strom übertragen konnte. Allerdings unterlag diese Übertragung noch großen Schwankungen, sodass Philipp Reis die Weiterentwicklung auf Eis gelegt hatte. Demzufolge gilt Alexander Graham Bell als der Erfinder des Telefons. Der erste Satz, der übertragen wurde, lautete: „Das Pferd frisst keinen Gurkensalat."

Danach ging die Entwicklung rasend schnell. Schon 1926 können Reisende der 1. Klasse auf der Strecke Hamburg–Berlin aus dem Zug heraus mobil telefonieren.

1992 startet in der Bundesrepublik das erste digitale Mobilfunknetz, allerdings sind die ersten Handys sehr teuer.

Aber schon im Jahr 2002 gibt es mit über einer Milliarde Handys weltweit mehr Mobiltelefone als Festnetzanschlüsse. Im Jahr 2021 lag die Zahl bei ca. 5,3 Milliarden und sie steigt weiter.

3 1 Sie will eislaufen, er lieber Eis essen.
   2 Hier darfst du nicht Rad fahren, denn es ist abgesperrt.
   3 Wir werden diese Entwicklung durchlaufen müssen, wenn wir zum Ziel kommen wollen.
   4 Irgendwie wurde es innerhalb von wenigen Tagen hier bitterkalt.

4
1 Friedrich-Schiller-Straße
2 Gelber Weg
3 Goetheallee
4 An der Stadtmauer
5 Otto-von-Guericke-Universität
6 Alexanderplatz
7 Statistisches Bundesamt
8 Atlantischer Ozean
9 Alexander der Große
10 Rainer-Maria-Rilke-Promenade
11 Süddeutsche Zeitung
12 Kap der Guten Hoffnung

5

a
1 der Triumph ·
2 die Illustration
3 irritieren
4 defensiv
5 sympathisch
6 der Rhythmus
7 die Katastrophe
8 die Illusion

b mögliche Lösung:
1 Der Triumph war dem Sieger gewiss.
2 Die Illustration ist gut gelungen.
3 Sein Verhalten irritiert mich.
4 Ich bevorzuge defensives Fahren.
5 Sie ist ein sympathisches Mädchen.
6 Der Rhythmus der Musik ist mitreißend.
7 Die Katastrophe blieb zum Glück aus.
8 Die Vorstellung, mit diesem Beruf viel Geld zu verdienen, ist eine Illusion.

c
1 triumphieren, illustrieren
2 die Irritation, die Defensive, die Sympathie
3 rhythmisch, katastrophal, illusorisch

Textquellen

Die im SB mit * gekennzeichneten Texte wurden aus didaktischen Gründen gekürzt und/oder verändert.

8 CO_2-Emissionen beim Neubau eines Einfamilienhauses. *Zahlen aus:* https://www.re-source.com/wp-content/uploads/2019/11/UBA-2019-Energieaufwand-Gebaeudekonzepte.pdf [28.05.2024], S.62.
8 f. Bauweisen beim Hausbau. Online im Internet: https://www.oeko-logisch-bauen.info [28.05.2024]. **11** Die Natur hat … Aus: Epiktet: Fragmente. Nr. 142. Übersetzt von Hans Stich, 1884. **18** Warum in die Ferne … Aus: Duden. Bd. 12: Zitate und Aussprüche. Bearbeitet von Werner Scholze-Stubenrecht unter Mitarbeit von Maria Dose u. a. Mannheim, Leipzig, Wien, Zürich: Dudenverlag, 1993, S.471.
18 „Die Entfernungen …". Aus: Skupy, Hans-Horst (Hrsg.): Das große Handbuch der Zitate. Bassermann Verlag, 2013, S.788, 787, 790.
21 oben Steinmeier, Frank-Walter: Eine zeitlich begrenzte … Online im Internet: https://www.faz.net/aktuell/politik/frank-walter-stein-meier-wirbt-fuer-eine-soziale-pflichtzeit-18918796.html [28.05.2024].
21 Mitte Beisenherz, Micky: „Ein Jahr. …". Online im Internet: https://www.stern.de/kultur/micky-beisenherz/micky-beisen-herz-ueber-ein-soziales-pflichtjahr–verpflichtet–zum-glueck-8210896.html [28.05.2024]. **21 unten** „‚Ich bleib dabei, …'". Online im Internet: https://kurzprosa303774268.wordpress.com/2022/10/31/ich-bleib-dabei-ich-bin-fuer-das-vsj-fuer-das-verbindliche-soziale-jahr-felix-lobrecht/ [28.05.2024]. **24 f.** Maciejewski, Christina: Regionale und saisonale Lebensmittel – gut für Mensch und Klima. Online im Internet: https://www.ndr.de/ratgeber/verbraucher/Regionale-und-saisonale-Lebensmittel-gut-fuer-Mensch-und-Klima-,regional234.html [28.05.2024]. **27 f.** Bernard, Elena: Zuckersteuer könnte Gesundheit in Deutschland verbessern. Online im Internet: https://www.wissenschaft.de/gesundheit-medizin/zuckersteuer-koennte-gesundheit-in-deutschland-verbessern/# [28.05.2024].
29 Nadi, Sahar: War früher alles besser? Online im Internet: https://taz.de/Streit-der-Woche/!5091706/ [28.05.2024]. **31** Alliga-toah: Wie zu Hause. Online im Internet: https://lyrics.lyricfind.com/lyrics/alligatoah-wie-zuhause [28.05.2024]. **32 oben** Grimbacher, Tobias: Sehnsuchtsort. Aus: Dinse, Christian (Hrsg.): Lyrik des Jahres 2021: Sammlung ausgewählter Texte. Erfurt: EASTWORD-Verlag, 2021, S.11. **32 unten** Drescher, Leona Helen: weg vom Weg. Aus: Dinse, Christian (Hrsg.): Lyrik des Jahres 2021: Sammlung ausge-wählter Texte. Erfurt: EASTWORD-Verlag, 2021, S.39. **33** Mohl, Nils: reisegedicht. Aus: Mohl, Nils: tänze der untertanen: Gedichte. München: Mixtvision, 2020, S.20. **34 f.** Dominguez, Stefanie: Part-nerarbeit. Aus: Diekhans, Johannes und Fuchs, Michael (Hrsg.): P.A.U.L. D. Oberstufe. Paderborn: Bildungshaus Schulbuchverlage, 2013, S.52. **36 f.** Bregman, Rutger: Utopien für Realisten (Auszüge). Aus: Bregman, Rutger: Utopien für Realisten. Die Zeit ist reif für die 15-Stunden-Woche, offene Grenzen und das bedingungslose Grund-einkommen. Aus dem Englischen von Stephan Gebauer. Hamburg: Rowohlt Taschenbuch Verlag, 2019, S.12–15, 28–29. **39 ff.** Hirschler, Johannes: Der Nobelpreis. Online im Internet: https://www.planet-wissen.de/geschichte/persoenlichkeiten/alfred_nobel_erfinder_und_preisstifter/pwienobelpreis100.html [28.05.2024]. **39** Nobelpreis-träger/-innen nach Geschlecht von 1901 bis 2023. *Zahlen aus:* https://de.statista.com/statistik/daten/studie/1176126/umfrage/anteil-der-nobelpreistraeger-nach-geschlecht/ [28.05.2024].
40 Nobelpreise nach Kategorien bis 2023. *Zahlen aus:* https://de.statista.com/statistik/daten/studie/1178569/umfrage/verliehene-nobelpreise-nach-kategorien/ [28.05.2024].
42 ff. Westerhaus, Christine: Männlich, weiß und hochbetagt.

Online im Internet: https://www.deutschlandfunkkultur.de/kritik-am-nobelpreis-maennlich-weiss-und-hochbetagt-100.html [28.05.2024]. **48** Amnesty International. Online im Internet: https://www.amnesty.de/ [28.05.2024]. **50 oben** Churchill, Winston: Eine gute Rede … Aus: Duden. Bd. 12: Zitate und Aussprüche. Bearbeitet von Werner Scholze-Stubenrecht unter Mitarbeit von Maria Dose u.a. Mannheim, Leipzig, Wien, Zürich: Dudenverlag, 1993, S.709. **50 unten** Mark Twain: Eine gute Rede … Aus: Duden. Bd. 12: Zitate und Aussprüche. Bearbeitet von Werner Scholze-Stubenrecht unter Mitarbeit von Maria Dose u.a. Mannheim, Leipzig, Wien, Zürich: Dudenverlag, 1993, S.709. **50 ff.** Yousafzai, Malala: Rede vor den Vereinten Nationen, 12. Juli 2013. Aus: Yousafzai, Malala mit Christina Lamb: Ich bin Malala: Das Mädchen, das die Taliban erschießen wollten, weil es für das Recht auf Bildung kämpft. Aus dem Englischen von Elisabeth Liebl, Sabine Längsfeld und Margarete Längsfeld. München: Droemer, 2013, S.378–384.
60 oben Ben Gershôm, Ezra: Humor zeigt sich … Aus: Ben Gershôm, Ezra: Der Esel des Propheten. Eine Kulturgeschichte des jüdischen Humors. Darmstadt: Wissenschaftliche Buchgesellschaft, 2000, S.14. **60 Mitte** Kierkegaard, Søren: […] gelassene Heiterkeit … Aus: Ueding, Gert (Hrsg.): Historisches Wörterbuch der Rhetorik in zehn Bänden. Band 9. Darmstadt: Wissenschaftliche Buchgesellschaft, 2009, S.94. **60 Mitte** Chaplin, Charles: Der Humor … Aus: Chaplin, Charles: Die Geschichte meines Lebens. Übersetzt von Günther Danehl Erben. Frankfurt a.M.: Fischer, 1977, S.214. **60 unten** Bierbaum, Otto Julius: Humor ist … Aus: Duden. Bd. 12: Zitate und Aussprüche. Bearbeitet von Werner Scholze-Stubenrecht unter Mitarbeit von Maria Dose u.a. Mannheim, Leipzig, Wien, Zürich: Dudenverlag, 1993, S.214. **61 oben** von Ebner-Eschenbach, Marie: Ein guter Witz … Aus: Gesammelte Schriften. Erster Band. Berlin: Gebrüder Paetel, 1893. **61 oben** Heinrich, Christian: Der beste Witz der Welt. Online im Internet: https://www.spektrum.de/news/humor-der-laut-studien-beste-witz-der-welt/1867510 [28.05.2024].
61 Mitte Sagt ein Freund … Online im Internet: https://www.witz-des-tages.de/murphys-law/puzzlewitz/?cc=murphys-law [28.05.2024]. **61 Mitte** Verkehrskontrolle. Online im Internet: https://karrierebibel.de/witze/ [28.05.2024]. **61 unten** Ein Maler-lehrling … Online im Internet: https://karrierebibel.de/witze/ [28.05.2024]. **62** Schroeder, Florian: Gerade will ich schreien … Aus: Schroeder, Florian: Offen für alles und nicht ganz dicht. Reinbek bei Hamburg: Rowohlt Taschenbuch, 2011, S.11. **62 f.** Hart-mann, Anny: Verdienen Sie doch einfach mehr! DGB-Kolumne zur Alterssicherung. Online im Internet: https://www.rentenkommission.de/kolumne/++co++deddf450-4c99-11e9-9583-52540088cada [05.12.2023]. **64 f.** Sträter, Torsten: Plastikmüll. Aus: Sträter, Torsten: Es ist nie zu spät, unpünktlich zu sein. Berlin: Ullstein Buchverlage, 2019, S.23–27. **67** King Jr., Martin Luther: Ich habe einen Traum. Aus: Luther King, Martin: Testament der Hoffnung: Letzte Reden, Aufsätze und Predigten. Eingeleitet und übersetzt von Heinrich W. Grosse. Gütersloh: Gütersloher Verlagshaus Gerd Mohn, 1974.
68 oben Die Stadt Dortmund … Online im Internet: https://www.dortmund.de/themen/foerderungen/kulturpreise-und-stipendien/nelly-sachs-preis/ [15.11.2024]. **68 ff.** Poladjan, Katerina: Rede zur Verleihung des Nelly-Sachs-Preises (2021). Online im Internet: https://bilder-fischer.s3.eu-central-1.amazonaws.com/s3fs-public/2023-08/Rede-Sachs-2022-04-03.pdf [28.05.2024].
71 Mohl, Nils: 9 Zeilen Ego-Probleme. Aus: Mohl, Nils und Kehn, Regina: An die, die wir nicht werden wollen: Eine Teenager-Symphonie. Innsbruck, Wien: Tyrolia Verlag, 2021, S.21.

72 f. Bach, Tamara: Sankt Irgendwas (Auszug). Hamburg: Carlsen, 2020, S. 21–23. **74** Tucholsky, Kurt: Was darf die Satire? Aus: Gerold-Tucholsky, Mary und Raddatz, Fritz J. (Hrsg.): Tucholsky, Kurt: Gesammelte Werke in drei Bänden. Band 1. Zweitausendeins, 2005, S. 362–364. **75** Der Postillon: Leipziger Zoo sucht Elefanten auf 450-Euro-Basis. Online im Internet: https://www.der-postillon.com/2015/01/leipziger-zoo-sucht-elefanten-auf-450.html [28.05.2024]. **76 f.** Mark Twain: Die schreckliche deutsche Sprache. Ausgewählt und übersetzt von Harald Raykowski. München: dtv, 2019, S. 109–113, 119–121. **78 f.** Weidermann, Volker: Eine Art Wunder. Online im Internet: https://www.zeit.de/kultur/literatur/2024-05/jenny-erpenbeck-international-booker-prize-literaturpreis/komplettansicht [20.06.2024]. **81 f.** Konditor/-in. Online im Internet: https://planet-beruf.de/fileadmin/assets/PDF/BKB/3654.pdf [30.05.2024]. **95 Mitte** Neu abgeschlossene Ausbildungsverträge 2018–2022. *Zahlen aus:* Bundesinstitut für Berufsbildung (Hrsg.): Datenreport zum Berufsbildungsbericht 2023: Informationen und Analysen zur Entwicklung der beruflichen Bildung. Online im Internet: https://www.bibb.de/dokumente/pdf/bibb_datenreport_2023_korr_11102023.pdf [30.05.2024], S. 34. **95 f.** Fachkräftemangel: Wie steht es um die berufliche Bildung in Deutschland? Online im Internet: https://www.destatis.de/DE/Mediathek/Podcasts/StatGespraech/fachkraeftemangel.html?nn=466308 [30.05.2024]. **97 oben** Gemeldete unbesetzte Berufsausbildungsstellen und noch eine Ausbildungsstelle suchende Bewerberinnen und Bewerber. *Zahlen aus:* Bundesinstitut für Berufsbildung (Hrsg.): Berufsbildungsbericht 2023. Online im Internet: https://www.demografie-portal.de/DE/Publikationen/2023/berufsbildungsbericht-2023-kabinettfassung.pdf?__blob=publicationFile&v=3 [07.11.2023], S. 72. **97 unten** Die zehn häufigsten Ausbildungsberufe 2022. *Zahlen aus:* https://www.bibb.de/ [30.05.2024]. **98 f.** Eberl, Jens: Mehr Bäcker-Nachwuchs durch andere Arbeitszeiten? Online im Internet: https://www.tagesschau.de/wirtschaft/arbeitsmarkt/baecker-arbeitszeit-fachkraeftemangel-100.html [30.05.2024]. **99** Entwicklung der Zahlen der Auszubildenden im Bäckerhandwerk. *Zahlen aus:* https://www.baeckerhandwerk.de/baeckerhandwerk/zahlen-fakten/aus-und-weiterbildung/ [30.05.2024]. **100 f.** Kugel, Max: Wie ich auszog, um mein Handwerk zu retten (Auszug). Frankfurt am Main: Westend-Verlag, 2023, S. 7–10. **102 f.** Steinkellner, Elisabeth: Dieser wilde Ozean, den wir Leben nennen (Auszüge). Weinheim, Basel: Beltz & Gelberg in der Verlagsgruppe Beltz, 2018, S. 7–9, 10–11. **104 f.** Tucholsky, Kurt: Arbeit tut not –! Aus: Gerold-Tucholsky, Mary und Raddatz, Fritz J. (Hrsg.): Tucholsky, Kurt: Gesammelte Werke in drei Bänden. Band 2. Zweitausendeins, 2005, S. 45–46. **106** Jandl, Ernst: my own song. Aus: Jandl, Ernst: Selbstporträt des Schachspielers als trinkende Uhr. Gedichte. Darmstadt, Neuwied: Luchterhand Verlag, 1983, S. 5. **107** Mohl, Nils: An die, die wir nicht werden wollen (Auszug): Eine Teenager-Symphonie. Innsbruck, Wien: Tyrolia Verlag, 2021, S. 10–11. **108 f.** Kunze, Reiner: Clown, Maurer oder Dichter. Aus: Kunze, Reiner: Die wunderbaren Jahre: Prosa. Frankfurt am Main: Fischer Taschenbuch Verlag, 2005, S. 18–20. **114** Tolstoi, Lew: Der Wolf und das Lamm. Aus: Tolstoi, Lew: Das neue Alphabet. Russische Lesebücher. Aus dem Russischen übersetzt von Hermann Asemissen. Berlin. Rütten & Loening, 1968, S. 265. **116** Strittmatter, Erwin: Die Macht des Wortes. Aus: Strittmatter, Erwin: Schulzenhofer Kramkalender. Berlin, Weimar: Aufbau Taschenbuch, 2004, S. 46. **119 f.** Bauer, Michael Gerard: Dinge, die so nicht bleiben können (Auszug). Aus dem Englischen von Ute Mihr. München: Carl Hanser Verlag, 2020, S. 7–9. **121 ff.** Bronsky, Alina: Schallplattensommer (Auszug). München: dtv, 2022, S. 13–17. **124 f.** Ziegler, Reinhold: Nur ein Test. Aus: Ziegler, Reinhold: Der Straßengeher und andere kleine Versuche, die Welt zu verstehen. Erzählungen. Weinheim:

Beltz & Gelberg, 2001, S. 137–139. **126 f.** Kindermann, Magret: Das Winterlindenweg-Gefühl. Online im Internet: https://geschichtenvielfalt.cbm.de/kurzgeschichte/das-winterlindenweg-gefuehl/ [09.10.2023]. **128 f.** McGhee, Alison: Wie man eine Raumkapsel verlässt (Auszüge). Aus dem Englischen von Birgitt Kollmann. München: dtv, 2021, S. 11, 15, 21, 33, 123. **130 oben** Äsop: Der Löwe und der Bär. Aus: Äsop: Fabeln: Griechisch-deutsch. Übersetzung und Anmerkungen von Thomas Voskuhl. Stuttgart: Philipp Reclam jun., 2005, S. 143. **130 Mitte** Äsop: Der Bauer und seine Kinder. Aus: Äsop: Fabeln: Griechisch-deutsch. Übersetzung und Anmerkungen von Thomas Voskuhl. Stuttgart: Philipp Reclam jun., 2005, S. 47–49. **130 unten** Lessing, Gotthold Ephraim: Der Adler. Aus: Der Ochse und das Harfenspiel: Fabeln aus aller Welt. Berlin: Verlag Neues Leben, 1974, S. 167. **131** Brecht, Bertolt: Geschichten vom Herrn Keuner (Auszüge). Aus: Brecht, Bertolt: Gesammelte Werke. Band 12: Prosa 2. Frankfurt am Main: Suhrkamp Verlag, 1967, S. 381, 396, 400. **132** Semadeni, Leta: Warum ich dichte. Aus: Semadeni, Leta: Tulpen – Tulipanas. Zürich: Schweizerisches Jugendschriftenwerk (SJW), 2019, S. 5. **133 oben** Kaur, Rupi: Entweder ich verkläre ... Aus: rupi kaur: home body: zu hause in mir. Aus dem Amerikanischen von Anna Julia Strüh und Christine Strüh. Frankfurt am Main: Fischer Kinder- und Jugendbuch Verlag, 2020, S. 32. **133 Mitte** Bernstein, F. W.: Hurtig ist der Schritt der Zeit. Aus: Bernstein, F. W.: Die Gedichte. München: Antje Kunstmann Verlag, 2003, S. 538. **133 unten** Maar, Paul: In hundert Jahren. Aus: Jaguar und Neinguar. Gedichte von Paul Maar. Hamburg: Oetinger, 2007, S. 173. **135** Kaschnitz, Marie Luise: Zukunftsmusik. Aus: Kaschnitz, Marie Luise: Zukunftsmusik: Gedichte. Hamburg: Claassen Verlag, 1950, S. 9. **137** Schiller, Friedrich: Hoffnung. Aus: Schillers Werke in fünf Bänden. Erster Band: Gedichte. Prosaschriften. Berlin, Weimar: Aufbau-Verlag, 1984, S. 165. **139** Bürger, Gottfried August: Die Schatzgräber. Aus: Laufhütte, Hartmut (Hrsg.): Deutsche Balladen. Stuttgart: Reclam, 1991, S. 54. **140 oben** Ringelnatz, Joachim: Ich habe dich so lieb. Aus: Pape, Walter (Hrsg.): Joachim Ringelnatz. Das Gesamtwerk in sieben Bänden. Band I. Berlin: Henssel, 1984, S. 261. **140 unten** Janisch, Heinz: Ich hab dich so lieb. Aus: Leitner, Anton G. (Hrsg.): DAS GEDICHT. Band 28. Die Wiederentdeckung der Liebe. Weßling bei München: Anton G. Leitner Verlag, 2020, S. 175. **141 oben** Kaléko, Mascha: Was man so braucht ... Aus: Rosenkranz, Jutta (Hrsg.): Mascha Kaléko: Sämtliche Werke und Briefe. München: Deutscher Taschenbuch Verlag, 2012, S. 613. **141 Mitte** Schwarz, Regina: Wen du brauchst. Aus: Gelberg, Hans-Joachim (Hrsg.): Überall und neben dir: Gedichte für Kinder. Weinheim, Basel: Beltz, 2001, S. 159. **141 unten** Kahlau, Heinz: Bedingungen. Aus: Kahlau, Heinz: Du: Liebesgedichte. Berlin, Weimar: Aufbau-Verlag, 1983, S. 68. **143** Brecht, Bertolt: Ich habe gehört, ihr wollt nichts lernen. Aus: Brecht, Bertolt: Gesammelte Werke. Band 8: Gedichte 1. Frankfurt am Main: Suhrkamp Verlag, 1967, S. 385–386. **144** Kaléko, Mascha: Sozusagen grundlos vergnügt. Aus: Rosenkranz, Jutta (Hrsg.): Mascha Kaléko: Sämtliche Werke und Briefe. München: Deutscher Taschenbuch Verlag, 2012, S. 593. **145 oben** Kaur, Rupi: immer wieder rennt ... Aus: rupi kaur: home body: zu hause in mir. Aus dem Amerikanischen von Anna Julia Strüh und Christine Strüh. Frankfurt am Main: Fischer Kinder- und Jugendbuch Verlag, 2020, S. 10. **145 Mitte** Louise, Clara: Genug: Aus: Louise, Clara: Golden: Vom Funkeln des Lebens: Gedichtband. Salzburg: Loud, 2021, S. 96–97. **146** von Eichendorff, Joseph: Sehnsucht. Aus: Baumann, Gerhard (Hrsg.): Joseph Freiherr von Eichendorff: Neue Gesamtausgabe der Werke und Schriften in vier Bänden. Erster Band: Gedichte. Epen. Dramen. Stuttgart: Cotta, 1957, S. 35. **147** Kaléko, Mascha: Sehnsucht nach dem Anderswo. Aus: Rosenkranz, Jutta (Hrsg.): Mascha Kaléko: Sämtliche Werke und Briefe. München: Deutscher

Taschenbuch Verlag, 2012, S. 653. **148 oben** Molnár, Lenke und Weisskopf, Leano: Mein Kleeblatt vermisst das Glück. Online im Internet: https://bundeswettbewerb-lyrik.de/blog/?jahr=2023&tag= 25.05.2023&categorie=blog&detail=13423 [31.05.2024]. **148 unten** Schober, Amelia: Denkrichtungen. Online im Internet: https://bundeswettbewerb-lyrik.de/blog/?jahr=2023&tag= 25.05.2023&categorie=blog&detail=13423 [31.05.2024]. **149 oben** Grönemeyer Herbert: Morgen. Online im Internet: https://www.groe-nemeyer.de/dauernd-jetzt/ [31.05.2024]. **149 unten** Revolverheld: Ich lass für dich das Licht an. Online im Internet: https://www.song-texte.com/songtext/revolverheld/ich-lass-fur-dich-das-licht-an-3510d93.html [31.05.2024]. **150 ff.** Goethe, Johann Wolfgang von: Faust. Eine Tragödie. Prolog im Himmel. Aus: Trunz, Erich (Hrsg.): Goethes Werke. Hamburger Ausgabe in 14 Bänden. Band 3: Dramatische Dichtungen I. München: Verlag C. H. Beck, 1989, S. 16–19. **154 f.** Goethe, Johann Wolfgang von: Faust. Der Tragödie erster Teil. Nacht. Aus: Trunz, Erich (Hrsg.): Goethes Werke. Hamburger Ausgabe in 14 Bänden. Band 3: Dramatische Dichtungen I. München: Verlag C. H. Beck, 1989, S. 20–21. **157 f.** Vor dem Tor. Aus: Trunz, Erich (Hrsg.): Goethes Werke. Hamburger Ausgabe in 14 Bänden. Band 3: Dramatische Dichtungen I. München: Verlag C. H. Beck, 1989, S. 35–36. **159 f.** Studierzimmer I. Aus: Trunz, Erich (Hrsg.): Goethes Werke. Hamburger Ausgabe in 14 Bänden. Band 3: Dramatische Dichtungen I. München: Verlag C. H. Beck, 1989, S. 42–44, 46–47. **162** Studierzimmer II. Aus: Trunz, Erich (Hrsg.): Goethes Werke. Hamburger Ausgabe in 14 Bänden. Band 3: Dramatische Dich-tungen I. München: Verlag C. H. Beck, 1989, S. 55–57. **163 f.** Straße. Aus: Trunz, Erich (Hrsg.): Goethes Werke. Hamburger Ausgabe in 14 Bänden. Band 3: Dramatische Dichtungen I. München: Verlag C. H. Beck, 1989, S. 84–86. **165 f.** Am Brunnen. Aus: Trunz, Erich (Hrsg.): Goethes Werke. Hamburger Ausgabe in 14 Bänden. Band 3: Drama-tische Dichtungen I. München: Verlag C. H. Beck, 1989, S. 113–114. **167 f.** Kerker. Aus: Trunz, Erich (Hrsg.): Goethes Werke. Hamburger Ausgabe in 14 Bänden. Band 3: Dramatische Dichtungen I. München: Verlag C. H. Beck, 1989, S. 142–145. **172 f.** Zur Entstehungsgeschichte des Dramas „Faust". *Informationen aus:* Alt, Peter-André. Klassische Endspiele: Das Theater Goethes und Schillers. München: Verlag C. H. Beck, 2008. Hamm, Heinz. Goethes „Faust": Werkgeschichte und Textanalyse. Berlin: Volk und Wissen, 1997. Jeßing, Benedikt: Dramenanalyse: Eine Einführung. Berlin: Erich Schmidt Verlag, 2023, bes. S. 191–218. Autorenkollektiv unter Leitung von Kurt Böttcher und Hans Jürgen Geerdts: Kurze Geschichte der deutschen Literatur. Berlin: Volk und Wissen, 1981. **174** Weimarer Klassik. *Informationen aus:* Weimarer Klassik. Online im Internet: https://brockhaus.de/ecs/ enzy/article/weimarer-klassik [19.08.2024]. Hamm, Heinz. Goethes „Faust": Werkgeschichte und Textanalyse. Berlin: Volk und Wissen, 1997. **175** Die Rolle der Frau im 18. Jahrhundert. *Informationen aus:* Baasner, Rainer. Einführung in die Literatur der Aufklärung.

Darmstadt: Wissenschaftliche Buchgesellschaft, 2006. von Thiessen, Hillard. Das Zeitalter der Ambiguität: Vom Umgang mit Werten und Normen in der Frühen Neuzeit. Köln: Böhlau Verlag, 2021. Vahsen, Mechthilde. Wie alles begann – Frauen um 1800. Online im Internet: https://www.bpb.de/themen/gender-diversitaet/frauenbewegung/ 35252/wie-alles-begann-frauen-um-1800/ [19.08.2024]. **177 f.** Goethe, Johann Wolfgang von: Faust. Der Tragödie zweiter Teil in fünf Akten. Fünfter Akt: Großer Vorhof des Palasts. Aus: Trunz, Erich (Hrsg.): Goethes Werke. Hamburger Ausgabe in 14 Bänden. Band 3: Dramatische Dichtungen I. München: Verlag C. H. Beck, 1989, S. 347–348. **178** Bergschluchten. Aus: Trunz, Erich (Hrsg.): Goethes Werke. Hamburger Ausgabe in 14 Bänden. Band 3: Drama-tische Dichtungen I. München: Verlag C. H. Beck, 1989, S. 359. **179 ff.** Pavlenko, Alexander: Faust – Eine Graphic Novel. Nach Goethes „Faust I" adaptiert von Jan Krauß. Frankfurt am Main: edition faust, 2021, S. 13–15. **200** „Es beginnt mit Tolga. ..." Aus: Jäger, Sarah: Die Nacht so groß wie wir. Hamburg: Rowohlt Taschen-buch Verlag, 2021, S. 5, 8, 9. **210** Kraneis, Dagmar: Welche Berufe gibt es im Verlagswesen? *Informationen aus:* https://planet-beruf.de/ schuelerinnen/berufe-finden/berufsfelder/berufsfeld-medien/berufe-rund-um-druck-und-medien [31.05.2024]. **211** Mediengestalter/-in (Fachrichtung Printmedien). Online im Internet: https://planet-beruf. de/fileadmin/assets/PDF/BKB/137683.pdf [31.05.2024]. **213** Opper-mann, Lea-Lina: Was wir dachten, was wir taten (Auszug). Wir werden dir erzählen ... Weinheim, Basel: Gulliver in der Verlags-gruppe Beltz, 2019, S. 6. **214** Oppermann, Lea-Lina: Was wir dachten, was wir taten (Auszug). Fiona. Weinheim, Basel: Gulliver in der Verlagsgruppe Beltz, 2019, S. 16–17. **216** Cronenberg, Ulf: Buch-besprechung: Juliane Pickel „Krummer Hund". Online im Internet: https://www.jugendbuchtipps.de/2021/08/16/buchbesprechung-juliane-pickel-krummer-hund/ [31.05.2024]. **219** Morgenstern, Christian: Der Flügelflagel gaustert ... Aus: Morgenstern, Christian: Alle Galgenlieder. Kehl: Swan, 1993, S. 320. **219** Lirum larum Löffel-stiel ... Nach: Brentano, Clemens und von Arnim, Achim: Des Knaben Wunderhorn: Alte deutsche Lieder. Bd. 3. Heidelberg: Mohr und Zimmer, 1808, S. 37. **227 oben** Dachdecker/-in – Was macht man in diesem Beruf? Online im Internet: https://planet-beruf.de/fileadmin/ assets/PDF/BKB/129406.pdf [31.05.2024]. **227 unten** Kauffrau/Kauf-mann für Büromanagement – Was macht man in diesem Beruf? Online im Internet: https://planet-beruf.de/fileadmin/assets/PDF/ BKB/123266.pdf [31.05.2024]. **228 oben** Padel Tennis. Online im Internet: https://www.sportscheck.com/blog/lifestyle/trendsport-arten-2023/ [31.05.2024]. **229 ff.** Oppermann, Lea-Lina: Was wir dachten, was wir taten (Auszüge). Weinheim, Basel: Gulliver in der Verlagsgruppe Beltz, 2019, S. 7–12, 14–20, 22–23. **233 ff.** Pickel, Juliane: Krummer Hund (Auszug). Weinheim, Basel: Beltz&Gelberg, 2021, S. 24–27, 29–30.

Bildquellen

Operatoren sind ein wesentlicher Bestandteil jeder Aufgabenstellung.
Sie benennen die Handlungsschritte, die zur Lösung von Aufgaben notwendig sind.

Operator (Verb)	Was sollst du tun?
Begründe …	Belege eine Aussage, Meinung, Position, These durch Sach- und Fachkenntnisse, d.h. mit nachvollziehbaren Fakten und Beispielen.
Beschreibe …	Stelle etwas, z.B. eine Person, Figur, Sache, Erscheinung oder einen Vorgang, sachlich und so genau dar, dass man es sich vorstellen kann.
Beurteile …	Formuliere auf der Grundlage von Kenntnissen, Daten, Fakten u.Ä. eine sachliche Einschätzung, Meinung oder Position, z.B. zu einem Sachverhalt, einem Problem, einer Aussage oder einem Text.
Bewerte …	Beurteile Sachverhalte, Problemstellungen usw. und ergänze sie durch eine persönliche Sichtweise auf der Grundlage eigener Wertmaßstäbe.
Charakterisiere …	Erfasse und beschreibe die wesentlichen Merkmale, Eigenschaften, Erscheinungsformen von Personen, Sachverhalten, Vorgängen oder Zuständen.
Deute …	Entschlüssle und beschreibe sprachliche Bilder, z.B. Metaphern, Vergleiche, Personifikationen, oder Textteile bzw. Texte.
Entwirf …	Schreibe oder gestalte die erste Fassung von etwas, z.B. von einem Text, einer Präsentation, Gliederung oder Grafik.
Erkläre …	Stelle etwas mithilfe deines Wissens sachlich und nachvollziehbar dar.
Erläutere …	Stelle etwas mithilfe deines Wissens und mit Beispielen nachvollziehbar und anschaulich dar.
Erörtere …	Wäge Meinungen bzw. Standpunkte zu einer Aussage, These, einem Problem oder einer Frage mithilfe von Argumenten (Begründungen + Beispielen) ab.
Erschließe …	Erfasse das Thema, den Inhalt, die Form und Funktion von Texten oder Textteilen unter Berücksichtigung bestimmter (vorgegebener) Gesichtspunkte, z.B. Ermittlung von Hauptaussagen, Standpunkten, Intentionen und/oder Fakten.
Fasse zusammen …	Formuliere etwas Wesentliches, z.B. Hauptaussagen, Ergebnisse, Schlussfolgerungen, kurz und knapp.
Gib wieder …	Sage etwas mit eigenen Worten oder wiederhole bzw. benenne etwas, z.B. mithilfe indirekter Redewiedergabe.
Interpretiere …	Analysiere und deute einen Text und/oder Textteile, indem du mögliche Auslegungen, Bedeutungen, Aussageabsichten bzw. Funktionen zu sprachlichen Äußerungen formulierst und diese begründest. Beziehe dabei Inhalt, Form und Sprache ein, z.B. sprachliche (stilistische) Mittel wie Metaphern, Vergleiche, Personifikationen.